Vollständige Taschenbuchausgabe 1989
Droemersche Verlagsanstalt Th. Knaur Nachf., München
Lizenzausgabe mit freundlicher Genehmigung des Verlages
Langen-Müller/Herbig, München
Titel der Originalausgabe »Power On Earth«
Copyright © 1986 by Nick Tosches Inc.
Aus dem Amerikanischen übersetzt von Götz Ferdinand Kreibl
Copyright © 1987 by Wirtschaftsverlag Langen-Müller/Herbig GmbH,
München
Umschlaggestaltung Adolf Bachmann
Druck und Bindung Ebner Ulm
Printed in Germany 5 4 3 2 1
ISBN 3-426-03970-2

Nick Tosches:
Geschäfte mit dem Vatikan

Die Affäre Sindona

Inhalt

Vorwort 7

I. Drei Bestien 9
II. Ein Traum vom Tod 28
III. Fortuna 40
IV. Kirche und Staat 48
V. Schlangen und Freunde 69
VI. Das System des Bösen 95
VII. Finsternis über der Christenheit 125
VIII. L'America 160
IX. Die letzten Tage 182
X. Schatten über Sizilien 223
XI. Pistolen, Seile, Hämmer 243
XII. Das Geheimnis des Kammerjägers 274

Vorwort

Als ich Michele Sindona begegnete, war sein Stern schon gesunken. Wäre dem nicht so, seine Geschichte wäre nie erzählt worden.
Die Idee für dieses Buch, die, wie mir später klar wurde, unbewußt in mir ruhte, seit ich zum ersten Mal von Sindona gehört hatte, trat in einem bestimmten Augenblick plötzlich vor mein Bewußtsein. Eines Abends bei den Fernsehnachrichten fiel mein Blick auf sein Bild, zum hundertsten, zum tausendsten Mal im Strom der Schemen auf dem pastellfarbenen Schirm, begleitet von der metallenen Stimme des Sprechers. Das ist er, dachte ich, das ist er! Oft hatte ich gehört, er lasse niemanden an sich herankommen, auch, die Regierungen von Italien und Amerika seien auf sein Schweigen angewiesen. Alles nur viel Lärm um nichts! Jedenfalls war das Glück auf meiner Seite, wir begegneten uns. Zwei Jahre später schreibe ich diese Sätze.
Es ist nicht meine Absicht, die Schuld oder Unschuld Michele Sindonas zu beweisen. Während einige der Personen, die Sindona sehr negativ zeichnet, Enrico Cuccia und andere – es vorgezogen haben, mir ihre Version der Geschichte vorzuenthalten, gelang es mir doch, mit einer Reihe von Leuten an allen möglichen Orten zu sprechen: Londoner Bankiers und Kardinäle im Vatikan, Richter und Gauner, New Yorker Anwälte und Hongkonger Makler sowie Ehrenmänner mit tiefernsten Gesichtern in den Vorstädten. Vor allem aber sprach ich mit Michele Sindona selbst. Dieses Buch ist in erster Linie seine Geschichte. Seine Geschichte, von mir dargestellt. Wer Augen hat zu sehen, mag sehen.
Auf den folgenden Seiten erzähle ich alles, was zu erzählen ist; nur habe ich dann nicht mehr die Gelegenheit, jenen zu danken, denen Dank und noch mehr gebührt.
Der Inhalt des Buches beruht in der Hauptsache auf zwei Quellen: meinen Interviews mit Michele Sindona im März 1984 in New York und im Mai, August und September 1985 in Voghera sowie

einigen hundert von ihm verfaßten Schreibmaschinenseiten. Sie sind auf italienisch geschrieben, einem Italienisch voller Gegensätze wie Sindona selbst: zurückhaltend und sprühend, elegant und grob, direkt und umständlich und immer gut für Überraschungen: Dialektfetzen, lateinische Brocken. Zu meinem Glück kenne ich Linda M. Eklund, sie gehört zu meinen Freunden, eine exzellente Übersetzerin. Ohne ihre Fähigkeiten und ihre Hilfe wüßte ich nicht, ob ich diese schwierige Arbeit zu Ende gebracht hätte.

Es gibt noch andere, deren Hilfe mir beim Schreiben dieses Buches wertvoll, oft unverzichtbar waren: Antonella Antonelli, Graf Pietro Antonelli, Stanley S. Arkin, Dario Cella, John Corsiglia, Mary Ellen Eckelberg, Aldo Fabozzi, Richter Marvin E. Frankel, Richter Thomas P. Griesa (dessen Aussagen sorgfältig berücksichtigt wurden, obwohl ich seiner Bitte folgte, ihn nicht zu zitieren), Paul Goldberger, Sergio Kardinal Guerri, Jocelyn und Richard Hambro, Robert J. Hawley, Dennis Linder, Joseph Macaluso, Camillo Passerini, Paul Rao, Wayne Seifert, Giuseppe Severino, Jonathan Silverman, Marco Sindona, Murray Stein und Barbara Walters.

In besonderer Weise unterstützten mich auch Robert Costello und mein Bruder, Richard Tosches. Und vor allem natürlich gebührt Michele Sindona mein Dank, ohne den es dieses Buch nicht gäbe.

Drei Menschen aber bin ich zutiefst verpflichtet: Eden Collinsworth, dem Präsidenten von Arbor House; Russ Galen von der Scott Meredith Agentur und Judith Wilmot. Sie wissen warum. Sie haben mich beim Gang durch dieses Labyrinth begleitet.

I.
Drei Bestien

Ich war so tollkühn gewesen, den Teufel persönlich treffen zu wollen. Nun war ich also hier, bei einbrechender Dunkelheit, allein auf einer Bank in einem Pinienhain, an einem Ort namens Voghera.
Wo noch vor kurzem Vögel durch die Zweige geschwirrt waren und die Dämmerung mit ihrem Gesang erfüllt hatten, herrschte jetzt tiefes Schweigen. Nur das dunkle Rauschen der Bäume war noch zu hören. Auch das glühende Abendrot am lombardischen Himmel war gewichen. In der Ferne krochen die Schatten der Nacht wie ruhelose Spukgestalten über die Hügel von Oltrepo.
Eine Eidechse flitzte am Standbild Garibaldis empor, das in der Nähe aufragte. Sie verhielt auf der schwarzen Schulter der Statue und starrte nach oben, wie hypnotisiert von dem abnehmenden Mond. Kleine Fledermäuse tauchten auf und taumelten wild inmitten der schlanken Pinien und um die Statue herum. Die Eidechse verschwand plötzlich.
Ein alter Mann kam näher. Er setzte sich auf eine Bank auf der anderen Seite des Weges und sortierte sorgfältig die Löwenzahnblätter in seinem Schoß, die er auf seinem langsamen Gang durch den Park gesammelt hatte. Nach Beendigung dieses Geschäftes straffte er seinen Rücken, hob den Kopf und schaute für einen Augenblick dorthin, wo die Eidechse gesessen hatte. Dann erhob er sich und war verschwunden. Wieder war ich allein. Willig überließ ich mich dem sanften Wehen des Nachtwindes. Ich betrachtete die niedrig ziehenden Wolken, wie sie am Mond vorbeiwanderten und ihn ab und zu verhüllten. Und ich dachte darüber nach, was mich hierhergeführt hatte.
Wie die meisten Menschen außerhalb Italiens hatte ich von Michele Sindona das erste Mal vor über zehn Jahren gehört. Damals hatte er die Franklin National Bank in New York übernommen und

Bankrott gemacht. Das war im Herbst 1974. Es war die größte Bankpleite der amerikanischen Geschichte, der nur wenige Tage später der Konkurs von Sindonas Banca Privata Italiana folgte. In der ersten Woche des neuen Jahres wurden dann auch die Schalter seiner Banque de Financement in Genf geschlossen. Zu diesem Zeitpunkt hatte die italienische Regierung zwei Haftbefehle gegen ihn wegen Bankbetrugs erlassen.

Erst als Michele Sindonas Imperium zusammenbrach, wurde deutlich, welche Ausmaße es gehabt hatte. Durch die Fasco A.G., Sindonas Briefkasten-Holding in Liechtenstein, hatte er mindestens fünf Banken und mehr als hundertfünfundzwanzig Gesellschaften in elf Ländern kontrolliert. Unter seinem Immobilienbesitz in Nordamerika befanden sich das Montreal Stock Exchange Building, die Paramount Studios in Hollywood und das Symbol für den Verlust der politischen Unschuld Amerikas, der Watergate-Komplex in Washington, D. C. Nach Schätzungen überschritt sein persönliches Vermögen die 500-Millionen-Dollar-Grenze. Der Ruin des Mannes, den »Business Week« »Italiens erfolgreichsten und gefürchtetsten Finanzier« genannt, den »Fortune« als »einen der begabtesten Geschäftsleute der Erde« gefeiert hatte, rief einen Sturm hervor, der die Grundfesten der internationalen Finanz erschütterte. Doch war dieser Sturm nur ein Vorspiel für den Orkan, der noch folgen sollte.

Sindonas Klienten und Partner zählten zu den bedeutendsten und angesehensten Instituten der Welt: Continental Illinois, Gulf & Western, die Hambros Bank in London, die Banque de Paris et des Pays-Bas, Nestlé in der Schweiz und andere. Doch am sensationellsten waren seine Beziehungen zu dem unbedeutendsten dieser Klienten und Partner, dem Istituto per le Opere di Religione – der sogenannten Vatikanbank. Es ging das Gerücht, der Vatikan, der seit langem mit Sindona in Geschäftsbeziehungen stand, habe beim Fall seines Imperiums an die 30 Millionen Dollar verloren. Roberto Calvi, ein Mailänder Bankier, den Sindona unter seine Fittiche genommen hatte, war von diesem damit beauftragt worden, sich der Finanzen des Vatikans anzunehmen. 1977 begann Calvis Banco Ambrosiano zu wackeln, und im folgenden

Jahr ergab eine gründliche Untersuchung, daß der Vatikan mit Sindona und Calvi in eine Reihe fragwürdiger Geschäfte verwickelt war. Später wurden Gefängnisstrafen gegen zwei leitende Angestellte der Vatikanbank verhängt, und die katholische Kirche wurde in einen Skandal verwickelt, vor dem sie weder Bekundungen der Reue noch Vertuschungen schützen konnten.

Es wurde auch behauptet, daß das Geheimnis, mit dem sich Sindona immer umgeben hatte, seinen Schleier auch über den allerfinstersten seiner Partner gelegt habe: die Mafia. »Sindona äußert sich selten in der Öffentlichkeit«, stellte »Newsweek« fest. »Als Folge davon entstehen Gerüchte. In einem Augenblick ist er der erste Finanzberater des Papstes, im nächsten die Nummer eins unter den Bankiers der Mafia.« Ende 1978 stand er im Verdacht, beides zu sein. In den folgenden Monaten und Jahren schlugen die Gerüchte von seiner Niederträchtigkeit und Bosheit, wie Flammen genährt von den Opfern bizarrer und brutaler Morde und von Berichten über Verschwörungen paranoischen Ausmaßes, immer wilder zum Himmel empor, und das Feuer des Abgrunds der Hölle schien ihn verzehren zu wollen.

Zu Beginn des Jahres 1979 klagte das US-Justizministerium Sindona in neunundneunzig Fällen des Betrugs, des Meineids und der widerrechtlichen Aneignung von Bankeinlagen in Sachen der Franklin National Bank an. Vier Monate später wurde Giorgio Ambrosoli, der von der italienischen Regierung mit der Liquidation der Banca Privata und der anderen bereits beschlagnahmten Gesellschaften Sindonas beauftragte Anwalt, in der Nähe seiner Wohnung in Mailand von Mafia-Todesschützen ermordet. Kurz darauf, in der Hitze des New Yorker August, war Michele Sindona, dessen Prozeß in weniger als fünf Wochen beginnen sollte, plötzlich verschwunden. Im Oktober tauchte er in Manhattan wieder auf, mit einer Schußwunde im Bein und der Story, er sei gekidnappt worden. Im März 1980 wurde er in achtundsechzig Punkten der Anklage schuldig gesprochen. Während er den Urteilsspruch im Metropolitan Correctional Center (MCC) in New York erwartete, nahm er eine Überdosis Tabletten und schnitt sich die Pulsadern auf. Doch blieb er am Leben, und einen Monat später verurteilte ihn ein Bundesrichter zu fünfundzwanzig Jahren Gefängnis.

Nachdem Sindona seine Strafe in Amerika angetreten hatte, führte eine Abordnung der Guardia di Finanza, die mit der Verfolgung seines Falles in Italien betraut war, eine Razzia in den Büros von Licio Gelli durch, einem bekannten Geschäftsfreund Sindonas. Gelli, ein Mann von geradezu neronischen Reichtümern und Mitteln, war Großmeister einer geheimen Freimaurerloge, Propaganda Due, P-2. Die Durchsuchung endete bei einem Safe und einem Lederkoffer mit der Aufschrift »Fragile«, worin sich eine Liste von neunhundertzweiundsechzig vermutlichen P-2-Mitgliedern befand. Allem Anschein nach war die Liste der Beweis für das Bestehen eines Untergrundstaates im Staate. Sie enthielt die Namen von zwei amtierenden Kabinettsmitgliedern, vielen Angehörigen des italienischen Geheimdienstes und der Militärhierarchie, Diplomaten, Industriellen, Polizeibeamten, Bankiers, Journalisten. Unter ihnen der Herausgeber der angesehensten Zeitung Italiens, des »Corriere della Sera«. Gelli, der erst jüngst an der Amtseinführung Präsident Reagans teilgenommen hatte – auch die republikanische Partei Amerikas war in der P-2-Liste repräsentiert –, tauchte unter, als die italienische Regierung über den P-2-Skandal stürzte. Gelli wurde später in Genf verhaftet, als er 50 Millionen Dollar von einem seiner Schweizer Konten abheben wollte, aber es gelang ihm, aus dem Gefängnis auszubrechen und sich in Sicherheit zu bringen. Nach weitverbreiteter Ansicht lebt er heute in Uruguay.

Im selben Frühjahr wurde Roberto Calvi, Sindonas Protegé und ebenfalls Mitglied von P-2, verhaftet. Auch er verschwand plötzlich, und im Juni 1982 wurde seine Leiche unter der Blackfriars Bridge in London erhängt aufgefunden.

Während Sindona in Amerika im Gefängnis saß, wurde er in Italien angeklagt, den Mord an Giorgio Ambrosoli, dem staatlichen Konkursverwalter seines italienischen Imperiums, veranlaßt zu haben. Ebenso wurde in Sizilien Anklage gegen ihn erhoben, wo er der Komplizenschaft beim Heroinhandel zwischen Italien und Amerika in Höhe von 600 Millionen Dollar pro Jahr beschuldigt wurde. Als im Februar 1984 die italienische Regierung die Auslieferung Sindonas beantragte, um ihn wegen Betrugs und Mordes vor Gericht zu stellen, kam der Mörder Ambrosolis, William Arico, seinerseits bei dem unglückseligen Versuch um, aus einem New Yorker Gefängnis auszubrechen.

Sindona erschien mehr und mehr als eine finstere und höchst gefährliche Figur, deren Macht im Vatikan und in den Kreisen der internationalen Hochfinanz nur noch von seinem Einfluß innerhalb der Mafia übertroffen wurde. Aus der Druckerpresse der Vereinigten Staaten, Großbritanniens und Italiens kamen sensationelle Bücher über die verschlungenen und geheimen Pfade des Vatikans, Licio Gellis P-2-Loge und den Tod Roberto Calvis. Im Zentrum dieser gespenstischen Mysterien befand sich stets Michele Sindona, nicht länger der italienische »Bankier mit der weißen Weste« und »die Legende der Finanzwelt«, wie »Forbes« ihn vor seinem Sturz bezeichnet hatte, sondern »der Schwindler aus Sizilien, der die Kirche fast in den Bankrott getrieben hatte«, und »ein mächtiges und gefürchtetes Mitglied der Mafia«. Ein Buch über ihn, ein fürchterlicher Mischmasch aus Tatsachen und Erfindungen, dessen Autor (anonym für Verleger und Leser) schon gerichtlich des Meineids überführt worden war, wurde weithin für bare Münze genommen. In einem noch populäreren Buch, das im Frühjahr 1984 erschien, wurde Sindona sogar beschuldigt, Papst Johannes Paul I. getötet zu haben.

Jetzt war er der Antichrist persönlich, der Teufel in Ketten, zu dem die Welt pilgerte, um ihrem paranoischen Aberglauben die heißersehnte Nahrung zuzuführen, wie wenn es sich um den Baum der Erkenntnis des Guten und Bösen selbst handelte. Aber niemand drang wirklich in seine Geheimnisse ein.

Diese Geheimnisse faszinierten mich und ließen mich nicht los. Ich sah, wie die Vorstellungen über ihn aus einer Welt der Tatsachen in die Welt der Träume überglitten, aus dem Reich des Greifbaren in den Bereich des Mythos. Und ich staunte darüber, daß dabei seine eigene Stimme unhörbar blieb. So entschloß ich mich eines trüben Wintertages, als die Welt auch von meinem Standpunkt aus sehr trübe aussah, den Teufel aufzusuchen.

Ich schrieb ihm einen Brief, dem Staatsgefangenen Nr. 00450-054, und erhielt einen Anruf seines amerikanischen Verteidigers, Robert Costello. Er teilte mir mit, Sindona habe meinen Brief erhalten und sei bereit, mich zu sehen, wenn ich über den Direktor Dale Thomas des MCC im unteren Manhattan eine Begegnung arrangieren könne. Dort saß Sindona ein und wartete auf eine eventuelle Auslieferung, dort war es auch, wo vor nur zwei Wochen William Arico, der als Sindonas Mörderkomplize galt und gleichfalls nach Italien ausgeliefert werden sollte, vom Dach des Gefängnisses gefallen war und sich das Genick gebrochen hatte. Der Gefängnisdirektor ließ sich erweichen, und an einem winterlichen Märzmorgen ließ mich Gefängnisaufseher Wayne Seifert filzen und mein Handgelenk mit der Tagesparole stempeln. Die Farbe war unsichtbar, leuchtete aber unter dem Infrarotlicht einer weiteren Kontrollstelle auf. Dann führte er mich zum Sprechzimmer der Anwälte im dritten Stock, einem engen, lichtlosen Zimmer an einem öden Korridor. Und dann stand er also unter der Tür, ein schlanker, hohlwangiger Mann in orangenem Trainingsanzug und Turnschuhen des Gefängnisses. Sein graues Haar war straff aus der hohen Stirn zurückgebürstet, in seinen dunkelbraunen, funkelnden Augen schien alles auf dem Sprung zu liegen, was ihm an Energie noch verblieben war – und das war offensichtlich beträchtlich. Er streckte die Hände aus und lächelte.

»Ich bin Sindona«, sagte er.

In den Stunden dieser ersten Begegnung begann er mir, nachdem die erste Befangenheit geschwunden war, die Geschichte seines Aufstiegs und Falls zu erzählen. Es war eine Geschichte, deren Wendungen sich von einer Kleinstadt Siziliens bis in den päpstlichen Palast hinaufzogen, von den golddurchwirkten Tapeten der internationalen Banken bis in die innersten Gemächer der Macht in Washington, D. C. Eine Geschichte, bevölkert von Päpsten, Präsidenten, Premierministern, Potentaten und den Nachtbewohnern der politischen und Finanzwelt. Als er mit seiner dann und wann anschwellenden Stimme sprach, während er von Zeit zu Zeit in emphatischer »fioritura« gestikulierte, schrumpften all die Spekulationen und Verleumdungen, die sich wie Schlinggewächse

um ihn gerankt hatten, zu Kindermärchen zusammen. Alles war, wie er sagte, pure Naivität, die sich als Weltläufigkeit maskiert hatte, Narrheit, die sich als Weisheit ausgab, Phantasterei aus zweiter Hand von Leuten, für die weder er noch die anderen Personen aus seiner Geschichte Wesen aus Fleisch und Blut waren, sondern bloße flüchtige Phantome eines wirren Traums; von Leuten, die sich selbst für ungeheuer schlau und für Kreuzfahrer in Sachen Wahrheit hielten, die aber nur Holzschwerter fabrizierten, gegen etwas, das höchstens ein Schatten der Realität war; von Leuten, die immer gerne die Worte gut und böse im Munde führten, aber keine Ahnung von den Drachen hatten, die hinter diesen bequemen Begriffen lauerten. Ihre Welt unterschied sich gewaltig von der, die er kannte. Sie verstanden kaum etwas von den Mächten und Kräften, unter denen er gelebt hatte. Und ihre Geschichten über ihn hatten mit der seinen so gut wie nichts gemein.
Allerdings war seine Geschichte noch finsterer und schrecklicher als die ihrigen. Der Vatikan-Skandal, die Morde der Mafia, die Millionenschiebereien, die merkwürdigen Todesfälle und das spurlose Verschwinden von Menschen – das alles waren nur die Spitzen des Eisberges, die stürmisch aufgewühlte Oberfläche seiner wahren Geschichte. Darunter lagen Enthüllungen noch perfiderer Bosheit, Enthüllungen über internationalen Terrorismus, politische Erpressung, Geldwaschsysteme größten Stils jenseits des Zugriffs staatlicher Behörden, mörderische Vendettas und sogar der geheime Transfer von Nukleartechnologien, der die gefährlichsten und unberechenbarsten Leute mit der Macht ausstatten sollte, die Welt zu zerstören.
Natürlich gab es keine Möglichkeit nachzuprüfen, ob seine Geschichte näher an der Wahrheit lag als die Spekulationen und Verleumdungen von Menschen, die ihn niemals persönlich kennengelernt hatten, aber eines war sicher: der Ursprung dieser Geschichte war Sindona selbst. Sindona war der einzige, der die Wahrheit wußte, und er hatte nichts mehr zu verlieren.
Es gab da noch etwas anderes. Ich machte ihm gegenüber die Bemerkung, es müsse ein schrecklicher Schlag für ihn gewesen sein, alles wieder verloren zu haben. Erst sei er aus dem Nichts aufge-

stiegen, zu einem Reichtum von Hunderten von Millionen Dollar, dann sei er wieder ins Nichts zurückgefallen. Er zog seine Mundwinkel nach unten und zuckte gelassen die Schultern.
»Wenn ich morgen freikäme, würde ich sofort von neuem beginnen. Ich würde alles wieder neu aufziehen«, sagte er.
Würde ein solcher Start nicht eine Menge Kapital erfordern?
»So gut wie nichts«, antwortete er, während er jetzt die Mundwinkel nach oben zog, und seine Augen funkelten. »1000 Dollar. Ich schicke ein Telex, ich stelle eine telefonische Verbindung her, danach ist alles kein Problem mehr.«
Ich brauche nicht zu sagen, daß die Möglichkeit, das System, mit dem einer der reichsten Männer der Welt sein Vermögen machte, aufzudecken, für mich nicht weniger verführerisch war, als das Spinngewebe von Verschwörungen, Skandalen und Geheimnissen, das ihn umgab, zu zerreißen.
Am nächsten Morgen besuchte ich ihn zum zweiten Mal. Am Ende dieser langen Begegnung drückte ich ihm meinen Füller und das übliche gelbe Formular in die Hand, und er stimmte zu, mit mir bei der Abfassung eines Buches zusammenzuarbeiten. Ich musterte die Unterschrift, die mir später so vertraut werden sollte – das »M«, das sich wie im Sprung nach vorne lehnte, die übrigen Buchstaben, die steif und gerade dastanden, als ob sie diesem angriffslustigen Anfang Widerpart bieten wollten –, faltete das Papier zusammen und steckte es in meine Brusttasche.
Während ich wieder hinunterging, dem Tageslicht entgegen, fragte mich Wayne Seifert, der stets gedämpft sprechende Gefängnisaufseher, der in Kürze zum stellvertretenden Gefängnisdirektor befördert werden sollte, was ich über den berühmtesten Insassen des MCC dächte. Wie viele Amerikaner sprach er Sindonas Vornamen aus, als laute er Michèle, indem er das harte italienische »ch« wie ein »sch« artikulierte. Ich antwortete, ich sei mir noch nicht ganz sicher, und zuckte die Schultern. Ich fragte ihn meinerseits, was er von Sindona hielte. Er erwiderte: »Nach einer gewissen Zeit weiß man gar nichts mehr. Man hört auf, sich ein klares Bild machen zu wollen.«
Die Frage der Auslieferung blieb im behördlichen Verfahrens-

dschungel hängen. Kurz nachdem ich ihn in diesem Frühjahr zum letzten Mal im MCC gesehen hatte, wurde er wieder ins Zuchthaus Otisville, New York, überführt. Den ganzen Sommer über blieben wir in Kontakt. Allmählich füllte sich mein Schreibtischfach mit Dokumenten in zwei Sprachen und mit den Aufzeichnungen unserer Gespräche. Gegen Ende des Sommers begann ich ernstlich in die Niederungen hinabzusteigen, zu deren Erforschung Sindona mich eingeladen hatte.

Plötzlich trat am 24. September ein neuer Auslieferungsvertrag zwischen Amerika und Italien in Kraft, und schon am folgenden Tag wurde Sindona nach Italien ausgeflogen, ohne jede offizielle Verlautbarung, wo er unter schwerster Bewachung ins Rebibbia-Gefängnis in Rom gebracht und in die Zelle mit dem höchsten Sicherheitsgrad gesperrt wurde, die seinerzeit von Mehmet Ali Agca, dem verrückten Muslim, der Papst Johannes Paul II. im Frühjahr 1981 angeschossen hatte, belegt gewesen war. Am letzten Tag des September, einem Sonntag, überführten ihn zwei Beauftragte der Mailänder Justiz nach Norden, in die Casa Circondariale Femminile, am Stadtrand von Voghera, sechzig Kilometer südlich von Mailand. Dort erwartete er als einziger männlicher Insasse eines Frauengefängnisses seinen Prozeß.

An dem Tag, an dem er in Italien ankam, las ich in »The Wall Street Journal« von der »Hoffnung, daß Mr. Sindona noch weiteres Licht in einige der dunkelsten Geheimnisse der italienischen politischen und wirtschaftlichen Szene des letzten Jahrzehnts bringen würde«. Doch der Prozeß wegen Bankbetrugs, der schließlich am 3. Dezember begann, brachte nur allzuwenig Licht in die Sache. Zuerst zeigte Sindona noch lächelnd die Zähne hinter den eisernen Stäben des Käfigs im Gerichtssaal, dann verging ihm das Lächeln, und schließlich weigerte er sich, als der Prozeß seinen weiteren Verlauf nahm, überhaupt noch im Gericht zu erscheinen. An den Iden des März, dem 15. März 1985, wurde er zu zwölf Jahren Gefängnis verurteilt. Der Staatsanwalt, Guido Viola, der Sindona als einen der gefährlichsten Verbrecher in der Geschichte der Justiz bezeichnete, hatte für fünfzehn Jahre plädiert. Unterdessen hatte ich versucht, die Erlaubnis zu erhalten, Sindona zu weiteren Interviews zu treffen. In seinen Briefen an mich aus dem Frauengefängnis berichtete Sindona, daß man ihm jeden Besuch verboten habe und daß nur das Einschreiten des US-Justizministeriums die italienischen Behörden dazu bewegen könnte, eine Ausnahme zu machen. Ich kämpfte mich mühsam durch die gewundenen Gänge der Bürokratie der »Abteilung für Strafsachen«, fand aber niemanden, der sich ganz sicher war, was nun wirklich exakt Sindonas gegenwärtiger Status unter dem neuen Auslieferungsvertrag war. Einer der Herren, ein Mr. White, legte den Wunsch an den Tag, mir behilflich zu sein und versicherte mir, er wolle die Sache persönlich bei einem offiziellen Besuch in Italien zur Sprache bringen. Ich hörte niemals mehr etwas von ihm. Schließlich drang ich zu Murray Stein durch, dem Chef des Amtes für internationale Angelegenheiten innerhalb der »Abteilung für Strafsachen« und einem der Schöpfer des jüngsten Auslieferungsvertrages. Er gab mir zu verstehen, daß, solange Sindona in Italien sei, er unter der Jurisdiktion allein dieses Landes stünde. Er sagte: »Jeden Tag, den er sich dort befindet, verbüßt er einen Tag der Strafe, die er hier erhalten hat. Das ist alles. Und während er dort ist, gehört er den Leuten dort.«

In der Zwischenzeit war aufgrund meiner früheren Bemühungen im Justizministerium eine verspätete Antwort von Mark M. Richard eingetroffen, dessen Briefkopf ihn als einen stellvertretenden Assistenten des leitenden Staatsanwalts der »Abteilung für Strafsachen« auswies. Er schrieb: »Ich empfehle Ihnen folgendes Vorgehen. Wenden Sie sich bitte zuerst an das US-Konsulat in Mailand. Nennen Sie dem Konsularbeamten einen italienischen Beamten, der bestätigen kann, daß die Erlaubnis der Vereinigten Staaten notwendig ist. Wenn dann um diese Erlaubnis nachgesucht wird, so kann das Außenministerium mit dem Justizministerium zwecks einer Antwort Kontakt aufnehmen, welche dann durch offizielle Kanäle dem Justizministerium in Rom überbracht werden kann.« Auch er aber machte mich darauf aufmerksam, daß, was auch immer unternommen werde, die Angelegenheit allein »in der Obhut der italienischen Behörden« stünde.

Am 16. April, einen Monat nach seiner Verurteilung, schrieb mir

Sindona und teilte mir mit, daß sein Anwalt Giampiero Azzali die Erlaubnis für meinen Besuch vom Justizministerium in Rom, von der aufsichtsführenden Justizbehörde in Pavia und vom Gefängnisdirektor erhalten habe. Doch das Schwurgericht in Mailand, die letzte Instanz, deren Genehmigung ich noch brauchte, wollte uns nur zwei Treffen von jeweils einer Stunde Dauer gestatten. Sindona schrieb, das US-Außenministerium habe gelogen, als es behauptete, die italienischen Behörden hätten sich dem Ersuchen aus Washington willig gefügt. Wenn das Schwurgericht in Mailand nicht weich gemacht werden könnte, bestehe wenig Hoffnung auf weitere Interviews. Und es gab nicht mehr viel Zeit. Sindonas nächster Prozeß wegen Mordes sollte im Juni beginnen.
»Sie werden mich hierbehalten, in der Isolation, solange sie können«, sagte er.
Einige Wochen später, an einem regnerischen Tag Anfang Mai, sprach ich beim US-Konsulat auf der Piazza della Repubblica in Mailand vor. Ich erklärte mein Problem einem der Italiener, der dort arbeitete. Er bedauerte. Es läge nicht in seiner Macht, mir zu helfen. Doch führte er mich zu einer Konsularbeamtin vom Dienst, einer Mrs. Patterson. Ich schilderte ihr meine Situation. »Wir sind«, so gab sie zur Antwort, »nicht daran interessiert, in diese Sache hineingezogen zu werden.« Sie fügte hinzu, Sindona – und ihre Stimme vibrierte vor Abneigung, als sie diesen Namen aussprach – sei kein amerikanischer Staatsbürger und falle daher nicht in den Kompetenzbereich des Konsulats. Ich erinnerte sie daran, daß ich amerikanischer Staatsbürger sei. »Trotzdem«, wiederholte sie, und dabei erstarrte sie förmlich vor Ängstlichkeit, »wir sind nicht daran interessiert, in diese Angelegenheit hineingezogen zu werden.« Es regnete noch, als ich wieder ging.
Über dem Eingang des Palazzo di Giustizia in Mailand sind die erhabenen Worte in Stein gehauen:
IURIS PRAECEPTA SUNT HAEC: HONESTE VIVERE ALTERUM NON LAEDERE SUUM CUIQUE TRIBUERE
»Dieses sind«, so lautet der Inhalt der lateinischen Inschrift, »die Vorschriften des Gesetzes: Lebe rechtschaffen, füge niemandem Schaden zu, und gib jedem das Seine.«

Der Autor dieser Worte war der römische Jurist Ulpianus, drittes Jahrhundert nach Christus. Über dem Eingang des Justizpalastes unterstreichen sie die unsterbliche Würde eines Phänomens – wir nennen es Recht –, das vor langer Zeit geboren wurde. Doch das Schicksal Ulpians, der Rom und der Welt diese Worte schenkte und eines schönen Tages im kaiserlichen Palast bei hellem Tag erschlagen wurde, weist noch auf andere unsterbliche Dinge hin, mächtiger als die Gerechtigkeit und noch tiefer in alte Steine eingegraben als irgendwelche Worte, die über den Portalen der Paläste stehen.

Ich stieg die Stufen hinauf, durchschritt die Säulen unter der lateinischen Inschrift und betrat das babylonische Gewirr der Gänge. Der Strom der Menschen, denen Unrecht getan worden war und derer, die selbst Unrecht getan hatten, füllte die Hallen und Treppenhäuser, ergoß sich in die Zwischengeschosse, floß zäh durch labyrinthische Korridore und versickerte in dunklen, blind endenden Gängen. Das unordentlich durcheinanderwirbelnde Pandämonium wurde durch einen noch größeren Schwarm von Menschen etwas strukturiert: den Schwarm der Beamten und Anwälte, der Angestellten und bezahlten Schergen, der Politiker und Strafverfolger – Priester und Sklaven der unsichtbaren, unsterblichen Ideen, um deren Irrgärten es sich hier handelte. Die gesamte Phantasmagorie schien gelenkt und orchestriert durch das Gefühl einer dumpfen Ausweglosigkeit. Ein Mann mit leichenhaften Augen wurde in Handschellen von Carabinieri in blauen Uniformen durch die Hallen geführt. Die wirbelnden Schwärme wichen für Augenblicke zurück und starrten dem Mann in die Augen. Dann schlossen sich die zähen Fluten wieder.

Mein Weg führte mich schließlich zur Zentralkanzlei der Ersten Kammer des Schwurgerichts, wo man mir sagte, ich müsse über diese Kanzlei eine formelle Bittschrift an den Vorsitzenden richten. Meine Bittschrift – dabei unterdrückte der Beamte ein Grinsen – würde weitergeleitet, vorgelegt, geprüft und ganz nach der Ordnung beantwortet werden. Auf seinem Schreibtisch stapelten sich unordentliche Haufen von Akten, Bittschriften, wie ich vermutete, in unterschiedlichen Stadien auf dem ordentlichen Verfahrensweg. Einer seiner Mitarbeiter, der in einer Aktenkammer in der Nähe etwas gesucht hatte, kam gerade zurück und bemerkte wie nebenbei, der Vorsitzende sei zufällig diesen Morgen in seinem Büro. Der hohe Beamte hob seine Augenbrauen, schob seine Unterlippe nach vorne und nickte bedächtig, um mich auf die Möglichkeiten aufmerksam zu machen, die sich mir durch diesen günstigen Zufall boten.

Das Büro des Vorsitzenden im dritten Stock lag in relativer Abgeschiedenheit, jenseits des lärmenden Tumults der Gerechtigkeit. Die äußere Tür war nur angelehnt, und ich trat ein. Das Vorzimmer war leer, der Schreibtisch der Sekretärin unbesetzt. Die Tür zum inneren Büro stand offen. Vorsitzender Camillo Passerini, der Mann, der bald den Mordprozeß gegen Michele Sindona leiten würde, erhob sich jovial vom Schreibtisch und musterte mich aufmerksam. Es war ein kleiner silberhaariger Mann von natürlicher Würde. Seine ernsten Augen erweckten den Eindruck, als habe er lange auf die lateinische Inschrift in Stein geblickt – und auch darüber hinweg. Wir setzten uns, und schweigend hörte er sich meinen Bericht über meine Irrfahrt durch die bürokratischen Labyrinthe zweier Staaten an. Er drückte die Fingerspitzen aneinander und schaute seitlich durchs Fenster auf das leise Nieseln des Frühlingsregens. Dann blickte er mir ins Gesicht und nickte. Die Erlaubnis, um die ich nachsuchte, würde gegeben werden, die notwendigen Papiere würden noch an diesem Morgen ausgestellt.

Und so kam es, daß ich schließlich bei Einbruch der Nacht in dem kleinen Park in Voghera saß.

Noch war ich mir nicht sicher. Ich wußte zwar jetzt, daß vieles von dem, was die Öffentlichkeit über Sindona und die Ereignisse im Zusammenhang mit ihm glaubte, nicht wahr war, daß es sich um Ausgeburten wirklicher Unbedarftheit oder absichtliche Verdrehungen handelte. Auch hatte ich während der vergangenen vierzehn Monate schon deutliche Hinweise darauf erhalten, daß die vergangenen und laufenden gerichtlichen Verfolgungen Sindonas oft mehr dazu dienten, die Wahrheit zu unterdrücken, als sie ans Licht zu bringen. Doch noch gab es keine Möglichkeit für mich, klar zu sehen, ob Sindonas Darstellungen der Wahrheit nicht ebenfalls nur eine weitere, noch kompliziertere und überzeugendere Lüge waren. Seine Geschichte, soweit er sie mir bisher mitgeteilt hatte, trug immerhin das Merkmal der Echtheit, und die Konsistenz und die Überzeugungskraft, mit denen er ihre einzelnen Aspekte auseinandersetzte, waren durchschlagend. Ich mußte an den Ausspruch eines seiner Lieblingsphilosophen denken. Nietzsche sagte einmal: »Bei allen großen Betrügern ist ein Vorgang bemerkenswert, dem sie ihre Macht verdanken. Im eigentlichen Akte des Betrugs, unter all den Vorbereitungen ... überkommt sie der Glaube an sich selbst; dieser ist es, der dann so wundergleich und bezwingend zu den Umgebenden spricht.« *(Menschliches, Allzumenschliches)*

Die unbekannte Wahrheit lag zwischen weiß und schwarz. Aber bei meinem einsamen Aufenthalt in dem kleinen Voghera erblickte ich etwas, was mich dieser Wahrheit näher bringen sollte.

Die steinernen Fundamente, auf denen dieser Ort erbaut ist, waren aus dem Felsen – wiederum der uralte Fels! – gebrochen und im Namen bestimmter Heiliger an einer heute kaum noch erkennbaren Straßenkreuzung aus dem zweiten Jahrhundert vor Christus plaziert worden. Es sieht ganz so aus, als ob die Anzahl der Steine seit damals nicht vermehrt und nicht vermindert worden ist, sondern daß die Einwohner von Voghera sie resigniert immer wieder neu verlegten, wenn sie im Laufe der Jahrhunderte auseinandergebröckelt waren. Und so hat Voghera eine Art zeitloser Form behalten.

Geschichte war hier wie ein Traum, ließ nur vage Spuren auf den Steinen zurück. Mit Farbe aufgesprühte Hakenkreuze bleichten auf einer leeren, noch vergilbteren Anschlagtafel der kommunistischen Partei an einer verfallenen Mauer am Südende der Hauptstraße, der Via Emilia. In der Nähe, in der Viale Carlo Marx, stand ein stillgelegtes Karussell einsam unter düsteren Bäumen. Plakate kündigten den tausendsten Todestag eines Heiligen an, der hier an einem Maitag des Jahres 986 gestorben war. Zahlreicher waren die schwarz umrandeten Plakate mit der Ankündigung von Beerdigungen, auf denen die Namen der Toten unter Bildnissen des dornengekrönten Christus standen.

Auf dem Domplatz war die endlose Hin-und-her-Bewegung der Steine in vollem Gang, klopfend und schürfend legten zwei Männer von mindestens sechzig Jahren Pflastersteine in die Lücken, wo andere Steine entzweigebrochen waren. Sie bewegten sich langsam, griffen bedächtig nach den Steinen aus dem Haufen hinter ihnen und gebrauchten ihre Maurerkellen mit Sorgfalt und Überlegung. Auf einem Gerüst an den Mauern der Kathedrale strich ein anderer Mann Mörtel in die Steinfugen, die die Jahrhunderte gelockert hatten.

In der Nähe des Domportals waren die Aufgebote angeschlagen. Sie versicherten, der Zustand jedes dort genannten Ehemanns in spe sei »celibe« und der seiner erkorenen Braut »nubile«. An den Arkaden um den Platz sah man einen gemalten Phallus, noch deutlich sichtbar unter mancherlei Gekritzel.

Ein altes Kinoplakat flatterte an der Tür des Tabakladens im feucht-warmen Wind. Hier und dort sah man Schaufenster, die mit dem glitzernden Tand amerikanischer Erzeugnisse angefüllt waren, Schallplatten, modische Jeans, Videogeräte. Doch das waren Dinge von kurzer Lebensdauer. Was zählte, war die morsche Figur im Grabe hinter einem Gitter, die tote Jungfrau unter dem Altar der Domkapelle.

Ihr galt die Totenglocke, ihr gehörten die Schatten in den Straßen. Und an dem Maitag, als ich ihr das erste Mal begegnete, gehörte ihr auch der Himmel: ein düsteres, lichtloses, nieselndes Leichentuch, grau in grau. Die Welt gehört mir und ich gehöre ihr, flüsterte sie.

An einem anderen Maitag war die Piazza von Sonnenlicht überflutet, und der Hall der Steine war von Moll in Dur übergegangen. Es gab einen Jahrmarkt mit Buden. Alles, was Meer und Erde hervorbrachten, gab sich auf diesem abgelegenen Platz ein Stelldichein. Man sah goldene Wachteln und rötliches Schweinefleisch, die glänzenden Augen der Schwertfische und Kübel mit gesalzenem Stockfisch, Pfefferkäse und Baumfrüchte. Im Dom prangten Sträuße weißer Blumen, und Licht fiel in Kaskaden durch die bunten Glasfenster. Darüber der blaue Himmel mit jagenden Schwalben und dahinstürzenden Mauerseglern. Uns ge-

hört die Welt, sangen sie, wir sind der brausende Atem des Tages.
Doch ob Finsternis oder Licht – die Welt gehörte keinem von beiden. Jungfrau Tod und der helle Atem des Lebens überzogen die Oberfläche der Erde mit dem Firnis der Illusionen. Was aber wirklich zählte und immer währte, das war das Leben der Steine. Reiche stiegen und sanken, und all die grandiosen politischen Ideale und Philosophien, mit denen die Menschen ihre Habsucht und Ohnmacht kaschierten, waren nur bleichende Zeichen auf einer Mauer, die nicht für die Dauer gebaut war. Unterhalb dieses Spieles der Schatten lagen die Kräfte, die wie die uralten Steine das Spiel bestimmten.

Meine Gedanken wanderten zurück zu einer meiner Begegnungen mit Sindona im vorigen Jahr. Im Laufe der Stunden hatte sich unser Gespräch irgendwie Dante zugewandt. »Nel mezzo del cammin di nostra vita«, begann Sindona aus dem Gedächtnis zu zitieren, »mi ritrovai per una selva oscura, che la diritta via era smarrita.« Es handelte sich um den Anfang der »Commedia«, den Sindona niemals vergessen hatte: »Als unseres Lebens Mitte war erklommen, befand ich mich in einem dunklen Wald, da ich vom rechten Wege abgekommen.« Er machte mit der Hand eine gleichzeitig müde und ärgerliche Geste. »Das ist die wirkliche Hölle«, sagte er, und er meinte damit offensichtlich nicht nur die Mauern, die ihn umgaben, sondern auch alles, was dahinter lag.

In dem dunklen Wald, in dem er sich verirrt hatte, wurde Dante dreier schrecklicher Bestien gewahr, die die Kräfte des Bösen der Welt darstellten. Als er sich aus dem Wald wieder herausgearbeitet hatte, sah er am Ziel seines Weges die Sterne des Paradieses leuchten.

So war auch Sindona auf seiner Lebensreise in einen dunklen Wald gelangt, wo drei Tiere, Kirche, Staat und Mafia, die Mächte, die unterhalb des Schattenspieles der Welt die Dinge bestimmten, das Blut ihrer Opfer schlürften. Das war das Kernstück seiner Geschichte.

Am nächsten Morgen würde ich ihn wieder besuchen, im Gefängnis am Stadtrand, und er würde die Erzählung seiner seltsamen Reise fortsetzen. Doch in dieser Nacht schienen keine Sterne des

Paradieses, keine Sterne irgendwelcher Art funkelten hernieder.
Wie es der Zufall wollte, war an diesem Morgen, dem 8. Mai 1985, Michele Sindonas fünfundsechzigster Geburtstag. Als er noch jünger war, hatte er sich viele mögliche Verläufe seines Schicksals ausgemalt. Doch daß er im Herbst seines Lebens in einem Frauengefängnis unter höchster Sicherheitsstufe hinter Gittern sitzen würde, das hatte er sich nicht vorgestellt.
Die Zeitungen nannten diesen Ort einen »supercarcere«, ein »Supergefängnis«. Gerade vier Jahre alt, war es das erste voll elektronisch überwachte Zuchthaus in ganz Europa. Drei Fernsehkameras in Sindonas Zelle überwachten jede seiner Bewegungen. Eine Gruppe von zwölf Wächtern, die in Schichten jeweils zu zweit arbeiteten, beaufsichtigten ihn rund um die Uhr.
Man führte mich zum Büro des Gefängnisdirektors Dr. Aldo Fabozzi. Dann gelangte ich in einen abweisenden, grauen Teil des weitläufigen Gebäudes. Nachdem ich einen Metall-Detektor passiert hatte, wurde ich in einen Raum gesperrt, der durch eine Scheibe von einem anderen, identischen Raum, getrennt war. Ich saß an dem schmalen Tisch auf meiner Seite der Trennwand und wartete, bis sich die Türe des anderen Raumes öffnete.
Den orangefarbenen Trainingsanzug trug er jetzt nicht mehr, genauso wie er die 1000-Dollar-Anzüge von Donini und Carraceni abgelegt hatte. In den plumpen braunen Cord-Pantoffeln, mit seinem braunen Pullover, unter dem der Rand eines roten Pullovers hervorschaute, mit dem abgenutzten ledernen Brillenfutteral, das in seiner Tasche steckte, ähnelte er einem alten Aristokraten, der seine Geburtsstadt niemals verlassen hatte und dessen Spaziergänge aus der Sonne in den Schatten, aus dem Schatten in die Sonne den Bewohnern schon so vertraut waren wie die Flüge der Vögel am Himmel.
Ich sah sofort, daß er wesentlich besser, gesünder, ruhiger aussah als das letzte Mal, als ich ihn getroffen hatte. Seine braunen Augen glänzten, und obwohl in der italienischen Presse Berichte gestanden hatten, daß er aus Angst vor dem Tode hungere, hatte er augenscheinlich zugenommen.
»Die Tortellini sind gut in dieser Stadt«, sagte er, indem er sich auf

den Bauch klopfte und lächelte. Es gab eine Öffnung in der Trennwand, durch die wir uns die Hände geben konnten.
Meine erste Handlung bestand darin, ihn eine Einverständnis-Erklärung unterschreiben zu lassen, daß er keine Rechte an dem Buch, das ich schreiben wollte, geltend machen würde. Er leistete die Unterschrift, während die Augen eines Wächters uns neugierig durch ein kleines gläsernes Guckauge in der Wand beobachteten. Dann verschwanden die Augen und kamen in Zeitabständen wieder.
Ich erzählte Sindona von dem Entgegenkommen, durch das der Vorsitzende Passerini im Justizpalast von Mailand mich verpflichtet hatte.
Sindona nickte nachdenklich. »Er ist nicht mein Gegner«, sagte er, »ich empfinde keinen Groll gegen ihn. Ich glaube auch nicht, daß das umgekehrt der Fall ist. Er tut eben einfach, was er muß. Demnächst muß er seine Rolle in der Komödie des Prozesses übernehmen, dessen Ausgang schon festgelegt ist. Die amerikanischen Anwälte sagen, ich würde freigesprochen werden, doch denken die nur in Begriffen des Gesetzes und der Tatsachen und stellen den politischen Druck nicht in Rechnung, der in Italien entscheidend ist. Ich weiß es besser, und ich glaube, auch der Vorsitzende der Kammer weiß es besser.« Seine Augen, die sich verengt hatten, während er sprach, entspannten sich wieder, und er blickte auf die Seiten handschriftlicher Notizen vor mir, indem er seine unheimliche, immer wieder verwirrende Fähigkeit demonstrierte, alles von oben bis unten zu lesen, was sich innerhalb der Reichweite seiner Arme befand. Er konnte dies seit seiner Kindheit, wie er mir erzählt hatte.
Ich fragte, er antwortete, langsam näherten wir uns dem Kern der Dinge. Niemals ließen, während die Stunden vorrückten, seine Konzentration und der Nachdruck, mit dem er sprach, nach. Obwohl er zu fünfundzwanzig Jahren Gefängnis in Amerika, zu zwölfen in Italien verurteilt war und im Alter von fünfundsechzig einer weiteren Strafe gewärtig sein mußte, war er ungebrochen. Und er würzte die Geschichte seines Aufstiegs und Falls durch ironische Bemerkungen und eingestreute Sarkasmen. Gegen Ende

dieser ersten Begegnung in Voghera fragte ich ihn, ob ihm noch irgendein Hoffnungsschimmer geblieben wäre. Er blickte mich an und lachte leise, als ob er erstaunt wäre, daß ich es nicht schon wüßte.
»Zu sterben«, sagte er.

II.

Ein Traum vom Tod

An einem Samstag, dem 11. Mai 1920, wurde er geboren. Man gab ihm die Namen seiner Großväter, Michele Sindona und Eugenio Castelnuovo, und taufte ihn in der Kirche von Sankt Nicola im kühlen Schatten des Nachmittags im Namen des Vaters und des Sohnes und des Heiligen Geistes.
Seine aragonischen Vorfahren waren von Spanien nach Sizilien gesegelt, getrieben von einer mediterranen Strömung, die im Sog der sizilianischen Vesper aufgekommen war. Die Sizilianer hatten das französische Blut mit einer ganz speziellen Begeisterung vergossen, doch war die Vesper und die Thronbesteigung des Hauses Aragon auf dieser Insel auch nur ein Umschwung unter vielen anderen in der langen Kette gewaltsamer Machtwechsel gewesen, aus der Siziliens Geschichte bestand. Durch die Jahrhunderte hatte die Insel viel unter den reißenden Wölfen der Macht leiden müssen. Vor den Anjous, deren Flagge an jenem Ostermontag 1282 niedergerissen und in den Staub getreten wurde, war Sizilien von den Hohenstaufen beherrscht worden. Vor den Hohenstaufen von den Normannen, davor hatten die Sarazenen zwei Jahrhunderte lang regiert. Wieder davor waren es die Vandalen und die Ostgoten, die das römische Imperium nach dem Untergang seiner westlichen Hälfte ablösten. Seit dem dritten Jahrhundert vor Christus war Sizilien unter der Herrschaft der Römer gestanden. Vor den Römern wiederum waren die Phönizier und die Griechen gekommen, die die ursprüngliche prähistorische Bevölkerung der Sikuler, etwa 700 vor Christus, in den Tagen Homers, unterworfen hatten. Und wahrscheinlich ist, daß die Sikuler, denen die Insel ihren Namen verdankt, ein noch älteres Volk, die Sikaner, verdrängt haben. Die immer neuen Wellen der Eroberungen hatten eine Kultur geformt, wie es sie sonst auf der Erde nicht gab. Im späten zwölften Jahrhundert waren die vorherrschenden Spra-

chen in Sizilien Griechisch, Arabisch und Italienisch, während man am Hof normannisch-französisch sprach. Es gab große Kolonien von Juden und Moslems und eine wachsende Anzahl Italiener vom Festland. Dekrete wurden in lateinisch, griechisch und arabisch erlassen. Die Moslems hatten ihre eigenen Gerichtshöfe, die nach dem Koran urteilten. Byzantinisches Recht galt für die Griechen. Inmitten der wachsenden Macht der römischen Kirche gab es Moscheen, Synagogen und Kirchen der Griechisch-Orthodoxen. Die Hauptstadt Palermo, die unter den Römern Panormus hieß, al-Madinah unter den Arabern, besaß einen englischstämmigen Erzbischof. Doch unter der Oberfläche dieses Karnevals von Sprachen, Gesetzen und Religionen schlug unhörbar Siziliens eigentliches Herz, ein eingewurzelter Fatalismus, der ebenfalls durch die zahlreichen Eroberungen entstanden war.

Das Haus Aragon regierte nicht lange auf Sizilien. Die Wellen der Jahrhunderte und Reiche rollten weiter heran und brachen sich. Schließlich wurden, unter heftigen Verwünschungen der Sizilianer, die Königreiche von Sizilien und Neapel vereinigt, und 1816 proklamierte sich Ferdinand I., ein Bourbone, zum König beider Sizilien. 1860 entriß Giuseppe Garibaldi die beiden Sizilien den Bourbonen wieder, und 1861 wurde Viktor Emmanuel II. aus dem Haus Savoyen, dem Garibaldi seine Eroberungen überlassen hatte, König eines geeinten Italien. So war Sizilien, das sich vierzehnhundert Jahre zuvor der römischen Herrschaft entzogen hatte, wieder unter diese Herrschaft geraten.

Michele und Nunziata Sindona lebten in der Kleinstadt Patti an der Nordostküste, wo östlich davon in einem Tal der Timeto am Monte Litto entspringt. Patti liegt am tyrrhenischen Meer, fünfzig bis sechzig Kilometer westlich Messina, von dort auf einer gewundenen Küstenstraße zu erreichen, und rund vierzig Kilometer nördlich des Ätna, von wo aus man über die Berge dorthin gelangt. Es war und ist eine Stadt, wo trockene Brisen vom Meer her durch lärmende Straßen und über offene Plätze mit weißen Häusern wehen. Es war und ist ein Ort, der niemals einen besonderen Aufschwung genommen hat, aber auch niemals kleiner geworden ist, sondern immer auf den gleichen steinernen Fundamenten ruhte.

Die Sindonas waren in Patti eine geachtete Familie. Michele war Händler, er hatte in seinen Geschäften mit Baustoffen und anderen Gütern Erfolg gehabt. Zusammen mit Nunziata trat er in dieses Jahrhundert ein, mit kräftigen Armen und geldgespickter Börse. Zusammen überstanden sie das große Erdbeben, das am dritten Weihnachtstag 1908 Sizilien und Süditalien verwüstete und ungefähr hundertfünfzigtausend Todesopfer forderte. Zusammen bauten sie wieder auf, was von den Naturgewalten zerstört worden war. An einem Frühlingstag des Jahres 1915, am Vorabend des Eintritts Italiens in den immer heftiger aufflammenden europäischen Krieg, ging Michele hinunter zum Meer, kehrte wieder zu seiner Frau zurück und legte sich zum Sterben nieder.

Antonino Sindona, Erbe des väterlichen Reichtums, war seiner Mutter einziges Kind. 1915 zog er in den Krieg, nicht lange nach dem Tod seines Vaters. Er war damals neunzehn. Drei Jahre später kehrte er zurück, nur um zu entdecken, daß das Unternehmen der Familie durch leichtfertige Gutgläubigkeit so gut wie zerstört war. Verwandte und Fremde hatten der unschuldigen Nunziata mit falschem Lächeln und Tränen und Versprechungen, die Gott als Zeugen anriefen, alles gestohlen, was ihr Mann an Gold und Sicherheiten hinterlassen hatte.

Antonino heiratete eine Frau namens Maria Castelnuovo. Sie war ein junges Weib von dunkler, eindrucksvoller Schönheit, doch acht Jahre älter als Antonino und von zartem Körperbau. Nach der Geburt von zwei Söhnen, Michele Eugenio und Enio, die den Namen Sindona fortführen würden, verschlechterte sich ihre Gesundheit, und die Erziehung ihrer beiden Söhne wurde der Großmutter Nunziata anvertraut.

Aber auch Antonino war zu vertrauensselig. Da gab es sogenannte Freunde mit Kartenspielen und Bündeln von Lirescheinen. Was ihm die Launen des Glücks nicht nahmen, das nahm ihm ihr Falschspiel. 1922 aber sagte er dem Spiel für immer Lebewohl und verbot seinen Söhnen Karten zu spielen, auch ohne Geldeinsatz. Schließlich etablierte er sich als Florist und fertigte Grabgebinde und Grabsträuße an.

Aus einem der beiden Jungen wurde später ein zurückgezogen lebender Mann, ein bekannter Gelehrter. Der andere, mit dunkleren Augen, mit denen er lächelnd aufs Meer hinauszusehen pflegte, wurde Siziliens berüchtigster und berühmtester Sohn.

»Man sagte«, so äußerte er ein Leben später mit funkelnden schwarzen Augen, »ich sei ein Finanzgenie. Aber es war die Grammatik der lateinischen Sprache, durch die sich mir die Bilanzen erschlossen. Zahlen an sich bedeuteten nichts. Sie vermittelten nur eine Perspektive. Durch sie interpretierte ich das innere Leben einer Gesellschaft.«

Der Mann, der Sindona ins Lateinische einführte und in viele andere Geheimnisse, war Professor Sardo-Infirri, der als Lehrer an den weiterführenden Schulen von Patti, am Gymnasium und am Lyceum, unterrichtete. Er war Sindonas erster, vielleicht sein einziger Mentor. Von ihm lernte Sindona am »ginnasio« das Italienisch des Dante, das Latein des Vergil und des Cicero sowie deren geschichtlichen Hintergrund. Später, am »liceo«, wo Sardo-Infirri Leiter der künstlerischen und schöngeistigen Fächer war, führte er Sindona in die Philosophie ein. Bis zu diesem Zeitpunkt hatte Sindona Romane, die Tolstois und andere, zu seinem Vergnügen gelesen. Jetzt wandte er sich den griechischen Philosophen zu, von ihnen ging er zu den deutschen Philosophen über. Er geriet unter den faszinierenden Eindruck von Hegels »absolutem Weltgeist«, dieses gewaltigen Versuches, die bewegende Kraft unter der Oberfläche der Geschichte dingfest zu machen. Weiter führte ihn sein Weg zu dem dunklen Schopenhauer, dann zu dem glänzenden Nietzsche. Schließlich kam er auch zu Pascal. Dieser Franzose aus dem siebzehnten Jahrhundert, der einen Computer erfunden, die Wahrscheinlichkeitsrechnung begründet und eine Abhandlung über die Kegelschnitte geschrieben hatte, bevor er seine »Pensées« zu Papier brachte, besaß eine besondere Anziehungskraft für Sindona, der zu sagen pflegte, die größten Philosophen seien auch die größten Mathematiker gewesen. Sein ganzes Leben über las und las er, im Aufstieg oder im Fall begriffen, in glücklichen Zeiten oder im Gefängnis, die Philosophen, zu denen Professor Sardo-Infirri ihn geführt hatte. Und er pflegte zu sagen, es sei dieser seltene Mann aus Patti gewesen, der ihm die Augen geöffnet hätte.

Nachdem er vierzehn Jahre alt geworden war, arbeitete Sindona, während er gleichzeitig Latein, Mathematik und Philosophie am »liceo« lernte, als Schreiber und Assistent der Buchhaltung im Büro seines Cousins Vittorio Cappadona, der eine kleine Anwaltspraxis in Patti betrieb. Dort eignete er sich noch als Jugendlicher einige brauchbare Kenntnisse in Zivilrecht an. Und dort entdeckte er beim Studium der Kaufverträge, die durch seine Hände gingen, daß es noch andere Geschäfte gab, als Blumen an Leute zu verkaufen, die für ihre Toten sorgten. Der absolute Weltgeist drückte sich in einer Reihe von Geschäften aus. Jedes Geschäft war ein bewegendes Moment an sich, und seine Möglichkeiten waren nur durch die Grenzen des Verstandes der Beteiligten beschränkt. Im kleinen Büro seines Cousins sah Sindona, wo seine Zukunft liegen würde.

Ebenfalls in Cappadonas Büro war es, daß Michele seine politische Unschuld verlor und die weltweite Gültigkeit von Pascals Ausspruch »Wir sind gleichermaßen unfähig zur Wahrheit und zum Guten« entdeckte. Er kam zu der Einsicht, daß es keine Behörde ohne Korruption gab. Einige der Klienten seines Cousins – »bedeutende Männer«, sagte Sindona und lachte fröhlich, »bedeutend nach den in Patti geltenden Maßstäben« – schmierten regelmäßig die Behörden, um Baugenehmigungen zu erhalten oder um um Steuern herumzukommen. Es waren Bagatellfälle. Doch als Sindona älter wurde, sah er bald, daß Korruption überall herrschte, daß ihr Atem und der Atem der Macht ein und dasselbe waren.

Im Alter von fünfzehn begann er zusätzlich zu seinem Lernpensum und zu seiner Arbeit in Cappadonas Anwaltsbüro jüngeren Schülern in Mathematik, Italienisch und Latein Nachhilfeunterricht zu geben. Er fühlte sich geehrt, als Professor Sardo-Infirri seine eigenen Kinder zu ihm schickte, um bei ihm Algebra zu lernen.

1938 verschafften ihm seine vorzüglichen Leistungen am »liceo« ein Stipendium für die Universität von Messina, eine berühmte Institution Siziliens, die nahe am Meer unter der Herrschaft der Spanier 1549 gegründet worden war. Er gab die Arbeit bei seinem

Cousin auf und nahm einen Job in Messina im Ufficio delle Imposte, der lokalen Steuerverwaltung, an. Sein Anfangsgehalt, 300 Lire im Monat, reichte kaum zum Leben. Nach den ersten drei Monaten wurde es verdoppelt. Zwei Jahre arbeitete er in der Steuerverwaltung, während er gleichzeitig die Universität besuchte und am Abend Nachhilfestunden gab. Jetzt war es Philosophie und Physik. (1941 bekleidete er für eine Weile eine Stelle in der Verwaltung bei Bosurgi, Siziliens größtem Zitronenproduzenten.) Zwar strebte er an der Universität einen Abschluß in Steuerrecht an, doch eröffnete ihm das Ufficio delle Imposte Einblicke in die geheimnisvollen Gründe des italienischen Steuersystems, wie es kein Studium vermocht hätte. Er sah voraus, daß diese Einblicke sich später als unschätzbar erweisen würden.

Wieder neigte sich das Jahr einem dunklen Winter zu, ein zweiter Weltkrieg warf seine noch dunkleren Schatten voraus, und Sindona fragte sich, was werden würde. Er hatte seine Dissertation über den »Principe« des Machiavelli geschrieben, des Florentiners aus dem sechzehnten Jahrhundert, von dem alle sprachen, den aber nur wenige wirklich gelesen hatten und dessen Weisheit nach dem Urteil Sindonas immer heller leuchtete, je mehr mit jedem Jahrhundert das Dunkel über die westliche Welt hereinbrach. Im Frühjahr 1942, einige Wochen nach seinem zweiundzwanzigsten Geburtstag, verließ Sindona, jetzt Avvocato Sindona, die Säle der Alma mater.

Zurück in Patti fand er seine ersten Klienten. Es waren zwei Brüder mit Namen Caleca. Der eine war ein Nudelhersteller, der andere Produzent von Steingut. Das Geschäft blühte.

Der Himmel über Sizilien und über Italien hatte sich verdüstert. Im Jahr nach dem Tod seines Großvaters, den Michele niemals kennengelernt hatte, hatte der zweiunddreißigjährige Benito Mussolini – Schullehrer, Journalist, Verwaltungsbeamter – seine »fascio d'azione rivoluzionaria« (revolutionäre Bewegung) organisiert, deren Ziel der Eintritt Italiens in den Ersten Weltkrieg auf seiten der Entente war. Nach dem Krieg hatte die »fascio d'azione rivoluzionaria« über Nacht einen ungeheuren Aufschwung genommen, war zunächst die »fascio di combattimento« (Kampfgruppe), dann, 1921, der Partito Nazionale Fascista (Nationale Faschistische Partei) geworden. Ein Jahr später war Mussolini nach seinem Marsch auf Rom vom Parlament uneingeschränkte Machtbefugnis eingeräumt worden, und bei den Wahlen von 1924 hatten die Faschisten die Mehrheit errungen. 1926 hatte Mussolini, dem man jetzt als dem »Duce del Fascismo« zujubelte, seinen Platz an der Seite des Königs eingenommen. Wahlen gab es nicht mehr, es begann die Herrschaft durch Verordnungen.

Michele Sindona war unter diesem faschistischen Regime aufgewachsen. Während er die Universität besuchte, hatte er sich geweigert, die Uniform zu tragen, die Mussolini für männliche Studenten verordnet hatte. Zur Strafe wurde, wie er sich später erinnerte, seine exzellente Note von 110 auf 105 herabgedrückt.

Obwohl er den Faschismus an sich haßte und schon als Junge die napoleonischen Attitüden Mussolinis lächerlich und gefährlich gefunden hatte, war ihm doch bewußt, daß auch Gutes daraus entstanden war. Es war ihm klar, daß es sich bei Alfredo Rocco, dem Justizminister unter Mussolini von 1925 bis 1932, um einen brillanten Mann handelte. Tatsächlich blieb »Il Codice Rocco«, seine Reform des italienischen Strafrechts, 1931 in Kraft getreten, mit Modifikationen bis auf weiteres die Basis des italienischen Strafrechts. Und schließlich erkannte er, daß Mussolini in seiner souveränen Selbstherrlichkeit immerhin die »dunklen Mächte« Siziliens in den Staub geworfen hatte.

Unter römischer Herrschaft war die Insel in ein Territorium riesiger Landgüter verwandelt worden, die sogenannten »latifundia«. Sie wurden zum Profit reicher Großgrundbesitzer bearbeitet, die auf dem Festland wohnten. Dieses System der Latifundien bestand während der Herrschaft der Goten, der Byzantiner und der Araber über Sizilien weiter. Unter den Normannen wurde die Insel in Signorien aufgeteilt, entsprechend dem französischen Feudalsystem. Während der Jahrhunderte gab es immer wieder Bauernaufstände, doch diese riesigen Landgüter, deren Besitzer weit weg wohnten, bildeten als Latifundien, als Signorien oder als Feudi, wie die Italiener sie bald nannten, das System der wirtschaftlichen Misere Siziliens bis in die Zeiten der Garibaldischen Eroberungen. Und erst im April 1870 wurde das Feudalsystem durch italienisches Gesetz abgeschafft. In den kleinen Privatarmeen, den »compagnie d'armi«, die die »Feudi« der abwesenden Barone schützten und die Vertreter der unsichtbaren Herren gegenüber den Bauern waren, hatten die »dunklen Mächte« ihren Ursprung. Im Osten Siziliens, wo seit normannischer Zeit eher der mittelständische Handel als das Feudalsystem das ökonomische Leben bestimmt hatte, hatten diese dunklen Mächte wenig Einfluß. Luigi Barzini schreibt zum Beispiel über die Mafia in diesem Jahrhundert: »Sie herrscht nur über einen Teil Siziliens. Ihre Drohungen erschrecken nur die Menschen in Palermo, Partinico oder Agrigento, doch werden sie in Messina, Catania und Syrakus ignoriert.« Nach der Zeugenaussage des Don Tommaso Buscetta, dem bisher prominentesten Mafioso Siziliens, der gegen seine eigenen Leute umgedreht werden konnte (er wurde gemäß demselben Vertrag nach Amerika ausgeliefert, der 1984 Sindonas Auslieferung nach Italien ermöglichte), waren Messina und Syrakus die beiden einzigen der neun Provinzen Siziliens, die noch frei von der Mafia geblieben waren.

Als Junge in Patti hatte Sindona diese »dunklen Mächte« nicht kennengelernt, die wie eine Drohung über dem Westen der Insel lagen und eine drückende Atmosphäre verbreiteten, Mächte, unter denen sich Sizilien wie in einem nicht enden wollenden Angsttraum wand. Denn auch im Westen war während Sindonas Kindheit dieser lastende Schleier etwas angehoben worden. Mussolini, der keine Macht ertragen konnte, die nicht vor ihm Kotau machte, hatte diese Bestie, die »sehr ehrenwerte Gesellschaft«, niedergeworfen. Präfekt Cesare Mori, der Mann, der vom Duce den Auftrag bekommen hatte, die Bestie zu töten, führte 1924 seinen Kreuzzug leidenschaftlich und unnachgiebig durch. Fingernägel wurden mit Zangen herausgezogen, Geschlechtsteile zerquetscht, und ein Gerät für Elektroschocks, die »cassetta«, wurde eingesetzt, um Informationen und Geständnisse zu erpressen. 1926 wurden die ersten Gesetze gegen die Mafia erlassen. Im selben Jahr wurde Don Vito Cascio Ferro von Palermo, der ein halbes Jahrhundert lang das unbestrittene Oberhaupt der Mafia gewesen war, von Mori verhaftet und ins Ucciardone-Gefängnis geworfen, wo er starb. 1929 wurde Don Calogero Vizzini, der die Nachfolge des Don Vito angetreten hatte, der Verschwörung angeklagt. Es sah so aus, als ob gegen das Regime Mussolini einfach nichts auszurichten wäre – daher rührte sich die Bestie vorläufig nicht.

Im Juli 1940 trat Italien unter Mussolini in den Zweiten Weltkrieg ein, mit Kriegserklärungen an England und Frankreich. Drei Jahre später, im Juli 1943, landeten britische und amerikanische Truppen an der Südküste Siziliens. Im August, als Messina in die Hände der Alliierten gefallen war, wurde Mussolini abgesetzt, und eine neue Regierung ohne faschistische Mitglieder wurde unter dem König gebildet. Am 3. September setzten die Alliierten von dem eroberten Sizilien aus aufs Festland über, und fünf Tage später kapitulierte Italien. Das war ein Augenblick, den Michele Sindona niemals vergessen konnte, ein Augenblick, der die verborgenen Falten der uralten Seele Italiens und das Wesen der italienischen Politik besser beleuchtete als alle dicken Bücher der Gelehrten. Er lächelte sarkastisch, immer wenn er daran dachte: »Über Nacht wurden aus neunundvierzig Millionen Faschisten plötzlich Angehörige der Resistance. Sie waren zu Bett gegangen mit der Hymne ›L'Abissinia‹ auf den Lippen, wachten auf und sangen ›God Bless America‹.«

Dem Fall des Faschismus folgte unmittelbar das Wiederaufleben der »sehr ehrenwerten Gesellschaft« im Westen Siziliens. Diese Wiederauferstehung war, Sindona sah das sehr klar, von den Alliierten begünstigt worden, die sich der Unterstützung der einheimischen Mafia zur Überwindung des gemeinsamen Feindes bedient hatten. (Später hieß es, Gouverneur Thomas E. Dewey habe 1946 Lucky Luciano als Gegenleistung für seine Entlassung auf Ehrenwort vorgeschlagen, diese unheilige Allianz von seiner New Yorker Gefängniszelle aus zu arrangieren, der gleiche Thomas E. Dewey, der als Spezialankläger Luciano zehn Jahre zuvor in New York überführt hatte. Doch es ist sehr wahrscheinlich, daß Spenden zur Unterstützung des Präsidentschaftswahlkampfes Deweys im Jahre 1940 und seiner erfolgreichen Bemühungen zur Wiederwahl als Gouverneur im Jahre 1946 mehr mit Lucianos Entlassung

zu tun hatten als irgendein Patriotismus oder der Einfluß auf die »dunklen Mächte« Siziliens, den man Luciano zuschrieb.)
Britische Offiziere, mit denen Sindona in Messina sprach, drückten ihre Mißbilligung des amerikanischen Verhaltens aus. Sindona stimmte nicht mit ihnen überein. Er war der Meinung, daß der Zweck die Mittel heilige. Aber bald verschlug ihm das Vorgehen des AMGOT, des Allied Military Government of Occupied Territories, die Sprache. Unter AMGOT-Offizieren wie z. B. Colonel Charles Poletti, dem früheren stellvertretenden Gouverneur des Staates New York, wurden die Mafiosi, die unter Mussolinis Herrschaft niedergehalten worden waren, in Positionen und offizielle Ämter gehievt, von denen sie in den goldenen Tagen vor dem Faschismus nur hatten träumen können. In jenem heißen Sommer des Jahres 1943 empfing Don Calò Vizzini, dessen Anklage unter dem Duce den Beginn der Unterdrückung der »ehrenwerten Gesellschaft« signalisiert hatte, eine Gruppe alliierter Offiziere in seiner »Hauptstadt« Villalba. Still und heimlich ernannte der amerikanische Offizier der dortigen Militäradministration Don Calò zum Bürgermeister von Villalba. Bürgermeister Vizzini präsentierte dann der AMGOT eine Liste von anderen angesehenen Opfern des Faschismus. Alle waren sie brave Menschen und hatten es verdient, Bürgermeister ihrer Städte zu werden.
Sindona erinnerte sich, einem amerikanischen Soldaten in Messina gesagt zu haben: »Leute wie Don Calò für ihre Unterstützung zu belohnen, das ist eine Sache, aber sie zu Bürgermeistern zu machen, Sizilien ihnen auf einem goldenen Tablett zu überreichen, das ist schrecklich, das ist ein großer Fehler.« Der Soldat zuckte nur die Achseln.
Und so hatte Amerika die Bestie wieder losgelassen. Die Vereinigten Staaten, so wiederholte Sindona oft, waren noch eine sehr junge und naive Nation. Die Bestie aber war alt und klug. Sie würde niemals mehr niedergeworfen werden, sondern würde wachsen und immer weiter und wilder umherschweifen. Sizilien war ihre Mutter, die Welt sollte ihre Hure werden.
Nach dem Umschwung 1943 mietete Michele einen der Armee-Lastwagen, die zur zivilen Verwendung freigegeben worden wa-

ren. Alle paar Wochen fuhr er ins Zentrum der Insel, wo Getreide und Gemüse reichlich vorhanden, Zitronen jedoch rar waren. Er brachte stets eine Fuhre Zitronen mit und verkaufte sie dort mit gutem Gewinn, dann belud er den Lastwagen mit Weizen, Linsen, Bohnen, Karotten, Erbsen und anderen Nahrungsmitteln, die im Osten fehlten. Er fuhr nach Hause und heimste wiederum seine Gewinne ein.
Aber jedesmal wenn er Güter für seine Fuhre kaufte, bemerkte er, daß sie teurer wurden. Er begann sich abzusichern, indem er mit Rücksicht auf zu erwartende Preissteigerungen einkaufte.
»Wieviel Weizen haben Sie?« fragte er zum Beispiel.
»Soundso viel Tonnen«, sagte der andere.
»Costo?«
»500.«
»Ich gebe Ihnen jetzt eine Anzahlung von fünf Prozent«, sagte er dann zu dem verblüfften Bauern. »Den Rest erhalten Sie, wenn ich in einigen Wochen zurückkomme.«
Wenn die Inflation während dieser Woche den Weizenpreis derartig hatte ansteigen lassen, daß Sindona einen zu hohen Gewinn machte, so besänftigte er den Bauern, indem er ihm Rollen farbiger Tücher für seine Frau schenkte. Wie Zitronen waren auch Stoffe billig in Messina.
So führte Michele Sindona unter den sich schnell ändernden Zeitläuften auf dem Lande Siziliens die Praxis ein, in Lebensmitteln zu spekulieren. Er reiste weiter hin und her, von seinen Rechtsfällen in Patti zu den Linsengeschäften im Inneren, fast ein Jahr lang. 1944 absolvierte er eine besondere Prüfung, die es ihm ermöglichte, überall in Italien als Anwalt zu praktizieren. Am 4. September dieses Jahres nahm er sich eine Frau.
In Patti, wo heimliche Liebschaften ebenso ein Gewerbe waren wie eine Kunst, galt Sindona lange Zeit als so etwas wie ein Weiberheld, ein Schürzenjäger nach den bunten Röcken in den Cafés und schwülen Salons von Messina. Doch die Frau, die hübsche Caterina Cilio, die mit ihm an diesem heißen Tag aus der alten Kirche der Madonna del Tindari auf den Hügeln oberhalb Pattis trat, kannte er seit den Tagen der Kindheit.

Er und Rina bezogen ein Appartment in Messina, wo seine Anwaltspraxis gedieh. Er schrieb Artikel über die Ungerechtigkeit des Steuersystems für »Il Bollettino Economico della Sicilia«, ein Organ der Handelskammer; und immer größer wurde seine Praxis. Bald kannte er alle und wurde von allen gekannt, die in Messina oder Catania im Geschäftsleben irgend eine Rolle spielten.
Am 29. März 1945 brachte Rina ein Mädchen zur Welt. Es wurde Maria Elisa genannt, nach Sindonas Mutter.
Im darauffolgenden Frühjahr erlebte Italien eine Wiedergeburt. König Victor Emmanuel III. dankte ab und verließ das Land, während sein Sohn als Umberto II. den Thron bestieg. Durch ein Plebiszit wurde aber bald darauf die Monarchie abgeschafft, und Umberto folgte seinem Vater ins Exil. Am 18. Juni wurde die Republik Italien proklamiert. Zwei Monate danach, im August 1946, nahm Michele Sindona Abschied von seiner Frau und seinem Töchterchen. Er überquerte die Straße von Messina – die Meerengen, an denen, wie die Alten sagten, Scylla und Charybdis auf der Lauer lagen – in Richtung Festland. Dann wandte er sich nach Norden und warf sich der Welt und ihrer Macht in die Arme, einer Zukunft, in der alle seine Träume, auch der vom Tod, reifen sollten.

III.

Fortuna

»La Fortuna è Donna« – »Das Glück ist eine Frau« – hatte Machiavelli gesagt, »und wenn du sie beherrschen willst, mußt du sie mit Gewalt erobern. Und es liegt in ihrer Natur, daß sie sich eher von dem Kühnen erobern läßt als von dem Vorsichtigen.«
So zog also Michele Sindona an Scylla und Charybdis vorbei nach Norden, ließ die Heilige Stadt Rom, wo eine ganze Welt mit ihren Göttern begraben lag, zur Seite, und gelangte nach Mailand, wo die Reichtümer des neuen Italien entstanden. Es herrschte drückende Augustschwüle. Unter dem Geläut der Glocken der »campanili«, im Schatten der kleinen Madonna auf der Spitze des hochragenden Duomo del San Ambrogio, schlief die Stadt. Und während sie schlief, drang Sindona in sie ein.
Der einzige Mensch, den Michele Sindona bei seiner Ankunft in Mailand kannte, war Nino Cappadona, der Bruder des Cousins, in dessen Anwaltskanzlei er in Patti gearbeitet hatte. Der ältere Cappadona, im Handel mit Werkzeugmaschinen tätig, öffnete Michele sein Haus und hieß ihn herzlich willkommen. Doch dauerte es nicht lange, bis Michele in dieser reichen Stadt selbst eine Wohnung fand.
Er war befreundet mit Giuseppe Orlando, dem jungen Präsidenten des Unternehmerverbands von Mailand. Früher in Sizilien hatte Michele die Erfahrung gemacht, daß es ein sehr wirksamer Weg zur Gewinnung neuer Klienten war, die Ungerechtigkeit des Steuersystems in der Presse öffentlich anzuprangern. In Mailand begann er also bald Artikel im »Il Commercio Lombardo« zu veröffentlichen, der von Orlando und anderen Leuten im vorhergehenden Jahr als das offizielle Organ der Unione Commercianti der Provinz Mailand gegründet worden war. (In Mailand waren in der Unione Commercianti vierundsechzig Branchen organisiert – Stahl, Textil, Chemie und so weiter – und jede davon stellte eine

eigene Untergliederung dar.) Sindonas erster Artikel für »Il Commercio Lombardo«, ein Vorschlag zur Reform des Einkommensteuerrechts, wurde auf der ersten Seite der Ausgabe vom 15. November 1946 abgedruckt. In den nächsten zwei Jahren schrieb er weiter für »Il Commercio Lombardo« und wurde so schließlich der Rechtsberater für die Untergliederungen Stahl, Chemie, Leder und andere der Unione Commercianti.
Sein erster Klient in Mailand war Arturo Doria, Industrieller und Marquese, dessen Unternehmungen sich auf die chemische, Maschinen- und Gummiindustrie erstreckten. Marquese Doria verschaffte Sindona seine erste Wohnung in Mailand, in dem nördlichen Stadtteil Affori. Statt einer Miete nahm er seine juristischen Dienste in Anspruch.
Im Verlauf von weniger als sechs Monaten hatte also Michele seinen Arm um den Hals der Glücksgöttin gelegt und kraulte dort ihre Locken. Im Februar 1947 ließ er seine Familie, seine Mutter, seine Großmutter, seinen Bruder, seine Frau und Tochter nachkommen. Am 5. März des folgenden Jahres wurde ihm und Rina ein erster Sohn geboren. Er erhielt den Namen Nino, nach Micheles Vater.
Und nur dieser, dessen Namen das Kind trug, blieb in Sizilien zurück, wo er eine Anstellung im Consorzio Agrario Provinciale, der lokalen Landwirtschaftsbehörde, gefunden hatte. Doch hatte Michele bereits Pläne, diesen Zustand zu beenden.
Ebenso wie Michele seine Miete mit seinen Diensten bezahlte, versuchte er, sich Unternehmensbeteiligungen zu verschaffen, indem er sich von bestimmten Gesellschaften, die seine Dienste in Anspruch nahmen, mit Aktien anstelle von Bargeld bezahlen ließ. Dieses System wendete er jedoch mit größter Vorsicht an. Im allgemeinen ließ er sich nämlich mit Bargeld bezahlen und nahm Aktien nur von solchen Gesellschaften, bei denen es kriselte, und wo er latente Möglichkeiten auszumachen glaubte. Je größer die Spanne zwischen dem finanziellen Potential einer Gesellschaft und dem tatsächlichen Wert ihrer Aktien war, desto mehr strebte er nach deren Aktien. Er studierte die Bücher und Bilanzen der Firmen, die ihn beschäftigten, und suchte in den Zahlen nach

heimlichen Goldadern. Und wenn ihm ein vielversprechender Glanz entgegenschimmerte, schlug er zu. Die erste Gesellschaft, die er auf diese Weise in seinen Besitz brachte, war 1949 die pharmazeutische Gesellschaft Farmeuropa. Mit Hilfe von Importeuren, die Sindona über die Unione Commercianti kennengelernt hatte, begann nun Farmeuropa Marlin-Fisch aus Norwegen und Agar-Agar aus Japan einzuführen, eine aus Tang gewonnene Gelatine, die als festigender Faktor bei bakteriologischen Prozessen diente. Doch Sindonas Hauptziel, das er mit der Übernahme von Farmeuropa verfolgte, war nicht, den Agar-Agar-Markt Italiens in seine Hand zu bekommen, sondern nur, eine Gesellschaft zu erwerben, eine ganz beliebige Gesellschaft, zu deren Manager er seinen Vater machen konnte. So erwarb 1950 Michele fünfzig Prozent der Gesellschaftsanteile von ihrem ursprünglichen Besitzer, einem Mann namens Monteverdi, und es glückte ihm, seinen Vater in den Norden, nach Mailand, zu holen. »Gib ihm nicht zu viel Arbeit«, sagte Sindona lächelnd zu seinem Kompagnon, und Monteverdi, von Dank gegenüber dem Mann erfüllt, der seiner Firma neues Leben eingehaucht hatte, lächelte zurück.
1950 war auch das Jahr, in dem Sindona die Fasco A.G. kaufte. Obwohl diese kleine Aktiengesellschaft mit Sitz in Liechtenstein damals, wie sie Sindona später beschrieb, eine »leere Hülle« war, sollte sie die Holding-Gesellschaft für die riesigen und weitverzweigten Reichtümer seines künftigen Imperiums werden.
Aber sein Unternehmungsgeist griff noch viel weiter aus. Durch Vermittlung der Tante des Marquese Doria, der Schauspielerin Gina Faber, wurde er leitender Direktor der San Giorgio Film, S.p.A. Als das Produktionsteam sich nach Cortina d'Ampezzo begab, um einen Film mit dem Titel »24 Ore in Cortina« zu drehen, ging Sindona mit, da er die Berge und hübsche Mädchen liebte. Einer seiner Klienten, Piero Tramarollo, war mit der Florentiner Schauspielerin Germana Paolieri verheiratet. Im vergangenen Jahrzehnt war sie ein gefeierter junger Filmstar gewesen, doch verschwand ihre blonde, schlanke Gestalt allmählich von der Leinwand. Obwohl sie danach mit Erfolg auf der Bühne Fuß gefaßt hatte, gingen ihre Wünsche, nach Jahren kinderloser Ehe, in

Richtung auf eine Rückkehr zum Film. Mit Unterstützung ihres Mannes und mit Sindona als ihrem leitenden Direktor gründete sie die »Castello Brianteo« – Filmgesellschaft. Auch dies machte Sindona Spaß. Doch hielt er Filme für bloße Kindereien. Bei der Produktion eines dieser Filme beobachtete er einmal, wie ein Regisseur eine Schauspielerin bedrängte, ihre Bluse weiter aufzuknöpfen und ihren Rock hochzuziehen. Einige Monate später, als der Film zur Aufführung kam, amüsierte sich Sindona königlich, als er entdeckte, daß die Kritiker sich allen Ernstes kunsttheoretisch und in den geschliffensten Fachausdrücken darüber ausließen. In der Tat, das war eine Welt, die die Aufregung lohnte!
Im Alter von dreißig Jahren, im Frühjahr 1950, war Michele Sindona Millionär. Dieses erste Vermögen, die Grundlage aller weiteren, hatte er vor allem durch Grundstücksgeschäfte gemacht. Durch eine gemeinsame Bekanntschaft war er Raul Baisi, einem großen »commercialista«, Betriebs- und Steuerberater, vorgestellt worden, der einen Horror davor hatte, sich mit den Steuern seiner Kunden herumzuschlagen. Da Steuern aber die Spezialität des Avvocato Sindona waren, übertrug Baisi ihm alle derartige Arbeit. Die beiden wurden Freunde.
Zwischen 1947 und 1950 war Italiens Nachkriegsinflation durch die Regierung des Premierministers Alcide De Gasperi gestoppt worden, und das Land befand sich auf der Woge eines riesigen und langanhaltenden konjunkturellen Aufschwungs. Sindona war einer der Männer, die diese heranbrandende Woge frühzeitig witterten, und er wurde aktiv, indem er Land aufkaufte, das von dieser Woge überspült werden würde.
Mit Raul Baisi erwarb er Grundstücke außerhalb von Mailand und in der Nähe der adriatischen Küste, östlich Ferrara. Das Land außerhalb Mailands kostete sie 100 Lire pro Quadratmeter. Sie investierten weitere 200 Lire pro Quadratmeter für Trockenlegung und elektrische Installation. Sie verkauften dann das Land für 3000 Lire pro Quadratmeter. Ein Großteil des Landes in der Nähe von Ferrara war Sumpfland. Während sie auf die Leute warteten, die das Land erschließen sollten, machten Sindona und Baisi einen zusätzlichen Schnitt, indem sie Aale auf den Markt brachten – eine

besonders begehrte Art des »Anguille« mit überaus weichem Fleisch –, die dort in Unmengen herumschwammen.
Micheles Vermögen und Macht wuchsen in dem Maße, wie die italienische Wirtschaft in den fünfziger Jahren aufblühte. Er quartierte seine Familie in einem kürzlich erbauten Luxusappartementhaus an der Via Visconti di Modrone 30 ein, in der Nähe des historischen Stadtzentrums, und erwarb ein Landgut in Brianza, etwa vierzig Kilometer nördlich von Mailand. Rina brachte am 8. April 1952 das letzte ihrer Kinder, Marco, zur Welt. Wie seine älteren Geschwister wuchs Marco auf, indem er das reine Hochitalienisch lernte, das Michele sich längst angeeignet hatte. Niemals beherrschte er den harten, konsonantisch geprägten sizilianischen Dialekt.
Micheles jüngerer Bruder, Enio, dessen Neigungen eine Richtung weitab von den turbulenten Geschäften der Welt nahmen, hatte sich als Kunsthistoriker von einigem Ruf in Mailand etabliert. 1952 kaufte Michele einen Verlag, das »Istituto Editoriale Italiano«, und setzte Enio als den Leiter dessen Kunstbuchreihe ein, »Libri d'Arte«, für die Enio selbst im Lauf der Zeit Bände über Paolo Uccello, Pietro Cavallini und Pisanello beisteuerte. Enio wurde auch Herausgeber der vorzüglich gemachten Zeitschrift »L'Arte«.
Die Maler, für die sich Enio interessierte, waren Menschen der gleichen Jahrhunderte, des dreizehnten und des vierzehnten, in denen in Italien der Kapitalismus, wie wir ihn heute kennen, entstand, von den Wechseln und internationalen Finanzierungsinstrumenten der Jahre um 1300 bis zur Gründung der ersten modernen Bank 1407 in Genua. Dieser Teil des Erbes der Renaissance, diese Macht, die den Bildhauer bezahlte, der die »Pietà« schuf, die den Maler bezahlte, der die finstere Braue des Judas Ischariot auf die Wand von Santa Maria delle Grazie pinselte – diese Wirksamkeit der Macht also unter der Oberfläche des Glanzes war es, die Michele beeindruckte und ihn anzog.
Die Wirtschaftsphilosophie Sindonas, zu der er sich bei der Märzkonferenz 1951 über »Verteilungskosten« und anderswo bekannte, änderte sich mit den Jahren niemals. Ihr Inhalt war die absolute

Handelsfreiheit. Lächelnd bezeichnete er sich als direkten Nachfahren des Adam Smith. Wie dieser Schotte des 18. Jahrhunderts, der in »The Wealth of Nations« für ein System der »vollkommenen Freiheit« plädiert hatte, verwarf Sindona jeden staatlichen Eingriff in private Unternehmungen. Er las ausgiebig die Werke moderner Wirtschaftstheoretiker, fand aber wenig Brauchbares darin. Nur in Milton Friedman, dessen »Essays in Positive Economics« er 1953 las, begegnete Sindona einer Stimme, die er respektierte.

Zwar pflegte er oft zu sagen, er sei ein »homo oeconomicus«, kein »homo politicus«, doch waren ja Wirtschaft und Politik voneinander untrennbar. Die demokratische Verfassung Italiens war nach einer Debatte von achtzehn Monaten schließlich im Dezember 1947 angenommen worden und am ersten Tag des Jahres 1948 in Kraft getreten. Wie die meisten anderen demokratischen Verfassungen dieses Jahrhunderts übertrug sie die eigentliche Macht einer Gruppe von Ministern, dem »consiglio dei ministri«, die von der Unterstützung einer gewählten Abgeordnetenkammer abhing, der »camera dei deputati«. Diese Kammer und der Senat, der »senato«, bildeten die Legislative, das »Parlamento«. Der Präsident der Republik, eher vom Parlament gewählt als vom Volk, war wenig mehr als eine Galionsfigur. Seine Machtbefugnisse bestanden nur darin, daß er den Premierminister, den »presidente del consiglio«, und andere Minister ernennen konnte. Die eigentliche Souveränität lag in den Händen des Parlaments.

Die erste Wahl unter der neuen Verfassung fand am 18. April 1948 statt. Aus ihr ging als Premierminister der siebenundsechzig Jahre alte Führer der christlichen Demokraten, Alcide De Gasperi, hervor, der seit dem Krieg schon in der interimistischen Regierung gewirkt hatte. Mit stillschweigender Unterstützung des ersten Präsidenten der Republik, Luigi Einaudi, einem Professor für Wirtschaft und Finanzen aus Turin, versuchte De Gasperi, Italien enger an die antikommunistischen Nationen des Westens anzuschließen.

Diesen Stand der Dinge versuchten Michele Sindona und seine politisch interessierten Geschäftskollegen in Mailand mit allen Kräften aufrechtzuerhalten. Doch während dieses ersten Jahres der Demokratie etablierte sich der Partito Communista Italiano (PCI), der als Partisanengruppe drei Jahre zuvor entstanden war, als die zweitstärkste Partei Italiens.

Für Sindona, dessen Glaube an die vollkommene »Freiheit des Kapitalismus« ebenso engagiert war wie Cäsars Glaube an das »imperium«, war der Kommunismus Anathema. Lenin hatte gesagt: »Wir können und müssen den Sozialismus mit dem Material aufbauen, das uns vom Kapitalismus hinterlassen worden ist.« Sindona setzte sich dafür ein, zu verhindern, daß es eine solche Hinterlassenschaft gab. Im Januar 1933 hatte die faschistische Regierung Mussolinis das Istituto Nazionale per la Ricostruzione Industriale (IRI) gegründet, eine vom Staat kontrollierte Organisation, die Italiens fallierende Banken und ihre Industriebeteiligungen stützen sollte. IRI war als vorübergehende Institution gedacht gewesen. Ihr ganzer Besitz sollte wieder verkauft werden und zurück in private Hände gelangen. Doch seit 1937 hatte das IRI eine Dauerexistenz gewonnen, und in den Jahren danach war es ins Gigantische gewachsen.

Diese riesige verstaatlichte Maschinerie hätte im Griff einer kommunistischen Regierung leicht einer der großen Erblasser werden können, die sich Lenin erträumt hatte. Im Februar 1953 rief die italienische Regierung eine andere große staatliche Organisation ins Leben, den Energieversorgungskonzern Ente Nazionale Idrocarboni (ENI). Das geschah einen Monat vor dem Tod Josef Stalins, dessen radikale Ideologie die italienischen Kommunisten immer mehr begeisterte.

Für Sindona und viele andere waren die immer wachsenden und aufeinander zulaufenden Strömungen des Nationalismus und Kommunismus eine Bedrohung, die die Gefahr einer Unterminierung der gegenwärtigen Renaissance des italienischen Kapitalismus mit sich brachte. In Palmiro Togliatti, dem asketischen Führer der PCI, sah Sindona seinen Todfeind, die Verkörperung der Tyrannei der Schwachen. Für ihn war Togliatti, der an der Moskauer Komintern in den zwanziger Jahren teilgenommen hatte, »Auge und Ohr Stalins in Italien«. Während der Jahre der Regierung De Gasperi repräsentierte Togliatti die eigentliche Opposition. Nachdem De Gasperi ein Jahr vor seinem Tod 1953 abgetreten war, regierten die Christdemokraten zwar weiter, aber mit so häufigen Regierungswechseln (tatsächlich waren es insgesamt fünfundvierzig in der kurzen Zeitspanne seit dem Zweiten Weltkrieg), daß Italien unvermeidlich in den Ruf politischer Instabilität geraten mußte. In den Jahren nach 1953 wurden die »democristiani« immer schwächer und immer uneiniger, während die Wahlgewinne der Kommunisten ebenso wie des neofaschistischen Movimmento Sociale Italiano (MSI) und des sozialistischen Partito Socialista Italiano (PSI) immer weiter anstiegen.

Sindona erkannte, daß die Blindheit vieler Männer des Big-Business in seinem Umkreis ihren eigenen Untergang herbeiführen würde. Es waren Männer, die nicht verstehen konnten, daß es nicht bloß Geld war, das ihre Unternehmungen am Leben erhielt, sondern daß ihr Vermögen unter bestimmten politischen Bedingungen entstanden und daher von jeder Änderung dieser Bedingungen abhängig war. Er verwandte ebenso viel Zeit darauf, sich mit den Leuten auseinanderzusetzen, die er »verstockte Kapitalisten« nannte, wie mit den Kommunisten. Gegenüber Giorgio Valerio, dem Präsidenten der riesigen Edison-Gesellschaft, die später verstaatlicht wurde, rief er aus: »Sie sind die beste Werbung für den Kommunismus.« »Der Kapitalismus«, pflegte er allen zu sagen, die es hören wollten, »ist das Euter einer Kuh, aus dem Milch für alle fließt. Durch die Sozialisierung wird das Euter der Kuh weggeschnitten, und es gibt keine Milch mehr.«

IV.
Kirche und Staat

An einem Junitag des Jahres 1907 ging der zehnjährige Giovanni Battista Montini zu seiner ersten heiligen Kommunion in dem lombardischen Städtchen Cucesio in der Nähe von Brescia. Sein Vater Giorgio schenkte ihm eine Bibel. Diese Bibel wurde zum teuersten Besitz des Sohnes. Er trug sie stets mit sich, auch noch siebenundvierzig Jahre später, als er – jetzt Monsignor Montini – von Papst Pius XII. aus der Kurie des Vatikan auf den Bischofssitz von Mailand entsandt wurde.
Am 12. Dezember 1954 wurde Montini zum Erzbischof von Mailand geweiht. Während der Weihnachtszeit machte er seine Antrittsbesuche in der Gesellschaft dieser Stadt und begegnete dabei auch dem auffälligsten jungen Geschäftsmann von allen, Michele Sindona. In den ersten Wochen des neuen Jahres versuchte der kommunistische Gewerkschaftsführer Pietro Secchia, Erzbischof Montini daran zu hindern, Messen in Betrieben um Mailand abzuhalten. Mit Unterstützung seiner Verbündeten aus der Industrie kam Sindona dem neuen Erzbischof zu Hilfe. Das war ein Konflikt gewesen, der Sindona sehr zupaß kam.
Noch mehr engagierte er sich im Jahre darauf in Angelegenheiten der Politik. Jenseits der Alpen empörten sich im November 1956 die Ungarn gegen die Satelliten-Regierung der Sowjets, die ihnen aufoktroyiert worden war. Nach blutigen Gefechten zog sich die kommunistische Armee vor den nationalen Truppen unter Führung des Obersten Pal Maléter zurück. Aber die Hilfe des Westens, auf die die Ungarn hofften, blieb aus, und neue russische Panzereinheiten walzten die Revolution nieder. An die zweihunderttausend Menschen flohen aus dem Land. Eine Gruppe von ihnen, etwa fünfzig Flüchtlinge, nahm Sindona in seine Obhut und gab ihnen Asyl auf der Carla and Rina Farm, Ltd., der ihm und seinem Partner Raul Baisi gehörenden Ferienkolonie in Blind Ri-

ver, Ontario. Dank Sindonas Hilfe fanden sie alle schließlich Arbeit in den Uranminen der kanadischen Provinz, während Michele selbst sich die Feindschaft der italienischen stalinistischen Linken zuzog – die damals immer mehr ihr Haupt erhob. Auch diese Feindschaft genoß er sehr.
Es war eine turbulente Zeit für Sindona. Am 25. März 1957 traten die Römischen Verträge über den Europäischen Gemeinsamen Markt Italiens, Frankreichs, Belgiens, Hollands, Luxemburgs und der Bundesrepublik Deutschland in Kraft. In den sich anschließenden Konferenzen über Steuern, Verteilungskosten und die Vereinheitlichung des europäischen Handelsrechts wählten verschiedene Unternehmerverbände der Unione Commercianti Sindona zu ihrem Vertreter. Schließlich veröffentlichte er 1960 ein kleines Buch über die Frage der Steuern und Verteilungskosten des Gemeinsamen Marktes, »Oneri fiscali e costi della distribuzione nel Mercato Comune Europeo«, mit einem Vorwort von Giuseppe Orlando, dem Präsidenten des Unternehmerverbandes, mit dem er seit seinem Beginn in Mailand befreundet war.
1957 verlor Sindona seinen Vater, der an einem Schlaganfall starb. Aus Dankbarkeit für Monteverdi, seinen Partner bei Farmeuropa, der seinen Vater als Manager dieser Gesellschaft beschäftigt hatte, verkaufte ihm Sindona seine Anteile zum Nennwert.
Nicht lange nachdem er Farmeuropa abgestoßen hatte, machte er eines seiner bedeutendsten Geschäfte in diesem Abschnitt seiner Karriere. Sein Klient und Freund Ernesto Moizzi besaß unter vielen anderen Beteiligungen die Acciaierie Vanzetti, S.p.A., ein Stahlunternehmen, das sehr unter schlechtem Management und der Kontrolle von Banken litt, die keine Erfahrung in Stahl hatten. Sindona erkannte die Möglichkeiten, die in den Vanzetti-Stahlwerken steckten, nicht nur wegen potentieller Gewinne, sondern auch, wegen des Mailänder Standorts, im Hinblick auf den Wert der Grundstücke. Während einer der periodischen Stahlkrisen Italiens kaufte er die Werke von Moizzi für umgerechnet 200.000 Dollar.
In den folgenden Monaten verbrachte Sindona mehr Zeit im Vanzetti-Werk, als er jemals in seine anderen Erwerbungen investiert

hatte. Als Rechtsvertreter von Assofermet, der Stahlvereinigung innerhalb der Unione Commercianti, machte er all seinen Einfluß und seine Verbindungen geltend, um Käufer für den Vanzetti-Stahl zu finden.

»Wenn Sie vorhaben, hundert Tonnen Stahl zu kaufen, kaufen Sie zehn bei mir«, pflegte er zu sagen.

In weniger als zwei Jahren gelangte Vanzetti unter seiner Führung von beträchtlichen Verlusten in eine stabile Gewinnzone, und 1959 verkaufte er es an Crucible Steel in Amerika, eine sechzig Jahre alte Gesellschaft, die damals der Welt bedeutendster Produzent von Spezialstählen war.

In einem Brief an Sindona gab Joel Hunter, der Präsident von Crucible, seiner Zufriedenheit über diese Transaktion Ausdruck und erklärte, die von Sindona unterzeichneten Bilanzen seien von einer New Yorker Wirtschaftsprüfungsgesellschaft, Deloitte Plender Haskins & Sells, geprüft worden, und die Prüfung habe stille Reserven von etwa 75.000 Dollar zum Vorschein gebracht. Dies sei das erste Mal gewesen, daß die berühmte Firma eine positive Differenz in der Bilanz eines europäischen Verkäufers entdeckt habe. In onkelhafter Attitüde gab Hunter Sindona zu verstehen, daß eine derartige Rechtschaffenheit in Geschäften fast einer Dummheit gleichkomme.

Doch weder Hunter noch die großen New Yorker Wirtschaftsprüfungsgesellschaften wußten von den Tuchballen, mit denen Sindona vor langer Zeit die Bauern des sizilianischen Berglandes eingewickelt und von seinen riesigen Gewinnen abgelenkt hatte. Weder Hunter noch die Prüfer wußten auch, was Sindona sehr gut wußte – daß nämlich Ehrenhaftigkeit, abgesehen von ihrem Wert als Tugend, das beste Eisen im Feuer ist, eines der wirksamsten Machtinstrumente in den Händen eines Mannes, der es zu schmieden versteht.

Bei dieser Crucible-Transaktion des Jahres 1959 realisierte Sindona einen Nettogewinn von 2 Millionen Dollar. Zusätzlich wurde er Vizepräsident der neuen Acciaierie Crucible Vanzetti, S.p.A. Obwohl das Geschäft letzten Endes für die amerikanische Gesellschaft schlecht ausging – der alte Hochofen galt als zu klein, und

Crucible baute einen anderen, der niemals ordentlich funktionierte –, waren die Beziehungen zwischen Crucible und Sindona, dessen Fähigkeiten sich als von großem Wert vor und während der Schwierigkeiten herausstellten, immer bemerkenswert gut.

Im Zuge der Crucible-Transaktion befreundete sich Sindona eng mit Daniel A. Porco, dem Vizepräsidenten von Crucible, der für das internationale Geschäft verantwortlich war und später auch für ihn arbeiten sollte. Und mittels der Crucible-Transaktion begründete Sindona seine Präsenz und seine Macht auf der großen internationalen Bühne. Von jetzt an sandte er seinen Willen quer über den Ozean in die Neue Welt der Effektivität und Naivität, »l'America« – »l'America«, das aus dem gierigen Zugriff Europas entstanden war und sich in der Gnade eines Gottes fühlte, der ebenfalls aus Europa importiert war.

In diesem Jahr der Crucible-Transaktion kam Sindona wieder einmal dem Erzbischof zu Hilfe. Dieses Mal, indem er ihn bei der Finanzierung und dem Bau eines Altersheimes unterstützte, das Montini immer schon hatte errichten wollen.

Sindona hatte den Erzbischof während der ersten fünf Jahre seiner Amtszeit recht gut kennengelernt. Die Seele des Prälaten war einigermaßen kompliziert. Johannes XXIII., der ihn 1958 in den Rang eines Kardinals erhoben hatte, sprach lächelnd von ihm als »unser Kardinal Hamlet«. Obwohl seine Loyalität zur Kirche unbestritten war, lag um ihn ein Hauch geheimnisvollen Grübelns und eine ängstliche Scheu, die ihn zum Außenseiter innerhalb der Kirchenhierarchie stempelte. Die Bibel, die ihm an jenem Frühlingstag vor mehr als einem halben Jahrhundert geschenkt worden war, war noch immer das Buch, das er am meisten schätzte, doch war er inzwischen ein Mann geworden, der sich ausgiebiger Lektüre der Literatur verschiedener Sprachen hingab, und der z. B. als Kardinal das Vorwort für die italienische Ausgabe des Werkes »Humanisme intégral« des französischen Philosophen Jacques Maritain schrieb. Unter den Gläubigen Mailands und innerhalb der römischen Kurie galt er als Mann von sehr feinem sozialem Gewissen, doch hatte es manchmal den Anschein, als ob die guten Werke – der Dienst an den armen Arbeitern, die Betreuung der alten Menschen –, die man als Ausfluß seiner großen Menschlichkeit ansah, in Wirklichkeit die Kompensation der Fremdheit waren, die er gegenüber den Massen empfand.

Die beiden Männer, Sindona und Kardinal Montini, schienen einander sehr unähnlich und waren sich doch in vieler Hinsicht verwandt. Beide waren sie dem Christentum verbunden, jeder repräsentierte eine der beiden Seiten der Religion: der eine so entschieden in seiner Hinwendung zur Welt wie der andere in ihrer Verneinung; der eine ein Mann der Frauen, der andere ein Mann Gottes. Beide waren sie, jeder auf seine Weise, für die Gratwanderung auf den Höhen des Ruhms, inmitten der Throne und Teufel dieser Welt, geschaffen. Man sagt, der Dom von Mailand, die große prachtvolle Kathedrale, die im späten vierzehnten Jahrhundert errichtet wurde, stehe auf dem Grundriß des Baptisteriums von Sankt Ambrosius, dem römischen Anwalt, der Mailands erster Erzbischof wurde und der hier Sankt Augustin am Osterabend des Jahres 387 taufte. Dicht bei der Kathedrale, südöstlich davon, in der Piazza Fontana, liegt der Palazzo Arcivescovile, der Palast des Erzbischofs. Dort sprachen die beiden Männer in der klösterlichen Abgeschiedenheit der mit Wandteppichen verhängten erzbischöflichen Räume miteinander und kamen einander näher, während draußen das Licht des Nachmittags verdämmerte und die Jahreszeiten vorbeizogen. Jeder war immer von neuem über die verborgenen Winkel im Wesen des Gesprächspartners erstaunt.

Kardinal Montinis Vater war ein Anwalt, der im Partito Popolare tätig gewesen war, der antifaschistischen Gruppierung, aus der die Christlichen Demokraten hervorgegangen waren. Und sein älterer Bruder Lodovico war Mitglied des Parlaments. Er selbst indessen verstand wenig von Politik und Wirtschaft, wie Sindona bald herausbekam. Ihre Gemeinsamkeiten lagen, außer im Glauben an Gott, in ihrer Liebe zur Klassik und zur Philosophie. Der Kardinal konnte nicht anders, als sich durch die Begeisterung Sindonas für Nietzsche immer wieder provoziert zu fühlen, den Philosophen, der proklamiert hatte, das Christentum sei der »Vampir des Imperium Romanum« gewesen; der geschrieben hatte: »Ich verurteile das Christentum, ich erhebe gegen die christliche Kirche die furchtbarste aller Anklagen, die je ein Ankläger in den Mund genommen hat. Sie ist mir die höchste aller denkbaren Korruptionen, sie hat den Willen zur letzten auch nur möglichen Korruption gehabt. Die christliche Kirche ließ nichts mit ihrer Verderbnis unberührt ...« *(Der Antichrist)*

Der Kardinal schüttelte voller Abscheu den Kopf. »Sie mögen Nietzsche, weil Sie an seinen ›Übermenschen‹ glauben«, sagte er.

»Nein«, gab Sindona zur Antwort, »ich mag Nietzsche, weil er Sokrates für größer hielt als Napoleon.«

Und während das Nachmittagslicht verdämmerte und die Jahreszeiten draußen vorbeizogen, konnte der eine nicht wissen, daß der andere bald Papst sein, und der andere, daß sein Partner bald zu den reichsten Männern der Erde gehören und das goldene Schwert dieser Kirche erheben würde, in der sie beide geboren waren und in der sie beide sterben sollten.

»Geld gibt die Antwort auf alles«, so steht es im Prediger Salomo.

Geht man durch die »Porta di Santa Anna« und betritt die Vatikanstadt, wendet man sich dann nach links zu dem »Hof« mit seinen hohen Mauern und zu dem »Turm von St. Nicola« aus dem fünfzehnten Jahrhundert, so sieht man oben in dieser alten Festung das IOR.

Das Istituto per le Opere di Religione (Institut für religiöse Werke) wurde am 27. Juli 1942 durch einen speziellen Erlaß des Papstes Pius XII., einem »chirografo«, gegründet. Als vom Papst selbst initierte und kontrollierte Institution war also das IOR nicht die Bank des Vatikans, wie man sich später fälschlich ausdrückte, sondern die Bank des Papstes.

In dieser neuen Institution ging die frühere Verwaltung der religiösen Werke, die von Leo XIII. 1887 errichtet worden war, auf. Das Ziel des IOR war zweifach. Es sollte die Geheimhaltung der Bankgeschäfte des Klerus garantieren und Depots für ihre Kunden in einer Weise verwalten, daß Gewinne entstanden, die dann der Papst für seine verschiedenen Belange verwenden konnte. Nach den Lateran-Verträgen von 1929, in denen Mussolini dem Vatikanstaat Souveränität übertrug, waren solche Anlagegewinne aus Investitionen des IOR von der Besteuerung durch die italienische Regierung ausgenommen. Und diese Verträge wurden später als einzige von Mussolinis Errungenschaften in der Verfassung von 1947 bestätigt.

Es wurde festgesetzt, daß der nominelle Präsident des IOR ein Prälat sein mußte. Doch war der höchste weltliche Angestellte des IOR, sein »delegato«, der eigentliche Direktor. In den späten fünfziger Jahren, als Sindona und Kardinal Montini im Norden des Landes saßen und über Übermensch, Vergil und die endlose blutige Fehde zwischen der Menschheit und der Schlange diskutierten, war der »delegato« des IOR in Rom ein Mann namens Massimo Spada. Von Natur aus zurückhaltend und bescheiden, war er in gesellschaftlichen und Finanzkreisen der Hauptstadt eine vertraute und geschätzte Figur. Er verhielt sich wie ein alter Aristokrat und war so durch und durch Römer, daß man freundlich spottend über ihn sagte, er spreche nicht »italiano«, sondern nur »romanesco«. Er war für seine Kenntnis der Wirtschaftsgeschichte Italiens berühmt, und viele, die ihn kannten oder hofften ihn kennenzulernen, rissen sich um eine ehrenvolle Einladung zum Kaffee im Hause Spada in der Via degli Scialoia, wo er Abschnitte aus dieser Geschichte in anspruchsvollem, ebenso berühmtem Stil vortrug.

Michele Sindona gehörte zu den Leuten, die darauf hofften, ihn kennenzulernen, doch wußte er auch, daß der Weg zu ihm nicht über den zarten und bleichen Mailänder Kardinal führte. Wie es das Glück fügte, hatte seine Cousine Anna Rosa – die Tochter des Bruders seiner Mutter – den jüngeren Bruder des Monsignore Amleto Tondini, eines angesehenen »vaticano«, geheiratet. 1899 in Ravenna geboren, war Tondini Verfasser einiger Bücher auf lateinisch. Das erste, »De ecclesia funerante ad norman c.j.c.«, 1927, vier Jahre nach seiner Ordination erschienen, war eine Abhandlung über Begräbnisriten der Kirche; das neueste Buch, 1947 in Rom publiziert, eine Sammlung alter Inschriften. Diese Werke und seine Funktion als Herausgeber der Zeitschrift »Latinitas« hatten ihm den Ruf eines »Latinisten des Vatikans« verschafft. Seine Stellung im Vatikan wurde bald noch gefestigt, als ihn Papst

Johannes XXIII. beauftragte, das Büro zu leiten, welches als das Pontifikalsekretariat für die Korrespondenz mit führenden Persönlichkeiten bekannt war. Zu dessen erlesenen Aufgaben gehörte es auch, lateinische Worte für Begriffe zu entwickeln, die es noch nicht gab, als Latein eine lebende Sprache war. Unter diesen Erfindungen, die Tondini die Hochachtung der Päpste einbrachten, waren z. B. auch »pyrobolus atomicus« für »Atombombe« und »irritatio belli« (Eskalation von Kämpfen), um die Eskalation des Krieges in Vietnam zu beschreiben.
Über diesen versponnenen, aber wortgewaltigen Latinisten des Vatikan, mit dem er durch die Bande des Blutes verwandt geworden war, erreichte Sindona 1959 eine Vorstellung bei Massimo Spada.
Unter Spadas Führung hatte das IOR ein Prestige gewonnen, das bei weitem seine bescheidenen finanziellen Mittel überstieg. Der vierundfünfzigjährige »dottore commercialista« hatte der Bank fast unbegrenzten Kredit gesichert. Dieser Kredit ermöglichte es ihm, den Vatikan als einen wichtigen Faktor im wirtschaftlichen Leben Italiens zu etablieren, nicht so sehr als Unternehmer denn als Garant und Schiedsrichter in delikaten Situationen, in die Staat und private Unternehmen verwickelt waren. Spadas eigentliches Anliegen aber war es, einen Weg zu finden, um sowohl das Vermögen des Heiligen Stuhls zu vergrößern als auch seine Geltung in der internationalen Finanzwelt zu steigern. Die Lösung dieses Problems, so erkannte Spada, lag darin, das IOR zu einer finanziellen Drehscheibe zu machen, zu einem finanzkräftigen Investor von Anlagen anderer Banken.
Ernesto Moizzi, der Sindona die Vanzetti-Stahlwerke verkauft hatte, war noch sein Klient und Freund. Der Kern des Vermögens von Moizzi bestand in der Banca Privata Finanziaria, die er in Mailand nach dem Ersten Weltkrieg gegründet hatte. Es war nur eine kleine Bank, doch eine spezielle Ermächtigung der Regierung erlaubte es ihr, als finanzieller Vermittler in ganz Italien zu operieren. So war die kleine Bank in der Via Giuseppe Verdi eine einzigartige Erscheinung innerhalb der Finanzwelt, mit den Merkmalen einer gewöhnlichen Kreditbank, aber auch einer Investmentbank

im Stile der Genfer Banken. Infolge des Sachverstandes von Moizzi und seinem Partner Mino Brughera hatte sich die Banca Privata Finanziaria einen kleinen, aber erlesenen Kundenstamm von Investoren herangezogen, in dem sich die erlauchtesten Namen der Finanzwelt der Lombardei fanden, von Pirelli bis Marinotti, von Falk bis Juker. Von allen italienischen Banken war sie die erste, die sich in Richtung auf eine moderne Handelsbank nach dem Modell britischer Banken entwickelte, eine echte »banca di affari«.

Sindona war lange als Steueranwalt der Bank tätig gewesen sowie als persönlicher Vermögensverwalter von Moizzi und Brughera. Tatsächlich hatte Brughera, ein Mann, der dafür bekannt war, daß er nicht leicht einem anderen Vertrauen schenkte, 1952 Sindona mit allen Vollmachten ausgestattet, seine Interessen wahrzunehmen.

Inzwischen war Mino Brughera gestorben, und der alte Ernesto Moizzi stand allein am Steuer. Weder Brugheras noch Moizzis Kinder zeigten irgendein Interesse an der Bank, die ihre Väter aufgebaut hatten. 1959 wurde Sindona von Moizzi, der von dessen Bekanntschaft mit Spada wußte, gebeten, diskrete Erkundigungen darüber anzustellen, ob das IOR möglicherweise daran interessiert sei, die Aktien der Bank zu erwerben.

Es bedurfte wenig, Spada zu gewinnen. Er hatte Sindona schon beauftragt gehabt, die Möglichkeiten der Gründung eines Finanzinstituts zu ventilieren, das dem IOR einen Stützpunkt in der wirtschaftlichen Hauptstadt Italiens geben und es befähigen würde, als finanzielle Drehscheibe zu arbeiten. Die Banca Privata Finanziaria war das dafür ins Auge gefaßte Institut.

Um Sindonas Mitwirkung sicherzustellen, forderte ihn Spada auf, vierzig Prozent des Aktienkapitals zu erwerben, während das IOR die anderen sechzig Prozent kaufen wollte. Gleichzeitig regte er Sindona an, einige Prozente aus diesen 40 Prozent Franco Marinotti, einem Freund Sindonas, anzubieten, der sowohl Chef von Italiens größter Textilfirma, Snia Viscosa, war als auch Direktor der Confindustria, des mächtigen nationalen Industrieverbandes. Spada hatte das Gefühl, daß Marinotti in diesen beiden Funk-

tionen die Möglichkeit und auch den Wunsch hätte, der Bank wichtige Kunden zuzuführen.
Das IOR erwarb das gesamte Aktienkapital der Banca Privata über ein Depot beim Credito Lombardo, einer Bank, mit der das IOR in engster Verbindung stand. Dann unterschrieb es, während es nominell Eigentümer von hundert Prozent blieb, den Wiederverkauf von jeweils zwanzig Prozent an Franco Marinotti und an Fasco Italiano, eine Kommanditgesellschaft, die Michele Sindona gehörte.
Bei diesem Stand der Dinge näherte sich Tito Carnelutti Sindona, ein reicher und sich gern in den Vordergrund stellender Anwalt, den Sindona seit seinen Anfängen in Mailand kannte. Carnelutti stand selbst in Geschäftsbeziehungen zum IOR, mit dem zusammen er und der Credito Lombardo über eine Mehrheitsbeteiligung an der Banque de Financement de Genève verfügte, normalerweise als Finabank bekannt. Er äußerte Sindona gegenüber seinen Wunsch, ein Partner bei der Banca Privata zu werden und sagte ihm, er könne, da das IOR an beiden Banken beteiligt sein würde, eine Vereinbarung zwischen der italienischen und der Schweizer Bank zustande bringen, die für sie alle von Vorteil wäre. Sindona ging zu Spada, und Spada seufzte. »In Rom«, so sagte er zu Sindona, »heißt es: Wenn du willst, daß jemand etwas weiß, du es aber ihm nicht selbst sagen willst, dann sage es Tito unter dem Siegel strengster Verschwiegenheit, und du wirst dein Ziel erreicht haben.« Was Marinotti anbetraf, so wollte er nichts mit Carnelutti zu tun haben. Alte Streitigkeiten standen zwischen ihnen, wobei Sindona den Verdacht hatte, sie seien mehr persönlicher als geschäftlicher Art. Sogar der alte Moizzi, den man gebeten hatte, als Präsident der Bank zu fungieren, erklärte, daß er Carnelutti nicht in seiner Umgebung wünsche. Man könne ihm nicht trauen, meinte er. Er sei ein eitler Mann mit einem Klatschmaul, ein »chiacchierone«.
Sindona dachte schweigend nach, still nahm er Carneluttis Geld und ließ die Hälfte der Aktien der Banca Privata, die im Besitz der Fasco Italiana waren, auf Carneluttis Namen überschreiben.
Mittlerweile war im Vatikan Monsignore Giuseppe De Luca, ein

gelehrter Altphilologe und Theologe, bei Spada vorstellig geworden, um 100 Millionen Lire, das entsprach damals ungefähr 63.000 Dollar, zu erbitten, mit denen er Bücher kaufen und so seine umfangreiche »Geschichte der Frömmigkeit«, »Archivio per la storia della pietà«, vollenden wollte, von der er seit 1951 bereits drei Bände veröffentlicht hatte. Spada mochte den exzentrischen alten Büchernarren gern, doch Alberto Cardinal Di Jorio, der fünfundsiebzigjährige Präsident des IOR, verachtete den Monsignore samt seiner Bildung. All die Jahre über hatte Di Jorio De Lucas Bitten abgewiesen. Spada argumentierte ihm gegenüber, De Lucas Werk würde dem Heiligen Stuhl Ehre bringen, und seine wertvolle Privatbibliothek würde einmal der vatikanischen Bibliothek vermacht werden. Doch Di Jorio hatte seinen römischen Kollegen immer wieder abblitzen lassen. Spada mochte Di Jorio nicht und hatte den Eindruck, daß die Präsidentschaft des in Finanzdingen unerfahrenen Prälaten mehr ein Hindernis als eine Hilfe für seine Absichten mit dem IOR war. Seit ihn Papst Johannes XXIII. im November 1958 in den Kardinalsrang erhoben hatte, war die Arroganz des Di Jorio noch gewachsen, und die Kluft zwischen ihm und Spada hatte sich vertieft.

Daher sprach jetzt Spada mit Papst Johannes über Monsignore De Lucas erneute Bitte. Der Papst schlug vor, Spada solle De Luca auf andere Weise helfen. Spada wandte sich also an den Credito Lombardo und veranlaßte diese Bank, De Luca das Darlehen zu geben, das er begehrte.

Tito Carnelutti mußte im Verlauf seiner Geschäfte mit dem Credito Lombardo Wind von diesem Darlehen bekommen haben. Denn Nachrichten darüber gelangten nach Rom und schließlich zu den Ohren des Di Jorio. Der alte Kardinal befahl Spada, dem Credito Lombardo sein Geld zurückzugeben, außerdem ordnete er in seinem Ärger an, er solle die Aktien der Banca Privata wieder verkaufen, die er über das Depot beim Credito Lombardo erworben hatte, da er, Präsident Kardinal Di Jorio, diesen Kauf nicht billige. Spada gestikulierte verzweifelt und versuchte, dem Kardinal klarzumachen, was die Bank in Mailand für das IOR bedeuten könnte. Doch der Kardinal winkte ab, indem er die mit Rubinen

besetzte Hand hob, und blickte an Spada vorbei ins Leere. Für ihn war die Angelegenheit erledigt.
Sindona verfluchte Carnelutti und seine Geschwätzigkeit. Und er staunte über das Schlangennest von Mißgunst und eitler Narrheit, das der Vatikan darstellte, in dessen immer bösartigere Machenschaften er selbst in den kommenden Jahren verstrickt werden sollte.
Am 28. Oktober 1960 erwarb die Fasco AG, die Holding Gesellschaft mit Sitz in Liechtenstein, deren einziger Besitzer Michele Sindona war, die Majorität an der Banca Privata Finanziaria. Franco Marinotti blieb sein Partner, und Massimo Spada, der Sindona ermutigt hatte, die Bank zu übernehmen, in der Hoffnung, sie könnte wieder in den Besitz des IOR zurückgebracht werden, beanspruchte einen Platz im Aufsichtsrat.
Die kleine Bank in der Via Giuseppe Verdi gedieh prächtig unter Sindonas Leitung. Eines Tages erwähnte Franco Marinotti ihm gegenüber, daß John McCaffery, der Repräsentant der Londoner Hambros Bank, Ltd. für Italien, den Wunsch geäußert habe, Sindona zu treffen und die Möglichkeiten einer Beziehung zwischen der Banca Privata und Hambros zu erörtern.
Sindonas Treffen mit dem Schotten verlief sehr zufriedenstellend. McCaffery, der als Student 1924 nach Italien gekommen und bis zum Ausbruch des Krieges 1939 geblieben war, war später einer der wichtigsten britischen Agenten der europäischen Widerstandsbewegung auf dem Kontinent geworden und wurde als solcher nach dem Krieg mit dem höchsten Orden des Hauses Savoyen, dessen Grundfesten bereits wankten, ausgezeichnet. Sindona war recht angetan davon, zu hören, daß McCaffery die Dienste der britischen Regierung nach Differenzen mit Winston Churchill wegen dessen Verhalten bei den Verträgen von Teheran und Jalta quittiert hatte. Nachdem McCaffery 1945 wieder nach Italien gekommen war, bot ihm der interimistische Premierminister Ferruccio Parri die Ehrenbürgerschaft einer beliebigen Stadt seiner Wahl an. Er wählte Mailand, wo er eine kleine Versicherungsmaklerfirma gründete und schließlich der Repräsentant für Hambros wurde.
Die beiden Männer verstanden sich vorzüglich, da sie ihren bei-

derseitigen Anti-Stalinismus entdeckten und sich an die Geschichte erinnerten, wie Hambros 1859 den zweiten Krieg der italienischen Unabhängigkeit finanziert hatte. McCaffery erzählte von dem Dankesbrief des Conte Camillo Benso di Cavour, der die Führungsmannschaft der Firma Hambros in der Londoner Bishopsgate ausgezeichnet hatte.

Einige Monate später erwarb auf McCafferys Drängen die angesehene britische Handelsbank 24,5 Prozent des Kapitals der Banca Privata. Dann wurde Sindona bei Dan Porco, dem Pittsburgher Stahlmanager, den er bei seinem Crucible-Geschäft kennengelernt hatte, vorstellig. Er bat Porco, eine amerikanische Bank großen Einflusses ausfindig zu machen, die sich neben Hambros und Sindona an der Banca Privata beteiligen würde. Porco sprach mit einem seiner Freunde, dem Präsidenten der Continental International in New York, einem Tochterunternehmen der Continental Illinois National Bank and Trust Company, einer der größten Geschäftsbanken der Vereinigten Staaten. Porcos Freund riet ihm, Verbindung mit dem neuen Vorstandsmitglied der Continental Illinois in Chicago aufzunehmen, einem Mann namens David Matthew Kennedy.

Abgesehen von seiner Arbeit für die Continental Illinois, hatte Kennedy sein Leben dem Dienst an seinem Gott und seiner Herrschaft geweiht. 1905 in Randolph, Utah, geboren, war er in der Kirche Jesu Christi der Heiligen der Letzten Tage aufgewachsen und glaubte an das goldene Buch Mormon, das ein Engel namens Moroni seinem Auserwählten Joseph Smith im vergangenen Jahrhundert offenbart hatte. Zwei Jahre hatte er in England als Missionar der Mormonen verbracht, dann übernahm er 1930 eine Stelle im Vorstand der Federal Reserve Bank. Sechzehn lange Jahre blieb er dort in Washington und diente dem goldenen Licht des Engels, aber auch der handgreiflicheren Macht des irdischen Goldes. Dann war er zur Continental Illinois gekommen und innerhalb von fünf Jahren zu ihrem Vizepräsidenten aufgestiegen. Wiederum zwei Jahre später verließ er 1953 diesen Posten, um eine Stelle als Mitarbeiter für besondere Aufgaben des Finanzministers George M. Humphrey anzutreten. Im folgenden Jahr kehrte er

wieder zur Bank zurück. 1957, im hundertsten Jahr der Gründung der Bank, war Kennedy ihr Präsident, 1959 Vorstandsvorsitzender und jetzt wieder Mitglied des Vorstands.
Nach seinem Treffen mit Dan Porco schickte Kennedy Vertrauenspersonen nach Mailand, die sich in der Banca Privata umsehen sollten. Nicht lange nach deren Rückkehr nach Chicago, erwarb die Continental Illinois, ebenso wie das Hambros getan hatte, 24,5 Prozent des Kapitals der Banca Privata. Franco Marinotti machte wie Sindona einen Riesenschnitt. Sindona, in dessen Händen einundfünfzig Prozent des Aktienkapitals der Bank blieben, behielt weiterhin die Kontrolle über sein Institut, während er zusätzlich in Hambros und Continental Illinois Partner von höchstem internationalem Rang gewann. Ihre Macht war jetzt die seine, und sein Wille war der ihre.
Während dies alles sich ereignete, dämmerte Micheles Großmutter, die alte Nunziata, langsam in die Schatten der Märchenwelt hinüber, von der sie ihren Enkeln vor vielen Jahren erzählt hatte, in die Schatten des glänzenden Meeres und der Sonne, die größer war als der Traum vom Tod. Er war dabei, als sie in diese Schatten eintauchte, und am Morgen des ersten Juli 1961 begleitete er sie, als sie in die dunkle Gruft unter dem Stein gelegt wurde, der ihren Namen trug.
In Sindonas Freundschaft zu Kardinal Montini, die fest auf gegenseitige Achtung gegründet war, begann es jetzt zu kriseln. Ursache für diese Krise war ein kleiner rattengesichtiger Priester, Vater Pasquale Macchi, der Sekretär des Erzbischofs.
Macchi, ein früherer Universitätsprofessor und Gefängnispfarrer aus Varese, war dreißig Jahre alt, als er 1954 zur Segreteria dell'Arcivescovo kam. In den darauffolgenden Jahren hatte seine immer größere Nähe zu Montini Anlaß zu Gerüchten gegeben, der Bischof und sein Günstling seien Liebhaber. Sindona wußte, daß derlei Gerüchte kein Gran Wahrheit enthielten, doch erkannte er, daß diese wachsende Nähe steigenden Einfluß Macchis auf Montinis Denken mit sich bringen mußte, was weit gefährlicher war als jede vermeintliche Tollheit des Fleisches.
Im August 1959 war durch einen privaten Besuch des Führers der

Christlichen Demokraten Giorgio La Pira in Moskau, eine Kontroverse ausgelöst worden, in deren Verlauf Kardinal Montini öffentlich die Sympathie mancher Katholiken für den Marxismus bekundet hatte. Seitdem schien der Kardinal selbst zu einem Sympathisanten der Tyrannei der Schwachen geworden zu sein, die Sindona verabscheute.

Das Jahr 1960, in dem Sindona die Kontrolle über die Banca Privata etablierte, war ein entscheidender Moment in dem ständigen Schattenboxen der italienischen Politik. Im Februar dieses Jahres war Präsident Giovanni Gronchi, ein Christlicher Demokrat, kurz nachdem Palmiro Togliatti vom Parteitag der Kommunisten als Generalsekretär bestätigt worden war, der Einladung des Sowjetpremiers Nikita Chruschtschow gefolgt und offiziell nach Moskau gereist, während zu Hause die Regierung des Premierministers Antonio Segni zurücktrat und im März durch eine Minderheitsregierung unter dem Rechtsanwalt Fernando Tambroni ersetzt wurde. Hocherfreut profitierte der neofaschistische MSI davon, daß Tambronis neue christdemokratische Regierung auf die Unterstützung der Parlamentsabgeordneten des MSI angewiesen war, und wurde immer dreister. In der lauen Luft des Frühjahrs tauchte der alte faschistische Heilsgruß wieder auf, und im Juli, als die Missini – wie die Mitglieder der MSI kurz und bündig genannt wurde – in Genua zusammenkamen, um den sechsten Nationalkongreß ihrer Partei dort abzuhalten, brachen in dieser Stadt liberaler Traditionen Aufstände aus. Kommunistisch geführte Aufstände gab es auch in Turin, ebenso in Rom, wo das sowjetische Handelsbüro und das Hauptquartier der PCI zur Vergeltung durch die Missini bombardiert wurden. Im Parlament rückten die Parteien des linken Flügels in Reaktion auf die Drohung durch ein Wiederaufleben des Faschismus enger zusammen. Aus Furcht vor der Entstehung einer Volksfront überredeten die Christlichen Demokraten Tambroni, zurückzutreten. Ende Juli wurde Amintore Fanfani, ein cleverer Toskaner aus einfachen Verhältnissen, Premierminister. Er war es, der als christlicher Demokrat die Regierungskoalition einleitete, die dann im Februar 1962 in ein Bündnis der Christlichen Demokraten und der gemäßigteren der beiden sozialistischen Parteien des Landes, dem Partito Socialista Democratico Italiano (PSDI), geführt von Giuseppe Saragat, mündete. In den Wahlen vom 28. April 1963 erlitten Fanfanis Christliche Demokraten Einbußen, während der PCI mehr als fünfundzwanzig Prozent der Stimmen gewann. Im Mai traten Premierminister Fanfani und sein Kabinett zurück.

Wie Sindona deutlich erkannte, war Vater Macchi ein beispielhafter Vertreter des platten Denkens des Sozialismus und ein Verteidiger des »compromesso storico«, des historischen Kompromisses, der die italienische Regierung den Kommunisten öffnen würde. In den politischen und sozialen Schlagworten Macchis, die stets in das Glanzpapier des christlichen Altruismus verpackt waren, fand Montini, der Hamlet-Kardinal, für den die Welt und alle ihre Schatten nur Fetzen eines Morgentraums waren, den Balsam für seine Schuldgefühle, die er wegen seiner Isolation hegte. Sindona mußte beobachten, wie das Denken Macchis allmählich auch das Montinis wurde. Auf Drängen Macchis besuchte der Kardinal Sesto San Giovanni, die kleine Industriestadt in der Nähe Mailands, die wegen ihrer ständigen überwältigenden kommunistischen Wählermehrheit als »Stalingrado d'Italia« bekannt war. Dort betete er die Worte nach, die aus der Feder Macchis stammten. Da er immer und immer wieder nach Sesto San Giovanni kam, machte man sich bald über den Kardinal lustig, indem man ihn den »Vescovo di Stalingrado«, den Bischof von Stalingrad, nannte.

»Dieser Macchi«, so äußerte Sindona mit Ekel in der Stimme ein Vierteljahrhundert später, als er im Gefängnis saß, »war ganz wie all die anderen. Er sprach wie Mao Tse-tung und lebte wie Louis Quatorze.« Und mit bitterem Lächeln dachte er an die berühmte Sammlung moderner Kunst, die Macchis Steckenpferd war.

Diese Sammlung gab Macchi als eine Ehrengabe für Kardinal Montini aus, ein unaufhörliches, stets wachsendes Opfer Macchis an den geliebten Meister, den er beherrschte. Um dieser großen und teuren, oft scheußlichen Gemälde habhaft zu werden, wandte sich Macchi an die Reichen der Erzdiözese. Immer den Namen des Kardinals auf den Lippen, bedrängte er sie, bei dieser feinsinnigen Ehrung der Kirche mitzuwirken. Auch Sindona war einer der Leute, denen Macchi sich näherte, doch lehnte er Macchis Einladung ab und hielt mit der Tatsache nicht hinter dem Berg, daß er kein Interesse daran habe, ein Gemälde als Ehrengabe zu präsentieren, besonders da es der eigentliche Zweck dieser Ehrengabe war, daß Macchi noch größere Gunst bei Giovanni Battista Montini gewann. Das war eine Weigerung, die der Priester Sindona niemals vergaß.

Drei wechselvolle Jahre nach dem heißen Sommer 1960 gingen ins Land. Die Gespräche zwischen Sindona und Kardinal Montini handelten längst nicht mehr von philosophischen und klassischen Themen; sie sprachen inzwischen über die naheliegenderen und kurzlebigeren Zustände der Kirche und des Staates. Wahrscheinlich war Montini doch noch von Zweifeln über die Richtung erfüllt, in die Macchi ihn führte, weshalb er Sindona oft um seine Meinung zu politischen und wirtschaftlichen Fragen bat. Sindona erzählte ihm von dem Euter der Kuh und der Säge des Sozialismus und erklärte ihm, daß die Verbesserung des Schicksals der Menschheit in einer klareren und solideren Durchformung des Kapitalismus, nicht in seiner Beseitigung liege. Ihre Gespräche wurden zu hitzigen Diskussionen. Eines Tages schwiegen beide eine Weile im Palazzo Arcivescovile, schließlich sagte Sindona: »Wenn Sie Palmiro Togliatti als Ihren Sekretär eingestellt hätten, so hätte er der Kirche weit weniger Schaden zugefügt, als es Pater Macchi jetzt tut.« Der Kardinal fuhr sich mit der schmalen Hand durch das dunkle und schon schütter werdende Haar, seine Augen ruhten in denen Sindonas.

Am Abend der schicksalhaften Wahlen vom April 1963 befand sich Sindona in Amerika, um die Übernahme von Libby, McNeill & Libby zu betreiben, der großen Konservenfabrik mit Zentralsitz in Chicago. Während der folgenden Wochen, als das politische Schattenspiel immer ärger wurde, nahmen ihn die wachsenden amerikanischen Interessen seines Imperiums völlig in Anspruch. Auf der anderen Seite war Kardinal Montinis Aufmerksamkeit ebenfalls von stürmischen Ereignissen gefesselt, denn am Montag, dem 3. Juni, verließ Papst Johannes XXIII. diese Welt.

Am 21. Juni wurde Kardinal Montini, der sich dann Papst Paul VI. nannte, auf den päpstlichen Thron gewählt. Neun Tage später brannten flackernd die Fackeln vor seinen Augen, während lateinische Gesänge erklangen. Die Tiara, eine Gabe der Stadt Mailand, wurde ihm aufs Haupt gesetzt, und langsam hob er die Hände.

Ende 1963 taten sich die beiden italienischen sozialistischen Parteien, der PSDI und der PSI, mit den Christlichen Demokraten unter Premierminister Aldo Moro zusammen. Dies war die erste in einer langen Reihe noch folgender linkslastiger Koalitionen, die in den kommenden Jahren immer noch weiter nach links tendierten, in dem Versuch, Wählerstimmen von der wachsenden Kommunistischen Partei abzuziehen. 1964 jubelte Italien einem sozialistischen Präsidenten zu, dem PSDI-Führer Giuseppe Saragat. Und als der alte Togliatti, der Chef der Kommunistischen Partei, in diesem Jahr starb, schien es, als ob er von Italien mehr als Sieger denn als Verlierer Abschied nahm. Sindona sah voraus, daß als Folge der neuen Linksregierung die italienische Wirtschaft irreparablen Schaden davontragen würde. Er bemerkte deutlich, wie das Gleichgewicht zwischen privatem und dem öffentlichen Sektor sich gefährlich immer mehr in Richtung Staat verschob, und war überzeugt, daß staatlicher Interventionismus zum Untergang der Privatinitiative, schließlich zum ökonomischen Kollektivismus, der schwachbrüstigen Mutter des Kommunismus, führen würde. Sein Haß steigerte sich noch, als er die Rattenfänger des Kommunismus direkt vor den Toren seines Imperiums pfeifen hörte. Von jetzt an widmete er einen großen Teil seiner Energie ebensosehr der Bekämpfung der Verstaatlichungstendenzen, die die Fundamente seines Imperiums bedrohten, wie dessen Ausdehnung.

Und tatsächlich war dieses Imperium jetzt von beträchtlicher Größe. Nachdem er die Banca Privata Finanziaria in Mailand erworben hatte, hatte er 1961 die Kontrolle über eine andere, noch größere Bank mit verschiedenen Filialen in ganz Italien an sich gerissen, die Banca di Messina, die seinerzeit drohende Schatten über seine Kindheit in Sizilien geworfen hatte, als seine Familie ohne Geld und Namen dastand. Mit Hambros und Continental

Illinois, seinen Partnern in der Banca Privata, erwarb er noch die Mehrheit an einer dritten Bank, der Banque de Financement in Genf, in der das IOR, einer der früheren Eigentümer der Bank mit Mehrheitsbeteiligung, als Partner mit dreißig Prozent repräsentiert blieb. Mit größter Sorgfalt wählte er seine Partner im Bankwesen aus – Hambros, Continental Illinois, IOR –, denn er wußte, daß Prestige ein ebenso wichtiger und gewinnbringender Wert war wie Kapital. Mit der gleichen Sorgfalt suchte er sich seine Partner auch in anderen Geschäftszweigen.

Viele Jahre später saß er und starrte auf die Kringel des lombardischen Sonnenlichts, die durch die Gitterstäbe hinter den Schultern seines Besuchers fielen. Langsam und nachdenklich nickte er: »Ich hatte die besten Partner der Welt«, sagte er, und sein schmales Lächeln ging für einen Moment in ein Schnaufen über, das sich bis zur Wut steigerte, aber plötzlich in einer Grimasse endete, »die es für einen – Verbrecher geben konnte.« Er lachte.

Die General Foods Corporation war sein Partner mit fünfzig Prozent bei der Firma Tindaris geworden, der Bonbonfabrik, die er in seiner Heimatstadt Patti besaß (die Armut seiner Kindheit nagte noch lange an ihm, auch als sie längst überwunden war), und bei Merx, seinem Süßwarengroßhandel mit Sitz in Mailand. Der Welt größte Bank, die Bank of America, war sein Zehn-Prozent-Partner bei Patti, S.p.A., einem Hersteller von Lederkoffern mit einem 3,5-Millionen-Dollar-Umsatz. Seine Partner beim 7,2-Millionen-Dollar-Kauf von Libby, McNeill & Libby über ein öffentliches Zeichnungsangebot waren Nestlé in der Schweiz und die Banque de Paris et des Pays-Bas (als Paribas bekannt), deren leitender Direktor, Jean Reyre, Sindona auf Bitten des neuen französischen Premierministers, George Pompidou, aufgesucht hatte. Die Banque Bruxelles Lambert, Teil der Bankengruppe Rothschild, war sein Fünfzig-Prozent-Partner bei der Erschließung eines Feriengeländes an der adriatischen Küste. (Zu dieser Zeit, im Jahre 1964, kontrollierte Sindona über seine Fasco A.G. hypothekenfreie Grundstücke im Wert von etwa 50 Millionen Dollar.)

Seine zahlreichen und immer noch wachsenden Interessen reichten von der petrochemischen Industrie (Compagnia Tecnica Industrie Petroli oder CTIP) bis zu Textilien (Stabilimenti Tessili Italiani), von Verlagshäusern (Istituto Editoriale Italiano) bis zu Keksfabriken (Alsacienne Biscotti), von Druckereien (Andreotti-Stabilimenti Rotostar) bis zu Magneten (SAMPAS-Magneti Permanenti) und von Zellulose (Società Industriale Agricola per la Produzione di Cellulosa oder SIACE) zur Mikrofusion (Microfusione Italiane). Alles in allem war er Vorsitzender von sieben Gesellschaften, stellvertretender Vorsitzender von dreien und Aufsichtsratsmitglied in mehr als vierundzwanzig Unternehmen, einschließlich Snia Viscosa, Remington Rand Italia, Edizioni Condé Nast und Chesebrough Pond's Italia. Er war auch der »consigliere generale«, der Vorsitzende der ASSONIME selbst, der Associazione Nazionale delle Società per Azioni, des italienischen Verbandes aller Aktiengesellschaften. Weiterhin war er der Wirtschaftssprecher der Unione Commercianti und hielt bei deren Generalversammlung am 2. März 1964 das Hauptreferat in Anwesenheit des Ministers für Industrie und Handel, und zwar über monetäre Stabilität.

Inzwischen war seine Anwaltspraxis für Steuerrechtsfragen die angesehenste in Mailand geworden. Sein geschickter Umgang mit den undurchsichtigen und höchst differenzierten Steuervorschriften seines Landes hatte ihm den Ruf eines »mago dei modi legali di ridurre la contribuzione fiscale« eingebracht, eines Magiers der Steuerersparnisse. Sein Büro hatte mehr Klienten – ungefähr dreihundert – als jede andere derartige Firma in Italien. Und nicht ein Klient wanderte jemals zu einer anderen Firma ab.

Hauptquartier seiner Operationen war das Studio Sindona, das die dritte und vierte Etage des Hauses Via Turati 29 einnahm (die Mailänder Adresse auch von Raul Baisi, von »Fortune« und Time-Life International), ein modernes Gebäude bei der Piazza Cavour. Wenn er nicht verreist war, brachte ihn sein schwarzer Mercedes jeden Wochentag um acht Uhr zu diesem Studio Sindona, und jeden Mittag fuhr er ihn zum Arbeitsessen in den Privatsalon des Savini in der Galleria Vittorio Emanuele II., eines der ältesten und elegantesten Restaurants in Mailand, oder zu Crispi, einem anderen, weniger vornehmen Lieblingsrestaurant am Corso Venezia.

Sein Privatbüro im Studio Sindona war nicht groß. Es ähnelte mehr einem Heiligtum als dem Arbeitsraum eines Direktors. Die Ausstattung war fürstlich, sie erinnerte an Epochen weit größerer irdischer Machtentfaltung. Es gab dort Bücher auf Lateinisch, philosophische und ökonomische Abhandlungen; zwei kleine Gemälde – ein Sankt Hieronymus und eine Kreuzigung von Giovanni Battista Piazetta; eine hölzerne Statue, Francesco Laurana zugeschrieben, und eine kleinere Büste aus Holz, wahrscheinlich von Antonio Pollaiuolo; ein Paar Sessel aus dem 18. Jahrhundert für Gäste und einen imposanten »Fratino«-Tisch aus dem 16. Jahrhundert, der ihm als Schreibtisch diente. Vom einen Fenster ging der Blick auf ein Gewirr von mit roten Ziegeln gedeckten steilen Dächern, vom anderen auf die jahrhundertealte Kirche San Giuseppe. In diesem Heiligtum dachte er über seine Lage nach, als er ins fünfundvierzigste Lebensjahr eintrat, und er hatte für einen Augenblick das Gefühl, daß das Vermögen, über das er verfügte und alles, was er bisher getan hatte, eigentlich nichts bedeute und daß die wahre Herrin seines Schicksals noch auf ihn warte.

Draußen in der hellen Sonne aber reckten sich drohende Schatten auf: derjenige eines großen neuen Feindes, der, wie Sindona selbst, von der Insel im Süden kam, der eines Feindes, den er noch nicht kannte und der sich ihm jetzt in der Maske des Freundes nähern sollte.

V.

Schlangen und Freunde

Wieder ein Ausspruch von Machiavelli: »Menschen fügen dir Schaden zu, weil sie dich fürchten oder weil sie dich hassen.« Wie Frühlingsregen auf Dächer von gediegenem Gold prasselt, so schlugen diese einfachen, wahren, leuchtend klaren Worte in den aberhundert langen Nächten der Gefangenschaft immer von neuem an Michele Sindonas Ohr. Aus dem jungen Mann, der seine Doktorarbeit über den »Principe« geschrieben hatte, war selbst ein »Fürst« der irdischen Macht geworden. Aber diese einfache Wahrheit, einfach wie Regen auf Gold, war längst von heftigen Staubstürmen verdunkelt worden. Sindona hatte geglaubt, er habe Machiavelli völlig verstanden, und hatte doch zu spät begriffen, was viele überhaupt niemals begreifen: daß nämlich Hochmut das Vergrößerungsglas ist, durch das die Menschen auf die Wirklichkeit blicken, und seien sie auch noch so klug. An seinem fünfundsechzigsten Geburtstag lauschte er auf den konkreteren Regen, den der Wind gegen die vergitterten, mit Stacheldraht gesicherten Scheiben in Voghera blies: einen sanften, doch um so quälenderen Regen. Und wieder dachte er an Machiavelli, an dessen Weisheit, auf die er nicht gehört hatte.

»Das war ein Fehler«, sagte er dann wohl, wie wenn er einem Rechenfehler in einem Geschäftsbuch auf die Spur gekommen wäre, wie wenn die Genugtuung darüber, den Fehler überhaupt entdeckt zu haben, für einen Augenblick die Katastrophe, die er verursacht hatte, aufwöge. »Ich habe nicht auf ihn gehört, ich habe zu sehr vertraut.«

Er lächelte. Dann stieg das Bild der beiden Männer, von denen er glaubte, sie hätten ihn ins Unglück gestürzt, vor seinem inneren Auge auf, und er lächelte nicht mehr.

Enrico Cuccia war ein »palermitano«, in Palermo dreizehn Jahre vor Sindona geboren, und zwar in der westlichen Provinz, die in diesen Jahren die Domäne des Don Vito Cascio Ferro und des Untiers war, an dessen Brüsten sich Don Vito gemästet hatte. Dieser Cuccia war ein schweigsamer und wenig umgänglicher Mann, dessen Nase und lichtscheues Verhalten dazu führten, ihn mit einem Maulwurf zu vergleichen. In seinen Zwanzigern hatte er Sizilien verlassen und war nach Rom gekommen, wo er für IRI, den riesigen staatlichen Konzern, arbeitete, der 1933 unter Mussolini gegründet worden war – Mussolini, der Don Vito und das Untier niedergeworfen hatte.

Zw i seiner Kollegen beim IRI – Tullio Torchiani und Loris Corbi – berichteten Sindona später über diese Tage im faschistischen Rom. Jeden Morgen tranken sie zu dritt – Cuccia, Torchiani und Corbi – in einem kleinen Café in der Nähe des IRI-Gebäudes Kaffee. Eines Morgens kam Cuccia zur Arbeit und erzählte seinen beiden Kollegen, daß er sich vergangene Nacht mit der Tochter Alberto Beneduces, des Präsidenten des IRI, einem Mann von großem Einfluß, verlobt habe. Torchiani und Corbi hatten sich gelegentlich über die außerordentliche Häßlichkeit der Tochter Beneduces ausgelassen, einer Frau mit dem verblüffenden Namen Idea Socialista, und sie musterten Cuccia forschend, als sie ihm gratulierten. Als sich an diesem Vormittag die Kaffeezeit nahte, suchten Torchiani und Corbi wie gewöhnlich Cuccia auf. Er lehnte ab mitzukommen, indem er erklärte, angesichts seines neuen Status als Bräutigam der Signorina Beneduce sei es nicht länger opportun für ihn, sich mit ihnen sehen zu lassen. Die Hochzeit fand bald danach statt, und Enrico Cuccias Aufstieg begann.

Zwei Jahre nach dem Tod seines Schwiegervaters, im April 1946, wurde Cuccia der »consigliere« der Mediobanca, der bedeutenden, vom Staat kontrollierten Handelsbank, die in jenem Monat in Mailand von ihm und Raffaele Mattioli gegründet worden war. In den darauffolgenden Jahren war Cuccia als mächtiger Direktor der Bank, deren Einfluß durchaus die Absichten des Staates und der privaten Unternehmungen durchkreuzen konnte, Herr der italienischen Banken geworden. Sein Einfluß und sein Ansehen wurden, ganz wie bei Sindona, durch die geheimnisvolle Aura, mit der er sich umgab, noch erhöht. Während er Mediobanca re-

gierte, ja oft die Richtung der ganzen Hochfinanz bestimmte, hielt er sich ängstlich von aller Gesellschaft und der Öffentlichkeit fern. Leopoldo Pirelli, der Vorstandsvorsitzende von Pirelli S.p.A. und Erbe des gesamten Familienvermögens, sagte oft: »Was Cuccia will, ist auch Gottes Wille.«
Und was Cuccia 1960 wollte, war, mit diesem vielberedeten Emporkömmling im Bankwesen, Michele Sindona, Kontakt aufzunehmen. Als Sindona die Banca Privata Finanziaria übernommen hatte, war er sich der wirklichen Bedeutung Enrico Cuccias nicht bewußt gewesen, und so versäumte er es, ihm bei seinem Eintritt in den Club der Bankiers den pflichtschuldigen Antrittsbesuch zu machen. Nach einiger Zeit kam ihm jedoch durch einen der höheren Angestellten der Banca Privata zu Ohren, daß Cuccia sich gnädig herablassen wolle, ihn zu besuchen. Der Angestellte informierte Sindona über Cuccias Bedeutung und riet ihm, auf dessen Wunsch einzugehen. Sindona handelte, wie es in dieser Lage die Höflichkeit erforderte. Er sprach selbst bei Cuccias Büro in der Via Filodrammatici 10 vor, einem Gebäude aus dem 18. Jahrhundert hinter der Scala, wo Mediobancas Hauptsitz war. Cuccia erklärte seinen Wunsch, Sindona zu sprechen, mit dem Hinweis, der verstorbene Mino Brughera habe sehr anerkennend von ihm gesprochen.
Cuccia machte auf Sindona den Eindruck eines höchst introvertierten und reservierten Mannes, doch auch eines Mannes, dessen leidenschaftliche Liebe zur Macht ungebrochen war. Er war überrascht über die Behauptung Cuccias, der sein Licht nicht unter den Scheffel stellte, er sei der eigentliche Initiator der Bankgesetze von 1936 gewesen. Und er amüsierte sich, als Cuccia ihm mit einer Stimme, die zwischen Vertraulichkeit und Zurückhaltung schwankte, sagte, er sende, wenn ihm jemand ein Geschenk mache, sofort einen Gegenstand gleichen Wertes zurück, um den anderen wissen zu lassen, daß er auf solche Gaben lieber verzichten würde.
Nach ihrem Treffen sprach Sindona mit Ernesto Moizzi, der Cuccia seit vielen Jahren kannte. Der alte Moizzi sagte lächelnd: »Hören Sie, Sindona, was mein Vater mir beigebracht hat. Wenn einer

Ihnen zweimal bei einer Unterhaltung erzählt, wie ehrenhaft er sei, so prüfen Sie, bevor Sie gehen, ob sich Ihre Brieftasche noch an ihrem Ort befindet.«

Nicht lange danach besuchte Cuccia Sindona in seinem Büro in der Via Turati. Cuccia machte ihm über die generöse Ausstattung des Raumes Komplimente, dann klagte er über den schlechten Geschmack, mit dem viele ihrer gemeinsamen Bekannten ihre Büros eingerichtet hätten. Darauf zog er über die Tischmanieren vieler dieser Bekannten her. Sindona begriff, daß diese Begegnung dazu dienen sollte, Cuccia ein Urteil zu ermöglichen, ob er gesellschaftsfähig sei. Er fand dieses Spielchen recht unterhaltsam. Ihr drittes Treffen fand im Palace-Hotel-Restaurant statt, wo Cuccia darauf bestand, die Rechnung zu bezahlen.

Viele Jahre später äußerte Sindona: »Wenn du von den Leuten bekommen willst, was du möchtest, und wenn du sie beherrschen willst, mußt du ihre Schwächen, ihre Achillesferse kennen. Nach unserer dritten Begegnung hatte ich keinen Zweifel mehr, daß Cuccias Schwäche seine Eitelkeit war. Alles, was man tun mußte, war, ihm zu bestätigen, er sei ein Mann ohnegleichen, oder ihm einen Wink zu geben, wie er seine Macht vergrößern könnte.«

Eingedenk der Worte Cuccias über den Austausch von Geschenken schickte ihm Sindona einen üppigen Kunstband, der beim Istituto Editoriale Italiano erschienen war, in der Voraussicht, daß Cuccia ihm ein ebenso teures Buch zurücksenden würde. Tatsächlich kam ein solches Exemplar prompt mit der nächsten Post an. Sindona ließ Cuccia unverzüglich wissen, daß das Buch, das er ihm geschickt habe, ihn nichts gekostet habe, da er der Eigentümer des Verlages sei. Gleichzeitig gab er seiner Bewunderung für Cuccias Haltung Ausdruck und versicherte ihm, er werde ihn niemals mehr nötigen, sein Geld für solche Geschenke zu verschwenden.

»Ein Ausdruck von Cuccias Eitelkeit war, daß er stets Bedürftigkeit heuchelte. Obwohl er sich die Anzüge bei Donini und Carraceni schneidern ließ und seine Kinder ins Ausland zur Schule schickte, tat er so, als ob er allein von seinem Gehalt leben müsse. In seiner Pose der Bescheidenheit war er ein größerer Snob als sonst jemand.«

Sie begegneten sich in der Folge öfters – Cuccia stritt das später ab –, und die beiden Männer machten diverse Geschäfte zusammen.
Cuccia hatte 1959 eine Holding-Gesellschaft namens Fidia gegründet, bei der Mediobanca, Snia Viscosa, FIAT, Pirelli, das IOR, Assicurazioni Generali Venezia, Edison und Montecatini wichtige Partner waren. Fidia war nach Sindonas Ansicht einer der wenigen rein italienischen Konzerne, der wirklich Gewinn machte. Da Sindona wußte, daß Mediobanca alle Operationen Fidias finanzierte, akzeptierte er die Gesellschaft gerne als einen Partner mit achtzig-prozentiger Beteiligung bei einem Ferienprojekt an der adriatischen Küste.
Einige Zeit später erklärte Cuccia Sindona, Fidia sei in ernstlichen Schwierigkeiten aufgrund von Fehlern, die von Bruno Visentini, einem der Steuerberater der Firma, gemacht worden seien. Fidia, so erfuhr Sindona, hatte beträchtlichen Gewinn aus einem Aktientausch unter den angesehenen Chemieunternehmen Vetrocoke und Montecatini gezogen, einer Transaktion, die im Zusammenspiel mit dem Istituto Finanziario Industriale (IFI) und der Agnelli-FIAT-Gruppe erfolgt und durch den vorzüglich funktionierenden Apparat des vatikanischen IOR durchgeführt worden war. Dem Unternehmen nicht günstig gesonnene Kreise hatten jedoch publik gemacht, daß dabei mehrere Milliarden Lire an Steuern hinterzogen worden seien. Das Ufficio delle Imposte, die Steuerbehörde, machte daraufhin unverzüglich Anstalten, Fidia und IFI eine Strafe aufzuerlegen, deren Summe so riesenhaft war, daß sie die bloße Existenz der Lieblingsgründung Cuccias bedrohte. Cuccia entschied sich, die Angelegenheit Sindona zu übergeben, und wies Gaetano Furlotti vom IFI an, ihn sofort zu engagieren.
Sindona schrieb ausführliche juristische Schriftsätze an die Steuerbehörde in Mailand und die Direzione Generale delle Imposte Dirette in Rom, in denen er sie mit komplizierten Argumenten zu überzeugen versuchte, daß das Geschäft in Ordnung gewesen sei und daher Anspruch auf ein gewisses Verständnis erheben dürfe. Ebenso verfaßte er ein vertrauliches Gutachten für Fidia und IFI, des Inhalts, man habe sich inkorrekt verhalten, habe dieses Verhalten aber nicht ordentlich kaschiert, so daß die Auflage der Steu-

erbehörde rechtsgültig sei. Im Ergebnis, so sagte er, müsse man sich so oder so dem Cäsar beugen.

Sindonas Verfahrens-Argumente, die den Finessen der lateinischen Grammatik nicht weniger verdankten als seiner meisterhaften Beherrschung des italienischen Steuerrechts, schufen eine neue Grundlage, mit deren Hilfe der regionale Beamte in Mailand und die zentrale Steuerbehörde in Rom eine eventuelle neue Festlegung rechtfertigen konnten. Doch bevor irgendeine Übereinkunft erzielt werden konnte, brauchte man noch ein zusätzliches Argument. Dieses Argument wurde den Behörden durch Bruno Visentini, den Berater der Fidia, nachgereicht, dessen Nachlässigkeit den Stein ins Rollen gebracht hatte. Dieses zusätzliche »Argument«, das Sindona vorsah, bestand in etwa 2 Milliarden Lire in Bargeld und wurde von IFI und Mediobanca zur Verfügung gestellt. Ein Vergleich wurde unterzeichnet, zum Vorteil von Fidia und IFI und zum Schaden der Einkünfte des Staates.

Sindona mußte an seine Zeit – ein ganzes Leben schien das her zu sein – im Büro der lokalen Steuerverwaltung in Sizilien zurückdenken, und er lächelte in sich hinein, als er sah, daß seine Schriftsätze im Vergleich zu damals noch eindrucksvoller geworden waren und als bestes Einwickelpapier für die Bündel von Geldnoten dienen konnten, welche Bruno Visentini auszahlte. Er lächelte von neuem, als Visentini einige Jahre später italienischer Finanzminister wurde, und noch einmal, als er kurz darauf entdeckte, daß seine Unterlagen über diese Angelegenheit, wie vieles andere, auf irgendeine Weise aus den Akten verschwunden waren, die die Guardia di Finanzia, die bewaffnete Polizei des Finanzministeriums, aus dem Studio Sindonas konfisziert hatte.

Enrico Cuccias Günstling Adolfo Tino, der Präsident der Mediobanca, war auch Präsident des Snia-Viscosa-Syndikats, von dem Mediobanca ein Teil war. Als der alte Franco Marinotti, der Präsident der Snia-Viscosa-Gesellschaft, sich entschloß, Sindona als Aufsichtsratsmitglied zu nominieren, mußte er sich zuerst mit Tino absprechen, der als Präsident des Syndikats gerne zustimmte. Vor der Ernennung versicherte Cuccia Sindona, er unterstütze die Nominierung.

»Das ist nett von Ihnen, Enrico«, sagte Sindona, »aber Präsident Tino hat bereits seine Zustimmung gegeben.« »Sie sollten wissen«, bellte Cuccia zurück, »daß ich der einzige bin, der in der Mediobanca Entscheidungen trifft.«

Später deutete Cuccia Sindona gegenüber an, daß sein Eintritt in die Snia Viscosa der erste Schritt in Richtung auf die Präsidentschaft dieses riesigen Konzerns sein könnte. Immerhin war Marinotti inzwischen dreiundsiebzig Jahre alt. Sindona erkannte in der Anspielung seines älteren Partners den Hinweis, daß jeder weitere Schritt in dieser Richtung bedeuten würde, die Knie vor Enrico Cuccia als seinem Lehnsherrn zu beugen.

»Ich arbeite für mich selbst, ich habe niemals Wert darauf gelegt, von anderen beschäftigt zu werden«, bemerkte er.

Cuccia trat sachte, aber unverzüglich den Rückzug an – mehr erstaunt als ärgerlich, wie Sindona dachte; immerhin war Cuccia ein hoch angesehener Staatsbeamter –, und seine dunklen Augen weiteten sich. »Dies«, sagte er, »ist ein Problem, über das wir uns zu gegebener Zeit unterhalten werden.«

CTIP war eine florierende Gesellschaft der petrochemischen Industrie, die Sindona 1960 erworben hatte. Über die CTIP, deren Sitz in Rom war, half Sindona Cuccia, sich die Rechte an einem amerikanischen Patent für einen der Kunden von Mediobanca zu sichern. Das Interesse Cuccias an dieser Gesellschaft war nun geweckt, und wiederholt ersuchte er Sindona um Informationen über die Geschäfte der CTIP und ihre Verbindungen zu Esso (jetzt Exxon) und anderen amerikanischen Gesellschaften. Zu diesem Zeitpunkt war die CTIP im Begriff, einen Vertrag mit Ägypten über den Bau einer 25-Millionen-Dollar Raffinerie am Suezkanal abzuschließen.

Cuccia stand überdies in engen Beziehungen zu Piero Giustiniani, dem Direktor von Montecatini, einem größeren Unternehmen der chemischen Industrie, die die Dienste von CTIP für einige ihrer Investitionen beansprucht hatte. Eines Tages zu Beginn des Jahres 1962 kam Cuccia zu Sindona und sagte ihm, er sei in der Lage, Montecatini zum Kauf von CTIP zu bewegen.

»Wenn Montecatini CTIP erwerben würde«, entgegnete ihm Sindona, »würden sich beide Gesellschaften in eine sehr delikate Situation begeben. Sie müssen wissen, daß CTIP ein großes Auftragsvolumen ,bei Firmen hat, die in direktem Wettbewerb mit Montecatini stehen. Wenn es bekannt würde, daß Montecatini der neue Eigentümer von CTIP wäre, würde die Hölle los sein. Die Gesellschaft würde einen großen Teil ihrer Auftraggeber verlieren, und ihre Aktien würden ins Bodenlose stürzen.«

»Nun«, sagte Cuccia, »man wird sehen, man wird sehen.«

Sindona traf sich mit Giustiniani und Cuccia. Sie versicherten ihm, daß der Verkauf in völliger Geheimhaltung stattfinden und daß Sindona im Aufsichtsrat als Treuhänder für das Aktienkapital bleiben würde, wodurch er ein Auge auf Montecatinis Interessen haben könnte. Gleichzeitig würde Montecatini zwei seiner leitenden Männer bei CTIP plazieren, die die technische Abwicklung der Bauvorhaben Montecatinis überwachen könnten.

Ein komplizierter und absichtlich undurchsichtiger Kaufvertrag wurde aufgesetzt, das Geschäft wurde abgeschlossen. Doch dauerte es nicht lange, und einer der Männer, die Montecatini bei CTIP plaziert hatte, oder sogar beide, begannen auszupacken. Giustiniani hatte das Gefühl, daß die finanziellen Grundlagen von Montecatini bebten, und Cuccia bekam es mit der Angst zu tun, daß seine Absegnung eines Arrangements, das völlig im geheimen, »in nero«, getroffen worden war, wenn sie öffentlich bekannt würde, seinem Ruf als dem Schutzheiligen der italienischen Finanzwelt großen Schaden zufügen könnte. Er wandte sich an den Mann in Übersee, der sein Mentor war, André Meyer.

Meyer war sechsundvierzig Jahre alt, er war seit 1927 in der französischen Investmentbank Lazard Frères tätig gewesen. Im Frühjahr 1940 war er nach der deutschen Invasion in Frankreich von Paris nach New York geflohen. In den darauffolgenden Jahren hatte Meyer als Chef des amerikanischen Zweigs von Lazard Frère mehr und mehr gemischte Gefühle in der Finanzwelt New Yorks hervorgerufen. Er war vielleicht der bekannteste Investment-Banker dieser Stadt. Man respektierte ihn wie Cuccia in Italien wegen seines Einflusses. Doch war er despotisch und herrschsüchtig und wurde mit fortschreitendem Alter immer noch unangenehmer.

Seine häufigen schrillen cholerischen Ausbrüche hatten dazu geführt, daß man ihn, allerdings niemals ins Gesicht, die »Callas der Wall Street« nannte. Sein irrationaler Britenhaß veranlaßte darüber hinaus nicht wenige englische Bankiers dazu, ihn mit dem Nazidiktator zu vergleichen, vor dessen Gewalttätigkeit er geflohen war. Durch den Einfluß Enrico Cuccias war André Meyer die Zentralfigur bei den Investmentgeschäften vieler italienischer Gesellschaften geworden, die Geschäftsbeziehungen mit den Vereinigten Staaten unterhielten. Für Cuccia war Meyer der König der Wall Street aus Europa, eine Gestalt, die er hoch verehrte, wie Sindona bemerkt hatte.

Meyer überredete die Société Financière de Transports et d'Entreprises Industrielles, die belgische Bankengruppe Sofina, Montecatinis Anteil an CTIP zu übernehmen. Cuccia berichtete Sindona, Sofina sei bereit, sechzig Prozent der Aktien von CTIP zu kaufen und ihm, Sindona, freie Hand zu lassen, vierzig Prozent davon wieder an sich zu nehmen. Er versicherte ihm, Sofinas Kapazitäten würden es der CTIP ermöglichen, Projekte größten Stils durchzuführen, was zu immensen Gewinnen für Sindona führen würde. Während Reconta, eine Wirtschaftsprüferfirma unter der Kontrolle von Mediobanca, die CTIP-Bücher studierte, traf sich Sindona mit Paul Boel, dem jungen Mann, der kürzlich zum Vorstandsmitglied der Sofina ernannt worden war. Seine Verdienste bestanden, wie Sindona später sagte, hauptsächlich darin, daß er der Sohn des fähigeren und angeseheneren Vater Boel war.

Obwohl Sindona Sofinas Kompetenz beim Bau von Raffinerien anzweifelte, wurde der Vertrag aufgesetzt und unterschrieben, wobei Snia Viscosa ein Achtel der Anteile, die Sindona an CTIP wiedererworben hatte, bekam. Piero Giustiniani und Enrico Cuccia atmeten auf.

Es stellte sich indessen heraus, daß die Leute von Sofina mit den ägyptischen Behörden nicht klarkamen, so daß CTIPs Mitwirkung am Bau der Raffinerie am Suezkanal – dem wichtigsten laufenden Projekt der Gesellschaft – aufgegeben werden mußte. Boel wurde von seinem Vater schwer ins Gebet genommen. Er eilte zu Cuccia und beklagte sich, die erwarteten Milliardenbeträge aus

den Suezraffinerien seien ein garantierter Bestandteil des CTIP-Geschäftes gewesen. Cuccia wertete diese Beschwerde als die Verrücktheit eines Greenhorns aus Übersee und versicherte Sindona, er habe den jungen Mann glatt vor die Tür gesetzt.
Aber inzwischen hatte Boel senior André Meyer aufgesucht und ihm vorgeworfen, er habe seinen Sohn zu einem unsauberen Geschäft verleitet. Wieder tauchte Cuccia bei Sindona auf, diesmal klang seine Stimme anders. »Wir müssen dem Jungen aus der Patsche helfen«, sagte Cuccia. »Seine Vorwürfe könnten auch für Sie gefährlich werden.« Sindona gab zur Antwort, jede Nachgiebigkeit gegenüber Boel könnte als Versuch aufgefaßt werden, einen Schwindel zu vertuschen.
»Sie brauchen nur weitere fünf Prozent des Aktienkapitals ohne Bezahlung abzustoßen, und jeder wird Ihnen für Ihre Großzügigkeit dankbar sein.«
Widerwillig gab Sindona nach. Zu dieser Zeit war er mit einer Serie von Käufen in Amerika beschäftigt. Er wollte sich den Ärger mit CTIP vom Hals schaffen.
Cuccia hatte Sindona gedrängt, sich der Dienste André Meyers bei dem Libby, McNeill und Libby-Geschäft zu versichern. Doch Sindona war in New York schon mit Bob Lehman bekannt gemacht worden, dem Chef der Firma Lehman Brothers, deren Erfahrungen auf dem Gebiet der Fusionen und Zukäufe allgemein als größer galten als die von Lazard Frères. Er verstand sich gut mit Bob Lehman. Es verband sie ein gemeinsames Interesse an der Kunst, ebenso wie an dem Geld, mit dem man Kunstgegenstände kaufte. (Lehman besaß eine der berühmtesten Privatsammlungen der Welt. Man schätzte sie auf über 100 Millionen Dollar. Sie war 1959 im Louvre ausgestellt gewesen, und ein paar Jahre später wurde sie, nach seinem Tod 1969, dem Metropolitan Museum of Art übergeben.) Lehman war es also, der für Sindona den Kauf Libbys tätigen sollte.
Lehman und Meyer waren sich gegenseitig durchaus unsympathisch. Lehman hielt Meyer für einen Emporkömmling. Er war ein Mann ohne Klasse, wie Lehman sagte. Ein Mann, der vor nichts zurückschreckte, um einen Auftrag zu bekommen.

Als Meyer erfuhr, daß sich Sindona mit Bob Lehman arrangiert hatte, bat er Cuccia, ein Treffen zwischen ihm und Sindona zu organisieren. Das Treffen fand statt im Pariser Büro von Lazard Frerès. Meyer gab seinem Kummer darüber Ausdruck, daß Sindona sich an Lehman statt an ihn gewandt hatte, und meinte, er hätte gerne die Gelegenheit ergriffen, an dem Geschäft mit Libby mitzuwirken. In diesem Augenblick erblaßte Cuccia, da er vorschnell Sindona vor dem Geschäft gesagt hatte, es werde von Meyer im Grunde mißbilligt und Sindona solle es ihm nur aus Gründen des Dekors anbieten. Sindona genoß Cuccias Unbehagen und staunte darüber, wie ängstlich er plötzlich in Meyers Gegenwart war. Als Sindona Meyer versicherte, er würde sich glücklich schätzen, ihn in Zukunft stets um Rat fragen zu können, sah er, wie Cuccia erleichtert aufseufzte.

In diesem Sinne rief Sindona im Sommer 1964 in Meyers Büro in der Wall Street an, als er drauf und dran war, die Majorität an Brown, einem Papierunternehmen mit Sitz in New Hampshire, das an der New Yorker Effektenbörse notiert war, zu erwerben. Meyer antwortete, er sei bereit, jeden zu treffen, der Sindona zu der Überzeugung gebracht hätte, ein Kauf von Brown sei mittels eines Zeichnungsangebotes möglich. Sindona arrangierte eine Begegnung Meyers mit David Bellows, dem Börsenmakler, der Sindona bei seinem Plan unterstützte. Kurz danach lud Meyer Sindona in sein Büro und erklärte ihm, Bellows sei dieser Aufgabe weder gewachsen noch im Besitz all der Aktien, über die er zu verfügen behauptete. Dann brachte Meyer, während Sindona amüsiert und verblüfft zuhörte, das Gespräch wieder auf das Libby-Geschäft und sagte von neuem, wie bekümmert er darüber sei. Allmählich wurden seine Sätze immer unzusammenhängender, und seine Stimme stieg zu schrillen Höhen an. Sindona war sich klar, daß er im Augenblick Zeuge einer virtuosen Arie der »Callas der Wall Street« wurde, und Meyer schrie, hier handele es sich ums Prinzip. Er besitze 200 Millionen verdammte Dollar und könnte leicht ohne die verdammten Libby-Provisionen leben, aber er fühle sich übergangen, und das mache ihn einfach krank. Sindona brachte den Narren zum Schweigen, indem er ihn kühl fixierte, stand auf und ging.

Zurück in Mailand erzählte er Cuccia von dem hysterischen Benehmen seines geschätzten Freundes. »Das war nicht er selbst«, gab Cuccia zur Antwort. »Ein Mann wie André prahlt niemals mit seinem wahren Vermögen.«

Sindona kehrte zurück nach Amerika, wo am 13. Juli 1964 die Übernahme von Brown mit Hilfe David Bellows erfolgreich abgeschlossen wurde. Zum Preis von 9,4 Millionen Dollar hatte Sindona dreiundzwanzig Prozent des Aktienkapitals von Brown erworben, genug, um ihm die Kontrolle zu gewährleisten.

Das war mehr, als Meyers angeschlagener Stolz vertragen konnte. Es gab Gespräche zwischen dem Büro Lazard Frères in New York und der Sofina in Brüssel. Auch klingelte ein Telefon in einem Gebäude aus dem 18. Jahrhundert in Mailand. Der Vassall schwor dem Herrn Gehorsam, und wieder einmal verschmolz der Wille von André Meyer und der von Enrico Cuccia zu einem einzigen Willen.

Cuccia erklärte jetzt Sindona, die milde Gabe an Sofina von weiteren fünf Prozent der CTIP, die er Sindona kürzlich abgeschmeichelt hatte, reiche immer noch nicht aus. Die Schläfenadern Sindonas schwollen, als Cuccia ihm auseinandersetzte, Boel habe jetzt den Verdacht, man habe ihm bei dem CTIP-Geschäft gefälschte Bücher vorgelegt.

Mit mühsam gezügeltem Grimm fuhr ihn Sindona an, niemals zuvor sei er einer Fälschung bezichtigt worden, und die Bücher seiner Gesellschaft hätten wie in dem Crucible-Geschäft höchstens angenehme Überraschungen für die Käufer enthalten. Überdies seien im Fall CTIP die Bücher von Reconta, einer Firma unter Kontrolle der Mediobanca und also von Cuccia selbst, geprüft worden.

Reconta prüfte die Bücher von neuem. Bei dieser Untersuchung ergab sich, daß Sindona Sofina 600 Millionen Lire (etwa 1 Million Dollar) schuldete. Sindona erklärte sich bereit, diese Summe als endgültige Regulierung zu zahlen, aber er sei nicht länger bereit, die zusätzlichen fünf Prozent des Aktienkapitals herauszurücken. Boel von Sofina jedoch antwortete, auch die zweite Überprüfung sei noch nicht zufriedenstellend. Er behauptete, Sindona sei indi-

rekt für Milliardenverluste in Lire verantwortlich, die CTIP gemacht habe, seit Sofina das Management übernommen hatte.
Mittlerweile hatte sich Cuccia die Losung André Meyers zu eigen gemacht: Sindona sei ein Mann, mit dem man nichts mehr zu tun haben wolle. Sindona stemmte sich fest gegen das Triumvirat Boel, Cuccia und Meyer. Die Angelegenheit wurde einem Schiedsgericht in Form eines Komitees in Genf übertragen, unter dem Vorsitz des Präsidenten des Schweizer Verfassungsgerichts. Während Cuccia alles tat, Sindonas Namen zu beschmutzen – er versuchte Giovanni Agnelli, Leopoldo Pirelli und anderen Repräsentanten der italienischen Industrie einzuflüstern, Sindona sei ein Buchfälscher und man könne ihm nicht trauen –, machte Sindona die Entdeckung, daß Sofina merkwürdige Zahlen in die CTIP-Bücher eingetragen hatte, mit dem Ziel, das ausgewiesene Kapital zu verkleinern und so den Wert von Sindonas Anteilen beträchtlich zu reduzieren. Das »collegio arbitrale« schlug dann Boel vor, ein privates Arrangement mit Sindona zu treffen, um einen Richtspruch zu vermeiden, der für Sofina recht ungünstig ausgehen würde. In einem Büro in Genf, neben dem Raum, in dem das Schiedsgericht tagte, begnügte sich Sofina dann mit dem Empfang von 500 Millionen Lire, 100 Millionen weniger als die 600 Millionen, die Sindona angeboten hatte, die von dem Triumvirat jedoch nicht akzeptiert worden waren.
Obwohl Sindona neugierig war, konnte er doch nicht herausfinden, ob Meyer und Cuccia, der Octavianus und der Antonius des Triumvirats, den Verlust für Sofina aus ihrer eigenen Tasche ersetzten. Doch was er wußte, war, daß Cuccias absurde Verleumdungen diesen bisherigen Heiligen in den Augen der Hochfinanz, die er zu seinen Gunsten hatte beeinflussen wollen, als einen Narren erscheinen ließen.
1966, einige Monate nach dem Vergleich in Genf, sah sich Sindona weiter in seiner Überzeugung bestärkt, daß CTIP ein gesundes Unternehmen sei, das nur unter der mangelnden Kompetenz seines neuen Eigentümers leide. Die Ingenieurfirma Arthur G. McKee & Co. aus Cleveland, Ohio, erwarb die Majorität an CTIP, und siehe da, es gelang ihr sehr schnell, einen heißbegehr-

ten Vertrag über 12 Millionen Dollar Investitionsbauten für die Empresa-Colombiano-de-Petroleos-Raffinerie in Barrancabermeja, Kolumbien, abzuschließen. So begann der »grande scontro«, die große Fehde zwischen Michele Sindona und Enrico Cuccia, den beiden Söhnen Siziliens, die sich niemals zusammenfinden konnten: der eine in eine Illusion von Gerechtigkeit verrannt, von deren Glorie in Stein gemeißelte Worte über einem Portal sprächen; der andere Vertreter eines ewigen Gerichts, dessen Scherge diese Illusion in Wirklichkeit war.

Es gab dann einen noch gnadenloseren Kampf zwischen ihnen, als nämlich Cuccia, scheinbar auf Versöhnung aus, Sindona aufsuchte, um ihm eine Idee für seine Banca Privata Finanziaria zu unterbreiten. Der ältere dieser beiden Söhne Siziliens sagte Sindona, er könne Giovanni Agnelli dazu veranlassen, eine Majorität, d. h. einen Einundfünfzig-Prozent-Anteil an der Banca Privata durch IFI, die Holding-Gesellschaft der Familie Agnelli, zu erwerben. Cuccia wollte dann dafür sorgen, daß etwa 27 Milliarden Lire von verfügbaren Agnelli-Papieren, die Cuccia für die Agnelli-Gruppe verwaltete, der Bank als Depositen zugute kämen. Außerdem wollte er dafür sorgen, so versicherte er Sindona, daß die Banca Privata an der Börse notiert werden würde. Sindona wußte, daß zu dieser Zeit nur eine Bank an der Mailänder Börse notiert war: Cuccias Mediobanca.

Sindona meinte, er halte das für einen aussichtsreichen Plan, aber trotzdem wünsche er nicht, die Kontrolle über seine Bank preiszugeben. Cuccia schlug sodann vor – und Sindona wußte, daß er es ernst meinte –, daß Mediobanca zwei Prozent des Aktienkapitals von Sindonas Bank erhalten solle, wodurch Cuccia in die Lage versetzt wäre, bei irgendwelchen Schwierigkeiten als Schiedsrichter zu agieren, natürlich in Vertretung von Sindonas Interessen. Während Cuccia sprach, blieb ihm das seltsame Lächeln auf Sindonas Lippen nicht verborgen. Er konnte nicht wissen, daß Sindona inzwischen einigen der dunklen Geschäfte auf die Spur gekommen war, durch die Cuccia und André Meyer miteinander verbunden waren.

Er hatte nämlich herausgefunden, daß Cuccia 1958 einen Geheimvertrag zwischen der IRI Bankengruppe (Banca Commerciale Italiana, Credito Italiano und Banco di Roma), die einundfünfzig Prozent von Mediobanca besaß, und Lazard Frères und seinen Partnern abgeschlossen hatte, die mit weniger als vier Prozent beteiligt waren. Eine der erstaunlichen Bedingungen dieses Vertrages war es, daß die Stimmen der Lazard Gruppe ebenso viel galten wie die des italienischen Konsortiums. Sindona hatte von Meyer selbst vor ihrem Krach den Grund für dieses ungewöhnliche Arrangement erfahren. Seine Gesellschaft hatte beträchtliche Geldsummen nach Übersee auf Cuccias Konten »in nero« als Kredite überwiesen. Mit diesem »denaro nero«, diesem »schwarzen Geld«, und durch Treuhand-Gesellschaften, die von Meyer kontrolliert wurden, war Cuccia in der Lage gewesen, abgesehen von anderen dunklen Geschäften, eine vier-prozentige Beteiligung an Assicurazioni Generali, Italiens größtem Versicherungsunternehmen, zu erwerben.

Sindona wußte jetzt all das und noch mehr. Er wußte auch, daß Cuccias Vorschlag für die Banca Privata ein letzter Versuch war, ihn an die Leine zu nehmen. So hörte er geduldig zu und lächelte. Und höflich bedeutete er dem schmächtigen Manne, er könne ihn ...

Damit war jede Hoffnung für Cuccia zerronnen, Sindona in die Hand zu bekommen. Von diesem Augenblick an, so sagte Sindona später, habe Cuccias Wille eine neue Herrin bekommen: die Leidenschaft, ihn zu vernichten.

Ein zweiter Todfeind, ein Feind deshalb, weil es tödlich war, ihm zu vertrauen, tauchte im Herbst 1964 bei Sindona auf. Sein Name war Carlo Bordoni. Er war zwei Jahre älter als Sindona, fett, kahlköpfig und bankrott.

Im September 1962 hatte die First National City Bank of New York (FNCB) ihre Aktivitäten in Italien wieder aufgenommen, die sie bei Ausbruch des Zweiten Weltkriegs eingestellt hatte. Ihr Büro in Mailand an der Piazza della Repubblica wurde die einundneunzigste Filiale der FNCB in Übersee, Teil ihrer aufstrebenden Auslandsabteilung unter der Leitung des dreiundvierzigjährigen Walter B. Wriston. Die Bank, die 1963 als erste amerikanische

Bank auch eine Filiale in der Schweiz eröffnete, folgte den klügeren und geschickteren britischen Banken im Kielwasser, die die Meere der internationalen Finanz beherrschten.

In diesen Jahren entwickelte sich der Eurodollar-Markt stürmisch, nachdem Regulation Q in Kraft getreten war, durch die die U.S. Federal Reserve Bank die Zinssätze für Inlandseinlagen begrenzt hatte und der Wettbewerb bei Dienstleistungen für die immer komplizierteren, aber auch lukrativeren Bedürfnisse der weltweit wachsenden Multis zunahm. Die Meere, die die Briten beherrschten, wurden wilder und turbulenter. Hier und dort konnte man inmitten der hochgehenden Wellen und Winde zerbrechliche, abweichenden Kurs segelnde Nußschalen sehen, die eine kurze Route nach Indien suchten, dem Land schnellen Reichtums in einer noch unvermessenen Welt von Börsen-Jobbern und Spekulanten.

Einer dieser Abenteurer auf abweichendem Kurs war Carlo Bordoni. Die Mailänder Filiale der FNCB hatte ihn 1962 als Devisenmakler eingestellt und 1964 wegen eigenmächtiger Spekulation wieder gefeuert.

Er war ein verzweifelter Schiffbrüchiger, als er bei Sindona auftauchte. Seit seiner Entlassung durch die FNCB hatte er nirgends wieder Beschäftigung finden können. Er unterbreitete Sindona einen Plan für eine internationale Geldmaklergesellschaft und erklärte deren Möglichkeiten. Sindona war von dem Vorschlag angetan, hatte aber seine Zweifel in bezug auf Bordoni. Er hatte erfahren, daß er ein kluger, aber unbesonnener Mann war, der zwar niemals bei einer Unterschlagung ertappt worden war, dessen Leidenschaft zu spekulieren aber wie ein Fluch seine Karriere durchkreuzt hatte.

»Noch niemals«, so redete Sindona ihm ins Gewissen, »ist ein Mann auf dieser Erde durch Spiel und Spekulation reich geworden.« Bordoni wand sich, und Sindona fuhr fort. »Ich würde in einer Bank eher einen Alchimisten als einen Spieler beschäftigen. Ihre Visionen und Erfolgschancen sind die gleichen. Aber Alchimie ist eine viel billigere Täuschung, und der Alchimist lernt doch wenigstens einmal aus seinen Irrtümern.«

Bordoni schwor, daß er niemals mehr spielen wolle, er habe seine Lektion gelernt und würde jetzt nur noch mit Prozentsätzen spielen. Sindona spürte etwas Wahrheit in den Worten des dicken Mannes.

Weder Continental Illinois in Chicago noch Hambros in London, Sindonas Partner bei der Banca Privata, wollten mit der Mailänder Bank in Bordonis Pläne einsteigen. Sindona berichtete Bordoni über ihre Weigerung. Der schwor noch einmal hoch und heilig, daß die Tage der Spielleidenschaft vorbei seien. Er gab sein Ehrenwort, daß er, wenn Sindona ihm helfe, seine geplante Gesellschaft zu gründen, sich niemals in einer Weise bloßstellen würde, die ihn oder seine Banken in Gefahr brächte.

Während der kalten, von Hagelschauern unterbrochenen Vorweihnachtstage 1964 wurde Euromarket Money Brokers, auch unter dem Namen Moneyrex, S.p.A. bekannt, in Mailand gegründet. Dabei setzte Sindona Bordoni ein jährliches Gehalt von 7,2 Millionen Lire, etwa 12.000 Dollar, aus und verschaffte ihm einen zweiprozentigen Anteil an der Gesellschaft. Später wurden aufgrund einer Option aus diesen zwei Prozent zehn, und schließlich stiegen sie auf zwanzig an.

Moneyrex – wie Sindona den lateinisch-imperialen Klang dieses Namens liebte! – betätigte sich als Makler für Forderungen und mit dem Kassa- bzw. Termin-Kauf und -Verkauf von Devisen für ihre Kunden auf Provisionsbasis.

»Wir hatten zehn Telexgeräte und zwanzig Telefone«, erinnerte sich Sindona später, während er mit ausgestreckter Hand langsam einen Bogen beschrieb, der sich freilich vor den Zellenwänden ohne jede elektrische Installation absurd ausnahm. »Nehmen Sie an, Barclays Bank of California braucht 100 Millionen Dollar: Wir setzen uns ans Telex oder ans Telefon. Wir rufen die Banca Nazionale del Lavoro, die Bank of Tokyo oder Chase Manhattan an. Wir nennen einen Zinssatz, den Barclay bereit ist zu zahlen, sagen wir elfeinviertel Prozent. Sie sagen O.K. und überweisen automatisch 100 Millionen Dollar. Auf unser Konto wird dann automatisch ein achtel Prozent der 100 Millionen oder vielleicht ein sechzehntel oder auch ein zweiunddreißigstel überwiesen. Das hängt ganz von der Beständigkeit des Marktes ab. Niemals gingen wir Risiken ein, es gab keine Spekulation bei Moneyrex, lediglich Provisionen und Maklergebühren.«

In den ersten beiden Jahren machte Moneyrex leichte Verluste, da Sindona bei der Finanzwelt auf größere Widerstände traf, sich aufs neue mit Bordoni einzulassen, als er vorausgesehen hatte. Aber die offensichtlichen Fähigkeiten der beiden Männer weichten diesen Widerstand allmählich auf. Im Endergebnis suchten mehr als tausend Weltbanken, unter ihnen die Zentralbanken verschiedener Länder, die Dienste von Moneyrex. Ihre Geschäfte dehnten sich aus, bis schließlich mehr als 40 Milliarden Dollar aus Transaktionen während eines einzigen Jahres durch ihre Hände gingen – mehr als bei der Bank of America, der damals größten Bank der Welt.

Moneyrex diente Sindona als »Fenster«. Wenn er hindurchsah, konnte er, wie dies niemandem sonst in gleichem Maße möglich war, die Ströme der Reichtümer der Welt beobachten, das Auf und Ab der Schwungräder der ungeheuren, geheimnisvollen Maschinerie der Mächte dieser Welt. In gewisser Hinsicht war Moneyrex ein Shylock im Weltmaßstab, der seine rechte Hand nicht wissen ließ, was die linke tat, und gleichermaßen von der Gier des einen wie vom Bedürfnis des anderen profitierte. Moneyrex verband Sindona mit den größten Banken der Welt und verschaffte ihm ein Arsenal von Insider-Informationen, mit dessen Hilfe er die anderen Geschäfte seines Imperiums führen konnte. Bald erspähte Sindona durch das Fenster von Moneyrex auch Verschwörungen im Untergrund des Reiches von Gier und Geld, er sah die geheimen Komplotte, die die Regierungen, eine gegen die andere, zu ihrer gegenseitigen Vernichtung aushecken.

Carlo Bordoni hielt sein Ehrenwort. Er spielte nicht an der Devisenbörse. Es gab für ihn nur den stetigen, genau berechneten Profit. Aus Bordoni, der als Bettler in Verzweiflung gekommen war, wurde ein angesehener und reicher Mann, der bald in die Aufsichtsräte von verschiedenen Banken Sindonas eintrat.

»Sie haben mir das Leben gerettet«, sagte er mehr als einmal zu

Sindona, indem er die Arme ausstreckte und die Hände ausbreitete. »Ich würde mir beide Hände für Sie abhacken lassen.«
Sindona aber schaute nicht genau und nicht lange genug auf diese Hände.
Obgleich Sindona seine Geschäfte weiterhin mit größter Diskretion abwickelte, wurde er allmählich zu einer berühmten Figur, auch in Amerika. Ende September 1964 veröffentlichte »Time« einen Bericht über ihn. Darin war ein Foto abgedruckt, auf dem er kühl wie jener vornehm-steife Edelmann des 14. Jahrhunderts lächelte, den Francesco Laurana mit den ausdruckslosen Augen seiner Kunstepoche gemalt hat, und man schrieb von seinen spektakulären Erfolgen. Zwei Wochen später veröffentlichte »Business Week« einen langen Artikel über ihn, in dem er als »energischer Macher der Wirtschaft und als Bankier« bezeichnet wurde, »der bei vielen als Italiens profiliertester Finanzier der Nachkriegszeit gilt«. 1965 debütierte er im »The International Who's Who«, dem Register der Weltaristokratie.
Seine Geschäfte in Amerika florierten. Im April 1965 kaufte er einhundertfünfzigtausend noch nicht ausgegebene Anteile zu kaum mehr als 3 Dollar pro Stück an der Oxford Electric Corporation, wodurch er die effektive Kontrolle über diesen Chicagoer Hersteller von Farben und Automobilteilen gewann. Ende 1968 wurde Oxford Electric an der amerikanischen Effektenbörse mit 14 Dollar pro Stück notiert, was einen Wertzuwachs von über 2 Millionen Dollar für Sindonas ursprüngliche Investition von weniger als 500.000 Dollar bedeutete.
1965 fungierte er ebenfalls als Mittelsmann bei dem 31-Millionen-Dollar-Verkauf von SIACE an die Celanese Corporation. SIACE war ein Unternehmen mit sizilianischen Eukalyptusplantagen und Produzent von Cellulose, mit dessen Organisation Snia Viscosa Sindona 1950 betraut hatte und deren Präsident er war. Er war für die Gesellschaft verantwortlich geblieben, auch nachdem sein Kontrollanteil von Snia Viscosa an eine französisch-kanadische Gruppe verkauft worden war, die über eine liberianische Holding-Gesellschaft arbeitete. Auch dieser Verkauf war 1962 von Sindona in die Wege geleitet worden. Die Celanese Corpora-

tion, die SIACE gekauft hatte, weil sie ein Auge auf den europäischen Markt für Pappen geworfen hatte, gab auf, nachdem sie die Gesellschaft als 40-Millionen-Dollar-Verlust drei Jahre später hatte abschreiben müssen; das Fruchtfleisch des sizilianischen Eukalyptus hatte sich als für ihre Zwecke ungeeignet erwiesen. Der Fehler, der leicht durch Recherchen für ein paar tausend Dollar hätte vermieden werden können, konnte in keine Verbindung mit Sindona gebracht werden, und Celanese lastete ihm auch nichts dergleichen an.

Im selben Jahr 1965 erwarb er von seinem alten Freund Arturo Doria die Angelini-Universal Gummi-Gesellschaft. Er reorganisierte sie und verkaufte sie an Reeves Brothers, Inc. in New York. Zusätzlich zu seinem schnellen Nettogewinn von ungefähr 1 Million Dollar wurde Sindona auch als Direktor von Reeves S.p.A. eingesetzt.

Im Januar 1966 erwarb Sindona durch die Brown Papier-Gesellschaft, die schon in den vorhergehenden achtzehn Monaten von ihm kontrolliert worden war, K.V.P. Sutherland, ein anderes Papierunternehmen, zweimal so groß wie Brown und an der New Yorker Effektenbörse notiert. Er vereinigte beide Firmen in eine neue und größere Brown Company.

Libby, McNeill & Libby hatte gute Gewinne abgeworfen, seit er das Unternehmen zusammen mit Paribas und Nestlé übernommen hatte. Im Mai 1967 verkauften er und Paribas, die jetzt die größte Investmentbank in Europa war, ihre Anteile mit einem fünfprozentigen Netto-Gewinn an Nestlé, die von Anfang an die Absicht hatte, sich ganz in den Besitz von Libby zu setzen – ein Kraftakt, der den Konzern zehn lange Jahre in Atem hielt.

»Millionen, Millionen, Millionen«, sagte Sindona später nachdenklich. »Viele Jahre lang viele Millionen.« Das war sein System: kaufen, reorganisieren, fusionieren, verkaufen. Eine Million hier, einige Millionen dort, alles kam zusammen, viele Jahre lang, viele Millionen.

»Reichtum«, so heißt es in der Bibel, »macht viele Freunde.« Als Sindonas Aktivitäten in Amerika sich ausdehnten, wuchs auch die Zahl derer, die ihn Freund nannten.

Über Francesco Chiarini, den Public-Relations-Direktor von Snia Viscosa, der ihn bei Bob Lehman eingeführt hatte, hatte Sindona auch die Bekanntschaft von Richter S. Samuel Di Falco gemacht.

1906 in Italien geboren und aufgewachsen in New Yorks Lower East Side, war Richter Sam Di Falco ein Mann mit schneller Auffassungsgabe, der Sindonas Vorliebe für elegant geschnittene Anzüge und Frauen mit schlanken Beinen teilte. Er war zu einer vertrauten Figur in den Kreisen von Tammany Hall unter Carmine De Sapio geworden. 1948 hatte man ihn in den Obersten Gerichtshof von New York gewählt, danach wirkte er sieben Jahre als Stadtrat. 1956, etwa ein Jahr nachdem Sindona ihm das erste Mal begegnet war, hatte sich Di Falco erfolgreich um das Amt eines Nachlaßrichters beworben, was ihm die Gerichtsbarkeit über die Hinterlassenschaften der Bewohner Manhattans gab; er bekleidete dieses Amt, bis er zwanzig Jahre später das Pensionsalter erreichte.

Es war ein offenes Geheimnis, daß Richter Di Falco ein Günstling des New Yorker Mafioso Frank Costello war, von dem man wußte, daß er den Richter liebevoll »einen meiner Jungs« nannte. Costellos eigener Rückzug vom Geschäft der Macht war an einem Maiabend 1957 erfolgt, nachdem sein Schädel von einem Warnschuß gestreift worden war, als er die Eingangshalle seines Hauses im Central Park West betrat.

Obwohl Di Falco in enger Verbindung mit Costello blieb, bis Costello 1973 an einer Herzattacke starb (auf den Monat genau vier Jahre nach der tödlichen Herzattacke seines jüngeren Racheengels Vito Genovese), begegnete Sindona niemals Di Falcos »compare«, und Di Falco sprach kaum jemals über ihn zu Sindona.

»Di Falco war ein Schlitzohr«, sagte Sindona später mit einem Lachen, »doch war er ein guter Mensch, ein ehrenhafter Mann. Er genoß den Respekt, den er sich in der guten Gesellschaft erworben hatte, und achtete sorgfältig darauf, ihn sich zu erhalten. Zu dieser Zeit war mein eigener Ruf noch tadellos. Ich glaube, daß Di Falco, obwohl er Mr. Costello liebte, wahrscheinlich verlegen geworden wäre, wenn er ihn mir hätte vorstellen sollen. Auch vollzogen sich die meisten meiner Geschäfte mit Di Falco in Gesellschaft, und Frank Costello war schon ein alter Mann, der nicht mehr gerne aus dem Haus ging.«

Gemeinsam pflegten Sindona und Richter Di Falco die Runde durch die Nachtclubs der oberen Stadt zu machen. Überrascht entdeckte Sindona, daß der Ältere offenbar noch weniger Schlaf brauchte als er selbst. Sindona, der nicht rauchte (doch praktizierte er die japanische Kunst des Papierfaltens, Origami, mit der Leidenschaft eines Rauchers), war auch kein großer Trinker. Ein Glas oder zwei einfache Scotch oder ein Chivas Regal on the rocks reichte ihm normalerweise an einem Abend. Oft trank er einfach Tomatensaft und erzählte jedem, der es hören wollte, es sei Bloody Mary. (Seine Vorliebe für Tomatensaft war einer der Gründe gewesen, weshalb er Libby gekauft hatte.) Doch verband ihn mit Di Falco die Begeisterung für Frauenbeine, blutrot angemalte Mädchenlippen und Nächte, die in raschem Gelächter vergingen.

Manchmal wandte sich Richter Di Falco um Rat an Sindona. Als er einen Ort brauchte, um das Geld unterzubringen, das er sich im Laufe der Jahre heimlich in die Robe gesteckt hatte, eröffnete ihm Sindona ein Nummernkonto in der Schweiz.

Richter Di Falco hatte einen Sohn, einen Jungen namens Anthony, der seinen Fußstapfen in den Kreisen der Demokraten im Schatten der blinden Justitia in der unteren Stadt folgte. Als Sindona ihn kennenlernte, war er fast noch ein Kind, ein Student in der Uniform der St. Francis Xavier High School. Sindona sah, wie der väterliche Stolz in den Augen des Richters aufleuchtete, als Anthony 1963 seine Tätigkeit als Anwalt in der Kanzlei Di Falco, Field, Florea & O'Rourke aufnahm, der Kanzlei, die der Richter gegründet hatte. Und er sah, wie dieser Stolz noch zunahm, als 1968, fünf Jahre später, Anthony, gerade dreißig Jahre alt, zum Stadtverordneten des einundsechzigsten Distrikts von New York gewählt wurde. Im nächsten Jahr wurde er Mitglied eines Ausschusses des Stadtrats, der für »Verbrechen und Sicherheit« in den Straßen zuständig war.

Sindona nahm an dem Glück des Richters über die Karriere des jungen Mannes herzlichen Anteil und half dem Jungen, wie er

dem Vater geholfen hatte. Doch nach weiteren zehn Jahren sollte er den Zeitpunkt verfluchen, der Anthony G. Di Falco in sein Leben gebracht hatte, und seine Seele in den neunten Kreis der Hölle wünschen.
Daniel A. Porco, dem Stahlmanager, mit dem sich Sindona während des Crucible-Geschäfts angefreundet und der ihn später mit David Kennedy von Continental Illinois zusammengebracht hatte, war es immer gut ergangen. Als Vertreter Sindonas in Amerika war er zum Direktor von Libby, McNeill & Libby und nach der Übernahme von Brown Co. durch Sindona zum vorläufigen Präsidenten dieses Unternehmens ernannt worden.
Der Mann, der in Aussicht genommen war, Brown in Zukunft zu führen, war Frank T. Peterson, ein Nachkomme einiger Generationen von schwedischen Papierherstellern und früherer Präsident der Black Clawson Company. Im April 1965 trat er die Nachfolge von Porco im Hauptsitz von Brown in Berlin, New Hampshire an.
Peterson stellte Sindona einem seiner Freunde vor, einem Ölmann, der in ernsten finanziellen Schwierigkeiten steckte, und zwar wegen einiger krummer Geschäfte, die nach hinten losgegangen waren. Um Peterson gefällig zu sein, stimmte Sindona zu, sich mit dem Anwalt des Ölmanns zu treffen und ihn zu beraten.
Der Anwalt entpuppte sich als Richard M. Nixon, der dreiundfünfzigjährige Quäker, der acht Jahre als Vizepräsident der Vereinigten Staaten unter Dwight D. Eisenhower gewirkt hatte. Als er 1960 im Präsidentschaftswahlkampf John F. Kennedy unterlegen war, hatte er sich ins heimatliche Kalifornien zurückgezogen, wo er sich 1962 ohne Erfolg um den Gouverneursposten bewarb. Mit seinen politischen Ambitionen gescheitert, war er dann nach New York City gezogen, wo er nach einem Aufenthalt von sechs Monaten, wie es die Anwaltskammer des Staates New York zur Bedingung macht, im Dezember 1963 die Anwaltspraxis wieder aufnahm, die er in den späten dreißiger Jahren begonnen hatte. Die Firma Mudge, Rose, Guthrie & Alexander, der er als Seniorpartner beigetreten war, änderte ihren Namen in Nixon, Mudge, Rose, Guthrie & Alexander um. Obwohl Sindona Nixon niemals be-

gegnet war, wußte er von dessen Existenz in dieser Firma, da er sich bei der Abwicklung seiner amerikanischen Geschäfte oft der Dienste von Mudge, Rose, Guthrie & Alexander bedient hatte und gut Freund mit Randolph Guthrie, dem Seniorpartner, geworden war.
Sindona und Nixon trafen sich im Haus des Quäkers im unteren Manhattan. Sindona hörte geduldig zu, als Nixon vorschlug, Sindona solle seinem Ölmann in einer kombinierten Aktion helfen, die diesen retten und ihnen allen Gewinn einbringen würde. Sindona musterte forschend und mit zugekniffenen Augen den nervösen Mann mit der vorspringenden Kinnlade und sagte schließlich, er wolle darüber nachdenken.
Sindona ließ sich Zeit, wandte sich an Randolph Guthrie und fragte ihn nach diesem seltsamen Quäker, diesem neuen Seniorpartner, der hier von der Müllhalde der Geschichte aufgetaucht war. Guthrie zögerte einen Augenblick schweigend, dann blickte er seinem Freund ins Gesicht.
»Sag das unserem lieben Partner nicht weiter« – Guthrie lächelte –, »aber alle seine Klienten sind« – er suchte nach einem Wort, nach einem passenden Ausdruck – »zweitklassige Charaktere. Halt dich da heraus.«
Sindona folgte Guthries Rat. Doch ließ Nixon nicht locker, und einige Male aßen die beiden Männer in den folgenden Monaten zusammen. Während dieser Arbeitsessen lernte Sindona Nixon kennen. Er bemerkte an ihm eine Unmenge Schwächen, die seinen Charakter zu prägen schienen, ein ungewöhnliches Verständnis für internationale Politik, das nach Sindonas Ansicht in Amerika selten war.
»Nixon erzählte mir, er kenne und liebe Italien«, so berichtete Sindona später. »Er sagte mir, während seiner Besuche in Venedig habe er Gelegenheit gehabt, Politiker und Geschäftsleute kennenzulernen, die die Situation Italiens analysiert und davon gesprochen hätten, die Vereinigten Staaten müßten verhindern, daß die Mittelmeerregion in die Hände des Feindes falle. Nixon sagte, er teile die Ansicht wegen der strategischen Bedeutung Italiens und der Notwendigkeit, die demokratischen Parteien

Italiens, die Freunde der Vereinigten Staaten, zu unterstützen.«
Es machte Eindruck auf Sindona, daß Nixon mehr Politiker als Rechtsanwalt war. Nachdem die gemeinsamen Arbeitsessen aufgehört hatten, war er nicht überrascht zu erfahren, Nixon habe wieder einmal ein Auge auf die amerikanische Präsidentschaft geworfen. In der heißen Atmosphäre des Jahres 1968 wurde er von den Republikanern nominiert, und einige Monate später gewann er die Wahl mit knappem Vorsprung vor Hubert Humphrey.
Sindona staunte nicht schlecht, als der seltsame Quäker mit den zweitklassigen Klienten als Präsident der mächtigsten Nation der Welt vereidigt wurde. Er mußte an ihre Gespräche bei Tisch denken und lächelte. Doch wußte er noch nicht, wie seltsam dieser Quäker in Wirklichkeit war.
Von all den Männern, mit denen er in Amerika geschäftlich zu tun hatte, bewunderte Sindona keinen mehr als Charles Bludhorn, den Gründer, Vorstandsvorsitzenden und aktives Mitglied des Vorstands von Gulf & Western Industries.
Wie Sindona war auch er aus dem Nichts aufgestiegen, ausgerüstet nur mit Energie und Verstand. 1926 in Wien geboren, war er 1942 nach Amerika emigriert, wo er, nachdem er in der Luftwaffe gedient und an der Columbia-Universität studiert hatte, für 15 Dollar die Woche in einem Maklerbüro für Baumwolle in Manhattan zu arbeiten begonnen hatte. 1949 startete er ein Import-Export-Unternehmen, das er bis 1956 betrieb. In diesem Jahr erwarb er die kleine Fabrik für Autoteile in Grand Rapids, Michigan, aus der zwei Jahre später die Gulf & Western Industries werden sollten. Unter Bludhorn hatte sich Gulf & Western rasend schnell entwickelt. 1966 übernahm die Gesellschaft die New Jersey Zinc Company, 1967 Paramount Pictures und 1968 das Verlagshaus Simon & Schuster, so daß Gulf & Western, der Konzern, den Charlie aufgebaut hatte, jetzt in der vordersten Reihe der großen Konzerne Amerikas stand.
Im Frühjahr 1967 verbot ein Bundesgericht Sindona, Anteile der Riegel Paper Corporation zu kaufen, mit der Begründung, seine Absicht, eine Fusion mit seiner Brown Company vorzunehmen, bilde einen Verstoß gegen die Kartellgesetze. Einige Monate spä-

ter, im Januar 1968, hielt sich Sindona in Mailand auf, als er einen Anruf von Charlie Bludhorn aus New York bekam. Bludhorn bat Sindona, sich mit ihm am nächsten Morgen im Grand Hotel in Rom zu treffen. Er sagte, er habe ihm ein interessantes Geschäft vorzuschlagen.

Die Begegnung fand um elf Uhr statt und war mittags beendet. Obwohl das Geschäft sehr kompliziert war und die beteiligten Juristen einige Tage und Nächte brauchten, um die Abmachungen zwischen Bludhorn und Sindona in einen juristisch einwandfreien Vertrag zu bringen, hatte Sindona in dieser einen Stunde die Brown Company an Bludhorn für 15,5 Millionen Dollar in Bargeld, sowie für normale und Vorzugsaktien und Schatzanweisungen verkauft. Am 20. Februar 1968 ging Brown offiziell von Fasco in die Hände von Gulf & Western über. Es war ein Geschäft, das beide Männer zufriedenstellte, und für Charlie Bludhorn war es der erste Schritt auf ein Territorium, das zu betreten er niemals für möglich gehalten hätte: den Vatikan.

VI.

Das System des Bösen

Bis jetzt hatte das Jahr nur zwei Tage Sonnenschein gebracht. Der Regen wollte und wollte nicht enden. Die Titelseiten der Mailänder Zeitungen brachten Fotos von überfluteten Straßen und sprachen von der »maledetta primavera«, dem verfluchten Frühling. Auf den folgenden Seiten wurde über einen Festakt berichtet. Am 9. Mai 1985 war die juristische Bibliothek im Justizpalast zum Gedächtnis Giorgio Ambrosolis eröffnet worden, des von Staats wegen mit der Liquidation von Michele Sindonas italienischen Banken beauftragten Mannes, der sechs Jahre zuvor in einer Sommernacht niedergeschossen worden war. Die Berichte schlossen mit dem Hinweis, daß der Prozeß gegen Sindona wegen des Mordes an Ambrosoli in weniger als einem Monat eröffnet werden würde.
Aus dem leicht sprühenden Nieselregen heraus betrat ich eines Samstagmorgens die hohen Gewölbe des Doms im Zentrum von Mailand, den riesigen, von Dämmerlicht und hohen Säulen erfüllten Raum, durchquerte den linken Flügel des Kirchenschiffes und ließ mich vor einer flackernden Votivkerze nieder.
Eine alte Frau trat hinzu und blieb vor dem schweren Bronzegitter stehen, das einen Reliquienaltar von der übrigen Kathedrale abteilt. Sie legte ihre Hand an das heilige Symbol, das an dem Gitter angebracht ist, und ließ sie dort, während ihre Lippen sich schweigend bewegten. Sie nahm die Hand wieder weg und drückte sie gegen ihren rechten Schenkel und ihre Stirn, während sie langsam daran rieb und ihre Lippen sich immer noch schweigend bewegten. Das wiederholte sie einige Male, wobei sie die Hand in kurzen Abständen immer wieder an die heilige Stelle legte, wie wenn sie genau wüßte, wann das magische Fluidum ihre Hand verlassen hatte und erneuert werden mußte. Nach einer Weile begab sie sich zu einem anderen Platz an der Wand der Altäre der toten Heiligen und hob ihre Hand von neuem.

Ich mußte an Sindonas Frau Caterina denken, die ich kürzlich das erste Mal in Voghera gesehen hatte. Sindona und ich, wir unterhielten uns gerade und näherten uns soeben dem Kern der Geschichte seines Sturzes, dem tödlichen Gestrüpp im Zwielicht der Geschäfte und der Trusts, als eine Wache an die Tür von Micheles Käfig klopfte.

»La moglie fedele«, meldete der Wachmann – »die treue Ehefrau« –, als ob er den Auftritt einer Hauptfigur in einer tragischen Oper, die er auswendig konnte, ankündigte. Sindona schaute mich mit einem Ausdruck an, der Resignation und die schweigende Bitte um Entschuldigung für das Unvermeidliche enthielt. »Ich konnte sie nicht warten lassen«, sagte er mit einem Seufzer, »wenn es Ihnen nicht zu viele Umstände macht, setzen wir unsere Unterhaltung morgen fort.«

Ich sah sie, während ich nach draußen ging: eine kleine schlanke Frau in vorgerückten Jahren. Sie trug ein einfaches, elegantes Kleid und hielt ihr Haupt aufrecht in einer Art von Würde und Stolz, als die Wachen sie an dem Metalldetektor vorbeiführten. Sie nickte mir freundlich zu und lächelte fein, als wir aneinander vorbeigingen, jeder von seinen Posten eskortiert.

»Wußte Ihre Frau jemals über Ihre Unternehmungen Bescheid?« fragte ich Sindona am nächsten Morgen, während mir noch ihre zarte, schweigende Gestalt und ihr zögernder Gang vor Augen standen.

»Nein«, sagte er, ohne zu zögern, indem er den Kopf schüttelte. »Sie war eine gute Mutter«, setzte er hinzu. Dann lächelte er in der Erinnerung. »Ab und zu sagte sie: ›Michele, warum schläfst du niemals?‹ Sie sorgte sich, doch sie wußte nicht Bescheid.« Er schwieg, dann fuhr er plötzlich fort:

»Diese Frau«, sagte er mit Bewunderung in der Stimme, »war immer der Überzeugung, daß Eitelkeit das Schlimmste auf der Welt sei.« Er brach ebenso plötzlich wieder ab und atmete tief ein, als wolle er etwas Ungesagtes, Unsagbares niederhalten.

An diesem regnerischen Samstag in der Kathedrale, in der die Reliquien des heiligen Ambrosius liegen, erinnerte ich mich an den kleinen Glaskasten, der nicht weit von hier in Raum V der Biblio-

teca Ambrosiana stehen. Dieser staubige Schaukasten, den man inmitten der Schätze der Ambrosiana nicht übersehen konnte – dem »Codice Atlantico« des Leonardo da Vinci, Raphaels »Sposalizio«, Petrarcas Kopie des Vergil –, dieser staubige Schaukasten also, der von irgendeinem vergessenen Kurator zu irgendeiner vergessenen Zeit eingerichtet worden war, schien nur Plunder zu enthalten, angeschwemmt von der Flut dieses Ungesagten, Unsagbaren, dieser Wahrheit oder dieser Lüge, die ich mehr als einmal auf dem Grund von Michele Sindonas tiefen Atemzügen erahnt zu haben glaubte: dieser Wahrheit oder dieser Lüge, aus der die Geschichte besteht. Es ist alles eitel unter der dunklen Sonne der Sterblichen.
In diesem Glaskasten befanden sich drei Objekte. Das erste war ein wächsernes Triptychon, etwa dreihundert Jahre alt, mit der Aufschrift »Anima Beata-Purgante-Dannata«, und es zeigte die drei Zustände der Seligkeit, der Läuterung und der Verdammnis auf dem Antlitz einer Frau, das dementsprechend einmal in ernster Schönheit, dann voller Schmerz und schließlich grausam verzerrt dargestellt war. Unterhalb des Triptychons lag eine braungelbe Locke, auf lateinisch als eine Locke vom Haar der Lucrezia Borgia bezeichnet, die 1518 in ihrer Todesstunde abgeschnitten worden war. Links davon, schlicht beschrieben als »Guanti Portati da Napoleone a Waterloo 18.6.1815«, lag das Paar weißgelber Handschuhe, die Napoleon an dem Tag getragen hatte, an dem sich sein Glück endgültig wandte.
Ein paar Strähnen spröden Haares, ein Paar Handschuhe, deren Stoff sich noch faltete, lange nachdem die Hände, die sie umhüllt hatten, zu Staub zerfallen waren: erbärmliche Überreste der Macht unter dem Porträt dieser Frau, deren Seligkeit oder Verdammnis in ihren eigenen Händen lagen – Symbole der Eitelkeit jeder Bemühung um Unsterblichkeit. Alles war da in diesem Schaukasten.
Ich erhob mich und warf einige Münzen in einen Schlitz und zündete eine Kerze an. Bald war es Zeit, nach Voghera zurückzukehren.
Ich brachte den Namen Rosario Spatola ins Gespräch, einen

Mann, den Sindona in den Jahren zwischen seinem Sturz und seinem Gefängnisaufenthalt kennengelernt und den die italienische Presse als einen der gefährlichsten Mafiosis Siziliens charakterisiert hatte. Sindona verbesserte meine Aussprache von Spatolas Namen – der Akzent liegt auf der ersten Silbe, sagte er – und lachte.

»Ich werde Ihnen später über Spatola erzählen«, sagte er, »für jetzt nur soviel: Der Rosario Spatola, den ich kannte, und der Rosario Spatola der Zeitungen sind himmelweit verschieden. Nach den Zeitungen war er ein starker, furchteinflößender, ungeschlachter Bursche. Für mich war er stets ...«, und Sindona legte, wieder lachend, seine Fingerspitzen zusammen wie ein Schulmädchen im Gebet und parodierte mit einer piepsigen Mädchenstimme: »Oh, bitte, Mr. Sindona, bitte.« Er senkte die Hände und lachte wieder.

Ich sah ihn an und lächelte. Es kam mir ein Gedanke.

»Sind Sie jemals jemandem begegnet, der Ihnen Furcht eingejagt hat?« fragte ich.

Das Lächeln verschwand plötzlich von seinem Gesicht, und für eine Sekunde schien es zu Stein zu erstarren. Nur einmal bisher hatte ich ihn, jedenfalls war das mein Eindruck, unabsichtlich beleidigt, als ich ihn nämlich fragte, wo er seine Anzüge gekauft habe. »Ich habe niemals Anzüge ›gekauft‹«, hatte er ärgerlich geantwortet, dann fügte er ruhiger hinzu, indem er seine Hände nach außen drehte: »Meine Anzüge wurden immer geschneidert, und zwar«, jetzt lächelte er wieder, »stets im klassischen Stil.« Jetzt hatte ich ihn offenbar zum zweiten Mal gekränkt. Sein Rücken straffte sich, und ein neues, seltsames Lächeln erschien auf seinem Gesicht, als sich die Erstarrung löste.

»Niemand hat mir jemals Furcht eingejagt«, sagte er, indem er das entscheidende Wort »jemals« etwas mehr betonte als die restlichen Worte. Und als ich ihn forschend ansah, ohne einen Kommentar abzugeben, begann er von neuem zu lachen. »Nein«, sagte er, »das ist nicht wahr. Es gibt ein einziges Mal, das ist aber lange her, in den Tagen der Zitronen und des Weizens.«

Für einen Augenblick grub er in der Erinnerung an diese Tage,

dann erzählte er mit Fröhlichkeit in der Stimme: »Ich war mit juristischen Angelegenheiten in Catania beschäftigt und schickte einen Freund an meiner Stelle, um eine Ladung Karotten aus der Stadt Prizzi, im Westen der Insel, zu holen. Als er zurückkehrte, sah ich, daß die gesamte Wagenladung Karotten ›guasto‹ war, völlig verdorben. Ich wurde wild. ›Steig mit mir in den Wagen, wir fahren zurück nach Prizzi‹, sagte ich. ›Aber, diese Leute dort‹, sagte er. ›Das ist mir egal‹, sagte ich, ›wir fahren.‹
Und wir fuhren. Als wir nach Prizzi kamen, fand ich die Verkäufer und sagte: ›Tauschen Sie das hier um!‹ ›Aber die anderen wollen es so‹, sagte einer von ihnen. ›Das ist mir egal‹, sagte ich. Mein Freund zitterte vor Furcht. ›Ich gehe jetzt‹, sagte ich, ›und morgen komme ich zurück. Und ich lege höchsten Wert darauf, frische Karotten hier zu finden.‹ Der Mann starrte mich an. ›Du wirst hier etwas ganz anderes finden‹, sagte er.
Am nächsten Tag kam ich allein zurück – mein Freund war zu feige. Es waren frische Karotten da. Ich kaufte weiter bei diesen Leuten, und sie versuchten nie mehr, mich aufs Kreuz zu legen.« Lächelnd schüttelte er den Kopf. »Ich war verrückt. Noch ohne Frau, noch ohne Kinder.« Er tippte mit dem Zeigefinger an seine Stirn. »Pazzo.«
»Die Leute, die Sie verhaftet haben, haben Sie angeklagt, für die Mafia gearbeitet zu haben«, sagte ich.
»Ja«, nickte er. »Sie haben mich angeklagt. Sie haben mich jedes Verbrechens angeklagt, außer daß ich Christus ans Kreuz genagelt habe.« Er lachte. Dann räusperte er sich und holte tief Atem. »Wenn ich das alles wirklich auf dem Kerbholz hätte, wäre ich jetzt kein verurteilter Sünder. Ich wäre gar nicht hier. Sehen Sie, ich war niemals auf sie angewiesen, und sie waren niemals auf mich angewiesen. Sie müssen bedenken, daß meine Banken in Italien erstklassige Institute mit erstklassigen Partnern waren. Banca Privata war eine Bank der Aristokratie. Die Mafia bediente sich immer zweitklassiger Institute und Fachleute.« Seine klugen Augen verengten sich. »Diese Leute sind nicht so dumm, denke ich. Sie sind viel klüger als die Leute der Regierung, die glauben, sie zu verstehen.«

»Mit welchen Banken arbeitet die Mafia?« fragte ich ihn. Er zögerte einen Augenblick. »Das ist eine gefährliche Frage«, überlegte er. Ich zuckte die Schultern, er lächelte. Ohne weitere Überlegung sagte er dann: »In Sizilien manchmal mit der Banco di Sicilia. In Mailand mit der kleinen Banca Rasini in der Piazza Mercanti.« Dann saß er ruhig und lauschte dem Geräusch des nieselnden Regens.

»Gleichgültig was sie behaupten, eine Regierung wird die Mafia niemals verstehen«, sagte er langsam. »Mit ihren lächerlichen Stammbaum-Karten und ihren lügnerischen dummen Informanten versuchen sie das Bild der Mafia nach ihren eigenen Vorstellungen zu rekonstruieren, Vorstellungen, die nur ihrem begrenzten Verstand entsprechen: nämlich von einer geordneten, homogenen Organisation. Ihre Illusion des ›organisierten Verbrechens‹ entspringt ihrer Phantasie von einer idealen Bürokratie, die nirgends existiert als in den schwachen Gehirnen kleiner Männer mit großen Titeln.

Die Regierungen haben unwissentlich eine Menge getan, um die Bildung von kriminellem Vermögen zu begünstigen, und zwar durch Gesetze, die eigentlich dazu gedacht waren, ihre Wirtschaft oder den Wohlstand ihrer Bürger zu schützen. Handelsrestriktionen und Schutzzölle riefen Schmuggel und Schleichhandel ins Leben. Die Alkoholprohibition in Amerika führte nur zur Entstehung von riesigen Zentren illegalen Reichtums in diesem Land. Die meisten der angesehensten Familien der Welt – die Rothschilds und die Warburgs, die Agnellis und die Pirellis, die Kennedys und die Rockefellers – müssen die Ursprünge ihres Vermögens auf unrechtmäßige Profite zurückführen. Und auf die Kunst, die Steuern für diese Gewinne schuldig zu bleiben.

Im Laufe der Jahre wurde dann ihr Geld ›sauber‹ und sie selbst zum internationalen Establishment.

Die heutigen Rauschgiftgesetze haben die Akkumulierung gewaltiger Summen schmutzigen Geldes in den Händen weniger Männer ermöglicht, Männer, die oft von denselben Regierungen hofiert und geschützt werden, die hoch und teuer schwören, alle Gewinne aus Drogen unmöglich machen zu wollen und mit allen

Mitteln gegen Produzenten und Verkäufer von Narkotika vorzugehen. Der Rauschgifthandel ist das Mittel, durch das sich das sogenannte organisierte Verbrechen auf allen Kontinenten selbst finanziert. Wenn die Rauschgiftgesetze liberalisiert werden würden, würde dieses Mittel nicht länger existieren. Doch die Regierungen scheinen nicht bereit zu sein, einen entscheidenden Schlag zu führen.« Er zuckte die Achseln, dann lächelte er. »Sie sehen also, die Regierungen sind weitaus fähiger, schmutziges Geld entstehen zu lassen, als es aufzufinden. Regierungsagenten in Amerika und Europa fassen häufig Zwischenhändler im Drogengeschäft. Sie halten diese Leute für Verbrecherkönige, für die Häupter verbrecherischer Vereinigungen. Aber in Wirklichkeit handelt es sich dabei nur um Figuren von höchstens zweitklassiger Bedeutung, Bauern im Schach, die selbst die komplizierten Mechanismen nicht verstehen, von denen sie ein Teil sind.
James Harmon, der Direktor der Kommission des Präsidenten für das Organisierte Verbrechen, und Giovanni Falcone, der höchste Antimafiabeamte Italiens, beide gaben mir gegenüber zu, daß weder sie noch ihre Mitarbeiter auch nur das geringste von Optionen auf Devisen oder Waren oder von Termingeschäften und Terminkontrakten verstünden.« Seine Stimme schwoll plötzlich an. »Sie erzählten mir sogar, sie hätten keine blasse Ahnung davon, wie das internationale Währungssystem funktioniert!« Seine Augen wurden groß, und er grinste ironisch. »Es ist einfach lächerlich!« rief er aus. »Sie sind wie Kinder im Dschungel! Die Mafia hätte es sich gar nicht besser wünschen können.«
Dann schwieg er. Er schloß die Augen und rieb sich die Stirn, rieb sich die Hand und blickte auf sie hinunter. »Rheumatismus«, murmelte er.
»Nehmen Sie etwas dagegen?«
»Ach was!« Er zog eine gelangweilte Grimasse. »Aspirin.« Er nahm die Hände wieder auseinander.
»Sehen Sie«, sagte er dann, »das ist der Grund, weshalb der sogenannte Krieg gegen das Verbrechen niemals gewonnen werden kann. Sie können ganz einfach die Front nicht finden.« Er hob die Brauen. »Niemals, in keinem Buch, keinem Regierungsbericht,

keiner Zeitung, keinem Magazin, ist bisher eine genaue Beschreibung und Erklärung von Geldwaschanlagen erschienen.« Er ließ seine Hand schwer niederfallen. »Niemals.«
»Nun denn«, sagte ich, »erzählen Sie mir etwas darüber, wie man Geld wäscht.«
Er holte tief Atem und ließ ihn langsam wieder ausströmen, nickte nachdenklich, blickte mich an und lächelte.
»Zuerst«, begann er zu erklären, indem er sich in seinem Stuhl vorlehnte, »muß man zwischen schwarzem Geld und schmutzigem Geld unterscheiden. Schwarzes Geld ist einfach Geld, das jemand heimlich besitzt oder ausgibt – Geld unter dem Tisch sozusagen –, er tut das normalerweise zum Zweck der Steuerhinterziehung. Das Geld auf anonymen Schweizer Konten ist oft schwarzes Geld. Im allgemeinen gehört es angesehenen Leuten, die ungehindert darüber verfügen können, da es in den Bewegungen der großen, gesetzlich ausgewiesenen Ströme ihres Reichtums selten bemerkt wird.
Schmutziges Geld ist durch Verbrechen verdientes Geld, Rauschgift-Geld. Es handelt sich dabei um illegale Gewinne. Es kann versteckt werden und muß das Licht des Tages scheuen, außer sein Besitzer kann plausibel machen, daß es legale Einkünfte sind, für die auch Steuern gezahlt wurden. Viele Menschen verstecken schmutziges Geld, aber nur wenige wissen, wie man es in sauberes Geld umwandeln kann. Die meisten Leute kennen den Unterschied zwischen Verstecken und Waschen nicht. Es gibt viele nahezu perfekte Methoden, schmutziges Geld zu verstecken. Die bekannteste ist, es in einem Land mit strengem Bankgeheimnis zu deponieren. Es gab Zeiten, da die Schweiz für die Mafia sehr attraktiv war. Heute fließt in die Schweiz eher Geld, das aus Steuerhinterziehungen und Umgehungen von Devisengesetzen stammt. Die Mafia hält sich jetzt lieber an Länder, wo das Bankgeheimnis noch besser geschützt ist. Österreich, Holland, Irland, Hongkong, die Insel Man, die holländischen Antillen, Luxemburg, Singapur, Malaysia, Thailand, Costa Rica, Paraguay, Uruguay – alle diese Länder und noch andere bieten mehr Anonymität als die Schweiz. Kooperations-Vereinbarungen existieren nur zwischen

wenigen Ländern, und wo sie existieren, haben sie nicht den geringsten Wert, da sie von Leuten ausgearbeitet worden sind, die vom internationalen Bank- und Währungswesen nichts verstehen. Nummernkonten sind nicht wirklich anonym. Die Identität ihrer Eigentümer bleibt nur den Angestellten der Bank verborgen, nicht den Spitzenmanagern. Wenigstens zwei Personen in jeder Bank kennen die Namen hinter den Nummern. Dies ist der Grund, weshalb sich gerissene Anleger nach anderen Möglichkeiten umsehen. Sie arbeiten mit Hilfe von Gesellschaften mit Inhaberaktien, die sie durch Anwälte oder Steuerberater für sich haben gründen lassen, welche – eine weitere Schutzmaßnahme – ihre Aufträge über anonyme Treuhandgesellschaften erhalten haben, denn diese sind durch Geheimhaltungsvorschriften besser geschützt als die Banken. Manchmal schlagen die Treuhandgesellschaften den Regierungen der Länder, innerhalb derer sie operieren, sogar Verordnungen vor, mit denen die Effizienz der Geheimhaltungsvorschriften dieser Länder noch besser sichergestellt werden kann.

Riesige Summen Geldes werden in der Hauptsache in zwei Gebieten versteckt: im Fernen Osten und in Lateinamerika. Es gibt Banken in Hongkong, Singapur und Kuala Lumpur, die sich über Jahre hinweg schmutziges Geld beschafft haben. In neuester Zeit hat sich ihnen die Bank von China angeschlossen. In Costa Rica, Paraguay und Uruguay sind die Banken so darauf versessen, ihren Liquiditätsbedarf zu decken, daß sie glücklich wären, überhaupt an Geld heranzukommen, und wenn es blutgetränkt wäre. Gewisse Agenten, die Arrangements mit den Zollbehörden haben, schleppen in diese Länder Geld ein, das sie in ihrem normalen Gepäck mit sich führen. Doch in Lateinamerika sind die Verhältnisse nicht so kompliziert wie im Fernen Osten. Regierungen in Mittelamerika sind immer anfällig für Erpressungen.

Das sind einige der Wege, auf denen die kleinen Gauner ihr Geld verstecken. Wenn einer von ihnen gefaßt wird, während er versucht, sich mit 1 oder 2 Millionen aus dem Staub zu machen, hält man ihn in der Regel für wichtiger, als er in Wirklichkeit ist.

Das Waschen von Geld ist schwieriger, doch wenn es auf die rich-

tige Weise geschieht, ermöglicht es Verbrechern, über ihr schmutziges Geld offen zu verfügen, und gibt dem Gesetz absolut keine Chance zu einem Eingriff. Das eigentliche Übel gewaschenen Geldes ist nicht, daß es die Regierung ihrer Einkünfte beraubt, denn wenn Geld effektiv gewaschen werden soll, dann müssen Steuern dafür gezahlt werden. So ist es recht gut möglich, daß die Steuergelder, mit denen die Kommission für das Organisierte Verbrechen unterhalten wird, Teil des schmutzigen Geldes sind, das die Kommission gerade ausfindig machen will.« Auf Sindonas Gesicht erschien ein Lächeln, das nur langsam wieder verschwand. »Nein, nein«, sagte er, »das wirkliche Übel gewaschenen Geldes ist, daß es die Möglichkeit eröffnet, schmutziges Geld, das Instrument des Verbrechens, in den Stromkreis einer intakten Volkswirtschaft einzuschleusen, auf diese Weise wichtige Sektoren dieser Volkswirtschaft zu erwerben und sie zu ›feudi‹ einer internationalen verbrecherischen Oligarchie außerhalb der Reichweite des Gesetzes zu machen – einer Oligarchie, die dann von Männern bekämpft werden soll, die nichts von Geld verstehen.«
Er lehnte sich in seinem Stuhl zurück.
»Um relativ kleine Summen schmutzigen Geldes zu waschen – sagen wir bis zu 150 Millionen Dollar im Jahr –, genügt es, eine Gesellschaft mit Inhaberaktien in einer Steueroase zu gründen. Man zahlt sein schmutziges Geld einfach auf das Konto der Gesellschaft ein. Die Gesellschaft ist durch Geheimhaltung geschützt, also weiß niemand, daß sie Ihnen gehört. Dann setzen Sie einen Berater- oder Beschäftigungsvertrag zwischen Ihnen und der Gesellschaft auf, der auch den Zahlungsmodus für bestimmte imaginäre Leistungen enthält. Entsprechend wickeln Sie ihre Zahlungen an sich selbst ab, und fertig ist die Laube. Verstecktes Geld wird gewaschenes Geld.
Dieses System ist zwar von einigen Strafverfolgungsbehörden und Wirtschaftsjournalisten bereits entdeckt worden, doch ist es für Juristen tatsächlich noch unmöglich zu beweisen, daß ein derartiges Arrangement gegen das Gesetz ist. Vor allem, wenn die Papiere einwandfrei aufgesetzt sind, und eine Reihe von Arbeitsberichten erstellt worden ist.

Dann gibt es das System des ›doppelten Preises‹. Es ist sehr verbreitet. Sie kaufen Grundstücke im offiziellen Wert von – sagen wir – 3 Millionen Dollar. Sie buchen eine Bezahlung von 1 Million Dollar und zahlen 2 Millionen Dollar in schwarzem Geld, sozusagen unter dem Tisch. Nach dem Kauf geben Sie eine gewisse Summe für die Erschließung des Landes aus, sagen wir 300.000 Dollar. In einigen Monaten oder einem Jahr verkaufen Sie die Grundstücke zu ihrem aktuellen Wert, 3,3 Millionen Dollar. Wenn Sie amerikanischer Bürger sind und dies Geschäft in Amerika durchführen, müssen Sie etwa fünfundzwanzig Prozent Steuern auf ihren ›Gewinn‹ von 2 Millionen Dollar zahlen. Aber gleichzeitig haben Sie 1,5 Millionen Dollar schmutziges Geld sauber und unangreifbar gemacht.

Leute, die zusätzlich zu ihren illegalen Aktivitäten legale Importgeschäfte betreiben, verwenden gelegentlich das System der ›doppelten Rechnung‹. Über seine Gesellschaft mit Inhaberaktien kauft der Importeur anonym Güter von einem legalen ausländischen Verkäufer zu, sagen wir, 2 Dollar pro Pfund. Dann kauft er die selben Güter von sich selbst, das heißt von der Gesellschaft mit Inhaberaktien, für, sagen wir, 1,80 Dollar pro Pfund. Die Differenz von 20 Cents pro Pfund ist ein legaler Gewinn für den Importeur, und das schmutzige Geld, das er unter dem Namen der Gesellschaft mit Inhaberaktien besitzt, wird sauber, indem es als Verlust in der Gewinn- und Verlustrechnung seiner Gesellschaft mit Inhaberaktien gebucht wird.

Dies ist übrigens in den Grundzügen das System, durch das sich die Kommunistische Partei Italiens in den Jahren nach dem Zweiten Weltkrieg selbst finanzierte. Ausgewählte italienische Handelshäuser – ich fand das heraus, weil einige von ihnen meine Klienten waren – bekamen auf einen Wink der Partei hin das Recht, bestimmte russische Produkte im Auftrag der Sowjetunion im Inland zu verkaufen. Die russischen Staatsbetriebe berechneten liechtensteinischen Gesellschaften, die Italienern gehörten, Transitpreise, das heißt Preise für Güter außerhalb der Zollkontrollen, zu, sagen wir, 2 Dollar pro Kilogramm, während der Inlandsmarktpreis tatsächlich 3 Dollar pro Kilogramm betrug. Die

Zwischenträger-Gesellschaft berechnete dann die Güter der beauftragten italienischen Gesellschaft zu 2,80 Dollar pro Kilogramm und leitete den 80-Cent-Gewinn an eine Briefkastenfirma, die dem PCI gehörte, weiter. Für ihre Dienste kam die italienische Gesellschaft in den Genuß eines größeren Profits als normal, nämlich 20 Cents pro Kilogramm. Die italienischen Steuerbehörden bemerkten zwar, was vor sich ging, aber sie drückten ein Auge zu, und die Kommunisten benützen dieses System noch heute, allerdings, wie ich glaube, in geringerem Ausmaß. Mutatis mutandis.«
Er grinste auf eine wenig freundliche Art. »So wird, was schmutzig ist, sauber.«
Er lehnte sich wieder nach vorne. Das trübe Licht des Regenhimmels vor dem vergitterten Fenster wurde schwächer, die Schatten im Zimmer länger.
»Es gibt noch eine andere, kompliziertere Methode. Diese Methode wird aus zwei Gründen angewendet: Der eine ist die Vermeidung von Steuern, der andere die Ausnutzung von Spezialgesetzen zur Investitionserleichterung und zum Investitionsanreiz. Um diese Methode anwenden zu können, müssen Sie eine Baugesellschaft oder irgendein Industrieunternehmen besitzen. Außerdem brauchen Sie die Unterstützung einer Ingenieurfirma. Es gibt einige in Europa und Amerika, die sich auf solche Unterstützungen spezialisiert haben.
Wenn Ihr Ziel Steuerhinterziehung ist, müssen Sie die Ingenieurfirma veranlassen, Ihrer Gesellschaft Leistungen für industrielle Projekte in Rechnung zu stellen, die Sie bereits ausgeführt haben. Projekte also, deren Kosten bereits vom Konto Ihrer Gesellschaft überwiesen worden sind. Oft stellt die Ingenieurfirma einen leeren Briefbogen mit ihrem Briefkopf oder Formblätter zur Verfügung, auf denen Sie Ihre eigenen Projekte und Berichte darstellen können, natürlich auf der Basis von Projekten, die Ihre Gesellschaft bereits durchgeführt und für die sie schon bezahlt hat. Auf privatem Wege wird dann der Briefbogen zur Ingenieurfirma zurückgebracht, und er wird Ihnen wiederum auf dem offiziellen Postweg zusammen mit einer Rechnung zugestellt. Ihre Gesellschaft bezahlt daraufhin diese getürkte Rechnung, zahlt also für

Leistungen, die sie von dieser Firma niemals empfangen hat. Im Endeffekt hat somit Ihre Gesellschaft zweimal für dieselbe Installation gezahlt, indem sie ihre Kosten verdoppelt hat. Die Ingenieurfirma gibt Ihnen selbstverständlich einiges von dem Geld unter dem Tisch zurück, Geld also, das inzwischen schwarz geworden ist.

Dieses System der ›doppelten Kosten‹ reduziert insgesamt oder teilweise den Gewinn des Projekts im Vergleich zu seinen Kosten, oder es steigert fälschlicherweise den Wert der Arbeiten Ihrer Gesellschaft, was eine höhere Amortisation ermöglicht, die wiederum für die kommenden Jahre das steuerpflichtige Einkommen reduziert. Außer einer Verringerung der Steuern ermöglicht es Ihnen, eine Reserve in schwarzem Geld anzulegen, die dann durch eine Methode, wie ich sie vorhin beschrieben habe, gewaschen werden kann.

Wenn es Ihre Absicht ist, besondere Finanzierungsgesetze auszunützen, ist die Prozedur ganz ähnlich. In vielen unterentwickelten Gebieten Italiens – ebenso wie in vielen amerikanischen Städten – genießen Industriefirmen finanzielle Vorteile und Steuererleichterungen. Die Vorteile bestehen in der Möglichkeit langfristiger Finanzierung zu niedrigen Zinssätzen, oft nur drei Prozent in Italien, und Subventionsgarantien, die die Gesellschaften ermutigen sollen, in den ärmsten Gebieten zu investieren. Normalerweise geben in Italien besondere, vom Staat kontrollierte Finanzierungsfirmen Kredite bis zu achtzig Prozent des Wertes der Einrichtungen, Betriebsgebäude und Lagerhaltung der mit der Entwicklung betrauten Gesellschaft. Zusätzlich geben sie Garantien über rund zwanzig Prozent des Wertes der Einrichtungen und Betriebsgebäude. Nehmen wir an, daß Ihre Einrichtungen und Betriebsgebäude 1 Million Dollar wert sind. Eine ausländische Ingenieurfirma, mit der Sie unter einer Decke stecken, berechnet Ihnen 1,6 Millionen Dollar aufgrund des Vertrages mit Ihnen. Ihre Gesellschaft erhält also vom Staat einen Investitionskredit von 1,28 Millionen Dollar und eine Garantie für 320.000 Dollar. Daraus entsteht ein Fundus schwarzen Geldes von 600.000 Dollar. Dieses schwarze Geld wird dann mittels des Systems der ›doppelten Rechnung‹ gewaschen, das heißt, Ihre Gesellschaft kauft Rohmaterialien unter Preis von einer ausländischen Gesellschaft mit Inhaberaktien, hinter der anonym Sie selbst stecken, oder von Ihrer ›Anstalt‹, Ihrer beauftragten Treuhandgesellschaft in Liechtenstein. Dieser Kauf unter Preis wird fortgesetzt, bis die 600.000 Dollar Schwarzgeld durch die falschen Gewinn- und Verlustrechnungen gesäubert sind.

Sie machen auf diese Weise einen Extragewinn von 600.000 Dollar – das gewaschene Schwarzgeld –, für den Sie außerdem keine Einkommensteuer zahlen, da die Gesetze zur Entwicklung der wirtschaftlich schwachen Gebiete Ihrer Gesellschaft einen Steuererlaß gewähren, der für zehn Jahre nach Beginn Ihres Projektes gilt – eines Projektes, das schon auf der Basis eines unrealistischen und inflationierten Preises in Angriff genommen wurde.

Ich lernte all diese Methoden vor fünfundzwanzig Jahren kennen, als ich CTIP kaufte«, fuhr Sindona fort. »Es war eine der Ingenieurfirmen, die derartige Techniken für ausgewählte Klienten auf der ganzen Welt ausarbeiteten. Als ich CTIP übernahm, baten mich die Manager, wir sollten doch diese Geschäfte wenigstens für ein paar ausgewählte, große italienische Industrielle fortführen. Unter diesen Erwählten waren auch staatliche Gesellschaften: ›Tutte le strade conducono a Roma.‹ ›Alle Straßen führen nach Rom.‹« Er lächelte. Aus dem Lächeln wurde ein bedauerndes Lachen, bis der Ausdruck des Bedauerns sein ganzes Gesicht überzog.

»Aber ich lehnte es ab, weiterhin solche Geschäfte zu machen«, fuhr er fort, »da auf diesem Wege Gesellschaften, die legal arbeiten, aber im Besitz der Mafia sind, den Wert ihrer Projekte steigern können, während sie Gewinne aus Verbrechen sauberwaschen. Sie brauchen nur nach Amerika hinüber zu blicken, wo die großen Bohrtürme stehen.«

Er streckte die Arme aus und sog die kühle Luft des Zimmers tief in seine Lungen. Es hatte den Anschein, als ob er ab jetzt schweigen würde. Aber bald schob er die Vorderzähne über die Unterlippe und kniff die Augen zusammen, wie wenn er nachdachte oder zögerte. Dann leuchteten seine dunklen Augen auf.

»Es gibt noch ein System«, sagte er. »Es ist das gerissenste und gefährlichste von allen.« Jetzt lächelte er nicht mehr.

»Um diese Methode anwenden zu können, müssen Sie genaue Kenntnisse über das internationale Bankensystem und die Gesetze und Verordnungen besitzen, die den Austausch von Waren und Devisen in den verschiedenen Ländern der Welt regeln. Es ist ein äußerst gefährliches System, nicht für denjenigen, der es benützt, sondern für die Volkswirtschaften der Welt, denn es ermöglicht das Waschen gewaltiger, fast unbegrenzter Summen schmutzigen Geldes.

Es ist ein System, das bis jetzt nur von einer oder zwei kleineren Gruppen angewendet worden ist, die im Fernen Osten unter dem Schutz einiger Regierungen dort arbeiten. Sie können all dieses Geschwätz über ›Pizza Connection‹, all diesen ›Paten‹-Unsinn vergessen. Es sind diese paar namenlosen Männer im Fernen Osten, die die wirklichen ›pontefici della mala‹ sind.

Bei diesem System deponieren Sie Ihr schmutziges Geld unter dem Namen Ihrer Gesellschaft mit Inhaberaktien bei der Hongkong & Shanghai Bank, der Chartered Bank oder bei einer der anderen Banken in Hongkong oder Singapur.

Sie wissen nun z. B., daß die Börse in Philadelphia mit Optionen auf Devisenterminkontrakte in britischen Pfund, kanadischen Dollars, deutschen Mark, japanischen Yen, Schweizer Franken und US-Dollars handelt, und die Handelsbörse in Chicago mit Optionen in britischen Pfund, deutschen Mark und Schweizer Franken.

Nur fünf Prozent all dieser Optionen werden zugunsten von Unternehmen wahrgenommen, die dadurch die Währungsrisiken ihrer internationalen Handelsbeziehungen in den Griff zu bekommen suchen. In der übergroßen Mehrzahl der Fälle ist der Handel mit diesen Optionen rein spekulativ. Er wird von Banken zugunsten ihrer Kunden oder ihrer selbst durchgeführt. Innerhalb der internationalen Währungsströme von etwa 60 Billionen Dollar im Jahr ist es äußerst schwierig, Transaktionen, die mit der Absicht auf legale Gewinne durchgeführt werden, von solchen zu unterscheiden, die zu dem Zweck vorgenommen werden, schmutziges Geld zu waschen.

»Nun also«, fuhr er fort, »Sie haben Ihr schmutziges Geld in Hongkong oder Singapur auf den Namen Ihrer Briefkastenfirma deponiert. Nun kaufen Sie, sagen wir, eine Yen-Option zu 240 Yen pro Dollar. Diese Option gibt Ihnen das Recht, verpflichtet Sie aber nicht dazu, in sechs Monaten 24 Milliarden Yen für 100 Millionen Dollar zu kaufen. Der Preis der Option ist 1 Million Dollar.

Wenn während dieser sechs Monate der Yen auf angenommen 260 pro Dollar fällt, so können Sie die 24 Milliarden Yen auf dem Kassa-Markt für 92 Millionen Dollar kaufen oder Sie können den Optionsvertrag verkaufen. In jedem Fall machen Sie einen Profit von 7 Millionen Dollar. Nämlich 8 Millionen Dollar weniger der 1 Million Dollar für die Option.

Ihr Partner bei diesem Geschäft ist offiziell die Bank in Hongkong oder Singapur. Doch in Wirklichkeit arbeitet diese Bank ja im Auftrag der Briefkastenfirma, die das schmutzige Geld bei ihr hinterlegt hat. Ihr wirklicher Partner sind somit Sie selbst. Insofern wird der 7-Millionen-Gewinn, den Sie verdient haben, nicht als Verlust der Bank gebucht, sondern als der Verlust Ihrer anonymen Gesellschaft mit Inhaberaktien.

Das Geschäft hat 7 Millionen Dollar von verstecktem Geld in einen sauberen Gewinn verwandelt. Sie haben nicht einmal die 1 Million Dollar für die Option verloren, da Sie ja an die Briefkastenfirma, Ihren Partner in dem Geschäft, gezahlt wurde, das heißt an Sie selbst. Ihr endgültiger Gewinn aus der Transaktion wird lediglich durch die Provision reduziert, die Sie der Bank für ihre Transaktion bezahlen müssen, in diesem Fall etwa 20.000 Dollar, und durch die Einkommensteuer, die Sie der amerikanischen Regierung entrichten müssen.

In der Praxis ist es für einen Mann, der sich in diesem System auskennt, möglich, die selbe Option viele Male während der sechsmonatigen Periode zu kaufen und zu verkaufen, entsprechend den Fluktuationen auf dem Markt. Auf diesem Wege kann er Hunderte Millionen Dollar in relativ kurzer Zeit waschen.

So weit, so gut«, fuhr Sindona fort. »Aber was geschieht, wenn während dieser sechs Monate der Yen steigt? Wenn er auf 220 pro Dollar hinaufschnellt?

In diesem Fall lassen Sie einfach die Option unausgenützt verfallen, und Sie verlieren lediglich die Kosten der Option, d. h. 1 Million Dollar, und 20.000 Dollar Provision für die Bank. Doch dieser 1-Millionen-Verlust ist wiederum kein wirklicher Verlust. Er wird aufgewogen durch die 1 Million Dollar schwarzen Gewinn, den Ihre Briefkastenfirma in Form der Bezahlung der Option erzielt hat, welche Sie ihr eingeräumt haben. Und da Sie die 1 Million Verlust von Ihrem Einkommen abziehen können, erleiden Sie nicht nur keine wirklichen Verluste, sondern senken auch durch diesen Abzug die Steuern, die Sie für die saubergewaschenen Gewinne aus anderen Geschäften zahlen müssen.

In unserer Zeit flexibler Wechselkurse gibt es oft gewaltige Fluktuationen in einer Zeitspanne von nur ein paar Stunden. Wenn er es geschickt anfängt, kann ein Mann, der etwas davon versteht, enorme Gewinne ohne Risiken machen, Gewinne, die nicht wirkliche Gewinne darstellen, sondern nur schmutziges Geld, das gewaschen worden ist.

Das gleiche System kann auch im Warenhandel angewendet werden. Sie kaufen einen Terminkontrakt im Werte von 100 Millionen Dollar. Wiederum ist der Partner der amerikanischen Bank oder des Maklers, deren Sie sich bedienen, Ihrem Wunsch entsprechend die Bank in Hongkong oder Singapur, wo Sie Ihr schmutziges Geld auf den Namen Ihrer Gesellschaft mit Inhaberaktien hinterlegt haben. Die Bank im Fernen Osten wird den Hinweis erhalten, daß der Kontrakt, den die amerikanische Bank oder der Makler vorgelegt hat, zugunsten Ihrer Briefkastenfirma abgewickelt werden soll. Die Bank im Fernen Osten trägt somit kein Risiko und verlangt nur eine sehr niedrige Marge, vielleicht 1 Million Dollar.

Wenn der Preis der Ware um zehn Prozent steigt, machen Sie 10 Millionen Dollar Profit. Die Partnergesellschaft bucht einen Verlust in gleicher Höhe. Auf diese Weise haben Sie schmutziges Geld in sauberes verwandelt. Wenn der Preis der Ware um zehn Prozent fällt, verlieren Sie offiziell 10 Millionen Dollar. Doch da Sie insgeheim der Partner einer Gesellschaft sind, die 10 Millionen Dollar Gewinn macht, besteht Ihr einziger wirklicher Verlust in

Ihrer Bankprovision, also 20.000 Dollar – und Sie können jetzt 10 Millionen Dollar von Ihren anderen steuerpflichtigen Gewinnen abziehen.
Ob es sich um Optionen auf Währung oder Waren handelt – das System ist unschlagbar. Es ist –«, Sindona blickte zur Seite und suchte nach einem passenden Ausdruck, »es ist das System am Arsch der Welt.« Dann lächelte er beziehungsvoll. »Ihre Regierung sollte darüber am besten mit Mr. Colby, dem früheren CIA-Direktor, sprechen, der jetzt der Regierung in Singapur als privater Berater dient.«
Er spielte mit der Ecke des Aktenordners, der vollgestopft mit Papieren vor ihm lag, auf den er meinen Nachnamen in Großbuchstaben geschrieben hatte und den er täglich aus seiner Zelle zu unserem Treffen in diesen Raum mitbrachte.
»Vor einigen Monaten«, sagte er dann mit einer Stimme, die nicht viel lauter war als der Atemhauch, der sie trug, »als ich noch in Amerika war, brachten sie mich heimlich nach Washington. Ich sollte dies alles Mr. Harmon von der Kommission für das Organisierte Verbrechen erklären. Er ließ mich wissen, daß er mich als Gegenleistung mit einer eidesstattlichen Erklärung versehen würde, daß ich bei der Lösung des äußerst ernsten Problems der Geldwäsche mit der Regierung zusammengearbeitet hätte und so weiter, bla, bla, bla. Später gelang es mir, Einblick in eine Kopie des daraufhin erstellten ›Zwischenberichtes der Kommission an den Präsidenten‹ zu nehmen. Harmon hatte meine Worte völlig mißverstanden. Sein großer Bericht war ein einziges Kauderwelsch, das Papier nicht wert, auf dem er gedruckt war. Ich schrieb ihm, was ich davon hielt.
Dann kam hier in Voghera Magistrate Falcone von Palermo, um mich auszufragen. Ich versuchte ihm klarzumachen, daß es sich nicht um Gewehre, sondern um Geld handelte. Ich erklärte ihm, daß er und die Commissione Parlamentare Antimafia und ihre amerikanischen Partner – egal wie großartig ihre Absichten und Bemühungen auch sein mochten – die eigentlichen Zentren der Macht im Rauschgifthandel noch nicht einmal gestreift hätten, ja sie auch niemals streifen würden. Diese Finanzzentren, so sagte

ich ihm, sind die wirklichen Energiezentren, die wirklichen Krisenherde, die von den Verhaftungen und Geständnissen aller Buscettas und Badalamentis der Welt so gut wie nicht berührt werden können, auch nicht von der Zerschlagung der sogenannten Pizza Connections und Sizilian Connections.

Sie sehen also«, fuhr er fort, »all die Harmons und Falcones und die steuerschluckenden eingebildeten Beamten und Kommissionen in Amerika und Italien können niemals und werden niemals Erfolg haben. Die einzige Hoffnung –«, dabei schlug er mit der Hand heftig auf den Tisch und senkte dann ebenso plötzlich seine Stimme, »und das ist vielleicht nicht angenehm zu hören –«, er lächelte wieder, »bestünde darin, die Rauschgiftgesetze zu ändern, Heroin zu legalisieren und so die Quelle des Reichtums, der als Brennstoff für die Krisenherde dient, zu zerstören, bevor es zu spät ist.

Aber nein, sie hören nicht auf mit ihren unsinnigen sensationellen Verhaftungen, weit entfernt von der gefährlichen Glut der eigentlichen Herde. Und all die jungen ehrgeizigen Staatsanwälte lassen sich von der Presse bejubeln und basteln so an ihren Karrieren. Und die schmutzigen Milliarden bleiben weiterhin in den Händen dieser Leute, die sie, unerreichbar, zu todbringenden Zwecken einsetzen und die Krisenherde der Welt, die Zentren ihrer Macht, damit schüren.«

Mutlos ließ er seine Hand sinken. »Und nicht einmal diese verdammte eidesstattliche Erklärung habe ich bekommen.«

Der Schein des Tageslichts verblaßte. Das Gesicht einer Wache erschien an der kleinen Scheibe an der Wand des Zimmers, wandte sich um und verschwand wieder.

»Wie erfuhren Sie von diesen Systemen?« fragte ich.

»Wie alles, was ich weiß«, er tippte sich mit dem Zeigefinger an die Schläfe mit dem silbergrauen Haar und hielt ihn dann in die Höhe, »begann auch dies mit meinen Lateinstunden. ›Homo sum: humani nihil a me alienum puto‹, nicht wahr?« Er lächelte, aber seine Stimme war ernst. »Ich habe mir meinen Teil dieser Welt gekauft und wieder verkauft.« Seine Augen streiften die Narbe, die sich über die Adern an seinem linken Handgelenk hinzog. »Ich habe lange genug existiert«, sagte er. »Vielleicht zu lange.«

Ich fragte ihn dann, ob er die Systeme, von denen er erzählt hatte, jemals selbst angewandt hatte.

»Ja«, gab er zur Antwort. »Ich benützte sie, um die steuerpflichtigen Gewinne einiger meiner Klienten umzuwandeln.« Er grinste. »Nicht umsonst hatte ich die angesehenste Anwaltsfirma für Steuerrechtsfragen in Italien.

Sie müssen wissen, daß bis 1972 Steuerhinterziehung in Italien nur zivilrechtlich belangt werden konnte. Die Strafen, die man riskierte, waren im allgemeinen nur geringfügig. Aber 1972 wurde Steuerhinterziehung Gegenstand des Strafrechts, des ›codice penale‹. Also schloß ich 1972 meine Praxis. Niemals«, betonte er, »habe ich schmutziges Geld gewaschen. Niemals«, so setzte er hinzu, »habe ich mit der Mafia gemeinsame Sache gemacht. Erst als meine Existenz zerstört war, traf ich zum ersten Mal auf Leute dieses Schlages. Und niemals haben die Strafverfolgungsbehörden trotz größter Anstrengungen, Erpressungen und Versprechungen einen Mafioso dazu bringen können, anders auszusagen. Bei all ihren Abhöraktionen haben sie niemals den Namen Michele Sindona gehört.«

Seine Stimme war erregt angeschwollen, jetzt beruhigte er sich wieder. »Die Wahrheit und die Gerechtigkeit dieser Leute«, er lächelte bitter, »unterscheiden sich nicht allzusehr von der Rechtschaffenheit der Mafia.«

»Wie konnte es dann geschehen, daß Sie und die Mafia im Bewußtsein der Öffentlichkeit miteinander identifiziert wurden?«

»Cuccia«, gab er zur Antwort. »Der liebe, gute Cuccia.«

Während Sindonas Unternehmungen in Amerika blühten, geriet er in Italien in immer größere Schwierigkeiten. Sie begannen bei Enrico Cuccia und erstreckten sich bis in die höchsten Ränge der Macht in Rom.

In den sechziger Jahren gewannen die italienischen Gewerkschaften, in vielen Gebieten von der PCI kontrolliert, einen enormen Machtzuwachs. Ein neues Arbeitsrecht hinderte die Betriebe daran, Arbeiter zu entlassen. Als Folge davon waren viele Gesellschaften, die ihren Personalstand in Perioden der Expansion er-

weitert hatten, jetzt, bei Rezession, nicht mehr in der Lage, ihn zu vermindern. Im Ergebnis wurden diese Unternehmungen in den Bankrott getrieben. Unter dem Vorwand, die Lebensbedingungen der Arbeiter zu schützen, intervenierte der Staat und nationalisierte die gefährdeten Unternehmen. Schließlich erlangten die staatlichen Konzerne – IRI, EFIM, ENI, GEPI – die Kontrolle über das Kapital vieler Industrie-, Handels- und Bankunternehmen Italiens. Durch die Banken, auf die sie so Einfluß gewann, bekam die Regierung heimlich auch andere Unternehmen in den Griff, nämlich diejenigen Firmen, die von Krediten dieser Banken abhängig waren. Diese Firmen waren ihren Kreditbanken völlig ausgeliefert und also auch den Politikern, die diese Banken kontrollierten. Nahezu jede Baugenehmigung, nahezu jede Import- oder Exportgenehmigung für kontingentierte Waren wurden von heimlichen »Kontributionen« an Parteien und Politiker abhängig, an hohe Regierungsbeamte und die Manager der staatlichen Konzerne.
Zu einem Zeitpunkt, als die Gesellschaften im Ausland begannen, wie es der »Economist« 1964 ausdrückte: »multinational zu denken«, das heißt, Tochtergesellschaften zu gründen und zu expandieren, verrotteten die Unternehmen Italiens und versanken unter der Asche des jahrhundertealten Patronage-Systems, »il patronato italiano«, das sich wie der Vogel Phönix – unter Welfen und Ghibellinen, Demokraten und Kommunisten – immer wieder aus der langen Geschichte Italiens erhob.
»Es wurde tatsächlich unmöglich, ausländische Investoren nach Italien zu ziehen«, erinnerte sich Sindona. »Sie waren sich nämlich jetzt im klaren darüber, daß fast alle Gesellschaften Italiens wenigstens fünf Arten von Geschäftsbüchern führten: eines für die Steuer, eines für die Banken, eines für die kleinen Aktionäre, eines für den Aufsichtsrat und eines, das die Wahrheit enthielt. Ein ausländischer Kapitalanleger hatte kein Mittel herauszufinden, in welches dieser Bücher man ihm Einblick gewährte. Das ist der Grund, weshalb ich meine Gesellschaften immer von unabhängigen Firmen von internationalem Ruf prüfen ließ, wie zum Beispiel Peat, Marwick. Das war der einzige Weg, das Vertrauen fremder

Geschäftsleute zu gewinnen, die Italien gegenüber sehr mißtrauisch geworden waren.

In den frühen sechziger Jahren machte ich Vorschläge für eine obligatorische Prüfung aller Gesellschaften, die an der Mailänder Börse notiert waren, durch unabhängige Buchprüfer und für eine gesetzliche Verankerung dieser Maßnahme. Ich war der Ansicht, daß das dazu dienen könnte, die italienische Industrie wieder Anschluß ans internationale Geschäft finden zu lassen. Während die Zentralbank, die Banca d'Italia, offiziell, aber sehr zurückhaltend meine Vorschläge unterstützte, waren die Widerstände vieler Politiker überwältigend. Ich mußte entdecken, daß die Fonds schwarzen Geldes, die ›fondi neri‹, die von vielen Gesellschaften unterhalten wurden, um Politiker zu schmieren, viel größer waren, als ich gedacht hatte.«

Sindona kam auch einer Einrichtung auf die Spur, die sich Trinacria Accord nannte. Bei seiner Lektüre war ihm dieses seltsame Wort »Trinacria« niemals begegnet. Tatsächlich war es die lateinische Verballhornung eines alten griechischen Namens für Sizilien. Abgeleitet von »thrinax«, griechisch »dreifach«, bezog es sich auf die dreieckige Gestalt dieser Insel. Aber hier bezog es sich, wie Sindona herausfand, auf ein dreiseitiges Zahlungssystem, das durch ein geheimes Regierungsabkommen ins Leben gerufen worden war und durch das Schwarzgeld an politische Parteien Italiens verteilt wurde. Der Trinacria Accord legte eine Prämie auf alle Verträge mit der öffentlichen Hand. Nach Bedingungen war die Gesellschaft, die den begehrten Vertrag abschloß, verpflichtet, eine bestimmte Summe schwarzen Geldes – normalerweise drei Prozent der Vertragssumme – an den Politiker oder die Politiker zurückzuzahlen, die dieser Gesellschaft den Vertrag zugeschanzt hatten. Diese Drei-Prozent-Prämie schwarzen Geldes wurde dann in ungefähr drei Teile geteilt und folgendermaßen verteilt: ein Drittel an die Christlichen Demokraten, ein Drittel an die Sozialisten, mit einem kleinen Zuschlag für die weniger bescheidenen Demokratischen Sozialisten. Ein Drittel teilten sich die Liberalen und die Republikaner, wobei ein weiterer kleiner Zuschlag an die Demokratischen Sozialisten ging. Dabei fielen seitens der verschiedenen Parteien gewöhnlich auch ein paar Krumen für die neofaschistischen Missini ab. Nur die Kommunisten und die radikalen Parteien, die noch keine Abgeordneten im Parlament hatten, waren von dieser Geschenkpraxis schwarzen Geldes nach dem Trinacria Accord ausgeschlossen.

»Wenn solche riesigen Summen Geldes«, fuhr Sindona nachdenklich fort, »versteckt und ohne irgendeinen Nachweis oder eine Empfangsbestätigung seitens des Empfängers ausgegeben werden, ist es natürlich unmöglich festzustellen, wieviel von diesem Geld wirklich an die politischen Parteien geht und wieviel davon in den Taschen der Politiker selbst verschwindet, die sich, da ihnen immer das Mittel der Erpressung bleibt, immun gegenüber jeder Anklage fühlen können.

Schauen wir uns nur einen Mann vom Schlage des Ugo La Malfa an, der seit dem Jahre 1946 jedem Parlament angehörte. Zwanzig Jahre lang hatte ich nichts als Lobeshymnen über seine Rechtschaffenheit und seine bescheidene Lebensführung gehört. Er war der Abraham Lincoln Siziliens, populär in ganz Italien wegen seiner durchgewetzten Manschetten. Er selbst erzählte mir, er habe seine Sehschwäche nur behandeln lassen können, weil sein Freund, ›palermitano‹ Enrico Cuccia, ihm großzügig das Geld dafür gegeben hätte. Er ermunterte die Bevölkerung, Rad zu fahren und so das Leben einfacher zu gestalten.« An diesem Punkt seiner Erinnerungen begann Sindona zu lachen. »Später, als ich die CIGA-Hotelkette übernahm, entdeckte ich, daß La Malfa lange Zeit ein Appartement – und nicht einmal für sich allein – in einer der teuersten Luxusbauten Italiens, dem CIGA-Hotel des Îles Borromeés am Lago Maggiore in Stresa, bewohnt hatte. Und La Malfa war keineswegs der einzige. Das Parlament wimmelte von Politikern, die in einem Monat heimlich mehr verbrauchten, als sie offiziell als Jahreseinkommen angaben.«

Nachdem Mitte der sechziger Jahre Sindona von dem Trinacria Accord Wind bekommen hatte, boten ihm die Christlichen Demokraten an, ihn als sicheren Kandidaten, entweder für das Abgeordnetenhaus oder den Senat, aufzustellen.

»Das kommt mir immer wieder in den Sinn«, schmunzelte er, in-

dem er sich in dem billigen Plastikstuhl, den der Staat ihm hier zur Verfügung stellte, zurechtrückte. »Denn in Italien kann ein Senator nicht ins Gefängnis geschickt werden.«
Aufgrund seiner Kenntnis des Trinacria Accords gelangte Sindona, wie er weiter ausführte, zu der Überzeugung, daß die Prinzipien der Demokratie und des Kapitalismus auf italienische Art in ein System der Korruption destilliert worden waren, das ein ebenso großes Übel war wie der stickige Kommunismus, der diese Prinzipien bekämpfte.
»Damals schon hätte ich Italien verlassen sollen«, sagte er.
Statt dessen blieb er im Lande, und die freundlich geöffneten Lippen der Glücksgöttin schlossen sich zu einem grausamen Lächeln.
Emilio Colombo war dreiundvierzig Jahre alt, als er 1963 unter Aldo Moro Finanzminister wurde. Wie der unglückselige Moro war Colombo ein Christdemokrat, und es gab viele Italiener, die voraussagten, daß der schwarzhaarige, bebrillte Colombo später selbst den Stuhl des Premierministers einnehmen würde, wie es später ja auch geschah. Weithin bekannt war, daß Emilio Colombo lange Zeit als Führer katholischer Jugendgruppen und Vereine für junge Männer sehr aktiv gewesen war.
Andere Sachverhalte waren nicht so gut bekannt.
Conte Stefano Rivetti – seine Familie war erst gegen Ende der Ära des Hauses Savoyen nobilitiert worden – war ein umgänglicher Mann, dem einige große Textilfabriken gehörten.
»Der Graf hatte eine Frau, hübsche Töchter, doch war er auch« – Sindona grinste – »vom anderen Ufer. Wie Janus hatte er zwei Gesichter.«
Als Rivetti in Küstennähe südlich von Neapel eine neue Fabrik, Lanificio Maratea, gründete, unterstützte ihn Colombo in jeder Hinsicht. Rivetti erhielt enorme Kredite von der Banca Nazionale del Lavoro, der Bank von Neapel und der Banca Commerciale Italiana. Und Graf Rivetti wurden von dem staatlich kontrollierten Istituto Mobiliare Italiano (IMI) maximale gesetzliche Investitionshilfen zu günstigen Zinssätzen gewährt. Trotz all dieser günstigen Umstände kam Lanificio Maratea nicht über die Runden. Es gab riesige Verluste, die Aussichten waren düster. IMI hievte

seinen eigenen Mann in den Aufsichtsrat des Unternehmens, um seine Interessen als Kreditgeber zu wahren. Es war Luciano Francolini, ein Geschäftsmann aus Genua, der gleichzeitig als ein Direktor in Sindonas Reisebüro Pierbusseti in Mailand fungierte.
Francolini entdeckte schwerwiegende Mängel in der Buchführung der Firma. Minister Colombo griff zugunsten Rivettis ein und bat Francolini, diese Irregularitäten IMI nicht zu melden. Dann rief Colombo Sindona nach Rom.
»Die Rivetti S.p.A. muß um jeden Preis gerettet werden«, sagte er. Er wies Gaetano Stammati, seinen Staatssekretär im Finanzministerium, an, Sindona zu unterstützen.
Sindona konferierte wiederholt mit den Managern der Banca Nazionale del Lavoro (die auch den Banco di Napoli repräsentierte) und der Banca Commerciale Italiana. Schließlich gelang es ihm, die Banca Nazionale del Lavoro für ein Konzept der Neuordnung der Verbindlichkeiten zu gewinnen. Doch die Banca Commerciale Italiana wollte nichts davon hören. Carlo Bombieri, ihr neuer Vorstandsvorsitzender tschechoslowakischer Herkunft, blieb eisenhart. »Sagen Sie Ihrem Freund Rivetti und Minister Colombo, daß wir niemals zustimmen werden.«
Nur Stunden nachdem Sindona Bombieris Antwort an Colombo weitergegeben hatte, erhielt Bombieri einen Anruf von Guido Carli, dem Präsidenten der italienischen Zentralbank, der Banca d'Italia. Und am nächsten Tag, als Bombieri wieder mit Sindona sprach, klangen seine Worte ganz anders: »Sagen Sie Ihrem Freund Rivetti, wir seien bereit zuzustimmen.«
Die von Sindona entworfenen Vereinbarungen wurden von den drei Banken unterzeichnet. Gemeinsam erließen die Banken eine Schuldsumme von etwa 5 Milliarden Lire. Inzwischen hatte Colombo mit Hilfe Francolinis auch erreicht, daß IMI weiterhin Unterstützung gewährte.
Während die Tinte auf den Papieren trocknete und sich gewisse Leute schadenfroh ins Fäustchen lachten, konnte Sindona nicht aufhören, sich über die Absurdität der Ereignisse zu wundern. Das Bankensystem und die Staatskasse Italiens waren von eben den Leuten mit Verlusten belastet worden, deren Pflicht und

Schuldigkeit es gewesen wäre, derartige Verluste zu verhindern. Und zu welchem Zweck?
Es gab noch andere undurchsichtige Geschäfte. Als die Banca d'Italia sich gezwungen sah, heimlich und Knall auf Fall die Bank Credito Commerciale e Industriale in Rom vor dem Bankrott zu retten, eilte Guido Carli stehenden Fußes nach Mailand, um sich mit Sindona zu treffen. Er bat Sindona, mit seiner Banca Privata Finanziaria das Management zu übernehmen und die Einlagen des Credito Commerciale e Industriale abzusichern. Als Gegenleistung, so versprach Carli, würde es die Banca d'Italia Sindonas Banca Privata ermöglichen, eine Filiale in Rom zu eröffnen, und zwar in den Räumen an der vornehmen Via Veneto, die bisher dem Credito Commerciale gehört hatten. Zusätzlich wollte die Banca d'Italia verschiedene Kreditbriefe inaktiver Gesellschaften, die Sindona über Fasco gehörten, zu günstigen Bedingungen und für eine Periode von zwölf Jahren rediskontieren. Dafür verlangte freilich Carli inoffiziell von Sindona das Versprechen, daß Luciano Francolini zum Vizepräsidenten der Banca Privata Finanziaria ernannt werden würde.
»Sie sind so viel auf Reisen, Michele, und so oft außer Landes«, sagte Carli. »Außerdem wissen Sie, daß Minister Colombo Luciano voll vertraut.«
Unter der Führung Francolinis, den Sindona schließlich wieder feuerte, erlitt die Banca Privata die ersten echten Verluste in ihrer Geschichte, zum Teil durch den Verlust von Bankgeldern, die sich Francolini zur Finanzierung von Gesellschaften, an denen er Anteile besaß, nahm.
Sindona war jetzt auf höchster Ebene ins Schattenspiel der Geldmächte hineingezogen worden. Aber er entdeckte, daß es dort auch nur »fantoccini«, Marionetten, gab. Als er jedoch seine Augen nach oben richtete, sah er die sich bewegenden Hände Enrico Cuccias.
1968 schmiedete Sindona – in der Überzeugung, er habe jetzt einigermaßen das Wohlwollen von Minister Colombo und Präsident Carli erworben – Pläne zur Gründung einer italienischen Investmentbank, die in der Lage sein sollte, mit den großen britischen

Banken auf dem Gebiet des internationalen Handels zu konkurrieren.
Paribas, die Hambros Bank von London und Lehman Brothers in New York stimmten zu, sich mit der Banca Privata Finanziaria zusammenzutun, um ein Anfangskapital von 50 Milliarden Lire (das entsprach zu dieser Zeit etwa 80 Millionen Dollar) aufzubringen. Dieses Startkapital stellte die größte Kapitalsumme zur Gründung einer solchen Institution dar, die es in Italiens Geschichte jemals gegeben hatte. Außerdem war David Kennedy, der bald zum Finanzminister unter Richard Nixon ernannt werden sollte, bereit, die Continental Illinois National Bank and Trust Company an einer für später geplanten Kapitalerhöhung teilnehmen zu lassen.
Sindona sollte Generaldirektor der Bank werden; Jean Reyre, Chef von Paribas, oberster Repräsentant der ausländischen Investorengruppe.
Guido Carli sagte Sindona und Reyre, seiner Ansicht nach wäre ihr Vorhaben ein Segen für die italienische Wirtschaft und stellte ihnen die Billigung Minister Colombos in Aussicht. Man einigte sich auf ein Treffen in den Räumen der Banca d'Italia in Rom, bei dem die offizielle Genehmigung der Neugründung diskutiert werden sollte.
Doch als es zu dieser Unterredung kam, blickte Präsident Carli verlegen zur Seite und eröffnete Sindona und Reyre, daß Minister Colombo die Genehmigung nicht geben wolle. Er nahm daraufhin seinen Hut und verabschiedete sich von Sindona und Reyre, die eher verblüfft als verärgert zurückblieben. Es dauerte lange, bis Sindona herausfand, was falschgelaufen war.
»Carli war sich klar, daß unsere geplante Investmentbank möglicherweise den Einfluß der Mediobanca beeinträchtigen könnte, und war zum Direktor der Mediobanca, Enrico Cuccia, gegangen. Was aber Cuccia offensichtlich gar nicht ertragen konnte, das war die Höhe unseres Startkapitals. Zwanzig Jahre lang hatte er sich mit der Tatsache gebrüstet, daß Mediobanca mit dem höchsten Startkapital in der Finanzgeschichte Italiens gegründet worden war – 10 Milliarden Lire. Unsere Investment-

bank hätte ihm diese schöne Möglichkeit der Selbstbestätigung genommen.
Es gab keine juristischen, technischen oder logischen Argumente, die Cuccia gegen unsere Pläne ins Feld führen konnte. Er ging nur einfach nach Rom zum IRI und zu seinem Freund Ugo La Malfa. Dann erreichte er es mit deren politischer Unterstützung, daß Colombo die Genehmigung, die wir brauchten, blockierte.«
Zweimal in den folgenden Monaten versuchte es Sindona noch, ein italienisches Finanzinstitut mit internationalen Dimensionen zu gründen. Er interessierte sich für die Italcementi S.p.A., den größten Zementhersteller Europas. Die hinter ihr stehende Finanzgruppe, Italmobiliare, kontrollierte drei normale Kreditbanken und das Eigenkapital der Riunione Adriatica di Sicurità (RAS), der zweitgrößten italienischen Versicherungsgesellschaft. Die Kontrolle über Italcementi würde auch die Kontrolle über Italmobiliare bedeuten; und in Italmobiliare sah Sindona das Sprungbrett für sein geplantes Institut.
Nachdem Sindona von der Union de Banques Suisses in Zürich die Zusage ihrer Unterstützung erhalten hatte (sie verwaltete eine große Menge von Italcementi-Aktien für ihre Kunden und war wenig von dem gegenwärtigen Direktor der Gesellschaft – Carlo Pesenti – überzeugt), begann er in Abstimmung mit der Hambros Bank in London die Italcementi-Aktien auf dem offenen Markt zu kaufen. Sobald sein Anteil zusammen mit demjenigen der Schweizer Bank den Anteil Carlo Pesentis überstieg, erklärte sich Pesenti bereit, einen Vertrag zur Zusammenarbeit zu unterzeichnen.
In diesem Augenblick erhielt Sindona einen Anruf von Guido Carli, der ihm und Hambros dringend von diesem Unternehmen abriet. Carli bat Sindona, seinen Freunden in England zu erklären, daß, falls Italcementi in ausländische Hände geriete, die italienische Regierung, das heißt Colombo und die Freunde Cuccias in Rom, sich gezwungen sähen, alle Zementhersteller und Versicherungsgesellschaften zu nationalisieren. Dies war doch sicher keine Aussicht, so schloß der Präsident, die Michele Sindona, dem großen Gegner jeder Verstaatlichung, angenehm sein könnte.
Sindona und Hambros blieb kaum eine Wahl, als ihre Italcementi-

Anteile an Carlo Pesenti zu verkaufen. Sindona wußte, daß Pesenti im Augenblick mit Anspannung aller Kräfte bei Lancia, der Automobilfirma, engagiert war. Doch irgendwie gelang es Pesenti, 60 Milliarden Lire aufzubringen, um Sindona und die Hambros Bank für ihre Anteile auszuzahlen. Die Herkunft dieses Geldes war ein Mysterium, dessen Lösung Sindona in Enrico Cuccias vagem, bleichem Lächeln finden zu können glaubte.

Und zum letzten Mal gedachte Sindona einen Grundstein für sein schwer in den Griff zu bekommendes Investment-Institut zu legen, und zwar in Form der Società Nazionale per lo Sviluppo delle Imprese Industriali, ein Finanzinstitut, das unter dem Namen Sviluppo bekannt war. Das Management von Sviluppo hatte die Familie Gaggia seit langem Vittorio Cini übertragen, einem Mann, der nach dem Eindruck Sindonas trotz seines vorgerückten Alters einer der sehr wenigen in Italien tätigen Weltklassefinanziers war. Cini vertraute Sindona an, er wünsche sich zurückzuziehen, und ließ ihn wissen, auf welche Weise Sviluppo von den jetzigen Eigentümern erworben werden könnte.

Sindona traf Vereinbarungen über eine künftige Partnerschaft mit Paribas und der Banca Commerciale Italiana. Dann ging er daran, Sviluppo-Aktien aufzukaufen, und begann mit der zwölfprozentigen Beteiligung, die in den Händen der Compagnia di Assicurazione di Milano lag, einer größeren Versicherungsgesellschaft. Paribas und die Banca Commerciale Italiana sorgten für Vittorio Cinis Anteile.

Abgesehen von der Sorge um sein Prestige, gab es für Enrico Cuccia gute Gründe, über Sindonas Vorgehen beunruhigt zu sein. Denn Sviluppo hielt, wie Sindona wußte, einen bedeutenden Anteil an dem Syndikat Montecatini Edison, dem unförmigen Koloß, der 1966 durch den Zusammenschluß der Montecatini chemischen und Edison elektrischen Betriebe gebildet worden war. Ebenso wußte Sindona, daß die staatlichen Konzerne IRI und ENI, die die Majorität an Montecatini Edison besaßen, das Management der gesamten Firma Enrico Cuccia zu treuen Händen übertragen hatten.

Cuccia konnte freilich zu diesem Zeitpunkt wenig unternehmen.

Doch brauchte er sich nicht mehr lange zu ärgern, denn Paribas geriet in die Schußlinie. Als es versuchte, Credit Commercial de France zu übernehmen, wurde es im eigenen Land wegen seiner Politik der Expansion stark kritisiert, die seine finanziellen Mittel, besonders bei den Aktivitäten im Ausland, weit überstieg. Der Staatspräsident Frankreichs, Charles de Gaulle, ließ Jean Reyre privatim wissen, daß Paribas sich von einigen seiner ausländischen Investitionen zurückziehen müsse, wenn es weiterhin seine Machtposition in Frankreich behaupten wolle.

Der Rückzug Paribas' von Sviluppo führte dazu, daß auch Sindona seine Anteile – zu einem Profit von sieben Prozent – an einen neuen Konzern abstoßen mußte, der nun die Majorität hielt und dessen Pläne sich von den seinen unterschieden.

Im Zuge der Affäre Sviluppo lancierte Enrico Cuccia eine neue Intrige. Sindona, wie gewöhnlich sehr dezent, hatte es abgelehnt, seine Absichten oder seine Partnerschaften in der europäischen Presse diskutieren zu lassen. Doch hinderte das diese keineswegs daran, darüber zu schreiben. Wer steckte dahinter? Sindona war davon überzeugt, daß es Cuccia war, der durch seine Mittelsmänner eine Antwort auf die vielen Fragen ausstreuen ließ, die aufgetaucht waren – eine Antwort, die dem Sensationsbedürfnis der Menschen wundersam entgegenkam: Michele Sindona arbeitete zugunsten und mit Unterstützung der Mafia. Im Januar 1969 machte ein italienischer Journalist, der für »Le Figaro« in Paris schrieb, eine Anspielung auf Sindonas mehr oder weniger verborgene Drahtzieher im Hintergrund und behauptete, er sei schuld daran, daß die Bank of America den mächtigen Finanzinteressen gewisser »Siciliens d'Amérique« auf die Knie gegangen sei. Einen Tag später plapperte das der »Corriere della Sera« in Mailand nach und sprach von dem »Sindona-Geheimnis«.

»Und so«, sagte Sindona mit einem Lächeln, »geschah es, daß ich der große Mafioso wurde, der ich heute bin.«

VII.

Finsternis über der Christenheit

Kirche und Staat, die großen Bestien, die auf den gegenüberliegenden Ufern des Tibers die Muskeln spannten, erneuerten ihre uralte Fehde. 1968 versprach die italienische Regierung hoch und heilig, einem Votum des Parlaments folgend, Dividenden aus Wertpapieren des Vatikans wieder besteuern zu lassen.

Die Investitionen des Vatikans waren vielschichtig, umfangreich und häufig nicht eben geschickt, unter anderem z. B. Beteiligungen an Beretta, dem Hersteller von Handfeuerwaffen, und dem Istituto Farmacologico Serono, das orale Empfängnisverhütungsmittel produzierte.

1967 war die Amministrazione del Patrimonio della Sede Apostolica (APSA), die Gesellschaft, die die Leitung aller Unternehmen des Vatikans innehatte, von Papst Paul VI. gegründet worden, und zwar durch den Zusammenschluß zweier anderer Gesellschaften, der Amministrazione Speciale della Santa Sede und der älteren Amministrazione Speciale dei Beni della Santa Sede, die nach den Lateran-Verträgen vom Februar 1929 in den Besitz von Mussolinis Stiftung von 80 Millionen Goldlire gekommen war.

Ganz im Gegensatz zur öffentlichen Überzeugung waren die Gelder des Vatikans in einer Weise verwaltet worden, die keineswegs als brillant bezeichnet werden konnte. Kleinere, gewinnbringende Investitionen waren durch große Beteiligungen oder gar Majoritäten an schwerfälligen Industriegiganten aufgezehrt worden, zu deren Leitung sich der Vatikan selbst als unfähig erwiesen hatte. Monsignore Bernardino Nogara, der die Amministrazione Speciale von 1929 bis zu seiner Pensionierung 1954 leitete (er war damals vierundachtzig Jahre alt), hatte einen guten Teil der Mussolini-Stiftung zweien solcher Giganten in den Rachen geworfen: der Società Italiana per le Condotte d'Acqua, einem Bauunternehmen, und der Società Generale Immobiliare (SGI). Letztere war die größte Immobilienfirma Europas und hatte bei vielen Entwicklungsprojekten mitgemischt, unter anderem beim Flughafen Fiumicino, dem Olympischen Dorf von 1960 und dem Monte-Mario-Hilton. 1968, als sich der Vatikan mit der drohenden Besteuerung konfrontiert sah, war die SGI an der Erstellung des 78-Millionen-Dollar-Watergate-Komplexes am Potomac River in Washington, D.C. beteiligt. Die finanzielle Stabilität der SGI war indessen längst nicht so immens wie ihre Unternehmungen. Die Notwendigkeit der Kapitalaufstockung brachte für diese Firma, ebenso wie für Condotte d'Acqua, steigende Lasten mit sich. Angesichts der beträchtlichen Steuern, die in Zukunft zu zahlen sein würden, entschied sich der Vatikan, seine Majorität an der SGI und Condotte d'Acqua abzustoßen.

Der Präsident der APSA war zu jenem Zeitpunkt Sergio Guerri, ein untersetzter, freundlicher weißhaariger Mann, der 1905 am Weihnachtstag in der alten etruskischen Hafenstadt Tarquinia das Licht der Welt erblickt hatte. Ende März 1969 erhob ihn Papst Paul VI., nur wenige Monate nachdem er den Posten bei der APSA übernommen hatte, vom Rang eines Monsignore in den eines Kardinals.

Massimo Spada hatte 1964 seinen Dienst beim IOR quittiert und war in seiner Funktion als Laien-»Delegato« seiner Bank durch Luigi Mennini ersetzt worden. Seither hatte Spada einige Aufsichtsratsposten in Sindonas italienischen Banken innegehabt, zu welchen Funktionen Sindona später auch Mennini heranzog. Obwohl jetzt Massimo Spada den Vatikan nicht mehr offiziell vertrat, hielt er noch engste Verbindungen dorthin. Zu Beginn des Jahres 1969 wies Papst Paul VI. Kardinal Guerri an, die Hilfe seines alten Freundes in Mailand in Anspruch zu nehmen. Und auf Spadas Intervention hin kam Sindona nach Rom.

Sindona traf sich mit Kardinal Guerri in der Wohnung Spadas in der Via degli Scialoia 28. Nach der üblichen Bewirtung mit Kaffee setzte der Kardinal ihm die Probleme des Vatikan auseinander und schlug vor, Sindona solle die SGI und Condotte d'Acqua übernehmen. Er unterstrich, daß es sich hier um eine Angelegenheit handle, die der Heilige Vater mit äußerster Sorgfalt und Diskretion behandelt sehen wolle.

»Zeigen Sie mir die Bilanzen«, sagte Sindona zu dem Kardinal, »dann werden wir weitersehen.«
Nach Einsichtnahme in die Dokumente, die Guerri ihm gebracht hatte, erklärte Sindona, er könne den Job nur übernehmen, wenn die APSA damit einverstanden wäre, eine Kapitalaufstockung von wenigstens 100 Milliarden Lire vorzunehmen und für Bankanleihen in Höhe von weiteren 100 Milliarden zu bürgen.
Kardinal Guerri entgegnete in aller Offenheit, Geldsummen in solcher Höhe stünden ihm nicht zur Verfügung. Sindona war schockiert. Wenn Mussolinis Stiftung nach den konservativsten Methoden, mit den niedrigsten Gewinnspannen, verwaltet worden wäre, hätte sie ohne weiteres auf mindestens 1 Milliarde Dollar angewachsen sein müssen. Statt dessen war sie von inkompetenten Leuten wie dem senilen Nogara verschleudert worden – und von Theologen im Gewande von Unternehmern.
»Ich schaute Guerri nur an«, erinnerte sich Sindona, »und Guerri schaute mich an.«
Mit seinen Freunden Spada und John McCaffery, dem italienischen Repräsentanten der Hambros Bank, flog Sindona nach London zu einer Unterredung mit Jocelyn O. Hambro, dem Direktor und Vorsitzenden dieser Bank. Er unterbreitete den Vorschlag des Kardinals und unterstrich, was Massimo Spada ihm gesagt hatte: daß die Hambros Bank, ebenso wie Sindona selbst, wenn sie dem Vatikan in einem derart kritischen Moment unter die Arme griffen, in Zukunft auf substantielle Unterstützung des Vatikans würden zählen können.
Anfang Mai erwarben Sindona und die Hambros Bank die Anteile des Vatikans an Condotte d'Acqua und die Majorität an der SGI, mit Ausnahme von fünf Prozent. Das Geschäft wurde durch die Distributor-Holding, S.A., abgewickelt, eine Luxemburger Aktiengesellschaft, die zu gleichen Teilen der Hambros Bank und Sindonas Fasco S.p.A. gehörte. Der Gesamtpreis belief sich auf etwa 50 Millionen Dollar.
Einer der wenigen Männer, die wußten, wer hinter der Distributor-Holding stand, war Enrico Cuccia. Er entschloß sich, mit sei-

nem Busenfreund Eugenio Cefis zu sprechen, dem sechsundvierzigjährigen Präsidenten des Öl- und Gaskonzerns ENI. Cefis war, wie er wußte, ein Freund des Erzbischofs Giovanni Benelli, des »Außenministers« des Vatikans.
Erzbischof Benelli stellte Kardinal Guerri wegen seines ungerechtfertigten Vertrauens zu Sindona zur Rede, einem Mann, den er doch kaum kenne.
»Von ihm werden Sie keinen Pfennig sehen«, sagte er. Guerri war gekränkt. Er erinnerte den Erzbischof daran, daß das Geschäft vom Heiligen Vater sanktioniert, daß der Vertrag unter Mitwirkung von Raffaele Politi, dem Berater der päpstlichen Prefettura Economica, ausgearbeitet und daß er von Benelli selbst gebilligt und unterschrieben worden sei.
Kardinal Guerri wurde auf den Posten des Governatorato della Città del Vaticano versetzt. Bei der APSA wurde er durch Giuseppe Caprio abgelöst, einen schwarzhaarigen Prälaten mit beginnender Glatze, der die letzten zehn Jahre als apostolischer »pronuncio« in China und Indien verbracht hatte.
Sindona war inzwischen nach einer genaueren Prüfung der Bücher der SGI und von Condotte d'Acqua aufgegangen, daß die Gesellschaften, die er und Hambros übernommen hatten, in weit schlechterem Zustand waren, als er geglaubt hatte. Noch schlimmer, Condotte d'Acqua hatte lange unter den Bedingungen des Trinacria Accord gearbeitet und enorme Summen für »bustarelle« verbraucht, Fonds für Bestechungszwecke.
Die Bilanzen und Dokumente, die Sindona vom Vatikan vorgelegt worden waren, waren dreist gefälscht worden. Nach all diesen Jahren und mit all seiner Gerissenheit war er aufs Kreuz gelegt worden – von der Kirche!
Er sprach mit Kardinal Guerri, dem die Geschichte äußerst peinlich war, der aber offensichtlich nichts von den krummen Touren gewußt hatte. Dann wandte er sich an Caprio, der in höchste Aufregung geriet. »Ich verstehe Ihren Ärger, Avvocato Sindona«, rief er aus, »doch wenn Sie nicht zahlen, werden sie mich nach Indien zurückschicken.«
Caprio wurde nicht zurück nach Indien geschickt. Entgegen den

Verleumdungen Erzbischof Benellis hatte Sindona niemals daran gedacht, sich seinen Zahlungsverpflichtungen zu entziehen. Der Vatikan wurde für seine Anteile voll ausgezahlt, und zwar noch vor der vereinbarten Frist. Caprio beruhigte sich wieder, lächelte Sindona vor der mächtigen Fassade der Basilika St. Peter zu und sagte: »Schauen Sie die Sache doch einmal von einer anderen Seite an. Sie sind von Gott zur Rettung Ihrer Kirche gesandt worden!«
Später berief der Papst seinen alten Freund zu sich in den päpstlichen Palast. »Man sagt mir, Avvocato Sindona«, begann er mit einem Lächeln, »Sie seien uns von Gott gesandt worden.« Sein Lächeln wurde breiter. »Man sagt mir, Avvocato Sindona, Sie seien ein Mann Gottes.«
Und so schritt Michele Sindona auf den seltsamsten und letzten glanzvollen Höhepunkt seiner irdischen Laufbahn zu.
Sindona verwandelte die SGI in eine der blühendsten und bedeutendsten Immobilienfirmen der Welt.
In den ersten Monaten des Jahres 1970 machte sein Freund Charlie Bludhorn, der Vorstandsvorsitzende von Gulf & Western, häufige Reisen nach Rom, während Paramount mit der Produktion eines Films beschäftigt war. Bei einem dieser Besuche gestand er Sindona, Gulf & Western stecke in einer Krise, und schlug ihm eine Zusammenarbeit zwischen der SGI und einer kanadischen Immobilien-Tochtergesellschaft von Gulf & Western vor. Sindona war einverstanden, Bludhorns Kauf eines fünfprozentigen Anteils an der SGI durch die Distributor-Holding zu finanzieren. Als Gegenleistung sollte Bludhorn 5 Millionen Dollar in Schuldverschreibungen und in Form einer Anzahl Pfandbriefe einer von Gulf & Western kontrollierten Gesellschaft erbringen. (Das Stammkapital dieser Gesellschaft war ein fünfzigprozentiger Anteil an den künftigen Gewinnen, wenn es solche überhaupt gab, eines von Paramount geplanten Kinofilms mit dem Titel »Darling Lili« unter dem Produzenten und Regisseur Blake Edwards und mit den Schauspielern Julie Andrews und Rock Hudson. Obwohl »Variety« »Darling Lili« als wahrscheinlichen Kassenschlager apostrophierte, wurde der Film schließlich ein Flop.) Sindona stimmte auch noch zu, Bludhorn und dem sechsunddreißigjähri-

gen Vizepräsidenten von Gulf & Western, Don Gaston, Aufsichtsratsposten in der SGI zu verschaffen.

Der Jude Bludhorn fürchtete jedoch, von den Repräsentanten des Heiligen Stuhls, die noch im Aufsichtsrat der Gesellschaft saßen, geschnitten zu werden. Um die Besorgnisse seines Freundes zu zerstreuen, führte ihn Sindona in den Vatikan ein und arrangierte ein privates Treffen zwischen ihm und Caprio. Das Geschäft wurde abgeschlossen, Bludhorn und Gaston nahmen ihre Plätze im Aufsichtsrat der SGI ein.

Als sich später die Liquiditätsschwierigkeiten von Gulf & Western verschärften, kaufte Sindona seine SGI-Anteile zurück und benutzte Bludhorns alte Schuldverschreibungen, um die Anteile der Hambros Bank an der Distributor-Holding aufzukaufen, also deren Anteile an der SGI.

Im Mai 1973 wurde Sviluppo, die Firma, deren Übernahme durch Sindona einige Jahre zuvor vereitelt worden war, mit Edilcentro vereinigt. Mit einem Eigenkapital von 61 Milliarden Lire und Vermögenswerten und Wertpapieren im Wert von über 70 Milliarden Lire erwies sich die Edilcentro-Sviluppo als die viertgrößte nichtstaatliche Gesellschaft in Italien. Das war das Objekt, auf das Michele Sindona plötzlich Appetit bekam.

Aber Enrico Cuccia arbeitete auch jetzt, wie schon in der Vergangenheit, gegen Sindona. Diesmal jedoch verfügte Sindona über die Unterstützung eines mächtigen neuen Freundes, Giulio Andreotti, der im vergangenen Sommer Premierminister geworden war. Kaum eine Woche nach der Gründung von Edilcentro-Sviluppo erwarb Sindona zu einem Preis von 140 Millionen Dollar den vierundvierzigprozentigen Anteil, der ihm die Kontrolle verschaffte, und im Juli 1973 wurde Edilcentro-Sviluppo nach einer Kapitalaufstockung in die SGI eingegliedert.

SGI wurde so die geographisch am meisten zersplitterte Gesellschaft ihrer Art auf der Welt. Über ihre Kontrolle von Edilcentro-Sviluppo kontrollierte sie auch die Compagnia Italiana dei Grandi Alberghi (CIGA), die bedeutendste Gruppe italienischer Luxushotels. In Paris besaß die SGI unter anderem das Grand Hôtel Meurice und das Prince de Galles, sowie sämtliche Gebäude gegenüber der Place de l'Opéra. In Montreal verfügte sie über das Stock Exchange Building und den Port Royal Tower. Unter ihren amerikanischen Beteiligungen befanden sich die Paramount-Studios in Hollywood, der Watergate-Komplex in Washington, D.C. und einige hundert Grundstücke für Ferienwohnungen in Oyster Bay, Long Island.

Sindona rief eine Finanzabteilung innerhalb der SGI ins Leben, die sich auf Kupfer- und Silbergeschäfte mit limitiertem Risiko in Zusammenarbeit mit anderen italienischen und amerikanischen Gesellschaften konzentrierte. Diese einzige Abteilung der SGI machte im ersten Quartal einen Nettogewinn von etwa 10 Millionen Dollar.

Als sich zu Beginn des Jahres 1974 der Vorstand der SGI versammelte, um die erste Bilanz nach der Fusion zu verabschieden, die Sindona aufgestellt hatte, konnte er ihm berichten, in seinen Händen befinde sich die gesündeste und vielleicht die beste Bilanz, die eine italienische Gesellschaft ihren Aktionären in diesem Jahr bieten könne. Aber ob das stimmte oder nicht – Sindonas Tage waren gezählt.

Bei Condotte d'Acqua standen die Dinge anders. Da es Sindona vermeiden wollte, durch den Trinacria Accord belastet zu werden, plante er, die Aktiva der Gesellschaft aufzufrischen und sie dann zu verkaufen.

Ein Vertrag zwischen Condotte d'Acqua und der Regierung Pahlevi im Iran wurde unterzeichnet. Es handelte sich um ein riesiges Projekt: den 2-Milliarden-Dollar-Ausbau des großen Hafens Bandar Abbas in der Straße von Hormuz.

Zu dieser Zeit galt der Iran noch als sicherer Platz für westliche Anleger. Während E. F. Hutton eine Filiale in Teheran eröffnete, brachte die amerikanische Regierung eine Vereinbarung mit dem Schah über einen Waffenkauf von 2 Milliarden Dollar unter Dach und Fach. Großbritannien schloß sich mit einer Waffenlieferung im Wert von einer weiteren Milliarde an. Die CIA-Berichte ebenso wie die der normalerweise noch besser informierten internationalen Versicherungsagenturen liefen darauf hinaus, daß der Iran auch weiterhin der gepanzerte Arm der Vereinigten Staaten im

Persischen Golf bleiben werde, und daß das Risiko einer politischen Umwälzung dort zu vernachlässigen sei.

Während Sindona den Fortschritt der Bauarbeiten von Condotte d'Acqua im Iran überwachte, lernte er Schah Mohammed Reza Pahlevi und seinen Premierminister, Amir Abbas Hoveida, recht gut kennen. Aber er erkannte auch, daß die Realität im Hinblick auf die politische Stabilität des Iran sehr verschieden von den optimistischen Berichten der westlichen Geheimdienste und Diplomaten war. Unter vier Augen vertraute Schah Pahlevi Sindona an, was ihm einst sein Vater Reza Khan, der den Schleier abgeschafft und Persien seinen alten Namen zurückgegeben hatte, gesagt hatte. Das persische Volk, so Reza Khan, sei dazu geboren, unter dem Schatten der Diktatur zu leben, doch sei es auch auf nichts so versessen wie auf die unaufhörliche Veränderung des Namens dieses Schattens.

Sindona sah den Tag kommen, den auch der Schah und Hoveida heimlich fürchteten, da sich die Waffen des Westens gegen den Westen richten würden. Noch wenige Monate vor diesem Tag, im Februar 1979, hielten der CIA und andere Beobachter ihre optimistische Sicht der Verhältnisse im Iran aufrecht. Doch schon lange zuvor hatte Sindona für den Schah einen detaillierten Plan ausgearbeitet, wie er seine Position halten könnte. Der Plan enthielt Vorschläge zur Vermeidung einer sozialen Revolution, indem man nämlich mittelfristige Papiere ausgab, die eine neue Vermögensverteilung durch Eigenheimbau und Errichtung kleiner Unternehmen ermöglichen würden, ferner Vorschläge für eine neue Konvertibilität der iranischen Währung, durch die die internationale Liquidität des Iran verbessert werden könnte, und schließlich Vorschläge, wie der Iran seine strategisch wichtigen Güter besser vor dem Zugriff feindlicher Staaten schützen könnte.

Sindonas Konflikte mit dem Gesetz und Amir Hoveidas Rücktritt vereitelten letzten Endes diesen Plan. Später wurde eine revidierte Version der königlichen Familie der Saudis unterbreitet. Ja er fand sogar seinen Weg in die Hände des libyschen Diktators Muammar al-Kadhafi; und dabei sollte Sindona als Flüchtling, der sich dem Zugriff der Welt entzogen hatte, zu der Entdeckung kommen, daß Sizilien immer noch ein Land eifersüchtig auf Autonomie bedachter Götter war, und daß des Islams tödlicher Traum, die terroristische Gewalt, täglich an den Börsen des Westens gehandelt wurde.

Als der Bau des großen Hafens im Iran unter Vertrag war, bat Sindona Jocelyn Hambros, einen ausländischen Käufer für Condotte d'Acqua ausfindig zu machen, der den heimlichen Bedingungen des Trinacria Accords nicht unterworfen war. Hambros berichtete, die britische Baufirma Taylor Woodrow sei interessiert.

Einst hatte Sindona Loris Corbi, dem Vorstandsvorsitzenden von Condotte d'Acqua, sein Wort gegeben, daß er vor einem eventuellen Verkauf Corbi eine Chance geben würde, die Gesellschaft zum gebotenen Preis selbst zu erwerben. Carlo Bombieri, Generaldirektor der Banca Commerciale Italiana, war bereit, Corbi bei seinen Plänen zu helfen.

Wenige Tage nachdem Sindona die Nachricht von Taylor Woodrows Interesse erhalten hatte, teilte Bombieri Sindona mit, eine von ihm organisierte Gruppe würde sich gern fifty-fifty an der Übernahme durch die britische Firma beteiligen. Jocelyn Hambro überbrachte das Angebot an Taylor Woodrow, aber Woodrow machte einen Rückzieher. Bei diesem Stand der Dinge nahm Raffaele Mattioli, der fünfundsiebzigjährige Chef der staatlichen Bank, Kontakt mit Sindona auf.

Sindona hielt von Mattioli mehr als von jedem anderen Bankier in Staatsdiensten. Seit 1936 Präsident der Banca Commerciale Italiana, war Mattioli auch stets ein Liebhaber der Philosophie und der Klassiker gewesen. Er besaß den exzellenten Verlag Casa Riccardo Ricciardi und war berühmt für seine eigenen Übersetzungen Shakespeares und Coleridges ins Italienische. Mattioli hatte die Gründung der Mediobanca beaufsichtigt. Auch war er es, der in einem vertraulichen Gespräch Sindona gestanden hatte: »Sehen Sie, mein Lieber, als ich die Mediobanca gründete, dachte ich, ich hätte mir in Cuccia einen Sohn adoptiert. Ich erkannte meinen Fehler erst, als es zu spät war.« Doch der Mattioli, der ihm jetzt begegnete, war offensichtlich ein anderer Mensch, ein Mensch, der auf seine alten Tage am Ende seiner Kräfte war. Da stand er

nun mit seinem gewohnten breitkrempigen Hut und seinem ausgebeulten Anzug aus der Provinz und riet Sindona, seine Condotte-d'Acqua-Aktien zu einem »Complessivo-di-lire«-Preis abzustoßen, der 1 Milliarde Lire unter demjenigen lag, den Taylor Woodrow geboten hatte. Sindona musterte forschend den alten Mann und sagte, er habe nicht ganz verstanden.
»Ich fragte ihn, warum er mir zu einem solchen Vorgehen rate. Er erklärte, die IRI-Banken seien Gläubiger von Condotte d'Acqua, und sie würden ihre Kredite kündigen, wenn ich nicht zustimmen würde.
Ich kannte Mattioli als einen Gentleman. Niemals hätte er aus eigenem Antrieb einen derartig erpresserischen Schwindel vorgeschlagen. Meiner Vermutung nach war es Rom, das ihn zu seinem Verhalten zwang.
Hambros und mir blieb also kaum eine Wahl. Zu guter Letzt sagte man mir bei der Banca Commerciale Italiana: ›Machen Sie sich keine Sorgen. Sie werden schon sehen. Wir werden einen Weg finden, um Sie für Ihren Verlust zu entschädigen.‹
Ich warte noch immer auf diese Entschädigung.«
Zu dieser Zeit kam Sindona mit den zwei seltsamsten Figuren seiner Laufbahn in engere Berührung. Beide hatte er zu Beginn des Jahres 1969, als er ein »Mann Gottes« geworden war, kennengelernt. Der eine von ihnen war ein eitler und von sich selbst überzeugter amerikanischer Bischof, dessen Liebe zu seiner Kirche nur noch durch die Liebe zu sich selbst übertroffen wurde. Bei dem anderen handelte es sich um ein kleines introvertiertes Männlein, das eifrig versuchte, in dem Buch mit sieben Siegeln zu lesen, worin es allerdings nur in Großbuchstaben seinen eigenen gewaltsamen Tod verzeichnet fand.
Micheles Mutter war 1966 gestorben. Seine Tochter, Maria Elisa, heiratete im darauffolgenden April einen jungen Rechtsanwalt namens Piersandro Magnoni. Wieder ein Jahr später verschaffte Sindona seinem Schwiegersohn einen Posten in seiner Organisation. Im November 1968 erwarb Sindona seine vierte Bank, die Banca Unione an der Via Santa Maria Segreta Nr. 5 in Mailand, die vorher dem Verleger Giangiacomo Feltrinelli und dem IOR, das wei-

terhin einen Zwanzig-Prozent-Anteil behielt, gehört hatte. Später wechselte Carlo Bordoni zu Moneyrex über, und Piersandro wurde eine Beteiligung an diesem blühenden Institut angetragen.
In den ersten Tagen des Jahres 1969 erzählte Giuliano Magnoni, Piersandros Vater, Sindona, ein gewisser Roberto Calvi, stellvertretender Geschäftsführer des Banco Ambrosiano, habe den dringenden Wunsch, seine Bekanntschaft zu machen. Sindona hatte niemals zuvor etwas von dem Manne gehört, doch stimmte er zu, daß Magnoni sie miteinander bekannt machte.
Roberto Calvi war am 13. April 1920 in Mailand geboren worden, drei Wochen vor Sindonas eigenem Geburtstag in Patti. Die Hauptgebäude des Banco Ambrosiano, der Bank, für die Calvi seit 1946 gearbeitet hatte, lagen an einer ruhigen, schattigen Piazza, nicht weit entfernt von einem Seiteneingang der Scala. Es war eine Bank, die sich von jeder anderen unterschied. Benannt nach dem Schutzheiligen Mailands und 1896 am Namenstag eines anderen Mailänder Heiligen, Carlo Borromeo, gegründet, sollte der Banco Ambrosiano nach der Absicht ihres Gründers Giuseppe Tovini ein Institut der »corpi morali« sein, ganz auf der Basis der »principi christiani«. Als Calvi in diese konservative, aber reiche kleine Bank eintrat, sprach man von ihr öfter als von der »banca dei preti«, der Bank der Priester. Am Ende eines fiskalischen Jahres schickte man stets ein Stoßgebet zum Himmel, daß die »providenza«, die göttliche Vorsehung, sich gütig der Finanzen der Bank annehmen wolle. Calvi, ein kahlköpfiges Männchen mit schwarzem Schnurrbart und feuchten Augen, entschied sich statt dessen, Sindona um Hilfe anzugehen.
Während ihres ersten Treffens im Büro Sindonas sprach Calvi mit aufreizender Ausführlichkeit von seiner Familie und seinem Landhaus in Comasco in der Nähe der Schweizer Grenze, wobei er die Bedeutung dieses Refugiums für sein Leben hervorhob, da er dort jedes Wochenende seine Energien erneuern könne. Und wie um sein Lob des Landlebens zu unterstreichen, zeigte er stolz Sindona seine Hand, an der ein Finger fehlte, Folge eines schlecht gezielten Axthiebes.
»Er war ein angehender Cincinnatus«, sagte Sindona lachend in

Erinnerung an diese erste Begegnung. »Später schenkte er meinen kleinen Enkelinnen eine Ziege.« Er schüttelte nachdenklich und zärtlich den Kopf. »Wir nannten sie Federico.«
Dann kam Calvi schließlich auf Geschäfte zu sprechen. Er setzte auseinander, die Direktoren des Banco Ambrosiano seien Provinzler, was Bankgeschäfte betreffe, und was er anstrebe, sei eine Arbeitsgemeinschaft zwischen dem Banco Ambrosiano und der Banca Privata Finanziaria auf dem internationalen Markt.
Nach ihrer Begegnung wandte sich Sindona an Carlo Canesi, den Präsidenten der Ambrosiano Bank, mit dem er seit langem ausgezeichnete Beziehungen unterhielt. Canesi sprach sehr zurückhaltend von Calvi und deutete an, er sei keine wichtige Figur in der Bank.
»Was mich betrifft«, sagte Canesi, »so habe ich Roberto zum Leiter unserer internationalen Abteilung ernannt. Nur gab es dabei ein Problem: Er hatte Angst vorm Fliegen. Bei seinem ersten Flug mußte ich ihm die Hand halten. Seit damals ist er dann und wann allein geflogen und bildet sich jetzt ein, ein großer Kosmopolit in kaufmännischen Angelegenheiten zu sein.« Sindona amüsierte sich über diese Worte Canesis, doch glaubte er aus ihnen eine gewisse Eifersucht gegenüber dem jungen Mann herauszuhören, der sich in Gebiete jenseits der Erfahrungen des alten Canesi vorwagte. Einige Tage später empfing Sindona Calvi zum zweiten Mal.
Diesmal gab es keine langen Präliminarien über die Freuden des Landlebens. Calvi kam sofort zur Sache und sagte Sindona, über die Ambrosiano Bank stünden ihm beträchtliche Mengen an mittelfristigen Papieren im Ausland zur Verfügung – Papiere, die er in gemeinsamen Unternehmungen mit Sindona anzulegen wünsche. Er räumte jedoch ein, daß sein Mangel an Kompetenzen innerhalb der Bank es ihm sehr erschwere, ohne Wissen des Vorstands zu operieren. Er bat Sindona, ihm einen Weg zu skizzieren, wie er bedeutende mittel- und langfristige Geschäfte ohne Wissen seiner Vorgesetzten durchführen könnte.
»Ich bemerkte«, sagte Sindona, »daß unter dem Gewand des kleinen Funktionärs in Calvi ein Mann steckte, der auf Reichtum und Macht versessen war, nicht für die Ambrosiano Bank, sondern für

sich selbst. Im Grunde bat er, der bloße Angestellte eines Kreditinstituts, mich um einen Tip, wie er in eine Position ähnlich der meinen gelangen könnte, nämlich sein eigener Chef zu werden. Und so gab ich ihm denn meinen Rat. Ich erklärte ihm, wie man eine Reihe von Finanzinstituten in Luxemburg, auf den Bahamas, in Costa Rica, in Vaduz gründen könne, die unter der Ägide der Ambrosiano Bank arbeiteten und gleichzeitig den gesetzlich garantierten Schutz des Bankgeheimnisses dieser Länder genossen. Es sei, so fuhr ich fort, ein Schutz, von dem die bedeutendsten Banken der Welt schon profitiert hätten.«

Zur Überraschung Sindonas sagte Calvi daraufhin, er fürchte sich, Schritte in dieser Richtung ohne die formelle Autorisierung des Ambrosiano zu unternehmen.

»Avvocato, Sie müssen mir helfen«, sagte er. »Stellen Sie mich Massimo Spada vor und bitten Sie ihn, zu meinen Gunsten vor dem Aufsichtsrat und dem Vorstand des Ambrosiano einzutreten.«

Tatsächlich trat Sindona bei Spada für Calvi ein und malte ihm die Vorteile aus, wenn sie einen Freund – einen habgierigen und lenksamen Freund – gewinnen könnten, der sich innerhalb der Mauern des angesehenen Banco Ambrosiano befand. Spada war bereit zu intervenieren, und im Herbst 1970 wurde Calvi zum »direttore centrale« des Banco Ambrosiano ernannt. Einige Wochen später erwarb Calvi im November für die Ambrosiano Bank von Sindona eine Luxemburger Holding mit Namen Comendium, die in eine Holding des Banco Ambrosiano umgewandelt wurde. Dann stellte Calvi mit Sindonas Erlaubnis dem Aufsichtsrat des Ambrosiano ein höfliches Ultimatum: »Entweder werde ich ›direttore generale‹ mit absoluten Vollmachten für das Ausland oder ich akzeptiere ein Angebot, das Management der Banken Signor Sindonas zu übernehmen.« Im Februar 1971 wurde er Generaldirektor der Ambrosiano Bank. Im März gründete er mit Hilfe Sindonas die Cisalpine Overseas Bank in Nassau auf den Bahamas. Unter der Kontrolle der Holding des Banco Ambrosiano in Luxemburg gehörte Cisalpine teilweise Sindonas Finabank und dem IOR, jeder von beiden hatte 2,5 Prozent des Kapitals von Cisalpine gezeichnet.

Calvi und Sindona gelang es ohne Schwierigkeiten, für Cisalpine eine große Anzahl langfristiger Depositoren zu gewinnen. Ihre Erfolge waren zum großen Teil auf die ehrfurchterweckende Gegenwart einer über jeden Verdacht erhabenen Gestalt im Aufsichtsrat von Cisalpine zurückzuführen, die mit der imperialen und heiligen Aura der Kirche selbst umgeben war. Es handelte sich um Bischof Paul Marcinkus, den neuen Präsidenten der Bank des Papstes.

Paul Casimir Marcinkus, Sohn eines Fensterwäschers aus Litauen, war am 15. Januar 1922 in Cicero, Illinois, geboren worden. Nach seiner Ordination 1947 verließ er Amerika drei Jahre später, um kanonisches Recht an der gregorianischen Universität in Rom zu studieren. 1952 wurde er Mitarbeiter des »Außenministeriums« des Vatikans. Im Lauf der Zeit stieg er zum Diplomaten auf, der den Vatikan in Bolivien und Kanada vertrat. Aufgrund seiner Körpermaße – Marcinkus war fast 1,88 Meter groß und ein Schwergewicht – wurde er 1964 zum persönlichen Reisemarschall und Leibwächter von Papst Paul VI. ernannt und wirkte im Jahr darauf als Dolmetscher bei der Begegnung des Papstes mit Präsident Lyndon B. Johnson in New York mit.

»Chi sta vicino al sole si scalda«, sagte Sindona lächelnd. »Wer in der Sonne steht, wird warm. Es ist ein altes italienisches Sprichwort – eines, das man, wie ich glaube, leicht in viele Sprachen übersetzen kann.«

Papst Paul VI. hatte darauf geachtet, daß sein Sekretär, Vater Macchi, in den Rang eines Monsignore erhoben wurde. Seit sein Herr Papst geworden war, war der Einfluß des kleinen Mannes eher noch gewachsen als geringer geworden. Die Sammlung moderner Kunst, die Macchi in Mailand erworben hatte, war nach Rom gebracht worden, wo für die Bilder, die immer scheußlicher wurden, schließlich einige Räume in den vatikanischen Museen bereitgestellt werden mußten. Die päpstlichen Suiten und die Privatgemächer des Papstes in der dritten Etage des apostolischen Palastes waren nach modernem Geschmack in kühlem Grau und bleichem Blau neu gestrichen worden. Mit großem Aufwand wurde eine Dachterrasse über den Appartements des Papstes erbaut. Dort verbrachte der Hamlet-Papst einen Großteil seiner Zeit, nur selten begab er sich in die Gärten hinunter. Der Mann, der in großer Demut die Distanz zwischen dem Heiligen Vater und der Welt zu seinen Füßen aufrechterhielt, war Monsignore Macchi.

Die Regierung Pauls VI. brachte der katholischen Kirche Kontroversen und Veränderungen. Kaum drei Monate nach seiner Inthronisation hatte er im September 1963 von neuem das Zweite Vatikanische Konzil einberufen, das von Johannes XXIII. begonnen worden war. Innerhalb eines Monats hatte das Konzil zwölf Verbesserungen zum ersten Artikel des Schemas über die Liturgie verabschiedet. Messen in der Landessprache wurden im August des folgenden Jahres eingeführt. Im Januar 1967 – dem Jahr, in dem der Papst verkündete, die Messe in lateinischer Sprache würde bald ganz abgeschafft werden – wurde Nikolai Podgorny, der Präsident der Sowjetunion, als erstes kommunistisches Staatsoberhaupt im Vatikan empfangen. Die Enzyklika »Populorum Progressio«, Papst Pauls Plädoyer für soziale und wirtschaftliche Gerechtigkeit, erschien im März 1967. Ein ähnliches Plädoyer wurde auf dem neununddreißigsten Eucharistischen Weltkongreß im August 1968 gehalten.

Nach Sindonas Überzeugung ging all dies auf Macchis Betreiben zurück: »Das Zweite Vatikanische Konzil, der Novus Ordo der Messe, das Eintreten für den Sozialismus unter dem Vorwand der Frömmigkeit, die Anbiederung an kommunistische Führer, für die Gott Anathema war – dies alles war nur Macchis Werk. Die Stimme des Papstes und die Macht des Papstes waren die Instrumente von Monsignore Macchis Wille. Die Kirche erkannte erst, als es schon zu spät war, daß die Abschaffung der Messe in lateinischer Sprache bedeutete, die rituelle Kraft der heiligen Mysterien zu zerstören. Die Messe in der Landessprache vertrieb die Leute aus der Kirche, statt sie hineinzuholen. Durch Papst Paul VI. zerstörte Macchi die Kirche, der zu dienen er gelobt hatte. Später, in seinen letzten Lebensjahren, gingen Papst Paul VI. endlich die Augen auf. Er sah, was er angerichtet hatte, und das bedrückte ihn sehr.«

Marcinkus erkannte, daß er, wenn er die Gunst Pauls VI. gewinnen wollte, sich mit Macchi gutstellen mußte. So wurde in Macchis Anwesenheit der Priester aus Cicero zu einer unerschöpflichen Quelle egalitärer Plattheiten und sozialistischer Sympathiebekundungen.

Als Francis Cardinal Spellman, der New Yorker Erzbischof, im Dezember 1967 starb, begriff Marcinkus die Gunst der Stunde. Jahrelang war Spellman der große amerikanische Geldmacher für die katholische Kirche gewesen. Als Vorsteher der reichsten amerikanischen Erzdiözese – allein die Immobilienwerte im Besitz der Erzdiözese New York wurden auf mehr als 500 Millionen Dollar geschätzt – leitete Kardinal Spellman beträchtliche Summen in den Vatikan und hatte viele Bemühungen des Heiligen Stuhls ausdauernd finanziell unterstützt. Die Geldsummen und die finanzielle Unterstützung blieben nach seinem Tod allmählich aus, was in Rom große Betroffenheit auslöste. Unverschämt lügend, erzählte Marcinkus Macchi, er habe zahlreiche einflußreiche Bekanntschaften in den Finanzkreisen Chicagos und New York und seine eigenen Kenntnisse der Finanzwelt, die er freilich wegen ihres Mangels an sozialem Gewissen gar nicht schätze, seien beträchtlich.

Ende 1967 wurde Marcinkus ins Sekretariat des IOR berufen, ein Jahr später in den Aufsichtsrat der Kardinäle für das IOR. Im Januar 1969 wurde er zum Bischof geweiht, und 1971, nur einige Monate nachdem Sindona ihn bei Roberto Calvi eingeführt hatte, wurde Bischof Marcinkus der Präsident des IOR.

Zu diesem Zeitpunkt kannte Sindona Marcinkus schon recht gut. Auf Bitten des Bischofs waren die beiden Männer einander durch eine gemeinsame Bekanntschaft, Mark Antinucci, einen amerikanischen Geschäftsmann, der in Rom lebte, vorgestellt worden. Marcinkus wurde auf die Beziehungen Sindonas zu Massimo Spada, Luigi Mennini und Pellegrino De Strobel, den »ispettore« Hauptbuchhalter des IOR und Vorstandsmitglied in Sindonas Finabank, bei der der Vatikan Gesellschafter war, aufmerksam. Bei ihrer ersten Unterredung fragte Bischof Marcinkus Sindona, was er, ganz ehrlich, von diesen Männern halte. Als Sindona antworten wollte, schnitt ihm Marcinkus das Wort ab und sagte, er habe

keine besondere Meinung von Spada, Mennini und De Strobel und wenn er, Marcinkus, Präsident des IOR wäre, würde er Mennini schleunigst entlassen.
Sindona lachte und entgegnete dem Bischof, daß Luigi Mennini – der seit der Gründung des IOR dessen Mitarbeiter sei, der zwei seiner vierzehn Kinder, einen Priester und eine Nonne, ganz dem Dienst der Kirche geweiht habe – der einzige fähige Manager sei, den das IOR damals hatte, ein Mann, der wegen seiner Solidität überall hoch angesehen war.
Es gab andere Unterredungen, in deren Verlauf Sindona die Überzeugung gewann, daß Bischof Marcinkus in wirtschaftlichen und Finanzangelegenheiten absolut inkompetent und von Kopf bis Fuß ein kompletter, aufgeblasener Narr war. Während Marcinkus vor Macchi und dem Papst die Rolle des frommen proletarischen Priesters spielte, war er in Wirklichkeit ein eitler »scalatore«, ein sozialer Aufsteiger von der schlimmsten Sorte.
»Marcinkus war sehr aufgebracht über den Verkauf der SGI durch den Vatikan an mich. Der Grund dafür war, daß die SGI die Olgiata Romana verwaltete, den Golfplatz, den die Firma am nördlichen Stadtrand Roms angelegt hatte. Solange der Vatikan im Besitz der SGI gewesen war, hatte man Marcinkus als eine Art ›padrone‹ der Olgiata behandelt. Durch den Verkauf der SGI wurde es ihm unmöglich gemacht, an der Olgiata den großen Max zu spielen.
In dem anderen exklusiven Golfclub Roms, L'Acqua Santa, wurde Marcinkus als Neureicher von der römischen Aristokratie geschnitten, die den Platz aufsuchte. Nur an der Olgiata war er in der Lage gewesen, seine Rolle als ›dominus maximus‹ des Clubs aufrechtzuerhalten, ohne in seiner Blindheit zu sehen, daß die ›antichi romani‹ der High Society, während sie ihn freundlich anlächelten, ihn in Wirklichkeit als Laufjungen betrachteten, der gerne Boß sein wollte. Er bat mich wiederholt, Aldo Samaritani zu entlassen, den Generaldirektor der SGI, der auch Geschäftsführer der Olgiata Romana war. Samaritani galt, teils im Spaß, teils im Ernst, als ›Re di Roma‹, König von Rom. Seit der Vatikan die Kontrolle über die SGI abgegeben hatte, hatte sein breiter Rücken

an der Olgiata und auch sonst den Bischof in den Schatten gestellt. Dies nagte unaufhörlich an der Seele des großen Gleichheitsapostels.«
Sindona lachte mit wegwerfender Handbewegung. »Vergessen Sie alle Theologie. Um die Kirche Roms verstehen zu können, muß man zuerst die Golfplätze Roms kennen.«
1971, kurz nach seiner Ernennung zum Präsidenten des IOR, lud Marcinkus Sindona ein, ihn in seinem eleganten neuen Büro zu besuchen. Eine hübsche Sekretärin geleitete Sindona über die Schwelle. Sie war eine von den vielen auffallenden Damen, mit denen sich Marcinkus mehr und mehr umgab. Diese Damen – im Grunde waren es eher lockere Mädchen und immer gern zu Späßen aufgelegt – hatten Vergnügen daran, sich in der Öffentlichkeit so zu bewegen, als ob sie die heimlichen Geliebten des Bischofs wären; und dem Bischof gefiel das.
Marcinkus strahlte Selbstbewußtsein aus, als er Sindona begrüßte. »Ich habe alle Vollmachten als die Conditio sine qua non für die Übergabe der Präsidentschaft verlangt, und der Heilige Vater hat sie mir gegeben«, behauptete er. Sindona wußte, daß der Bischof log und immer weiter log, was diese Sache betraf, doch sagte er nichts.
Als Präsident des IOR vertraute Bischof Marcinkus einiges Geld der Bank einem amerikanischen Börsenagenten an, was damit endete, daß durch dessen Aktivitäten das IOR sich gewisser Verletzungen der Vorschriften der »Security und Exchange Commission«[*] schuldig machte. Da die einflußreichen amerikanischen Bekanntschaften, von denen Marcinkus Macchi und dem Papst erzählt hatte, zum größten Teil erfunden waren, wandte er sich nun an Sindona um Hilfe. Sindona empfahl ihn seinen Freunden und Partnern bei Continental Illinois im Geburtsstaat des Bischofs und bat sie, dem neuen IOR-Präsidenten bei der Behebung seiner Schwierigkeiten behilflich zu sein. Im Lauf der Zeit sah Marcinkus ein, daß Leute wie Mennini und De Strobel, deren

---

[*] Amerikanische Börsenaufsichtsbehörde

Entlassung er großsprecherisch angekündigt hatte, für das IOR einfach unersetzlich waren.

Sindona war amüsiert, als er bemerkte, daß Marcinkus kaum etwas über die weniger präsentablen Seiten der Geschäfte seines Instituts wußte. Obwohl er von unorthodoxen Diensten gehört hatte, die das IOR für ausgewählte Kunden leistete, gab der Bischof zu, daß ihm nicht bekannt sei, worin genau diese Dienste bestanden.

»Später«, so erinnerte sich Sindona, »bat mich dieser Narr namens Harmon von der Kommission für das Organisierte Verbrechen, ihm die Namen der italienischen Banken zu geben, die illegalen Geldexport betrieben.

Ich mußte wirklich lachen. Ich sagte ihm, es gebe keine einzige Bank, die sich nicht mit schwarzem Geldtransfer abgebe. ›Es ist unglaublich, wie naiv ihr Amerikaner seid‹, sagte ich zu ihm. ›Wenn Sie Lust dazu haben‹, fuhr ich fort, ›können Sie mit mir oder irgendeinem anderen Italiener, der sich auskennt, stehenden Fußes nach Mailand oder Rom mit 1 Million oder auch 10 Millionen Dollar in Bargeld gehen. Es wäre nur eine Sache von Minuten, bis wir eine Anzahl von Personen oder Organisationen gefunden hätten, die uns ihre Dienste anbieten würden, das Geld ›in nero‹ ohne jedes Risiko ins Ausland zu schaffen. Zehn Minuten später würden Sie die Bestätigung in Händen halten, daß das Geld Ihnen in einer Währung Ihrer Wahl in der Schweiz, in Österreich oder auch auf den Bahamas gutgeschrieben wurde, abzüglich einer Provision.‹ Harmon war entsetzt.

Die Bank des Papstes, das IOR, war mit solchen Diensten seit ihrer Gründung befaßt. Im allgemeinen sorgte das IOR sogar noch für andere Banken, deren privilegierte Kunden auf die zusätzliche Sicherheit und Geheimhaltung, die die besonderen Kanäle des Vatikans garantierten, Wert legten.

Das IOR pflegte in solchen Fällen ein Girokonto bei der italienischen Kreditbank zu eröffnen, die die Lire ›in nero‹ zu exportieren wünschte. Der Kunde der italienischen Bank zahlte dann seine Lire auf dieses Konto ein. Das IOR schrieb sie ihm im Ausland gut, in der Währung und bei der Bank seiner Wahl. Dabei verlangte das IOR eine etwas höhere Provision, als es üblich war. Niemals grif-

fen die Banca d'Italia und die anderen Autoritäten ein, da sie davon überzeugt waren, daß der Heilige Stuhl, unter Druck gesetzt, antworten würde, als souveräne Regierung sei der Vatikan nicht verpflichtet, Italien irgendwelche Informationen zu geben.
Mir sind diese Verhältnisse sehr gut bekannt«, fuhr Sindona fort, »weil das IOR in dieser Funktion auch für Kunden meiner Banca Privata und Banca Unione tätig wurde.
Als Bischof Marcinkus das Ganze einmal begriffen hatte, hielt er dieses vom IOR verwendete System beim Export von Geldern für das ›perfekte Verbrechen‹. Später erklärte die italienische Gesetzgebung den unerlaubten Export von Kapital zu einem Verstoß gegen das Strafrecht, nicht mehr gegen das Zivilrecht. Sofort gab ich von New York aus Marcinkus den Rat, unverzüglich den illegalen Devisentransfer des Vatikan einzustellen. Ich sagte ihm, daß, wenn die Repräsentanten des Vatikan jemals als Komplizen beim Devisenschmuggel vor Gericht gestellt würden – und die italienische Regierung würde nichts lieber tun –, daß dann ein unwiederbringlicher Prestigeverlust für das IOR und den päpstlichen Stuhl selbst die Folge sei. Aber Marcinkus glaubte, außerhalb der Reichweite des Gesetzes zu sein. Er war weiterhin hinter den Profiten her, mit denen er dann vor dem Papst als Beweis für seine Kompetenz und für seine Unersetzlichkeit prahlte und von denen er hoffte, daß sie ihm eines Tages die violette ›berretta‹, den Kardinalshut, einbringen würden.«
Wie auch immer, schließlich verlor das IOR das Ansehen, das es unter Leuten wie Spada erworben hatte, und Marcinkus wurde auch nicht Kardinal.
Im Frühsommer 1971, einige Monate nachdem Sindona, Calvi und Marcinkus zur Gründung der Cisalpine Overseas Bank in Nassau zusammengewirkt hatten, erhielt Sindona die Nachricht, daß La Centrale Finanziaria, ein bedeutendes Bankinstitut, sich wegen Meinungsverschiedenheiten unter ihren Aktionären in Schwierigkeiten befinde. Zwei Vorstandsmitglieder von La Centrale, Ettore Lolli und Antonio Tonello, teilten Sindona mit, es könnte ihm durchaus gelingen, die Eigentümer von La Centrale zum Verkauf zu bewegen. Sindona und die Hambros Bank gingen

gemeinsam vor, um die Gesellschaft zu übernehmen. Calvi flehte Sindona an, ihm zu erlauben, auch die Ambrosiano Bank an diesem Schlag zu beteiligen. Er setzte ihm auseinander, er lege Wert darauf, die Freundschaft von Jocelyn Hambros zu gewinnen, da er seinen achtzehnjährigen Sohn Carlo in eine Banklehre nach London schicken wolle. Sindona erklärte Calvi, daß nach italienischem Gesetz der Banco Ambrosiano sich nicht mit Erwerbungen dieser besonderen Art befassen dürfe. Das Ende vom Lied war die geheime Vereinbarung, daß Hambros treuhänderisch Calvis Bank, ebenso wie Sindonas Fasco, repräsentieren würde. Die Übernahme wurde im Juli abgeschlossen, und am 5. August begrüßte ein freudestrahlender Calvi mit Sindonas Hilfe Jocelyn Hambros, Evelyn de Rothschild und andere im Aufsichtsrat von La Centrale.
Sindona hatte den Wunsch, eine Fusion zwischen einer Tochtergesellschaft von La Centrale, der Baufirma Cogefar, und der IMPRESIT, einer Tochtergesellschaft der Agnelli-Gruppe, herbeizuführen. Er traf sich privatim mit Giovanni Agnelli im Hauptquartier von FIAT in Turin.
Sindona erinnerte sich, daß Agnelli ihm sagte: »Sehen Sie, Michele, Ihre Ideen und Vorschläge sind ganz wundervoll. Sehr gerne würde ich zur Vereinigung der beiden Gesellschaften beitragen, wenn ich nur könnte. Aber Sie haben viel zu viele Feinde, und gerade jetzt ist meine eigene Position zu verwundbar.«
Sindona begriff sehr gut, worin die Verwundbarkeit von Agnellis Position bestand. FIAT stand als die größte italienische Gesellschaft unter wachsendem Beschuß militanter Gewerkschaften. Wiederholte Streiks und das Verbot der Regierung, Entlassungen vorzunehmen, hatten dazu geführt, daß die Gesellschaft während vieler Jahre laufend Verluste machte. Gleichzeitig sah sich Agnelli in immer tiefere Abhängigkeit durch seine unheilige Kooperation mit der Sowjetunion hineingezogen. 1969 hatte die Agnelli-Gruppe mit dem Bau einer FIAT-Fabrik für 332 Millionen Dollar in Rußland begonnen. (Im Zusammenhang damit wurde 1964 Stawropol, die Stadt an der Wolga, wo die Fabrik entstand, von der sowjetischen Regierung in »Togliatti« umbenannt, zu Ehren des

verstorbenen Chefs der Kommunistischen Partei Italiens.) Gebaut nach dem Muster des Fiat 124, rollten die ersten VAT-Wagen im September 1970 vom Fließband. Doch hatte sich in der Zwischenzeit herausgestellt, daß man zusätzliches Kapital benötigte. Dieses Kapital wurde von Muammar al-Kadhafi, dem Junta-Chef Libyens, zur Verfügung gestellt, der am 1. September 1969 an die Macht gekommen war.

Bei einer Konferenz in Moskau zwischen Agnelli, Kadhafi und Repräsentanten des Kreml wurde vereinbart, daß ein Kredit Kadhafis an FIAT in Höhe von 200 Millionen Dollar in einen Kredit von FIAT an die russische Regierung zu vernünftigen Zinssätzen und mit einer Laufzeit von fünfzehn Jahren umgewandelt werden sollte. Im Zusammenhang damit gelang es Kadhafi, FIAT-Wandelobligationen im Wert von 400 Millionen Dollar zu erwerben. Schließlich besaß das Regime Kadhafi mehr als dreizehn Prozent des FIAT-Kapitals und zwei Sitze im Aufsichtsrat. Als im Januar 1974 »La Stampa«, eine FIAT gehörende Zeitung, in einer Satire ein wenig schmeichelhaftes Bild von Kadhafi zeichnete, wäre es dem arabischen Boykott-Komitee fast gelungen, die Entlassung von »La Stampa«-Chefredakteur Arrigo Levi durchzusetzen. Einige Zeit später wurde Carlo De Benedetti, der jüngst ernannte geschäftsführende Direktor von FIAT, abrupt nach nur hundert Tagen entlassen – so lange hatte Kadhafi gebraucht, um zu erfahren, daß Benedettis Vater Jude war.

Nein, Sindona konnte die Wahrheit von Giovanni Agnellis Worten nicht bestreiten. Es waren schlechte Zeiten, es waren seltsame Zeiten.

Einen Monat nach der Übernahme von La Centrale warf Sindona ein Auge auf die Società Italiana per le Strade Ferrate Meridionali, ein Bankinstitut, das normalerweise unter dem Namen Bastogi bekannt war. Obwohl manchmal gefährlich ins Schlingern geraten, war der hundertneun Jahre alte Bastogi-Konzern immer noch ein weitreichendes und bedeutendes Unternehmen. Bastogi hatte einen Buchwert von schätzungsweise 124 Millionen Dollar und hielt beträchtliche Anteile an Montecatini Edison, Italcementi, Pirelli und fünfundzwanzig anderen Gesellschaften. Sindona war besonders an Beni Stabili interessiert, einer von Bastogi kontrollierten Immobilienfirma und an Cogeco, der Baugesellschaft des Konzerns. Seine Absicht war es, Beni Stabili und die Immobilienfirma von La Centrale, Habitat, mit seiner inzwischen riesigen SGI zu vereinigen sowie Cocego mit den Baugesellschaften von La Centrale und SGI (Cogefar bzw. Sogene) zu fusionieren. Die Majorität an Bastogi sollte auf La Centrale übergehen, wobei es die Idee war, die beiden Gesellschaften in einer neuen und größeren Gesellschaft zu vereinigen.

Sindona setzte Calvi und Hambros von seinem Plan in Kenntnis, nachdem ihm von seinem Freund Tullio Torchiani, dem damaligen Präsidenten von Bastogi, versichert worden war, eine Übernahme sei möglich. Aber diese Übernahme wäre von einer Größenordnung, wie sie in Italien bisher unerhört war. Sindona war im Begriff, das erste öffentliche Zeichnungsangebot in der Geschichte Italiens abzugeben.

In ihrer Ausgabe vom 8. September berichtete »Il Sole-24 Ore«, die Tageszeitung der Finanzwelt Mailands, über Gerüchte im Hinblick auf dieses ungewöhnliche Vorhaben. In einer öffentlichen Stellungnahme dementierte Sindona diese Gerüchte. Inzwischen bereitete er das Zeichnungsangebot vor, das im nächsten Monat von der Westdeutschen Landesbank Girozentrale Düsseldorf im Namen einer anonymen, internationalen Gruppe abgegeben werden sollte. Enrico Cuccia wußte freilich recht genau, wer im Zentrum dieser Gruppe stand. Am Freitag nachmittag vor diesem Angebot munkelte man in den oberen Etagen der Mediobanca, daß Sindona am Montag nur ein Weg bleiben würde: Selbstmord.

Montag morgen, den 13. September, wurde dann offiziell verlautbart, die Westdeutsche Landesbank Girozentrale wünsche Bastogi-Aktien im Wert von 20 Millionen zu kaufen, dreiunddreißig Prozent des Aktienkapitals der Gesellschaft, und zwar über pari mit 2.800 Lire pro Aktie. Am nächsten Tag reagierte die Mailänder Börse mit zunehmender Aufregung. Der »Corriere della Sera« erklärte auf seiner Finanzseite, daß das öffentliche Zeichnungsangebot (offerta pubblica di acquisto, oder wie es dann in dieser

Sprache, die Abkürzungen liebt, hieß: OPA) auf den »fortschrittlicheren Finanzmärkten« längst üblich sei, zum Beispiel in New York, London und Paris, für Mailand jedoch eine »novità assoluta« darstelle. Und Enrico Cuccia eilte nach Rom zu einer Unterredung mit Premierminister Colombo.

Der Premierminister ließ Urbano Aletti, den Präsidenten des Mailänder Verbandes der Börsenmakler (des Comitato Direttivo degli Agenti di Cambio) wissen, das italienische Rechtssystem sehe keine Möglichkeiten für öffentliche Zeichnungsangebote vor, also dürfe ein solches nicht genehmigt werden. Doch Präsident Aletti gab zur Antwort, das öffentliche Zeichnungsangebot verletze keine Gesetze. Ja, Aletti sagte sogar, dies sei das erste Mal, daß die »parco buoi« und die »padroni del vapore« gleich behandelt würden. (»Parco buoi« war und ist ein herabsetzender Ausdruck für die kleinen Aktionäre in ihrer Gesamtheit: »Stimmvieh«. Die großen Spekulanten und Besitzer der größeren Anteile sind »padroni del vapore« – die »großen Tiere«.)

Entgegen dem Wunsch des höchsten Regierungsbeamten wurde die Bastogi-OPA vom Maklerverband gebilligt und unterstützt. Unterstützt wurde sie ebenfalls von »La Stampa«, der einflußreichen Zeitung der Agnelli-Gruppe.

Enrico Cuccia wandte sich jetzt an André Meyer und Guido Carli. Zusammen übten Meyer und Carli auf Bastogis Hauptaktionäre Druck aus, nicht zu verkaufen, indem sie damit drohten, daß sie sich andernfalls die Feindschaft der italienischen Aufsichtsbanken zuziehen würden. Es gab lautstarken Protest einiger Banken angesichts der Tatsache, daß der Präsident der Zentralbank, Carli, sich in Angelegenheiten der Privatwirtschaft einmischte, doch dieser Protest verflüchtigte sich ebenso rasch, wie sich, als die Gemüter sich wieder beruhigt hatten, die Bastogi-OPA verflüchtigte.

Als Anna Bolchini Bonomi, eine der berühmten Matronen der Mailänder Finanzwelt, sich an den Banco Ambrosiano gewandt hatte, um Gelder für Beni Immobili Italia, das Familienunternehmen, das sie 1940 von ihrem Vater geerbt hatte, zu beschaffen, hatte sie als Sicherheit ein umfängliches Aktienpaket der lombardischen Bank Credito Varesino hinterlegt. Die in Schwierigkeiten geratene Bonomi-Gruppe war nicht in der Lage gewesen, die Anleihe zurückzuzahlen, und das Aktienpaket des Credito Varesino war über das Büro Roberto Calvi an Sindona verkauft worden. Ebenso über Calvi hatte Sindona die Gesellschaft Invest erworben. Beide Gesellschaften waren jetzt aufgrund einer Option Teil der Manifattura Carlo Pacchetti, eines Gerbereiunternehmens, das Sindona vom Credito Lombardo gekauft hatte. Sindona hatte Massimo Spada zum Präsidenten Pacchettis ernannt, und gemeinsam verwandelten sie das Unternehmen in Blitzesschnelle in einen kühn organisierten Konzern.

Bischof Marcinkus fragte Sindona, ob er an der Übernahme der Banca Cattolica del Veneto, einer IOR-Tochtergesellschaft mit Sitz in Venedig, interessiert sei. Sindona hatte diese Idee mit Massimo Spada diskutiert. Sie waren zu dem Ergebnis gekommen, daß die Banca Cattolica von Pacchetti erworben werden könnte. Pacchetti hatte sich damals schon mit La Centrale, Banca Privata Finanziaria und Banca Unione zusammengetan. Im Aufsichtsrat saß Spada mit dem Titel eines Vizepräsidenten. Ohne Calvi genau auseinanderzusetzen, wie der Erwerb vonstatten gehen sollte, hatte Sindona ihn eingeladen, sich am Geschäft zu beteiligen. Calvi griff gierig zu. Er erkannte die Gelegenheit, engere Beziehungen zu Bischof Marcinkus zu knüpfen.

Während Sindona den Bastogi-Coup plante und den Kauf der Banca Cattolica vorbereitete, wurde er von Graham Martin, dem amerikanischen Botschafter in Italien, aufgesucht. Martin erklärte Sindona, es bestehe die Gefahr, daß Italiens englischsprachige Zeitung »The Rome Daily American«, vom sozialistischen PSI aufgekauft würde, die »Avanti!« herausgab. Der Botschafter fuhr fort, wenn Sindona das verhindern könnte, würde er eine gute Tat für die Vereinigten Staaten und für seinen alten Freund, Präsident Nixon, tun. Sindona organisierte den Kauf dieser Zeitung in Zusammenarbeit mit seinem amerikanischen Freund Mark Antinucci und General Sory Smith, einem ehemaligen Generalmajor der Air-Force, der als Chef der amerikanischen Militärberater in Italien fungierte. Am Abend der Bastogi-Ankündigung gab Sindona einen Empfang im Grand Hotel in Rom zur Feier des Erwerbs von

»The Rome Daily American«. (Das Grand Hotel, in dem Sindona das ganze Jahr über eine Suite belegt hatte und wo das Menü des Restaurants eine Variante der »spaghetti alla carbonara« enthielt, die sogenannten »Spaghetti Sindona«, war Bestandteil der CIGA-Gruppe, die Sindona über SGI besaß.) Bei diesem Empfang im September sagte Marcinkus Sindona, er würde das Banca-Cattolica-Geschäft gerne so bald wie möglich abschließen.

Aber als Sindona das nächste Mal mit Marcinkus sprach (nach seiner Rückkehr von der Konferenz des Internationalen Währungsfonds in Washington in der letzten Septemberwoche), teilte ihm der Bischof mit, die Verhandlungen über die Banca Cattolica müßten abgebrochen werden.

Marcinkus erklärte ihm nicht warum. Er sagte ihm nicht, daß Enrico Cuccias Freund Eugenio Cefis, jetzt Präsident bei Montecatini Edison, wieder einmal seinen Intimus, den Erzbischof Giovanni Benelli, bedrängt hatte und daß »Außenminister« Benelli handeln möge, wie es der Bitte Cefis entsprach.

Die Herbsttage wurden kürzer und dunkler. John MacCaffery, der schon immer davon gesprochen hatte, er wolle sich nach Irland zurückziehen, hatte jetzt das Mailänder Büro der Hambros Bank verlassen und wurde durch seinen Sohn John MacCaffery Jr. ersetzt. In Bishopsgate, London, gab es einen bedeutsameren Wechsel. Jocelyn Hambro, Vorstandsvorsitzender der Hambros Bank, der seine Bank an der Seite Sindonas bei einigen der größten Geschäfte der vergangenen Dekade geführt hatte, wechselte als Vorsitzender des Vorstands zur Hambros P.L.C., der Holding-Gesellschaft der Bank, über. Man wußte, daß Jocelyns Nachfolger sein jüngerer Cousin Charles werden würde; zwischen Charles Hambro und Michele Sindona aber, die wie Feuer und Wasser waren, gab es keine Sympathien.

Sindona hatte sich mit Pietro Antonelli, dem römischen Grafen, der jetzt Direktor der Hambros-Filiale in Mailand war, immer gut verstanden. Im November 1971 wurde der Graf jedoch zum Unglücksboten von Charles Hambros' Willen: Alle Verbindungen zwischen der Hambros Bank und Sindona, angefangen von La Centrale und SGI bis zu den Banken, sollten gelöst werden. Als

John MacCaffery Jr. weiterhin Geschäfte mit Sindona machte, wurde er gefeuert. Sindona gab ihm einen Job in der Banca Privata.

Sindonas Feinde in Italien taten ihr Bestes, um die Kluft zwischen Hambros und Sindona durch Verleumdungen noch aufzureißen. Die britischen Banken, so hieß es, hätten Sindona »in flagrante delicto« ertappt. Sindona sei erwischt worden, wie er Hambros auf seinen verschlungenen Mafiawegen hereinlegen wollte. Die Hambros Bank habe schlimme Verluste erlitten.

»Wir haben mit Sindona niemals einen Pfennig verloren. Im Gegenteil, wir haben immer einen guten Schnitt zusammen gemacht«, erinnerte sich Graf Antonelli, jetzt ein Hambros-Direktor in London. »In dieser Hinsicht verhielt er sich uns gegenüber immer völlig korrekt. Meinungsverschiedenheiten bestanden nur über Sindonas Gewohnheit, keine Informationen über die Gesellschaften zu geben, an denen wir mit ihm beteiligt waren. Er pflegte Entscheidungen ohne unser Wissen zu treffen. Als Bevollmächtigter unserer Gesellschaft war er völlig im Recht, wenn er diese Unternehmungen in eigener Regie durchführte. Aber er hätte Hambros darüber informieren müssen. Er machte es uns sehr schwer, dem Aufsichtsrat gegenüber Rechenschaft abzulegen.

Einer meiner besten Freunde fragte mich einmal: ›Sag mir die Wahrheit. Warum, zum Teufel, habt ihr die Beziehungen zu Sindona abgebrochen?‹ Und ich antwortete: ›Also, schau einmal her, wenn du in einem Auto mitfährst, kann es sein, daß der Fahrer für deinen Geschmack zu schnell fährt. Er fährt nicht schlecht, aber du kannst es nicht ertragen, daß er so schnell fährt.‹

Dies also war das Problem. Sindona war ein Mann von außergewöhnlicher Brillanz. Aber sein Verstand arbeitete zu schnell, so daß seine Mitarbeiter oder die Aufsichtsräte einfach nicht folgen konnten. Manchmal, denke ich, verlor er sogar selbst den Überblick darüber, was im Gange war. Er besaß zu viele Gesellschaften, zu viele Geschäfte wickelte er gleichzeitig ab. Es gab niemanden, der ihm folgen konnte. Manche seiner Käufe ergaben gar keinen Sinn. Warum, zum Teufel, erwarb er dies oder jenes? Weil er darauf spekulierte, daß er es irgend jemandem wieder verkaufen könnte. Aber dann vergaß er das vielleicht, weil ihm etwas anderes einfiel. Dabei war es ihm unmöglich, immer darauf zu achten, ob das Management gut war. Es war eben alles zuviel für einen einzigen Mann, sogar für ihn. Wir ritten auf einem Tiger und wußten nicht, wie wir ihn wieder loswerden sollten. Die Geschäfte wurden immer unübersichtlicher, und er preschte immer schneller voran.

Es gab einige sehr scharfe Auseinandersetzungen, aber schließlich zahlte er, was er zu zahlen hatte. Ich konnte mich gewiß nicht über sein Verhalten beklagen. Das einzige, was mir nicht so ganz gefiel, war, daß er, sechs oder sieben Monate nachdem wir uns von ihm getrennt hatten, einige Hambros-Aktien kaufte und drohte, er würde zur Aktionärsversammlung kommen und für Aufregung sorgen!«

Es scheint, daß Sindona, ermutigt durch die von Charles Hambro an den Tag gelegte Beflissenheit, seinen Aufsichtsrat zu informieren, gerne bereit war, mehr zu erzählen, als Charlie lieb war.

»Viele der geschäftlichen Transaktionen von Hambros in Italien waren buchhalterisch nicht erfaßt worden«, sagte Sindona. »Ein Beispiel dafür war die Übernahme der Majorität an Italcementi. Als ich das Aktienpaket, das Hambros und ich zusammengebracht hatten, abstieß, machte ich einen Nettogewinn von rund 10 Millionen Dollar. Hambros war mein Siebzig-Prozent-Partner bei dem Geschäft, das wir durch Distributor-Holding, S.A. in Luxemburg abwickeln ließen. So schrieb ich nach Abzug meines Anteils Hambros etwas mehr als 6.390.000 Dollar gut. Das Geld wurde von der Rüegg Bank in Zürich über die Irving Trust Company in New York überwiesen. Aber diese und andere Vorgänge erschienen nicht in den Büchern der Bank. Es wurden die Bankgesetze verletzt, und die Hambros-Aktionäre wurden im Dunkeln gelassen. Natürlich« – und er lachte – »war dies nicht die Art Information, die Charlie im Sinne hatte.«

Zu diesem Zeitpunkt waren Sindona und Calvi übereingekommen, eine Briefkastenfirma zu gründen, durch die jeder von ihnen zur Hälfte an allen Transaktionen ihrer jeweiligen Bank- und Finanzoperationen beteiligt sein wollten. Im November 1971 wurde der Anteil der Hambros Bank an La Centrale von Calvi für den Banco Ambrosiano erworben. Es wurde vereinbart, daß Sindonas Beteiligungen an La Centrale, der Pacchetti-Gruppe und Credito Varesino (die jetzt beide durch eine im Besitz von Fasco befindliche Gesellschaft mit Namen Zitropo Holding kontrolliert wurden) sowie eine Option zum Kauf von Invest an die Ambrosiano Bank übergehen sollte. Diese 119-Millionen-Dollar-Aktion wurde in Übereinstimmung mit ihrem heimlichen Pakt im folgenden Sommer abgeschlossen.

Mittlerweile hatten die beiden Männer begonnen, sich in aller Heimlichkeit der Ambrosiano Bank selbst zu bemächtigen. Ihr Vorgehen wurde durch die Charta der Bank möglich, die die Höhe des Anteils eines beliebigen Aktionärs beschränkte. Da also keine Einzelperson und keine Gruppe über mehr als einige Prozent des Kapitals verfügte, brauchten Calvi und Sindona, die durch ihr weitverzweigtes Netz von Strohmännern versprengte Anteile aufkauften, nur etwa fünfzehn Prozent des Bankkapitals erwerben, um effektive und unmerkliche Kontrolle über sie zu gewinnen. Das Geld für diesen Coup – Sindona steuerte 18 Millionen Dollar bei – wurde in fünf Nummernkonten, die zu diesem Zweck bei der Union de Banques Suisses in Chiasso, der Crédit Suisse in Zürich und der Banca del Gottardo (ihrerseits eine Ambrosiano-Holding in Lausanne) eröffnet wurden, deponiert. Die Konten wurden unter den Namen zweier Gesellschaften mit Inhaberaktien, die in Vaduz registriert waren, geführt, Radowal Financial Etablissement und Ehrenkreuz Anstalt, für die Calvi und seine Frau Clara das Recht zur juristischen Vertretung hatten.

Der Siebenunddreißig-Prozent-Anteil an der Banca Cattolica del Veneto, dessen Verkauf an Sindona das IOR abgelehnt hatte, wurde jetzt im März 1972 für 45 Millionen Dollar an Calvi verkauft. Sindona, der bisher geglaubt hatte, Bischof Marcinkus' Eitelkeit und Unredlichkeit würden nur noch durch seine Dummheit übertroffen, kam jetzt zu einem noch vernichtenderen Urteil.

Einen Monat früher, im Februar, hatte die Banca d'Italia unter Guido Carli zwei Klagen gegen Sindona eingereicht und ihm Unregelmäßigkeiten bei der Banca Privata Finanziaria zur Last gelegt. Die Art der behaupteten Unregelmäßigkeiten wurde öffentlich nicht bekanntgemacht, auch wurde schließlich nicht Anklage gegen ihn erhoben. Im Gegenteil, ein Jahr später genehmigte Präsident Carli selbst im Ausgleich für ein gegen Sindona ausgesprochenes Verbot, Italiens bedeutendstes privates Kreditinstitut, die Banca Nazionale dell'Agricoltura, zu übernehmen, eine Fusion von Banca Privata und Banca Unione, mit den Worten: »Hören Sie endlich auf, mir Daumenschrauben anzulegen«, was Sindona ermöglichte, eine Bank mit einem Umsatz von 1,6 Milliarden Dollar zu gründen, die Banca Privata Italiana.

Doch Sindona verstand die Botschaft dieser vagen Klageerhebungen vom Februar sehr gut. Sie waren, wie Calvi berichtete, mit dem dringenden Rat aus Rom einhergegangen, die Ambrosiano Bank solle in Zukunft ja keine gemeinsamen Geschäfte mit Sindona mehr machen. Im Frühjahr 1972 entschloß sich Sindona, Italien zu verlassen.

Während all dieser Zeit lebte Roberto Calvi in der ständigen Furcht, seine heimliche Partnerschaft mit Sindona könnte auffliegen. Wann immer sich die Notwendigkeit zu einem Treffen ergab, wählte Calvi ein obskures, bescheidenes Restaurant oder Café aus, wo keine Gefahr bestand, daß man sie erkannte. Sindona amüsierte sich köstlich über die Feigheit des kleinen Männleins. »Es machte mir einen Riesenspaß, ihn in Verlegenheit zu bringen«, erinnerte er sich. »Ich schlug ihm immer vor, zu Biffi Scala zu gehen, dem Restaurant, dessen Besitzer Cuccias Freund Carlo Pesenti war.«

Im gleichen Jahr – dem Jahr des »Paten« – bekamen die Gerüchte über die Mafia neuen Auftrieb. In einer Radiosendung mit dem Titel »Heiße Dollars« erzählte ein gewisser Jack L. Begon – kein Journalist, sondern ein zweiundsechzigjähriger Angestellter des ABC-Büros in Rom, das Fortsetzungsberichte für den Rundfunk produzierte, phantasievoll von einer Konferenz im Hôtel des Palmes in Palermo im November 1957. Bei diesem Treffen, so teilte Begon mit, habe ein internationales Mafiakomitee einen jungen sizilianischen Geschäftsmann zu seinem Finanzier ernannt. Lucky Luciano, der in Wirklichkeit bei der Mafia Siziliens als »scoreggia di poca importanza«, unbedeutender Furz, galt, sei zugegen gewesen. Und natürlich wurde nahegelegt, daß Michele Sindona dieser Finanzier sei. Obwohl diejenigen, die Augen hatten, um zu sehen, über diese Fabel herzlich lachten, galt die vermeintliche Konferenz im Hôtel des Palmes bald als, wenn auch wenig bekannte, historische Tatsache.

Später, im Sommer 1973, behauptete Begon, einen Anruf von jemandem erhalten zu haben, der beweiskräftige Dokumente über die Konferenz im Hôtel des Palmes besitze. Aber am 22. Juli dieses Jahres, wenige Stunden bevor er diese Person treffen sollte, verschwand Begon. Am 20. August tauchte er in Rom wieder auf und gab an, er sei von der Mafia gekidnappt und nach Amerika verschleppt worden, wo ihn mysteriöse Mafiosi in New Orleans und Las Vegas strengen Verhören unterzogen hätten. Sogar diese Farce fand Leute, die daran glaubten. So tischte das New Yorker Wochenmagazin »The Village Voice« sie als Wahrheit auf, indem es reichlich aus einem Buch mit sizilianischen Sprichwörtern zitierte. Verbürgte Tatsache war jedoch, daß Jack Begon einen Tag nach seinem Wiederauftauchen in Rom verhaftet und angeklagt wurde, ein Verbrechen vorgetäuscht und 5.000 Dollar gestohlen zu haben, die im dortigen ABC-Büro fehlten. Er verbrachte vierzehn Tage im Gefängnis und wurde später wegen Mangels an Beweisen freigelassen.

Im August 1972, auf den Monat sechsundzwanzig Jahre nach seiner Ankunft in dieser Stadt seines Glückes, verließ Michele Sindona Mailand. Mit Rina begab er sich nach Genf in das verschwenderisch ausgestattete Appartement hoch über den Geschäftsräumen seiner Finabank, Rue de la Bourse 2.

1973, als die Finabank das Bankhaus Wolff in Hamburg übernahm, verlor Sindona buchstäblich den Überblick über sein Vermögen. Im Mai 1972 war der »International Monetary Market«, die erste Börse mit der Aufgabe, ausschließlich Wertpapierterminkontrakte zu handeln, als eine Abteilung der Chicagoer Handelsbörse eröffnet worden. Nach der Abwertung des Dollars neun Monate später überschritten die Währungsströme der Welt die Summe von 2 Billionen Dollar. Allein durch Moneyrex vollzog Sindona in diesem Jahr Transaktionen von mehr als 40 Milliarden Dollar, meist in Eurowährung. Seine Betriebskosten waren niedrig – ein Büro, zehn Angestellte, zehn Telex und zwanzig Telefone –, und er steckte einen Nettogewinn von mehr als 10 Millionen Dollar im Jahr ein.

Durch Moneyrex – sein Privatfenster auf die gewaltigen Ströme der Reichtümer der Welt – war er wie wenige in der Lage, die unheilbringenden Energien zu erkennen, die unterhalb des Wellengangs am Werke waren. Zu Beginn des Jahres 1970 hatte er einen zehnprozentigen Anteil an Moneyrex an die Zentralbank von Ungarn verkauft. Gleichzeitig hatte er jedoch der Bank keinen Platz im Vorstand von Moneyrex eingeräumt, was ihr einen Einblick in seine Geschäfte gewährt hätte. Aber jetzt konnte er durch die Beteiligung der ungarischen Regierung an Moneyrex die spekulativen und destruktiven Operationen beobachten, die die Sowjetregierung durch diese bedeutendste Bank des Ostblocks ausführte.

Im Juli 1972 hatten die Vereinigten Staaten Verträge zum Verkauf enormer Mengen von Weizen und anderer Getreide an die Sowjetunion zu günstigen Bedingungen abgeschlossen. Das US-Landwirtschaftsministerium schätzte, die UdSSR würde im nächsten Jahr annähernd 1 Milliarde Dollar für amerikanische landwirtschaftliche Produkte ausgeben müssen. Zu einem späteren Zeitpunkt dieses Jahres, als die Getreideverträge unter Dach und Fach waren, plazierte die ungarische Zentralbank im Auftrag der Sowjetregierung eine Order, durch Moneyrex 20 Milliarden Dollar ohne Deckung zu verkaufen. Sindona erriet, daß Moskau den Niedergang und die Instabilität des Dollars seit dem Smithsonian Agreement vom August 1971 genau verfolgt hatte und einen größeren plötzlichen Kurssturz bevorstehen sah. Einen Kurssturz, der durch den massiven Verkaufsauftrag im Augenblick noch begünstigt werden würde. Wenn Moskau Erfolg hatte, würde es sowohl einen klaren Spekulationsgewinn einstreichen als auch einen indirekten Gewinn aus den Weizenverträgen, die unter den Voraussetzungen eines teureren Dollars abgeschlossen worden waren. Sindona, dessen Provision bei Gewinn oder Verlust auf dasselbe hinauslief, setzte Präsident Nixon und David Kennedy, der als Finanzminister zurückgetreten war und jetzt Botschafter ohne Portefeuille war, davon in Kenntnis.

Doch der seltsame Quäker mit den zweitklassigen Klienten hatte damals, im Januar 1973, ganz offensichtlich andere Sorgen. Fünf republikanische Mietlinge waren des Versuchs schuldig gesprochen worden, während der Wahlkampagne des Quäkers im vorigen Juni im Hauptquartier der demokratischen Partei im Watergate Wanzen angebracht zu haben. (Sindona, zu dessen SGI der Watergatekomplex gehörte, hatte in der Folge versucht, zu Nixons Kampagne anonym 1 Million Dollar beizusteuern. Mit großem Bedauern setzte Nixons Mitarbeiter Maurice Stans Sindona auseinander, anonyme Zuwendungen solchen Umfangs seien gesetzlich verboten. Sindona, der fürchtete, daß eine öffentliche Zuwendung die Feindschaft gegen ihn vergrößern würde, die seine proamerikanische Einstellung in Italien schon hervorgerufen hatte, teilte Stans aber mit, solche Zuwendungen seien die Norm in seinem Heimatland.) Die Wirtschaftsberater Nixons reagierten nicht auf Sindonas Nachrichten über das sowjetische Vorhaben. Im Gegenteil, wie vom Kreml bestellt, wertete der Finanzminister John Connally am 12. Februar den Dollar um zehn Prozent ab.

So machte die Sowjetunion im Laufe weniger Wochen einen 4-Milliarden-Dollar-Gewinn: 2 Milliarden Dollar durch den Verkauf der 20 Milliarden ohne Deckung (sie waren weitgehend von der Bundesbank, der deutschen Zentralbank, aufgekauft worden) und 2 Milliarden aufgrund der zehnprozentigen Abwertung der Dollars aus ihrem Weizengeschäft. So etwas hatte Sindona noch niemals erlebt.

»In ihrer bodenlosen Naivität«, so bemerkte er, »haben die Vereinigten Staaten der Sowjetunion 4 Milliarden Dollar in den Rachen geschoben, eine Summe, die diese ohne Zweifel schnell zum Schaden ihrer großzügigen Wohltäter verwendet hat. Damals wurde mir klar, daß Amerika sich sein eigenes Grab schaufelte. Ich kann nur sagen, niemals in der Geschichte der Menschheit hat eine Macht in derartiger Verblendung zur Bewaffnung und Entwicklung ihres eigenen Gegners beigetragen.«

Ebenfalls Ende 1972 wandten sich Vertreter eines internationalen

Konsortiums an Moneyrex mit dem Ziel, Lire im Gegenwert von 6 Milliarden Dollar ohne Deckung zu verkaufen. Zu diesem Zeitpunkt steuerte die Lira unter dem starken Druck der Spekulanten auf einen Kurssturz zu, und Sindona erkannte, daß der beabsichtigte Verkauf katastrophale Folgen haben würde.

»Sie waren gar nicht so sehr darauf aus, Geld zu machen«, erinnerte er sich, »sie wollten nur die Lira zerstören. Sie stellten mir einen Gewinn von 300 Millionen Dollar in Aussicht.«

Nachdem Sindona einige Zeit über diese Angelegenheit nachgedacht hatte, entschloß er sich, seinen Freund, den Premierminister Andreotti, anzurufen und ihm die Situation zu erklären. Er setzte Andreotti auseinander, es gebe einen Weg, daß sich der Jäger in seiner eigenen Falle fange, und Andreotti sagte ihm, er solle ganz nach Gutdünken verfahren.

»Ich lehnte den Auftrag des Konsortiums ab, und er wurde anderen erteilt. Gleichzeitig nahm ich Verbindung mit einer Anzahl ausländischer Banken auf und sagte ihnen vertraulich, der Premierminister habe mich bevollmächtigt, nach zeitweiser Unterstützung der Lira Ausschau zu halten. Viele von ihnen waren bereit, Stützungskäufe zu tätigen. Als etwa 400 Milliarden Lire verkauft worden waren, gab das Konsortium auf, die Lira wurde zu stark verteidigt.«

Später, im Juni 1973, trat Premierminister Andreotti zurück – er hatte einmal im privaten Gespräch zu Sindona geäußert: »Ich kann nicht einmal einen Schluck Wasser trinken, ohne zuerst die Genehmigung der Kommunisten einzuholen« –, zwei Tage später stürzte die Lira ab.

Bei der Unterhaltung über die Zerstörung des Komplotts gegen die Lira verschwieg Sindona offensichtlich bewußt die Identität des Konsortiums. »Es klingt nicht gut«, sagte er, und winkte ab. »Ich habe schon genug Feinde.« Schließlich hob er die Hand wieder. »Nun gut, es waren Juden«, sagte er. »Die Leute, die über das Geld verfügten und die Gespräche führten, waren aus Genf, aber das Geld kam aus Israel.« Er zuckte die Achseln und sah zur Seite. »Ich habe die seltsamsten Dinge erfahren müssen, wirklich die seltsamsten Dinge.«

Seltsame Dinge, seltsame Zeiten. Das Schattenspiel der italienischen Politik war 1973 zu einem Alptraum geworden. Tödliche Bombenanschläge, die man der Linken zuschrieb, erschütterten Mailand am 15. Januar des neuen Jahres. Im März wurde Giangiacomo Feltrinelli, der sechsundvierzigjährige kommunistische Millionär, von dem Sindona die Banca Unione erworben hatte, bei einer anderen Explosion in der Nähe von Mailand getötet. Im April gab es weitere Anschläge und im Mai Attentate mit Handgranaten. Im Juli, einen Monat nachdem Julio Andreotti als Premierminister zurückgetreten war, explodierten Bomben am Mailänder Gebäude der Mondadori-Verlagsgruppe. Die Presse machte für all dieses Blutvergießen und diese Zerstörungswut je nachdem die arabischen Guerillaorganisationen, die Kommunisten, neofaschistische Frontgruppen und den CIA verantwortlich.

In einer Frühlingsnacht dieses Jahres, etwa um elf Uhr, rief eine junge Frau aus Sindonas Bekanntschaft in seinem Appartement in der obersten Etage über der Finabank an. Diese Frau war bezahlte Agentin der Kommunistischen Partei Italiens und eine Freundin des Generalsekretärs Enrico Berlinguer; aber sie war auch die Tochter eines Mannes, dem Sindona einmal aus großen Schwierigkeiten geholfen hatte.

»Michele«, sagte sie, »wir müssen von hier fort.«

»Warum?« lachte er.

»Weil man dich um Mitternacht umbringen will«, gab sie zur Antwort.

Sindona begleitete die junge Frau zu ihrem Hotel jenseits der Rhône. Am nächsten Morgen kam er zurück und entdeckte, daß die Türschlösser fachmännisch aufgebrochen waren. Er hatte noch niemals erlebt, daß die junge Frau ihn belogen hatte. Und außerdem wußte sie, daß er in seiner Wohnung kein Geld aufbewahrte.

Kurze Zeit nach diesem Ereignis zog Sindona wieder um. Dieses Mal nach Amerika, wo er im vorigen Sommer eine Bank namens Franklin National gekauft hatte.

VIII.

L'America

Die Franklin National Bank auf Long Island hatte erst acht Jahre lang bestanden, als Arthur T. Roth im Frühjahr 1934 in sie eintrat. Die Bank war insolvent, ihre Depositen betrugen weniger als eine halbe Million Dollar. Sie verfügte über ein Personal von nur fünf Mitarbeitern. Roth war neunundzwanzig Jahre alt, früher Mitarbeiter der Manufactures Trust Company, wo er als Laufbursche im Alter von siebzehn Jahren angefangen hatte. Er hatte sich bei der kleinen Bank auf Long Island beworben, weil seine Frau schwanger war und sie die Stadt zu verlassen wünschten.

Roth führte die Bank gut, und das Glück begünstigte ihn, da Long Island zu einem der sich am schnellsten entwickelnden Grundstücksmärkte des Landes wurde. 1962 überschritten die Aktiva der Franklin eine Milliarde Dollar. Zwei Jahre später entschloß sich Roth, das Geschäft auszudehnen und die großen Manhattan-Banken auf ihrem eigenen Gebiet herauszufordern. Nach Ansicht vieler Leute war das ein Fehler. Franklins Vizepräsident Michael Merkin sagte später: »Was für einen Grund gab es für Roth, nach New York zu gehen?«

Im Sommer 1968 löste der Präsident der Franklin, Harold V. Gleason, Roth als Vorstandsvorsitzenden der Bank ab, und zu Beginn des Jahres 1970 wurde Roth vollständig aus dem Board entfernt.

Er vermutete, seine Deklassierung gehe auf eine Absprache zwischen Gleason und zwei Direktoren (einer von ihnen Merkin) zurück und sei die Reaktion auf eine Äußerung von ihm, daß Gleason nicht der geeignete Nachfolger für ihn sei und die beiden Direktoren von der Bank entlassen werden sollten.

Zum Zeitpunkt seiner Pensionierung besaß Roth siebzigtausend Aktien der Franklin New York Corporation, der Muttergesellschaft der Bank. Im November 1971 schrieb er einen Brief an Laurence Tisch, den Chef der Loews Corporation, die die Majorität an der Franklin New York Corporation hielt. »Es ist dringend notwendig, daß Sie darauf achten, was sich bei der Franklin National Bank tut«, schrieb er. »Die Gewinne der Bank sinken. Sie sind ein Hauptaktionär, und ich erwarte von Ihnen, daß Sie die notwendigen Korrekturen vornehmen.«

Etwa acht Wochen später, im Januar 1972, benachrichtigte die Investmentbank Kuhn, Loews & Co. Sindona, Tisch sei bereit, das ganze im Besitz der Loews Corporation befindliche Aktienpaket der Franklin New York zu verkaufen oder Teile davon. Es hieß, die Absicht zu verkaufen gehe auf Tischs Befürchtung zurück, daß der Vorstand der Federal Reserve Bank Loews wegen seines 21,6-Prozent-Anteils an Franklin zu einer Bank-Holding erklären wolle. Eine solche Erklärung würde umgekehrt Loews zwingen, sich von vielen Beteiligungen an Nicht-Banken zu trennen – was Loews um jeden Preis vermeiden wolle.

Am 17. Februar wartete »The Wall Street Journal« mit einer Schlagzeile auf, die Sindona als »Italiens Howard Hughes« apostrophierte und berichtete, Michele Sindona, einer der reichsten und angesehensten Finanziers Italiens, sei auf dem Sprung, seine amerikanischen Investitionen drastisch zu erhöhen. Das ganze Frühjahr über hielten die Spekulationen an. »Italiens erfolgreichster und gefürchtetster Finanzier«, schrieb »Business Week« Ende April, »hat sich offensichtlich entschlossen, die USA zu seinem nächsten Aufmarschgebiet zu machen.« Einen Monat später, am Nachmittag des 23. Mai, gab Sindona ein Essen für Bankiers und Investment-Manager im Recess Club in der Broad Street. Es sprach sich daraufhin herum – obwohl Sindona keine Details bekanntgegeben hatte –, daß ein Außenseiter in die New Yorker Bankkreise eindringen wolle, und zwar mit einem bis dahin unerhörten Einsatz.

Sindonas Erwerb der Beteiligung der Loews Corporation an Franklin New York wurde am 12. Juli vollzogen. Der Kauf zum Preis von 40 Millionen Dollar wurde im Namen der Fasco International Holding, S.A., in Luxemburg getätigt, einer Untergliederung seiner Fasco A.G. in Liechtenstein.

Zu diesem Zeitpunkt verfügte die Franklin National Bank über Aktiva von 3,4 Milliarden Dollar. Damit stand sie an zwanzigster Stelle unter den Banken in Amerika. Sindona war sich der beträchtlichen Kreditverluste der Bank bewußt. Es war ihm auch bekannt, daß das vom Maklerbüro M. A. Schapiro herausgegebene Blatt »The Bank Stock Quarterly« kürzlich berichtet hatte, Franklin habe den schlechtesten Abschluß unter den über hundert Banken gemacht, die das Blatt beobachtete. Doch anhand der Bilanzen der Bank, des Testats des Wirtschaftsprüfers und des Berichts des »Comptroller of the Currency«* kam er zur Überzeugung, die Franklin sei im Grunde gesund und ihre Reserven reichten zur Deckung weiterer möglicher Verluste bei zweifelhaften Krediten aus. Es war seine Absicht, aus der Franklin National eine große internationale Bank zu machen.

Im August wurden Sindona und Carlo Bordoni in den Board** der Franklin New York Corporation gewählt. Botschafter David Kennedy, Sindonas langjähriger Freund und Partner, akzeptierte die Mitgliedschaft im Vorstand der Muttergesellschaft: Fasco International Holding.

Zu diesem Zeitpunkt war der Generaldirektor des Credito Italiano der vierzigjährige Lucio Rondelli. »Er war ein Mann«, sagte Sindona grinsend, »der in Bankkreisen mehr bekannt war, weil er so dreinschaute wie der Chefportier im Grandhotel als wegen seiner beruflichen Fähigkeiten.« Unmittelbar nach Sindonas Berufung in den Board von Franklin New York gab Rondelli die Gewährung neuer Kreditlinien bekannt, die von seiner Bank der Franklin eingeräumt worden waren.

Mittlerweile sagte André Meyer in New York zu allen, die es hören wollten, daß das Auftauchen Sindonas ein gefährliches und böses Omen sei. »Solange Sindona bei Franklin ist«, verkündete

---

* Beauftragter der Bankenaufsichtsbehörde
** Der »board of directors« einer AG besteht in den USA sowohl aus den Exekutivorganen des Unternehmens, den »chief executive officers«, als auch aus kontrollierenden Organen, die dem Aufsichtsrat in anderen Ländern entsprechen.

er bei einer von Mary Lasker veranstalteten Gesellschaft, »wird die Bank keinen meiner Kunden bekommen. Ich werde den Firmen, mit denen ich in Geschäftsverbindungen stehe, raten, ebenso Distanz zu halten.«
Ende Oktober traf Arthur Roth Sindona im St. Regis, wo Michele und Rina ihr Lager aufgeschlagen hatten. (Kurz darauf mieteten sie eine Suite im Hotel Pierre, nachdem sie Löcher in den Bettlaken gefunden hatten.) Roth meinte, Sindona solle Gleason entlassen.
»Jedes Geschäft trägt den Stempel des Mannes, der es abschließt«, sagte er, »und Gleasons Stempel gefällt mir nicht.«
Nach der Unterredung machte sich Roth Notizen in seinem Tagebuch. »Sindona«, so schrieb er, »ist ein guter Bankmann, geradeheraus, scheint ehrenhaft, intelligent und weiß, was er will.«
Jahre später, im Gefängnis, nickte Sindona nachdenklich: »Es war ein Fehler, Gleason als Präsidenten zu behalten«, sagte er. »Er war ein guter Public-Relation Mann, aber sonst absolut unfähig. Roth hatte recht gehabt, doch ließ ich mir von anderen einreden: ›Lassen Sie Gleason nicht fallen. Er kennt einflußreiche Leute. Rockefeller zum Beispiel kennt ihn.‹ Ich entdeckte den Grund dafür. Er hatte Rockefeller 5000 Dollar für seine Wahlkampagne gespendet. Und als Rockefeller auf eigenen Wunsch mich aufsuchte – nicht der Rockefeller der Politik, sondern David, der Finanzier von der Chase Manhattan, sagte er, ›Ach, Mr. Sindona, es ist mir ein Vergnügen, Sie zu sehen, bla, bla, bla usw. Denken Sie daran, dieser Gleason steht unter unserem Schutz. Er ist ein guter Mann.‹ Es war zum Lachen. Die Franklin gab jedem Geld, der es wollte. Brauchen Sie Geld? Gehen Sie doch zu Franklin. Bei Franklin schiebt man Gelder unter dem Tisch hin und her.« Er winkte ab. »Es war einfach lächerlich.«
Anfang 1973 stellte Sindona Peter Shaddick von der Bank of Montreal als Chef der Abteilung für das internationale Geschäft der Franklin ein. Dann wandte er sich anderen Dingen zu. Über Fasco International kaufte er Aktien der Talcott National Corporation, eines Konglomerats von Inkasso- und Finanzierungsgesellschaften, auf das auch Loews Corporation ein Auge geworfen hatte.

Während Talcotts Vorstandsvorsitzender, Herbert Silverman, noch die Ankündigung vorbereitete, seine Firma werde auf Laurence Tischs Angebot eingehen, wurde bekannt, daß Sindona schon in aller Stille fast die Hälfte der ausgegebenen Stammaktien Talcotts aufgekauft hatte. Und Ende März wurde bekanntgegeben, daß Fasco, nicht Loews, Talcott übernehme. Es war Sindonas Idee, Talcott mit Franklin zu einer neuen, schlagkräftigeren Organisation zu fusionieren. Aber die Regierung schob diesem Plan einen Riegel vor.

Die Schatten der Mafia in Form von Gerüchten holten jetzt Sindona ein. In einem Artikel von »Fortune« über ihn in der August-Ausgabe 1973 nannte Dan Cordtz die Gerüchte »pure Erfindung« und schrieb, »niemals hat irgendwer einen Beweis erbracht, der solches Geschwätz stützen würde«. Cordtz fuhr dann fort: »Amerikanische Beamte, die regelmäßige Kontakte mit der italienischen Polizei hatten, betonten, es gebe absolut keinen Verdacht in bezug auf Sindona.« Doch die Schatten wurden drohender.

1973 war das Jahr, in dem Moneyrex mehr Umsatz machte – die Summe überschritt 40 Milliarden Dollar – als die größte Bank der Welt. Und als sich das Jahr seinem Ende näherte, wandte sich das Interesse Sindonas eben dieser größten Bank der Welt zu.

Die Bank of America war von Amodeo Giannini, einem Italiener, der nach San Francisco eingewandert war, gegründet worden. Auf einen Wink des Chefs des italienischen Tochterinstituts der Bank of America, Banca d'America e d'Italia, schlug Sindona Gianninis Tochter Claire vor, die Bank of America sollte ihren italienischen Zweig intensivieren. Dies solle in Form eines Erwerbs von zehn, vielleicht fünfzehn Prozent des Aktienkapitals der Bank durch Michele Sindona erfolgen. Die Tochter des Gründers antwortete auf die Annäherung mit freundlicher Zustimmung, und Sindona unterbreitete der Leitung der Bank mit ihrem Chef Tom Clausen einen formellen Plan. Während Sindonas Verhandlungen mit Clausen Fortschritte machten, wandte sich Kennedy inoffiziell an die Federal Reserve Bank und sprach zugunsten Sindonas. Er berichtete Sindona, niemand in Washington hätte etwas gegen seine Pläne mit der Bank of America einzuwenden, falls er nur gleich-

zeitig seine Anteile an Franklin verkaufte. Sindona lächelte. Doch das neue Jahr kam, Schnee fiel in New York, Schnee fiel in Mailand – es sollte nicht sein.
Im Mai 1972 wurde der »International Monetary Market«, die erste Börse für den Handel mit Finanzierungsinstrumenten als Abteilung der Chicagoer Handelsbörse eröffnet. Die ersten Geschäfte, die zustande kamen, bezogen sich auf Devisenterminkontakte; und die wehten wie ein Windstoß durch die Welt der Finanz.
Dieser Windstoß war zum Teil für den Umsatz von mehr als 40 Milliarden Dollar verantwortlich, den Moneyrex im Jahr darauf machte. Er war auch zum Teil verantwortlich für den Sturz des Michele Sindona.
Carlo Bordoni, inzwischen »amministratore delegato« von Sindonas Banca Unione, hatte sein Wort gehalten. Seit seiner Zusammenarbeit mit Sindona hatte er nicht mehr gespielt. Doch Ende 1972 begann seine linke Hand wieder zu zucken.
In diesem Winter suchte Bordoni Sindona in New York auf und teilte ihm mit, er sei im Begriff, in interessante Beziehungen zur National Westminster Bank of London einzutreten und führe gerade Devisengeschäfte zugunsten dieser Bank durch. Sindona gratulierte Bordoni, im vollen Bewußtsein des Ansehens und der Macht von National Westminster. Aber er war auch nicht völlig überrascht, da Moneyrex zu diesem Zeitpunkt fast alle bedeutenden Banken der Welt – nahezu tausend – zu ihren Klienten zählte.
Bordoni informierte Sindona nicht über die Höhe der fraglichen Summe, sondern erklärte ihm nur, die Geschäfte basierten auf der Erwartung, daß der amerikanische Dollar mittelfristig aufgewertet würde. Zu Beginn des Jahres 1973 indessen geriet der Dollar in Schwierigkeiten und verlor an Wert. Sindona und Bordoni erhielten Telexe vom Direktor der National Westminster, Harold Hitchcock, des Inhalts, er müsse sie dringend in Mailand sprechen. Jetzt erst kam Sindona darauf, daß die Devisentransaktionen sich auf eine Summe von mehr als 4 Milliarden Dollar beliefen. Angesichts dieser Summe kam er zu dem Schluß, daß National Westminster bei all seiner Potenz hier unmöglich auf eigenes Risiko operieren könne.

»Es dürfte sich hier um ein vertretungsweises Geschäft handeln«, sagte er zu Bordoni, »um eine Transaktion, die wahrscheinlich im Interesse der Bank von England und fast mit Gewißheit in Abstimmung mit anderen Zentralbanken erfolgt.«

Laut Sindona behauptete Bordoni jedoch, dies sei nicht der Fall. Er erklärte, ein gewisser Herr Joslin, wahrscheinlich der Chef des Westminster-Börsenbüros in Frankfurt, habe ihn gebeten, das Geschäft nicht öffentlich durchzuführen. Und er setzte hinzu, Westminster habe ohne Registrierung der Verträge operiert.

»Aber sie können doch ein solches Spiel nicht mit derart hohen Beträgen spielen«, sagte Sindona ärgerlich.

Am nächsten Tag kam Hitchcock in Mailand mit seinem Londoner Devisenhändler an. Er drückte sein tiefes Bedauern aus und bat Sindona für die Verluste in Höhe von 800 Millionen Dollar, die sich für Westminster ergeben hätten, einzustehen. Sindona antwortete, er sehe keinen Grund, irgend etwas dieser Art zu tun. Hitchcock reiste nervös nach London zurück, dann kam er wieder nach Mailand.

»Wir übernehmen die Verantwortung für die Abwicklung dieses Geschäfts«, erklärte er Sindona. »Joslin wird weiterhin als unser Berater bei der Transaktion fungieren, obwohl wir ihn gefeuert haben.« Er bat Sindona, über die Angelegenheit Stillschweigen zu bewahren.

Das Ende vom Lied war, daß der Dollar in die Höhe schnellte und Westminster doch in der Lage war, die Transaktion ohne Verluste abzuschließen. Doch die Ereignisse hatten Bordonis Dämon aus dem Schlaf geweckt.

»Er war süchtig nach großen Zahlen«, sagte Sindona später. »Ich sah das deutlich. Doch gab es noch andere Dinge, die ich leider nicht sah.«

In den ersten Tagen der Westminster-Unternehmung erzählte Virginia Cornelio, eine zweiundvierzigjährige Frau, mit der Bordoni ein Verhältnis hatte, diesem, Sindona habe sie zu vergewaltigen versucht. Im September 1973 wurde Bordonis Ehe mit seiner Frau Eliana geschieden, und im Dezember heiratete er Virginia.

»Bordoni war zwar immer verrückt«, erinnerte sich Sindona,

»aber ein Dieb war er nicht. Virginia hat ihm völlig den Kopf verdreht. Sie setzte ihm Flausen ins Ohr, hetzte ihn durch ihre Fragen auf: ›Warum machst du Sindona durch deine Arbeit reich?‹ Dann die Beschuldigung, ich hätte versucht, sie zu vergewaltigen!« Sindona schnaufte verächtlich, dann lachte er. »Haben Sie diese Frau jemals gesehen? Sie war ein Schwein. Sie trat früher als Tänzerin im Astoria Club in Mailand auf. Das war eine ›balera‹, eine Tanzdiele, wo es üblich war, daß die Tänzerinnen mit ihren Herren zum angemessenen Preis ins Bett gingen.« Er lachte wieder. »Seine jungfräuliche Braut!«
Am 11. Januar, einige Wochen nach seiner Heirat mit Virginia, eröffnete Bordoni das geheime Konto Nr. 634.612 C. B. bei der Union de Banques Suisses in Chiasso. Am nächsten Tag wurden auf diesem Konto 820.000 Dollar von Amincor, einer Züricher Bank überwiesen, die oft Gelder Sindonas transferierte und deren Direktor Bordoni war. Sechs Tage später wurden weitere 1,15 Millionen Dollar von der Amincor-Bank auf Bordonis Nummernkonto in Chiasso überwiesen. Am Ende des Jahres waren mehr als 8,4 Millionen Dollar von Sindonas Holdings über Amincor, Finabank und andere Institute auf Bordonis Konto geflossen. Die Überweisungen stiegen während des ganzen Jahres 1974 noch an. Am 5. Juli dieses Jahres wurde ein zweites Konto – Nr. 636.503 – in Newport im Namen von Bordonis Frau Virginia eröffnet – ein Konto, auf das bald weitere Millionen fließen sollten.
Im November 1972 zog Franklin in neue Geschäftsräume an der Park Avenue um, und Sindona gab eine Vorlesung an der Harvard Business School. Andere Vorlesungen folgten im Februar an der Carnegie-Mellon University, im Juni an der Adelphi University und an der University of Chicago im Dezember. (In Chikago, wo er über »Kapitalismus heute« sprach, begegnete Sindona Milton Friedman. Bei einem Essen zu Ehren Sindonas diskutierten die beiden Männer einvernehmlich den Ernst der inflationären Situation.) Eine Vorlesung, die Sindona vor der Bankers Factor and Finance Division der Vereinigung der jüdischen Philanthropen und der jüdischen Vereinigung im Großraum New York am 13. De-

zember hielt, trug ihm die Feindschaft der Bankenkreise ein. Er sprach über die zunehmenden Gefahren der Verschuldung der Dritten Welt und sagte voraus, daß die Gläubigernationen ihre Kredite niemals zurückzahlen würden. Außerdem verurteilte er die Banken, daß sie nicht nach Methoden zur Unterstützung der Dritten Welt suchten und lieber bei der zerstörerischen Praxis der Wucherzinsen blieben, die nur zur weiteren Versklavung der Entwicklungsländer führen und die Kreditgeber an den Rand des Bankrotts treiben würde.

Obwohl sich Sindonas Voraussagen später als richtig herausstellten und staatliche Steuergelder die von ihm verurteilten Banken retten mußten, galt er damals, 1973 und 1974, als paranoider Schwarzmaler. Als er Walter Wriston, den Chairman der FNCB, mit dem Thema der riesigen, nicht zurückgezahlten Kredite dieser Bank konfrontierte, verteidigte sich Wriston, indem er Warren Nutters Bemerkung zitierte: »Ein gutes Urteil erwächst aus der Erfahrung und Erfahrung entsteht aus schlechtem Urteil.« Sindona lächelte, schüttelte den Kopf, schaute Wriston in die Augen und sprach Worte aus, die zweitausend Jahre älter waren: »Errare humanum est, perseverare diabolicum.« Doch während Sindona über die Fehler anderer predigte, schlitterte die Franklin National Bank ins Verderben.

Im Januar 1974 gab US-Botschafter John Volpe ein Essen für Sindona im Amerikanischen Club in Rom, anläßlich der Auszeichnung Sindonas zum »Mann des Jahres«. Nach New York zurückgekehrt, konferierte Sindona mit Norman Schreiber, dem neuen Vorstandsmitglied der Franklin. Schreiber setzte ihm auseinander, er wünsche freie Hand in jeder Abteilung der Bank und habe ein spezielles Programm, das alle Liquiditätsprobleme der Franklin beseitigen könne.

»Ich sagte Schreiber, ich sei nicht interessiert an den Details des Managements. Ich erklärte ihm, ich hätte andere Pflichten in Europa in bezug auf SGI, die wichtiger und gewinnbringender seien. Dann verließ ich Amerika für zwei Monate. Später äußerte ein Direktor von Walter Heller, wo Schreiber vor seinem Eintritt in die Franklin Vorstandsmitglied gewesen war, zu einem Freund: ›Wir sind Sindona dankbar, daß er uns von dem Mann mit den kräftigsten Ellbogen aller Zeiten befreit hat.‹ Aber erst damals war mir klar, was er meinte. Schreiber war darauf aus, jeden anderen Mitarbeiter bei Franklin auszubooten. Er wollte Harolds Gleason an die Wand drücken. Er wollte den Präsidenten Paul Luftig loswerden. Er wollte Peter Shaddick entlassen. Er wollte sich selbst zum Vorstandsvorsitzenden aufwerten. Er lief in New York herum und erzählte anderen Bankiers, Franklin sei in einem schrecklichen Zustand, und nur er könnte sie retten.

Im April befand nicht nur ich mich nicht in New York, sondern auch Gleason; Shaddick und Kennedy waren außer Landes. Schreiber hatte also freie Bahn. Statt aber die Geschäfte der Bank zu fördern, verwandte er all seine Zeit darauf, die Fehler und die schlechten Geschäfte der Bank in der Vergangenheit ausfindig zu machen, die er dann in Bankkreisen ausposaunte. Statt eines Bankiers hatten wir einen niemals ruhenden Polizisten eingestellt.

Während ich mich in London aufhielt, teilte er mir mit, bei Franklin seien beklagenswerte Dinge im Gange. Es stellte sich heraus, daß Schreiber mit Hilfe eines seiner persönlichen Juristen – mit dessen Rechnungen die Franklin belastet wurde – eine Überprüfung der internationalen Abteilung durchführe. Er behauptete, formelle Unregelmäßigkeiten in einem Geschäft entdeckt zu haben, das Shaddick mit der italienischen staatlichen Agentur Crediop abgewickelt hatte.

Unverzüglich eilte Shaddick nach New York zurück und hatte eine heftige Auseinandersetzung mit Schreiber, der ständig damit drohte, ihn ins Gefängnis zu bringen. Shaddick hatte einen Nervenzusammenbruch und war lange Zeit arbeitsunfähig. Während seiner Abwesenheit realisierten Angestellte der Franklin, im Bewußtsein, daß Schreiber keinen wirklichen Überblick über die Devisengeschäfte der Bank hatte, Devisengeschäfte, ohne sie buchhalterisch zu erfassen. Das führte zu den größten Verlusten der Franklin.

In Italien erhielt ich einen Anruf von Harold Gleason, der mich bat, nach New York zu kommen. Er teilte mir mit, es habe im Bereich der Festverzinslichen Verluste in Höhe von 6 Millionen Dollar gegeben. Nach meiner Ankunft fragte ich Schreiber und Luftig, zu deren Pflichten die Beaufsichtigung dieser Abteilung gehörte, warum sie derartig krumme Operationen erlaubt hätten. Beide behaupteten, keine Kenntnis von den Transaktionen gehabt zu haben. Ich erklärte ihnen, daß sie, selbst wenn das wahr wäre, voll verantwortlich seien.«

Während sich Sindona auf einer Konferenz mit Harold Gleason, Norman Schreiber und dem Anwalt Randolph Guthrie ein Bild der Situation zu machen versuchte, stürzte Peter Shaddick, noch nicht ganz genesen nach seiner langen Krankheit, ins Zimmer und rief in heller Aufregung, er habe in den Listen der Händler im World-Trade-Center-Büro der Franklin Devisenkontrakte entdeckt, von denen weder er noch die Buchhaltung etwas gewußt hätten. »Er sagte, es handle sich um drei oder vier Kontrakte, was zusammen einen Verlust von etwa 4 Millionen Dollar ausmache. Wir forderten ihn auf, zurückzugehen und weiterzusuchen. Wenige Stunden später teilte er uns mit, es gebe noch viel mehr unprotokollierte Kontrakte, doch könne er nicht alle ganz richtig einschätzen.«

Zu diesem Zeitpunkt lief ein Gutachten über die Franklin ein, das bei der Wirtschaftsberaterfirma Lesta Research in Auftrag gegeben worden war. Mit Datum vom 1. Mai hieß es darin, »daß wir Ihnen zur Kenntnis bringen müssen, daß die Bank in unmittelbarer Gefahr steht, insolvent zu werden«. Im Hinblick auf die Devisenoperationen der Franklin stand in dem Bericht: »Wir empfehlen dringend, diese Aktivitäten sofort einzustellen.« Es gab weitere Hinweise: »Es ist nicht klar, ob der Vorstand vollständig und laufend über die finanziellen Schwierigkeiten der Bank informiert worden ist. Wir schlagen vor, daß der Vorstand unverzüglich voll informiert und weiter in täglichen Abständen informiert wird, bis die Situation bereinigt ist.«

Am 8. Mai – Sindonas vierundfünfzigstem Geburtstag – nahm die Franklin National Bank einen 110-Millionen-Dollar-Kredit bei der Diskont-Abteilung der Federal Reserve Bank in New York auf, dem letzten Rettungsanker. Der Vorstand der Federal Reserve, der im vorhergehenden Monat den Diskontsatz auf bisher nie

dagewesene acht Prozent erhöht hatte, war sich bewußt, daß die Weltwirtschaft krank war. Vor einigen Monaten war der Vorstand Zeuge der ersten Milliardenpleite einer amerikanischen Bank geworden, als sich nämlich die U.S. National Bank of San Diego insolvent erklären mußte und mit der Crocker National Bank fusionierte. Der Vorstand sah noch größere Gefahren im Verzug. Wie der »Annual Report 1974–1975« der Bank for International Settlements später schrieb, näherte sich die Welt dem Abgrund der »tiefsten und umfassendsten Rezession« seit dem Zweiten Weltkrieg.
Das waren für Sindona keine Zitronen- und Weizentage! Von jetzt an belagerte die Franklin National jeden Tag den Schalter der Diskontabteilung der Federal Reserve und nahm mehr und mehr Kredite auf, während der Diskontsatz der Federal Reserve schließlich auf über dreizehn Prozent hinaufschnellte und die Abhebungen bei Franklin die Form eines Runs annahmen.
Carlo Bordoni wurde aus Mailand nach New York geholt. Am 10. Mai kam er an und konferierte am nächsten Morgen mit Shaddick und anderen Mitarbeitern der Devisenabteilung. Um zehn Uhr nachts berichtete Bordoni, er habe etwa vierzig nicht protokollierte Kontrakte ausfindig machen können, was nicht deklarierten Verlusten von 30 Millionen Dollar entsprach.
Am selben Freitag abend rief James E. Smith von der Bankenaufsichtsbehörde an und sagte, er wünsche Bordonis Anwesenheit bei Franklin nicht und werde seinen eigenen Mann kommen lassen, um die Dinge in Ordnung zu bringen.
»Das war«, so erzählte Sindona, »die von der First National City Bank lang erwartete Chance, sich an ihrem früheren Mitarbeiter Bordoni und mir zu rächen. Es lief auf eine Reihe ganz plumper Vergeltungsakte hinaus. Das New Yorker Establishment war, vielleicht unter der Führung Walter Wristons und André Meyers persönlich, entschlossen, Franklin zu eliminieren und mich mit Franklin. Da spielte es keine Rolle, daß FNCB selbst bald auf der Liste der Problembanken bei der Bankenaufsichtsbehörde stand.«
Am Samstag und am Sonntag, den 12. und 13. Mai, begab sich Sin-

dona mit Carlo Bordoni, Harold Gleason und Randolph Guthrie zu einer Konferenz mit Vertretern der Federal Reserve, der Bankaufsichtsbehörde und der Security and Exchange Commission bei der Federal Reserve Bank in New York. Es ging um die Entscheidung, ob die Franklin am nächsten Montag ihren Geschäftsbetrieb weiterführen sollte. Später bemerkte das »Fortune«-Magazin, »der einzige in dieser Gruppe, der beanspruchen konnte, sich in den Problemen bei Franklin einigermaßen auszukennen, war Gleason«.

Man kam zu dem Ergebnis, wie es auch Sindonas Wunsch entsprach, daß die Bank geöffnet bleiben sollte. In einem Anruf aus Washington forderte Controller Smith Sindona auf, über Fasco eine Kapitalaufstockung von 50 Millionen Dollar zu garantieren. Sindona war einverstanden. Daraufhin teilte ihm Smith mit, er wünsche, daß er einen Treuhänder ernenne, der sein Stimmrecht in bezug auf seine Franklinanteile ausübe.

»Ich drückte mein Befremden über die erkennbare Absicht aus, daß man mich gerade in dem Moment zur Seite schieben wollte, als ich ein riesiges finanzielles Opfer zu bringen im Begriff war. Smith rechtfertigte sich, indem er sagte, er habe wirklich nichts gegen mich, aber Gerüchte aus Europa ließen solche Maßnahmen im Interesse der Franklin ratsam erscheinen. Es war mir klar, daß Schreiber die Quelle dieser Gerüchte war, und ich war nicht überrascht, als Smith Schreiber als Treuhänder für meine Anteile vorschlug. Ich antwortete Smith, auf ein solches Ansinnen könne ich nicht eingehen. Daraufhin machte Smith den Vorschlag, Harold Gleason solle zurücktreten und als Mitglied und Vorsitzender des Vorstands von Schreiber abgelöst werden. Auch darauf wollten wir uns nicht einlassen. Schließlich kamen wir überein, daß David Kennedy treuhänderisch mein Stimmrecht für den Zeitraum eines Jahres ausüben sollte und daß er nach seiner Rückkunft aus dem Fernen Osten, wo er sich zur Zeit aufhielt, mit Smith eine Regelung über einen geeigneten Nachfolger für Gleason erzielen sollte.«

Sonntag nacht wurde eine Pressemitteilung ausgearbeitet. Da sie beruhigend wirken sollte, hieß es darin, die Franklin habe eine vielversprechende Zukunft, und »das Federal Reserve System sei bereit, der Bank die erforderlichen Kredite einzuräumen«. Nachdem die Mitteilung von Gleason unterzeichnet worden war, hatte einer der Vizepräsidenten der Bank, Erich Heinemann, ein früherer Mitarbeiter des Wirtschaftsredakteurs der »New York Times« (in der er im Juli 1972 über die Übernahme der Franklin geschrieben hatte), nichts Eiligeres zu tun, als die Mitteilung beim »Wall Street Journal« als unrichtig und irreführend zu dementieren.

Am Montag wurden Heinemann und Präsident Paul Luftig, der ihn eingestellt hatte, vom Vorstand der Franklin entlassen. Peter Shaddick trat zurück.

Am nächsten Tag brachten alle italienischen Zeitungen alarmierende Berichte über Devisenverluste der Franklin National Bank. Unmittelbar darauf fielen die Kurse der SGI-Aktien, und es kam zu einem massiven Abzug von Einlagen aus Sindonas Banca Privata und Banca Unione. Ende des Monats sah sich Sindona gezwungen, die Banca d'Italia zu informieren, daß seine italienischen Banken auf eine Liquiditätskrise zusteuerten.

Am 5. Juni gab Comptroller James Smith die Erklärung ab, die Abflüsse der Franklin hätten sich endgültig stabilisiert und die Bank bleibe solvent. In Wahrheit aber wurden Einlagen weiterhin überstürzt abgezogen.

Nach der Rückkehr David Kennedys nach Amerika entschieden er und Smith, daß Joseph Barr, der frühere Vorsitzende der FDIC*, Vorsitzender und Mitglied des Vorstands der Franklin werden sollte. Zu dem Zeitpunkt, als Barr seine neue Aufgabe übernahm, am 20. Juni, hatte Franklin Kredite in Höhe von mehr als 1,2 Milliarden Dollar bei der Federal Reserve aufnehmen müssen.

Am 2. Juli schrieb Comptroller Smith, vom Vorsitzenden Arthur Burns der Federal Reserve dazu aufgefordert, an den Vorsitzenden Frank Wille von der FDIC und bat diese Behörde, sich nach

---

* Federal Deposit Insurance Corporation, Bundesversicherungsanstalt für den Schutz von Bankeinlagen

möglichen Käufern für Franklin umzusehen. In den folgenden Monaten arbeitete die FDIC eng mit Franklin zusammen, während Joseph Barr versuchte, diese Behörde und einige prominente Kongreßmitglieder in Washington von dem Plan zu überzeugen, die Franklin wieder als unabhängige und lebensfähige Bank auf Long Island zu etablieren, wo sie gegründet worden war.

Mittlerweile wurden auch in Europa in steigendem Maße Depositen von Banca Privata, Banca Unione und auch von der Finabank abgezogen, da die Furcht wuchs – eine Self-fulfilling Prophecy –, daß Sindonas drohende Insolvenz bei Franklin in einer plötzlichen Welle über den Atlantik schwappen würde. Im Juli wandte sich Sindona an den Banco di Roma, um einen Kredit von 100 Millionen Dollar aufzunehmen, gedeckt durch 100 Millionen Dollar in Aktien der SGI und einundfünfzig Prozent der Banca Unione, die jetzt über das gesamte Kapital der Banca Privata und die Majorität sowohl an der Finabank als auch an der Banca di Messina verfügte. Zu diesem Zeitpunkt wurde Sindonas Plan zur Fusion der Banca Privata Finanziaria mit der Banca Unione, die er im vergangenen Jahr vorgeschlagen hatte, von der Banca d'Italia genehmigt, und am 5. August, drei Tage vor dem Rücktritt des Quäkers Nixon, erblickte die Banca Privata Italiana unter der Schutzherrschaft des Banco di Roma das Licht der Welt.

»Es handelte sich«, so erinnerte sich Sindona, »um eine der größten Privatbanken Italiens. Doch wie ich bald bemerkte, war es ein totgeborenes Kind.«

Es gab noch anderes, was in diesen heißen Sommertagen Sindonas Aufmerksamkeit entging. Die SEC hatte unter den Devisentransaktionen im Wert von Milliarden von Dollars, die von der Franklin gebucht wurden, Beweise für einige Devisengeschäfte zwischen dieser Bank und Amincor in der Schweiz entdeckt, die offensichtlich auf betrügerischen Verträgen mit erfundenen Wechselkursen beruhten und der Franklin zusätzlich zu ihren armseligen Gewinnen ein Plus verschaffen sollten. Am 10. Juli wurde Carlo Bordoni während Sindonas Abwesenheit in Italien von der SEC streng verhört. Um viertel vor neun an diesem Abend telefonierte er mit Peter Shaddick und nahm das Gespräch auf Band auf.

»Ich will ganz offen mit Ihnen reden«, sagte Bordoni. »Heute war ich bei der SEC und wurde fünf volle Stunden lang ausgequetscht, und zu meiner Überraschung sagte man mir, Sie hätten bezeugt, daß ich, soweit es Beträge und Kurse betraf –«
»Ich kann Sie nicht verstehen, Carlo.«
»Ich sagte, man habe mir mitgeteilt, daß Sie bezeugt hätten, Transaktionen, die über die Amincor-Bank in Zürich gelaufen sind, seien von mir selbst vorgenommen worden, soweit es die Höhe der Beträge und Kurse betraf. Verstehen Sie?«
»Wieso denn, Sie haben doch die Kurse niemals festgelegt.«
»Natürlich, ich habe nichts dergleichen getan. So sagte ich ihnen, daß eine Mitwirkung meinerseits an diesen Transaktionen aus zwei einfachen Gründen gar nicht möglich war: ›Erstens habe ich, wie Sie sehr gut wissen, als Franklin-Direktor dafür keine Kompetenzen, und zweitens, das wissen Sie ebensogut, bin ich am 18. September 1972 als Vizepräsident und geschäftsführender Direktor der Amincor-Bank zurückgetreten.‹«
»Das stimmt. Hören Sie, wo sind Sie gerade?«
»Ich rufe von außerhalb meiner Wohnung an.«
»Haben Sie dort eine Nummer?«
»Wie bitte?«
»Geben Sie mir eine Nummer, unter der ich Sie zurückrufen kann.«
»Hören Sie, können Sie mir nicht sagen, was passiert ist? Ich war wirklich total überrascht.«
»Nicht auf dieser Leitung, Carlo.«
»Nicht auf dieser Leitung! Ja warum denn nicht? Was stimmt denn nicht? Ich rufe Sie von außerhalb an, weil ich gerade nicht im Hotel bin.«
»Ja schon, es handelt sich aber um dieses ...«
»Wie bitte?«
»Es handelt sich um dieses ...«
»Welches dieses?«
»Meines.«
»Ja, aber das macht doch nichts. Sagen Sie doch einfach, was wirklich passiert ist, ich meine nur, das ist alles. Ich meine nur, ich

war wirklich schockiert, als ich all das hörte, verstehen Sie das?«
»Nein. Ich hatte ein Gespräch mit Michele, ach, ich weiß nicht genau, ich glaube, ein paar Monate ist es her. Wir redeten über die Amincor-Geschäfte, und Michele sagte, sie seien auf Ihre Anregung hin zustande gekommen, da Sie doch ein Berater der Amincor seien –«
»Ich bin niemals ein Berater von Amincor gewesen. Wenn Michele Ihnen erzählt hat, daß ich diese Operationen angeregt habe, weil ich ein Berater Amincors war, so war das falsch, völlig unrichtig. Verstehen Sie, was ich meine?«
»Also Sie und ich, wir sollten doch ernsthaft miteinander reden.«
»Aber nein, es geht hier nicht darum, ernsthaft zu reden. Was ich sagen will, ist doch nur, man hat mir erzählt, daß Sie ganz klar und deutlich bezeugt haben, ich hätte die Höhen der Summen, die Kurse und alles andere zwischen der Franklin National Bank und der Amincor-Bank festgelegt.«
»Also, Sie hatten mit den Kursen überhaupt nichts zu tun.«
»Ich hatte mit überhaupt nichts zu tun, weil ich gar nicht die Position dafür hatte. Das ist es, was mich so überrascht hat, daß ich mich gar nicht beruhigen kann.«
»Wie liefen die Geschäfte mit Amincor denn ab?«
»Aber ich weiß es doch nicht, mein Lieber. Schauen Sie doch her, also, wenn Sie dabei gewesen wären, hätten Sie bemerkt, daß die praktisch überprüft haben, ob Ihre Erklärung mit dem übereinstimmt, was ich gesagt habe.«
»Ich spreche nicht gerne auf dieser Leitung, Carlo. Wo kann ich Sie erreichen?«
»Gut, ich rufe Sie von woanders aus an, weil ich gerade in diesem Moment nicht –«
»Aber ich möchte eben nicht über dieses Telefon sprechen.«
»Sie möchten nicht über dieses Telefon sprechen?«
»Ja, richtig.«
»Gut, warten Sie eine Minute. Ich will versuchen, hier die Telefonnummer herauszubekommen.« Schweigen. »Hallo, rufen Sie unter Nummer 212-986-2434 an.«

»... 2434 – in fünf Minuten.«
Minuten vergingen.
»Gut, Peter.«
»Hören Sie mir jetzt zu, nur eine Minute. Als das ganze zuerst anfing, ging ich sofort zu Michele und sagte: ›Sehen Sie, man stellt mir eine Menge Fragen über die Amincor-Geschäfte letzten September und die 2 Millionen, die die Bank einnahm, und wie zum Teufel soll ich ihnen das erklären?‹ Und er sagte: ›Also, sehen Sie, Carlo hat bereits bezeugt‹, und ich weiß nicht, wem gegenüber Sie es bezeugt haben, doch ich saß da in seiner Suite im St. Regis – er sagte, ›Carlo ist ein Berater‹ – ach ja. Maureen war auch dort –, ›Carlo ist ein Berater der Amincor. Sie möchten in den Vereinigten Staaten Geschäfte machen, sie möchten Verbindungen zu einer großen internationalen Bank aufnehmen, in der Hoffnung, eine Kreditzusage zu bekommen, und da zahlen sie eben diese 2 Millionen als eine Art von Provision oder sonst etwas‹, und ich sagte, ›Na gut, das werde ich sagen‹. Es ist unmöglich, daß ich sage, die Verträge sind getürkt. Wir stecken beide tief drin.«
Am gleichen Julitag wurden 150.000 Dollar von Bordonis Nummernkonto bei der Union de Banque Suisse in Chiasso auf das Konto Nr. 41626288 bei der Bankers Trust Company in 605 Third Avenue, New York City, überwiesen. Acht Tage später wurden weitere 500.000 Dollar überwiesen. 2 Millionen Dollar wiederum am 24. Juli. In den folgenden Monaten wurden zusätzliche 12.243.822,57 Dollar in Schecks, ausgestellt auf das Nummernkonto von Virginia Bordoni, nach New York geschickt. Der Empfänger dieser Millionen war der Stadtrat Anthony G. Di Falco in Manhattan, den Sindona Bordoni als potentiellen Kunden vor einiger Zeit vorgestellt hatte, als Gefälligkeit gegenüber dem Vater des jungen Anwalts, seinem Freund Richter Sam Di Falco.
Ende August waren mehr als 12 Millionen Dollar auf Virginias Konto Nr. 636.503 in Newport, bei der Union de Banques Suisses in Chiasso eingezahlt worden – und der ganze Betrag war in einer Serie von neunzehn Schecks an den Stadtrat Di Falco gelangt.
Sindona befand sich derweil in Italien und versuchte, noch mehr

Geld vom Banco di Roma aufzutreiben. Der Präsident der Banca d'Italia, Guido Carli, war einverstanden, zu seinen Gunsten zu intervenieren – jedenfalls sagte er das.

Während der ersten Septemberwoche wurde Sindona aufgefordert, zum Banco di Roma zu kommen. Man sagte ihm dort, man würde ihm weitere Beträge garantieren, doch nur unter der Bedingung, daß das Management seiner italienischen Banken auf den Banco di Roma übertragen werden würde, zusammen mit einer Sicherheit von einer weiteren Anzahl SGI-Aktien im Werte von 120 Millionen. Sindona trat daraufhin in Verhandlungen zum Verkauf von SGI und der gerade erst gegründeten Banca Privata ein. Der Banco di Roma erhielt Präsident Carlos vorläufige Genehmigung, die Banca Privata zu kaufen, und stimmte zu, mit Sindona zusammenzuarbeiten, um den besten Käufer für die SGI zu finden.

Am 10. September bot der Banco di Roma Sindona 45 Milliarden Lire für die gesamten Aktien seiner Banca Privata Italiana. Er entgegnete, da der Gesamtwert der Bank vor ihrem Zusammenbruch an der Börse mit etwa 200 Milliarden Lire notiert worden sei, erscheine ihm ein Preis von 100 Milliarden für seinen 51-Prozent-Anteil als mehr als gerechtfertigt.

Bei Sonnenuntergang wurde die Konferenz auf den nächsten Morgen vertagt. Als es soweit war, sagte man Sindona, die Verhandlungen müßten abgebrochen werden. Zum ersten Mal in seiner Geschichte hatte der staatliche Multi IRI massiv in die Angelegenheiten des ehrwürdigen, vierundneunzig Jahre alten Banco di Roma eingegriffen.

»Dieser 11. September 1974«, sagte Sindona nachdenklich, »war der Tag, an dem ich erkannte, daß das Ende nahe war. Von Enrico Cuccia kam das Verdikt, ausgesprochen durch den Präsidenten des IRI: ›Die Banken Sindonas müssen vom Erdboden vertilgt werden!‹«

In Rom wurde erklärt, die drei IRI-Banken – Banca Commerciale Italiana, Credito Italiano und Banco di Roma – würden gemeinsam die Banca Privata übernehmen. Das Management des Banco di Roma protestierte und drohte zurückzutreten, beugte sich aber

schließlich dem Plan von Präsident Carlo: 40 Prozent der Banca Privata sollten vom Banco di Roma, 20 Prozent vom Credito Italiano, 20 Prozent von der Banca Commerciale Italiana und 20 Prozent vom IMI übernommen werden. Niemand sprach von irgendeinem Ausgleich für Sindona.
Gleichzeitig bereitete die Banca d'Italia Klagen gegen Sindona vor und belastete ihn mit Fehlern, die während einer Prüfung der Bücher seiner Banken ans Licht gekommen seien.
»Die Unregelmäßigkeiten, die sie gefunden zu haben behaupten«, sagte Sindona, »waren in fast jeder Kreditbank Italiens üblich. Sie standen im Zusammenhang mit einem System doppelter Buchführung, auf das man gewöhnlich mit dem Ausdruck: ›angelegt mit Wissen der Banca d'Italia‹ anspielte. Ebenso behaupteten sie, sie hätten gefälschte Bilanzen der Banca Unione aus den Jahren 1970 und 1971 entdeckt. Aber jedermann bei der Banca Unione wußte, daß ich niemals selbst die Bilanzen der Bank aufstellte und daß ich niemals selbst mit den Büchern umging. Tatsächlich betrat ich die Bank in den genannten Jahren nur, um einigen Aufsichtsratssitzungen beizuwohnen. Dann kamen sie mit ein paar Bankbüchern, mit deren Hilfe Auszahlungen auf imaginäre Namen erfolgt waren. Offensichtlich hatte Ugo De Luca, der Direktor der Bank, die Unterschriften geleistet. Jedenfalls sagten das die Prüfer der Banca d'Italia zuerst. Damals forderten sie mich und andere auf, De Luca anzuschwärzen. Dann forderten sie De Luca und andere auf, mich anzuschwärzen.
Die Banca d'Italia, die ein Banken-System kontrollierte, das bis über die Ohren in schwarzen Geldern steckte, tat schockiert über eine mögliche Manipulation der Bilanzen, die sich völlig im Rahmen des Üblichen hielt.«
Im nächsten Schritt zog sich Credito Italiano unter Lucio Rondelli vom Konsortium der Banca Privata zurück und versah so die Banca d'Italia mit der Rechtfertigung, die Banca Privata in eine beschleunigte Liquidation zu zwingen. Dieses Vorgehen wurde in der dritten Septemberwoche von Schatzminister Colombo gebilligt. »Es besteht wenig Zweifel«, so schrieb »Business Week« über diese Liquidation, »daß dies das Ende Sindonas im italienischen

Bankwesen und sehr wahrscheinlich im Bankwesen der ganzen Welt bedeutet.«

»Cuccia, Colombo und all die anderen hatten gesiegt«, sagte Sindona. »Der Wert meiner Anteile und Kredite, ebenso meine Reputation, waren auf Null gesunken. Es war nichts anderes als vom Staat sanktionierte Plünderung. Überdies wurde auch der Banco di Roma, der ein echtes Interesse an der Entwicklung der Banca Privata hatte, genauso wie andere geschädigt. Aber es gibt ein altes italienisches Sprichwort: ›Muoiano gli amici, purché insieme muoiano anche i nemici‹ – ›Sollen doch die Freunde sterben, wenn nur die Feinde mit ihnen draufgehen!‹«

Und in diesem stürmischen September erhielt Sindona einen Anruf aus New York. Es war Carlo Bordonis Anwalt, der jüngst wiedergewählte Stadtrat Di Falco. Er teilte Sindona mit, Bordoni habe sich mit unbekanntem Ziel aus dem Staub gemacht, und er wolle seine Beziehungen zu jedermann einschließlich Sindona abbrechen.

Sindona flog nach New York. Am 3. Oktober lehnte der Vorstand der Federal Reserve formell Joseph Barrs Plan zur Rettung der Franklin National Bank ab. Am folgenden Tag, einem Freitag, erließ das italienische Justizministerium in Rom zwei Befehle zur Verhaftung Sindonas. Am nächsten Montag, dem 8. Oktober, erklärte der Comptroller James E. Smith die Franklin National Bank für insolvent und ernannte den FDIC zum Konkursverwalter. Es handelte sich, wie die Schlagzeilen am Tag darauf verkündeten, um die größte Bankpleite der amerikanischen Geschichte. Scharen von Buchprüfern unter dem Kommando des FDIC-Vorsitzenden Frank Wille schwärmten über die Bank und ihre Filialen aus. Am Spätnachmittag hatte die FDIC die Bank an die europäisch-amerikanische Bank and Trust Company versteigert, die das Gebot von Manufacturers Hanover um 2 Millionen Dollar überboten und mit 125 Millionen Dollar den Zuschlag bekommen hatte. Über Nacht hatte sich der Wind gedreht, und die Franklin National Bank war nur noch ein böser Traum, an den man sich ungern erinnerte.

Einige Tage später wurde im Justizpalast in Mailand amtlich erklärt, Sindona müsse, ob er wolle oder nicht, seinen Bankrott erklären, und es wurde die Verfügung getroffen, seine Gesellschaften zu kassieren und zu liquidieren. Am Ende des Monats wurde die Majorität an der SGI durch den Banco di Roma an ein Kartell römischer Baufirmen verkauft. Am 7. November teilte Schatzminister Emilio Colombo einem parlamentarischen Ausschuß in Rom mit, Banca Privata und Banca Unione seien seit 1970 in betrügerische Machenschaften verwickelt gewesen.

Ebenfalls in diesem November stellte Stadtrat Di Falco den verschwundenen Carlo Bordoni dem Anwalt Carlos Martinez aus Venezuela vor, der Bordoni in einem Antrag auf Staatsbürgerschaft für dieses südamerikanische Land vertrat. Im Lauf der Zeit nahm Bordoni zahlreiche Anwälte in Venezuela in Anspruch: Sosa und Castillo, Arias und Gonzalez, Montero und andere mehr. Und es entstand eine Gesellschaft in Caracas, Inversiones Marfal, deren Name sich aus ihren Gesellschafternamen zusammensetzte: Martinez und Di Falco.

Die venezolanischen Anwälte wurden von Marfal bezahlt; und Carlo Bordoni wurde von Marfal bezahlt; und Marfal besaß das Grundstück in Caracas, wo Bordoni wohnte und das er zu Ehren seiner reinen Geliebten Villa Virginia genannt hatte.

Am 7. Januar des neuen Jahres wurde die letzte der Banken Sindonas, die Finabank, auf Anordnung der Schweizer Behörden geschlossen. Einige Wochen später führte US-Finanzminister William E. Simon den Kursverfall des Dollars öffentlich auf den Sturz des Bankimperiums des Michele Sindona zurück, und aus Mailand kam ein Antrag auf Auslieferung Sindonas.

Er brach alle Brücken hinter sich ab und floh ans Ende der Welt.

IX.
Die letzten Tage

Sindona umschloß die heiße Tasse Tee mit seinen Händen und trank, während er die langsamen, spinnenartigen Bewegungen der vom Alter mager und knochig gewordenen Hände des Mannes beobachtete, der vor ihm saß. In den Augen und dem Lächeln des alten Mannes stand das Bewußtsein, daß der Tod nicht mehr fern war. Es war Chiang Kai-shek; und der Tod ereilte ihn mit dem lauen Wind des Aprils, den er immer so sehr geliebt hatte.
Sie sprachen von Botschafter Kennedy, der sie in besseren Tagen miteinander bekannt gemacht hatte. Sie sprachen über das Wetter und über ihre Frauen. Dann setzte Chiang Kai-shek seine Porzellantasse ab und brachte das Gespräch auf die Zeit und die Weltläufte.
Vor siebenundvierzig Jahren hatten der junge Chiang und die Kuomintang China den Händen der Warlords entrissen. Mao Tse-tung hatte es zwanzig Jahre später wieder ihren Händen entrissen. Chiang war daraufhin nach Formosa geflohen und hatte die Insel als Taiwan zur Republik China und sich selbst zu ihrem Präsidenten proklamiert.
Die Amerikaner halfen ihm zunächst, dann ließen sie ihn wieder fallen, schließlich näherten sie sich ihm von neuem und schworen, sie wollten seinen Staat schützen und Maos kommunistische Volksrepublik China für immer von den Vereinten Nationen ausschließen. Und er hatte ihnen geglaubt. Es gab aber viele in seiner Kuomintang-Armee, die ihnen nicht glaubten. So mußte er es mitansehen, wie sie sich gen Süden begaben, nach Thailand, wo sie als »Dritte Armee« der Kuomintang bekannt wurden. Unterstützt und protegiert von der Thai-Regierung, die sich ihrer im Kampf gegen kommunistische Aufständische bediente, waren diese Leute allmählich zu den Drahtziehern des Heroinhandels der Welt geworden. Sie beherrschten dieses immer mehr wachsen-

de Geschäft und hatten sich ein Reich aufgebaut, das zwar im Dunkeln blühte, aber ebenso mächtig und uneinnehmbar war wie irgendein anderes. Sie – d. h. Koh Bak Kin und andere – bewohnten nun in den Vorstädten Bangkoks Villen, die weit luxuriöser waren als Chiangs eigenes Präsidentenpalais in Shinlin.
Im Oktober 1971 wurde der Sitz Taiwans in den Vereinten Nationen dem kommunistischen China Maos angetragen. Und vier Monate später reiste Präsident Nixon nach Peking, um sich mit seinen Feinden zu verbrüdern. In einem blumigen sino-amerikanischen Kommuniqué wurde der heilige Schwur abgelegt, daß es das Ziel Amerikas sei, seine Streitkräfte völlig aus Taiwan abzuziehen. »Es wurde von gewissen Kreisen in Washington entschieden«, sagte Chiang, »daß unser Kampf gegen den Kommunismus den Heroinlords anvertraut werden sollte, die die Nachfolger der Kuomintang waren. So geschah es denn, daß sie das Erbe des Ostens antraten.«
Die beiden Männer sprachen auch von Präsident Nixon, der sechs Monate vorher mit Schimpf und Schande aus dem Amt gejagt worden war. Chiang drückte sein Erstaunen darüber aus, daß der Quäker die belastenden Bänder nicht vernichtet habe.
»Es war reine Habgier«, entgegnete Sindona, »er wollte eines Tages einen Bestseller daraus machen.«
Dann sprachen sie von Sindonas Problemen und davon, was die Zukunft bringen würde.
»Bleiben Sie hier«, sagte Chiang Kai-shek. »Bleiben Sie als Berater der Bank of Taiwan in Taipeh. Seien Sie Gast meiner Familie. Michele, Sie könnten hier leben wie ein König.«
»Ich habe nur getan, was auch Walter Wriston getan hat«, antwortete Sindona. »Ich gehe zurück und tilge die Flecken von meinem Namen.«
Es folgten Augenblicke des Schweigens. Wieder betrachtete Sindona die Hände des alten Mannes. Dann senkte Chiang Kai-shek seine Augen in die Sindonas und hielt sie fest, während er sagte:
»Gehen Sie nicht zurück. Sie haben mich verraten, sie werden auch Sie verraten.«
Zwei Jahre vor diesen Ereignissen war Sindona von Freunden mit-

geteilt worden, General Vito Miceli, der Chef des italienischen militärischen Geheimdienstes, wünsche, ihm vorgestellt zu werden. Nicht lange danach besuchte ihn General Miceli in seiner Suite im Grand Hotel in Rom.

Der »generale« kannte Sindonas gute Verbindung zum US-Botschafter in Rom, Graham Martin. Er wußte auch von einem Bericht über den PCI, den Sindona mit Giorgio Almirante, dem Sekretär des neofaschistischen MSI, ausgearbeitet und den Botschafter Martin persönlich im Weißen Haus überreicht hatte. Er erklärte Sindona, er wolle ein antikommunistisches Magazin für das Militär herausgeben, und dieses Propagandamagazin, dessen Zielsetzung, wie Miceli herausstrich, ganz im Sinne Sindonas sei, könnte einige finanzielle Unterstützung vertragen.

»Ich muß gestehen«, sagte Sindona später, »daß ich General Micelis Furcht vor einer kommunistischen Diktatur in Italien teilte. Doch in Miceli war diese Furcht offensichtlich derartig stark, daß sie schon fast als paranoid im klinischen Sinn bezeichnet werden mußte.

Ich erklärte ihm, ich könnte ihm mit Geld der Gesellschaften, die ich kontrollierte, nicht helfen, da ihre Budgets von anderen aufgestellt würden. Er sagte, er wisse alles über das System der dreifachen Buchführung der italienischen Gesellschaften, und warf mir vor, ich hätte lediglich eine Ausrede fabriziert. Schließlich endete es damit, daß ich ihm Geld aus meiner eigenen Tasche gab – eine Menge Geld, das ganze Jahr über.

Zu Beginn des Jahres 1974 besuchte er mich im Grand Hotel. Er sagte, er würde mir gerne einen Mann namens Gelli vorstellen, den er als einen seiner besten Freunde bezeichnete. Als ich ihm antwortete, ich wüßte nicht, wer Gelli sei, war General Miceli höchst überrascht. Er erklärte mir, Gelli sei der ›famoso‹ Führer der P-2-Freimaurerloge*, deren Mitglieder die einflußreichsten Persönlichkeiten Italiens auf dem politischen, rechtlichen, finanziellen und kulturellen Sektor seien. Ich zuckte die Achseln und sagte ihm, ich sei niemals für Gruppenaktivitäten zu haben gewe-

---
* P = Propaganda

sen, doch hätte ich nichts dagegen, seinem Freund zu begegnen. Er führte ein Telefongespräch, und dreißig Minuten später betrat Gelli meine Suite.«

Gelli war in der toskanischen Stadt Pistoia geboren und aufgewachsen, er war ein Jahr älter als Sindona. In den späten dreißiger Jahren hatte er für Franco im spanischen Bürgerkrieg gekämpft. Nach seiner Rückkehr nach Norditalien war er ins Matratzengeschäft, dann ins Textilgeschäft eingestiegen. 1963 – als er bereits ein vermögender Mann geworden war – trat Gelli in eine Loge des Grande Oriente d'Italia ein.

Die Freimaurerei war im frühen achtzehnten Jahrhundert durch die Engländer in der ganzen westlichen Welt verbreitet worden. Viele sahen in ihr einen Orden, dessen Zielsetzung die Revolution war. In Amerika – wo 1734 Benjamin Franklin die freimaurerische »Constitution of the Grand Lodge in England« veröffentlichte, wo bis zu diesem Tag Dollarnoten das freimaurerische Symbol eines alles sehenden Auges auf der Spitze einer Pyramide aus Quadersteinen tragen – in Amerika also waren zweiundzwanzig der neunundzwanzig Unterzeichner der Unabhängigkeitserklärung Freimaurer. In Italien hatte Lord Sackville die erste Freimaurerloge 1733 in Florenz gegründet. Doch hier wurde die geheime Gesellschaft sowohl vom Staat als auch von der Kirche bekämpft, beginnend 1738 mit der Verdammung durch Papst Clemens XII. Doch 1861, im Jahre der Gründung des Vereinigten Königreiches Italiens, gab es drei einflußreiche Freimaurergruppen mit dem jeweiligen Hauptsitz in Turin, Neapel und Palermo. Der Großmeister der Gruppe in Palermo war Giuseppe Garibaldi, unter dessen Führung die drei Gruppen 1864 im Grande Oriente d'Italia vereinigt wurden. Unter Mussolini, der die Freimaurerei als »Gefahr für den Frieden und die Ordnung im Staate« bezeichnete, wurde die Geheimgesellschaft durch das Antifreimaurergesetz von 1925 verboten. Nach dem Zweiten Weltkrieg lebte die Gesellschaft wieder auf, und im Laufe der Zeit entstanden mehr als fünfhundert aktive Logen unter der Ägide des Grande Oriente d'Italia.

Licio Gellis Loge gehörte nicht zu ihnen. Propaganda 2 war von der Freimaurerhierarchie nicht anerkannt und eigentlich nur eine Untergrundbewegung mit dem Ziel, die kommunistische Partei und die Gewerkschaften an die Wand zu drücken. Der Name der Loge wurde gewählt, um an die patriotische Aura einer früheren Propagandaloge zu erinnern, die während der Revolution 1848 von Giuseppe Mazzini geführt worden war. Gelli legte als großer Intrigant Dossiers über die meisten prominenten Bürger Italiens an. Je skandalumwitterter der Mann, desto sorgfältiger die Aufzeichnungen, ob Gelli selbst daran glaubte oder nicht – oft zögerte er nicht, ins Mitgliedsbuch der P-2 Namen von Männern einzuschreiben, die er kaum oder überhaupt nicht kannte.

»Gelli begann das Gespräch«, so erinnerte sich Sindona, »indem er mir dafür dankte, daß ich einem geliebten und bedeutenden Maurerbruder zu Hilfe gekommen sei. Bis dahin hatte ich nicht gewußt, daß General Miceli ein Freimaurer war. Gelli hielt mir einen einstündigen Vortrag über die Ziele und gedanklichen Grundlagen seiner Loge. Er sagte, er teile völlig meine Ideen über Wirtschaft und Freihandel.

Während ich mit Problemen der Franklin-Bank und Banca Privata beschäftigt war, rief ich Miceli an und bat ihn, ein Treffen zwischen mir und Gelli zu organisieren. Ich begab mich in Gellis Heim, Villa Wanda, an den Hügeln in Santa Maria delle Grazie in Arezzo gelegen. Gellis Frau Wanda war da und ihre zwei Töchter und zwei Söhne. Ich war sehr beeindruckt von der Lebhaftigkeit und den guten Manieren der Kinder. Auch von dem Respekt, den sie ihrem Vater entgegenbrachten. Anwesend war noch Carmelo Spagnuolo, der Präsident des fünften Senats des Obersten Gerichtshofs. Es stellte sich heraus, daß auch er Freimaurer war.

Ich stellte meine Situation dar und bat Gelli, zu meinen Gunsten mit Hilfe der Freimaurerbrüder bei der Regierung zu intervenieren. Er war optimistisch.

Im Oktober nach dem Sturz der Franklin besuchte er mich in New York. Er erzählte, er sei in große Schwierigkeiten geraten. Enrico Cuccia habe gesagt, ›Sindona muß nicht nur vernichtet, sondern seine Asche muß in alle Winde verstreut werden‹.

Gelli kam um Weihnachten herum noch einmal nach New York,

dann mehrere Male im Laufe des Jahres 1975. Zweimal war Carmelo Spagnuolo dabei. Spagnuolo hatte einen achtzigseitigen Bericht über die Unrechtmäßigkeit des Haftbefehls verfaßt, der gegen mich in Italien ergangen war. Später veröffentlichte Präsident Spagnuolo eine eidesstattliche Erklärung des Inhalts, ich sei ein Opfer politischer Verfolgung. Als Folge davon wurde ihm seine Beamtenpension entzogen.
Während unserer Treffen in New York sprach Gelli viel über Politik. Er führte aus, die eigentlichen Ziele von P-2 bestünden in der Stärkung der demokratischen Kräfte Italiens und in der Abwehr des zerstörerischen Chaos, das durch Leute produziert würde, die unter beliebigem Vorwand unwissende Arbeiter auf die Straße brächten, um so zu demonstrieren, daß die Gewerkschaften und paramilitärischen Gruppen der kommunistischen Partei jederzeit die Macht übernehmen könnten, wenn sie es nur wollten.
Ich glaube, daß Gelli in voller Überzeugung für die Ideale der Demokratie eintrat. Sein Fehler bestand nur darin – und ich sagte ihm das auch –, daß er sich mehr von Emotionen als vom Verstand leiten ließ. In Spanien hatte er mitansehen müssen, wie sein eigener Bruder von Kommunisten getötet wurde, und ich glaube, darüber war er niemals hinweggekommen. Es gab viele, die Gelli enormen Einfluß zuschrieben und überzeugt waren, er verfüge über die Mittel, riesige revolutionäre Aktionen in Gang zu setzen. Es hieß auch, er werde ›sub rosa‹ vom CIA unterstützt. Gelli dementierte derartige Äußerungen niemals. Er legte Wert darauf, daß ihn die Leute für einen Mann mit einflußreichen Verbindungen hielten, einen Mann, der mit geheimen Mächten im Bunde war. Der maurerische Titel, den er sich selbst zugelegt hatte, war ›supremo regolatore dell'universo‹ (oberster Regulator des Universums). Doch war dies alles nur erdichteter Unsinn, an den höchstens Menschen glaubten, die ihn nicht kannten oder Menschen, die süchtig nach einem x-beliebigen Glauben waren.
Als Beweis dafür, daß sein Einfluß und seine Verbindungen nur Aufschneidereien waren, kann ich Ihnen sagen, daß er, als er ein Bankkonto in den Vereinigten Staaten eröffnen wollte, dazu nicht in der Lage war. Schließlich machte ich ihn mit meinem Freund

Phil Guarino bekannt, dem Chef der italienisch-amerikanischen Abteilung beim Vorstand der Republikanischen Partei und ein ›cavaliere ufficiale‹ der Republik Italien. Guarino war Direktor in der D. C. National Bank in Washington, und er war es dann, der auf meine Bitte hin Gelli half, ein simples Bankkonto zu eröffnen.
Während einer unserer Unterhaltungen bat mich Gelli, einen Plan für die Wiedererstarkung der italienischen Wirtschaft und die Kreditwürdigkeit Italiens im Ausland zu verfassen, die in den siebziger Jahren schwer gelitten hatten. Gerne arbeitete ich einige Berichte für ihn aus, die er seinen P-2-Freunden vorlegen konnte. Diese Berichte wurden zusammen mit Spagnuolos politischen und juristischen Memoranden später mit den übrigen Gelli-Papieren konfisziert. Doch der mit der P-2-Angelegenheit betraute parlamentarische Untersuchungsausschuß erwähnte diese Berichte in keiner Weise. Sie bewiesen, daß die P-2, im Gegensatz zu den Verleumdungen der Kommunisten, auf nichts anderes als auf die Wiederbelebung der Demokratie Italiens hingearbeitet hatte.
Als Anlage zu einem Dankesbrief für meine Bemühungen sandte mir Gelli eine Mitgliedskarte der P-2. Ohne die Karte zu unterzeichnen, schrieb ich ihm zurück, ich sei für diese Ehre dankbar, doch wünsche ich meinem Grundsatz, niemals einer politischen Organisation oder einer politischen Partei beizutreten, treu zu bleiben. Bei seinem nächsten Besuch in New York sagte er mir, er verstehe und respektiere meine Entscheidung, und nichts habe sich zwischen uns geändert.
Damals erklärte er mir auch, seine freimaurerischen Verbindungen zu Südamerika, speziell Argentinien, seien sehr eng. Er führte aus, diese Beziehungen seien geknüpft worden, als er 1971 mit Juan Perón, der sich im Exil befand, Freundschaft schloß, und sie hätten dazu beigetragen, daß dieser zwei Jahre später wieder an die Macht kam. Aus Dankbarkeit hatte Perón Gelli zu seiner Amtseinführung in Buenos Aires als Ehrengast eingeladen und ihn zum argentinischen Diplomaten ernannt, mit dem Titel eines Spezialberaters der Botschaft in Rom. Ich erinnerte mich daran, daß ich bei meinem Besuch in Gellis Villa in Arezzo einige Photo-

graphien mit dem Autogramm General Peróns gesehen hatte. Jetzt konnte ich mir das erklären.
Ich setzte ihm auseinander, was meiner Meinung nach in Südamerika passierte: Fidel Castro nützte mit Unterstützung russischer Berater die von borniertem rechten Diktatoren verursachte Unzufriedenheit aus, um die südamerikanischen Länder in die Hände der Kommunisten zu treiben. Ich erklärte ihm, daß das Regime der Repressionen, Folterungen und des politischen Mordes, das von den Herren Argentiniens aufrechterhalten werde – jetzt nominell von der Witwe General Peróns, Isabelita, doch in Wahrheit von José López Réga – und ebenso in den angrenzenden Staaten, für Völker, die heutzutage als zivilisiert gelten wollten, unannehmbar sei. Solche Regimes spielten Castro und seinen Verbündeten direkt in die Hände. Bei einem Anstieg des Lebensstandards der südamerikanischen Völker würde sowohl den Rechten als auch den Linken der Boden entzogen werden.
Argentinien fehle es an Kapital, seine immensen natürlichen Schätze zu entwickeln. Die Gründung eines soliden Finanzinstituts, zum Beispiel einer Bank mit Investment- und gewöhnlichen Kreditfunktionen, könne eine Kapitalansammlung auf nationaler und internationaler Ebene bewirken, die dann die private Unternehmerinitiative begünstigen würde. Sie wäre auch geeignet, ausländische Investitionen für nationale Industrieunternehmungen ins Land zu ziehen und zu finanzieren.
Ich erklärte Gelli, ich würde ein Engagement des Banco Ambrosiano in Südamerika sehr begrüßen. Ich versicherte ihm, Erzbischof Marcinkus könnte durchaus die Unterstützung des Vatikan für ein derartiges Projekt gewinnen, da Südamerika den höchsten Prozentanteil Katholiken in der Welt aufweise und die Furcht der Kirche, diese Katholiken an den Kommunismus zu verlieren, nicht zu unterschätzen sei.
Zu diesem Zeitpunkt hatte sich Roberto Calvi, obwohl wir noch Vertragspartner waren, vor meinen Augen von einem Cincinnatus zu einem Pontius Pilatus gemausert, der seine Hände, soweit er dazu in der Lage war, in Unschuld wusch.
Meine Frau und ich hatten während der Weihnachtszeit 1972 seine

Familie auf den Bahamas besucht. Er zeigte mir die Geschäftsräume der Banco Ambrosiano Holding, von der er als von ›unserer Gruppe‹ sprach, und führte mir seine Fähigkeiten als versierter Thunfischer vor. Mir kam es so vor, als ob ein Jahrhundert seit unserer ersten Begegnung vergangen wäre. Damals stand er als ängstlicher kleiner Funktionär an der Tür meines Büros in der Via Turati.

Ich entsinne mich dieses Weihnachtsfestes auch, weil er mich damals bat, eine riesige Anzahl Aktien von SAFFA, einer Tochter der Bonomi-Gruppe, zu kaufen. Die Bonomis wurden intensiv vom Ambrosiano unterstützt, und er wollte sie so weit schwächen, daß er eine ihrer Holdings, die Banca Prealpina di Lugano, zu günstigeren Bedingungen aufkaufen konnte.

Zwei Monate später, im Februar 1973, bat ich Calvi, ob wir uns wieder auf den Bahamas treffen könnten, dieses Mal, um einige Geschäfte miteinander zu organisieren. Er lehnte ab mit der Begründung, er sei unabkömmlich in Mailand.

Als die Schwierigkeiten der Franklin begannen, ging ich zu Calvi und stellte ihn zur Rede. Die Gruppe der Gesellschaften, die ich organisiert hatte, um die Ambrosiano-Bank unter unsere Kontrolle zu bringen, wobei ich selbst 18 Millionen Dollar investiert hatte, wickelte im Moment eine Reihe vertraulicher Transaktionen in Zusammenarbeit mit dem Vatikan und gewissen ausländischen Gruppen ab. Warum, so fragte ich ihn, hatte er mich nicht informiert?

Er antwortete in großer Verlegenheit – mit seinem mir schon vertrauten nervösen Tick: einem unkontrollierbaren Zittern seines Schnurrbarts –, daß er doch in seiner Position beim Ambrosiano zu totaler Verschwiegenheit verpflichtet sei. Ich fragte ihn, ob er vergessen hätte, daß er mir und nur mir diese Position zu verdanken habe. Dann erklärte ich ihm barsch, er sollte mir lieber Rechenschaft über die Wege ablegen, die mein Geld gegangen sei.

Bei meinem letzten Besuch in Italien hatte ich versucht, ihn zu treffen, war aber von seiner Sekretärin mit der Bemerkung abgespeist worden, er sei unabkömmlich. In Wahrheit war natürlich Calvi wegen meiner eigenen schlimmen Lage verängstigt. Er fürchtete, daß er als mein Partner in alles hineingezogen werden könnte.

1975 rief ich Calvi, während Gelli bei mir in New York war, in Mailand an und stellte die beiden einander telefonisch vor. Sie vereinbarten eine Begegnung in Rom für die kommende Woche. Ich bat Gelli zu überlegen, was er tun könnte, um Calvi zu veranlassen, mir mein Geld zurückzugeben, denn im Augenblick besaß ich nichts. Mein Kredit war zerstört, und ich lebte davon, was kleine Warentermingeschäfte abwarfen, und vom Wohlwollen einiger Freunde.

Calvi, der bei seiner mangelnden Weltkenntnis immer sehr geneigt war zu glauben, andere stünden mit geheimen Mächten im Bunde, war bei ihrem ersten Gespräch ganz hingerissen von Gelli. Er glaubte daran, Gelli und die P-2 könnten ihm in Italien und im Ausland von unschätzbarem Nutzen sein. Unverzüglich wünschte er sich den Scharen von Gellis ›sottogoverno‹ anzuschließen und wurde bald Mitglied der P-2.

Als Gelli nach New York zurückgekehrt war, berichtete er, Calvi sei ganz begeistert über unsere südamerikanischen Pläne. Auch würde mir Calvi zurückzahlen, was er mir schuldete, Stück für Stück, um durch den plötzlichen Verkauf einer riesigen Menge von Bankaktien den Markt nicht zu verunsichern. Zusätzlich wollte Calvi die Anwaltskosten übernehmen, die bald auf mich zukommen würden. Da er aber fürchtete, daß direkte Zahlungen an mich ihm selbst zur Last gelegt werden würden, wollte er das Geld lieber über Gellis Konten in der Schweiz nach New York überweisen. All diese Vereinbarungen bestätigte ich später mit Calvi selbst.

Dann nahm ich Verbindung mit Erzbischof Marcinkus auf. Wie Calvi war er ganz verschreckt und hatte sich von mir abgesetzt. Bei seinen Besuchen in New York rief er mich nicht einmal an, um sich nach meinem Befinden zu erkundigen. Es war klar, daß, als Finabank und Banca Privata Konkurs anmelden mußten, das IOR den Wert seiner Anteile an diesen Banken verlor. Doch war es ebenso wahr, daß kurz vor ihrer Liquidation beide Banken ihr Kapital aufgestockt hatten, wobei das IOR die neuen Ausgaben nicht

gezeichnet, sondern statt dessen seine Optionen verkauft hatte. Auf diese Weise hatte das IOR seinen Anteil an den beiden Banken drastisch reduziert und mit dem Verkauf seiner Rechte Erlöse erzielt, die nicht nur ausreichten, den Verlust seiner Anteile auszugleichen, sondern ihm sogar noch einen gewissen Gewinn abwarfen.
Ich hatte mich über das Verhalten des Erzbischofs bei unserem gemeinsamen Freund Antinucci beschwert, der ihn darauf ansprach. Marcinkus erklärte Antinucci, er habe weitere Kontakte mit mir vermieden, weil er seine Reputation und die des IOR rein erhalten wolle. Soviel über das Christentum.
Trotzdem gelang es mir, mit Marcinkus zu sprechen. Er sagte, er sei mit unseren südamerikanischen Plänen ganz einverstanden. Es wurde vereinbart, daß das IOR als Depotbank für die Transaktionen des Ambrosiano auf diesem Kontinent wirken sollte. Dann arbeitete ich ein Organisationsschema für küstennahe Gesellschaften in Ländern aus, wo wir auf dem internationalen Geldmarkt ohne Restriktionen durch die nationalen Steuerbehörden würden operieren können. Auf diplomatischer und politischer Ebene würde die Führung dieser Gesellschaften von Licio Gelli unterstützt werden. Ich selbst würde für alles die volle Verantwortung tragen.
Ich sagte Marcinkus, er solle Verbindung mit den Anwälten in Costa Rica aufnehmen, die ähnliche Operationen für Citicorp in New York oder Barclays Bank in London organisiert hatten, und die Banco Ambrosiano Holding in Nassau veranlassen, das Kapital der Tochtergesellschaften zu übernehmen. Wie sich später herausstellte, engagierte er die gleichen Fachleute, die auch für Citicorp gearbeitet hatten.«
Sindonas Freund Lewis H. Young, der Herausgeber von »Business Week«, hatte ihm vorgeschlagen, ein wöchentlich oder monatlich erscheinendes Blatt für Finanzberatung herauszugeben. Solche Blätter, die rasch und in hohen Zahlen abonniert wurden, waren ein lukratives Geschäft.
»Die meisten von ihnen«, sagte Sindona, »werden von Leuten gemacht, die nicht wissen, was sie tun. Sie sind wie die Leute, die

ihren Lebensunterhalt durch die Voraussage der Zahlen im Pferdetoto oder im Fußballtoto für Zeitungen bestreiten. Wenn sie sich wirklich auskennen würden, bräuchten sie solche Jobs nicht anzunehmen. Mr. Young war überzeugt, daß ein von mir verfaßtes derartiges Blatt, das unter der Ägide von ›Business Week‹ herauskommen würde, ein großer Erfolg sein könnte.«
Obwohl aus dieser Zeitschrift nichts wurde, blieben Sindona und Young in enger Fühlung. Im März 1975 veröffentlichte »Business Week« ein Interview mit Sindona. »Ich habe moralisch und ethisch immer korrekt gehandelt«, waren seine Schlußworte. »Ich kämpfe für das Prinzip und für meine Familie. Ich möchte meinen Freunden zeigen, daß sie ihr Vertrauen nicht zu Unrecht in mich gesetzt haben.«
Einen Monat später, am 6. April, einen Tag nach dem Tod Chiang Kai-sheks, erschien ein anderes Interview mit Sindona in »La Stampa« in Turin. In diesem Interview drohte Sindona mit einem Buch, in dem er ein Jahrzehnt italienischer Korruption darstellen und Roß und Reiter nennen wollte.
Er nahm seine Vorlesungstätigkeit wieder auf und sprach am 15. April über »Das Phantom Petrodollar« an der Wharton School an der University of Pennsylvania. Andere Vorlesungen folgten an der University of Minnesota, in Columbia und UCLA. In einem Artikel, überschrieben »Ein ungewöhnlicher Referent«, berichtete die »Times«: »Er legt den Finger auf die Übel des Sozialismus und geht ausführlich auf die Entwicklung der Multis zu weltweiten gigantischen Konzernen ein.«
Im August wurde Peter Shaddick von der New Yorker Staatsanwaltschaft offiziell wegen Betrugs in Sachen der Franklin National Bank angeklagt. Carlo Bordoni wurde ebenfalls im September in Abwesenheit angeklagt. Weiterhin erhob die Regierung Anklage gegen die Devisenhändler Donald Emrich, Andrea Garofalo, Martin Keroes, Michael Romersa, Paul Sabatella und Arthur Slutzky.
Gemeinsam sollten sie Dokumente gefälscht, Kapital und Kredite in Höhe von 13 Millionen Dollar verschleudert sowie die FDIC, den Vorstand der Federal Reserve Bank, den Comptroller und die

Franklin New York Corporation betrogen haben. Die endgültige Anklage, ein am 29. September fertiggestelltes, zweiunddreißigseitiges Dokument, enthielt siebenundachtzig Punkte, die von persönlichem Meineid bis zu gemeinsamem Betrug einschließlich der Abwicklung von Scheingeschäften mit Devisen reichten.
Einer der verwickeltsten Fälle der amerikanischen Rechtsgeschichte stand ins Haus.
»Es begann mit den Versicherungen«, erinnerte sich ein Anwalt, der von Anfang an mit dem Fall befaßt war. »Banken sind gesetzlich zum Abschluß von umfassenden Versicherungen verpflichtet, die sie gegen Verluste aus Betrügereien ihrer Angestellten versichern. Bei Franklin als einer der größten Banken gab es verschiedene hintereinander geschaltete Versicherungen, insgesamt im Wert von 15 Millionen Dollar. Es gab eine Eigenbeteiligung von 100.000 Dollar, dann kam die erste Versicherungssumme in Höhe von 5 Millionen Dollar; sie wurde durch eine Police der National Surety Company gedeckt. Die zweite Summe von 5 Millionen Dollar wurde von Aetna gedeckt. Die letzten 5 Millionen der Deckungssumme lagen bei der INA, der Insurance Company of Nord America, die durch Shea & Could vertreten war.
Die Devisenverluste bei der Franklin waren so riesig, daß alle drei Versicherungsverträge völlig ausgeschöpft wurden. Ja, noch mehr, sowohl die FDIC wie Franklins Konkursverwalter als auch der Treuhänder der Holding-Gesellschaft machten eine Eingabe und beanspruchten, in den Genuß der Regelung des Versicherungsvertrages zu kommen.
Es war eine unübersehbare Schar von Anwälten an der Arbeit. Die FDCI war durch Casey, Lane & Mittendorf repräsentiert. Die drei Versicherungsträger, der Treuhänder der Holding-Gesellschaft und die verschiedenen Gläubigerparteien, alle hatten sie ihre eigenen Anwälte. Dann schossen neue Klagen wie Pilze aus dem Boden. Die FDCI entschloß sich, die Direktoren der Franklin wegen Vernachlässigung ihrer Berufspflichten anzuklagen. Die Aktionäre der Franklin New York Corporation setzten ein Disziplinarverfahren gegen eben diese Direktoren in Gang. Schließlich wurde ein Prozeß gegen die Wirtschaftsprüfer der

Bank, Ernst & Ernst, eröffnet, die zu ihrer Verteidigung die Firma Davis, Polk & Wardwell ins Spiel brachten.

Die Zeugenaussagen begannen in der Bibliothek des Metropolitan Correctional Center, des Gefängnisses hinter dem Bundesgericht in Lower Manhattan. Etwa ein Dutzend von uns saßen um eine Anzahl von Formica-Kartentischen, die wir zusammengeschoben hatten. Wir fingen an mit den Devisenhändlern – Slutzky und den anderen – und arbeiteten uns bis zu den Direktoren hoch. Jeder von ihnen wurde endlose Tage verhört. Gleichzeitig gab es aufregende Aussagen des Comptrollers. Die Ernst & Ernst-Zeugeneinvernahmen dauerten Monate. Casey, Lane & Mittendorf schleppten ein ganzes Team von Assistenten an, die ein Warenhaus an der East 45th Street in Beschlag nahmen. Alles, was mit dem Fall zu tun hatte, wurde dort deponiert. Schließlich waren es an die 40 Millionen Seiten Dokumente. Für viele von uns war es der erste Fall, in dem Zeugenaussagen in Computern gespeichert und das Computerrechtsfindungssystem LEXIS angewendet wurde.

Es gab eine Anzahl von Konferenzen zwischen den Versicherungen und der FDIC, in denen sie versuchten, die Angelegenheiten außerhalb der Gerichte zu regeln. Ich glaube, bei allen war es die größte Befürchtung, daß man diesen Prozeß überhaupt würde führen müssen. Niemals hatte jemand einen Prozeß dieses Ausmaßes geführt. Keiner wußte, wie ein solcher Prozeß geführt werden sollte. Wie sollte man allein schon all diese Anwälte in einem Raum unterbringen?

Schließlich geschah, was geschehen mußte: Wir fanden einen Vergleich. Die Versicherungsträger – National Surety, Aetna, INA – jeder von ihnen machte ein Zugeständnis; Ernst & Ernst machten ein Zugeständnis; und das war es dann schließlich. Denn in diesem Fall war es wirklich unmöglich, daß die Strafprozeßordnung in ihrer jetzigen Form irgendwie sinnvoll hätte funktionieren können.

Aus all diesem kristallisierte sich schließlich der Prozeß gegen Sindona heraus. Die juristische Marschroute der Versicherungsgesellschaften basierte auf dem Wortlaut des Vertrags. Wir argumentierten, die betrügerischen Handlungen in der Franklin seien tatsächlich nicht nur von Angestellten begangen worden und seien daher durch die Vertragsregelungen nicht gedeckt. Die Ansicht der Versicherungsträger lief also darauf hinaus, daß im Effekt die Bank selbst als Betrüger agiert habe. Aber die Absicht des Vertrages war es ja, eine saubere Bank gegen betrügerische Aktionen ihrer Angestellten zu schützen. Wenn die Bank selbst der Kriminelle war, so waren die Versicherungsträger nicht haftbar. Um dies zu beweisen, mußten sie zeigen, daß Franklins Vorstandsmitglieder und Manager schuldig waren.

Eine Zeitlang glaubten sie, noch höher zielen zu können. Ein Jurist meinte, wir könnten vielleicht einen Vorteil herausschlagen, wenn wir behaupteten, die Regierung der Vereinigten Staaten sei für die ganze Angelegenheit verantwortlich, da sie ihre Aufsichtspflicht nicht erfüllt habe. Aber dies blieb mehr oder weniger eine interessante Rechtstheorie. Die Versicherungsträger waren entschlossen zu beweisen, daß alles auf Geheiß des Michele Sindona durch seine Helfershelfer geschehen war.

Ein großer Teil der Zeit und Mühe wurde darauf verwendet, die Details der Devisengeschäfte der Franklin zu entwirren und die der vielen dunklen Transaktionen zwischen Franklin und Banken in der Schweiz und Italien.«

»Ist es Ihnen gelungen, Klarheit hineinzubringen?« fragte ich den Anwalt.

»Nein«, gab er zur Antwort, »bis heute bin ich der Ansicht, daß niemand wirklich verstanden hat, was dort gelaufen ist. Manchmal frage ich mich sogar, bis zu welchem Grad Sindona selbst wußte, was er tat.«

Am 19. November wurde Roberto Calvi zum Präsidenten des Banco Ambrosiano in Mailand gewählt. Jetzt gab es niemanden mehr über ihm, wenigstens in dieser Bank.

Einige Tage später flog der »pubblico ministero« von Mailand, Guido Viola, mit einem Ermittlungsbeamten, Ovilio Urbisci, nach New York. Der junge, bärtige Viola, ein Kommunist, hatte seinerzeit als »Pistolenbeamter« von sich reden gemacht, ein Spitzname, den er sich erworben hatte, weil er gerne Polizisten beim Einsatz begleitete. Er wartete draußen, bis die Gefahr vorbei war, dann sprang er mit gezogener »pistola« hinein. Viola war es, der als Strafverfolgungsbeamter in Mailand vor zehn Monaten das

erste Auslieferungsbegehren für Sindona initiiert hatte. Viola war es auch, der für weitere zehn Jahre und noch mehr Sindona unerbittlich wie ein Schatten folgte.
Nach einem Treffen mit Repräsentanten des US-Justizministeriums und der SEC gab Viola eine Pressekonferenz in New York.
Ein Reporter fragte ihn, ob er irgendeine Idee habe, wie Sindona sich zur Zeit über Wasser hielte.
»Wir wissen«, gab Viola zur Antwort, »daß in Italien eine ganze Menge Geld fehlt, aber wir wissen nicht, woher er sein Geld bekommt.«
Am nächsten Morgen, dem Erntedankfest, führte die »New York Times« ein kurzes Interview mit Sindona. Er wurde mit den Worten zitiert: »Sie wollen mich ins Gefängnis stecken, einer Gehirnwäsche unterziehen und mich dort für zwanzig Jahre festhalten.«
Er sprach auch davon, seltsame Briefe erhalten zu haben, noch seltsamere Anrufe: »Sie legten mir als die beste Möglichkeit nahe, Selbstmord zu begehen.«
Am Morgen des dritten Dezember (1975) bekannte sich Peter Shaddick vor Richter Thomas P. Griesa im US-Bezirksgericht in Foley Square schuldig. Shaddick hatte den Handel akzeptiert, den ihm der stellvertretende US-Staatsanwalt John J. Kennedy vorgeschlagen hatte, und im Austausch für in Aussicht gestellte Strafmilderung gegen Sindona ausgesagt.
Auch die Devisenhändler bekannten sich entsprechend den Vorschlägen Kennedys schuldig und wurden von Richter Griesa zu einigen Wochen Gefängnis im Metropolitan Correctional Center verurteilt.

»Es ist alles dein Fehler, mit diesem verdammten dummen Film!« fuhr Sindona Charlie Bludhorn an.
»Mach deinen Freund hier zur Schnecke«, sagte Bludhorn mit einem Lachen, auf Dino De Laurentiis zeigend. »Er ist es, der die verdammten Dinger macht. Ich bin nur der Besitzer einer Filmgesellschaft.«
»Beachte ihn gar nicht!« Sindona winkte Bludhorn zu. »Ich kenne Dino seit vielen Jahren. Er ist schon schlimm genug. Aber du! Der

›Pate‹ geht auf dein Konto, Charlie!« Jetzt lachten sie alle drei; aber Sindonas Lachen kam nicht aus vollem Herzen.

Er und De Laurentiis waren alte Freunde. 1972, ein Jahr nachdem er sein italienisches Studio verkauft hatte, brauchte De Laurentiis mehr Geld. Sindona arrangierte es, daß Franklin ihm eine Million Dollar vorstreckte, mit einer Bürgschaft der Banca Commerciale Italiana, die über die Immobilienfirma SAINDA der eigentliche Käufer seines Studios gewesen war. Im folgenden Jahr war er nach New York umgezogen, wo er im Central Park South wohnte, nicht weit weg von Sindonas Appartement im Hotel Pierre und von den Geschäftsräumen seiner Dino De Laurentiis Corporation in Bludhorns Gulf & Western-Gebäude. Er und seine Frau, die Schauspielerin Silvana Mangano, aßen häufig mit Michele und Rina in dem einen oder anderen der von Sindona bevorzugten New Yorker Restaurants, Nanni al Valleto und La Caravelle, oder in Sindonas Suite im Pierre, wo dann einer oder mehrere von ihnen kochten. »Dino verstand sich sehr gut auf ›calamari‹«, erzählte Sindona, »und auf ›melanzane‹.«

Charlie Bludhorn stieß oft zu ihnen, er konnte nicht kochen, doch um so besser essen.

»Ich meine es wirklich so«, sagte Sindona. »Jeder Italiener, der in diesem Land ins Gefängnis gesteckt wird, muß weitere fünf Jahre absitzen, die auf die Rechnung dieses dummen Märchens kommen.« Er hatte den Film, der Paramount und also Bludhorn reich gemacht hatte, im März 1972 bei der Wohltätigkeitspremiere in New York gesehen. »Seit dieser verdammte Film läuft, sehen die Staatsanwälte Gespenster. Jedermann ist ein ›capo‹, jedermann ist ein ›padrone‹. Man hat Burschen der Harvard Law School, die kaum trocken hinter den Ohren sind, sprechen hören, als wenn sie im Schatten der Mauern des Ucciardone in Palermo aufgewachsen wären.«

»Ich wünschte, ich hätte das verdammte Ding produziert«, sagte Dino lächelnd.

Sindona schaute seinen Freund an, warf seinen Kopf in den Nakken und die rechte Hand in die Höhe. Wieder lachten sie.

»Tja, das ist eben die Unterhaltungsbranche«, sagte Bludhorn.

Die neuen Manager der SGI hatten auf der Suche nach versteckten Beträgen eine unabhängige Kommission damit beauftragt, die dunklen finanziellen Unternehmungen, die dem Fall des Imperiums Sindonas vorausgegangen waren, zu durchleuchten. Verantwortlich für die Untersuchung war ein Anwalt aus Lugano namens Luciano Cattaneo, der die kompliziertesten technischen Details seiner Arbeit einem Schweizer Buchführungssachverständigen mit Namen J. A. Hilton anvertraute. Dieser übergab die Ergebnisse seiner Bemühungen, die unter dem Titel »Der Hilton Report« bekannt wurden, am 2. April 1976 Avvocato Cattaneo. Das ausführliche Dokument, das auf französisch abgefaßt war und auf jeder Seite das Stempelsiegel des »juge d'instruction«, des Untersuchungsrichters des Kantons Genf, trug, enthielt eine detaillierte Aufstellung der Veruntreuungen Carlo Bordonis. Die Hilton-Papiere enthielten auch Kopien aus Büchern der Union de Banque Suisse in Chiasso, von Bordoni unterzeichnete Anzeigen von Depotgeschäften und die auf Di Falco ausgestellten und gegengezeichneten Schecks, zusammen mit Di Falcos Empfangsbestätigungen.

Am 3. Mai gründeten Sindona und Aviva Najar, die Frau des israelischen Botschafters in Rom, in New York die Internationale Anti-Drug-Abuse-Stiftung. In Tel Aviv wurde ein Krankenhaus errichtet.

Am 8. September stellte sich Sindona dem Bundesgericht in Manhattan aufgrund eines Auslieferungsbegehrens von seiten Italiens. In Begleitung seiner Anwälte Robert Kasanof von Baer & McGoldrick und John J. Kirby Jr. von Mudge, Rose, Guthrie & Alexander wurde er aufgefordert, den Zeugenstand zu betreten und die Wahrheit seiner Aussage zu beschwören, daß sein gegenwärtiges liquides Vermögen sich nur auf 800.000 Dollar belaufe. Richter Thomas Griesa vertagte die Verhandlung über die Auslieferung auf ein späteres Datum, und Sindona wurde, nachdem er 150.000 Dollar in Bargeld und Schatzanweisungen, zusammen mit den auf seine Frau lautenden Anteilen an der Hotel Pierre Cooperative, hinterlegt hatte, gegen eine Kaution von 3 Millionen Dollar auf freien Fuß gesetzt.

Da Sindona nun nicht selbst nach Südamerika reisen konnte, wandte sich Licio Gelli an seinen P-2-Bruder Umberto Ortolani, einen römischen Kaufmann, der früher in Verbindung mit SISMI, dem italienischen militärischen Geheimdienst, gestanden hatte. Ortolani hatte Jahre in Uruguay verbracht, wo er den Banco Financiero Sudamericano in Montevideo besaß. Er verfügte auch über hervorragende Beziehungen zur Hierarchie des Vatikan. Eine feste Freundschaft verband ihn mit Kardinal Giacomo Lercaro, einem der Moderatoren des Zweiten Vatikanischen Konzils, was überall bekannt war. Auf Empfehlung des Kardinals hatte Papst Paul VI. Ortolani zum »Ehrenritter Seiner Heiligkeit« ernannt. Auf jeden Fall würde, so erklärte Gelli Calvi, Ortolanis Intervention von Marcinkus begrüßt werden, dessen Sehnsucht nach dem Purpurgewand von Tag zu Tag größer wurde.

»Ortolani«, so erklärte Sindona später, »war ein vorzüglicher Anwalt, aber kein sehr guter Bankier. Als ich hörte, daß Gelli und Calvi sich entschlossen hatten, mit Ortolani bei unseren südamerikanischen Plänen zusammenzuarbeiten, ließ ich sie beide wissen, was ich davon hielt. Ich sagte ihnen, ich sei von seiner Redlichkeit überzeugt, doch nicht von seinen Fähigkeiten.«

Nichtsdestoweniger wurde die Allianz geschlossen. Im Herbst 1976 kaufte die Banco Ambrosiano Holding 5,5 Prozent von Ortolanis kleiner Bank in Montevideo.

Am 24. September wurde Carlo Bordoni aufgrund von Ersuchen des US-Justizministeriums in Venezuela verhaftet.

Einige Wochen später schickte Carlos Martinez, Bordonis wichtigster Anwalt in Venezuela, ein Telex an Anthony Di Falco in New York. Der Inhalt lautete, daß die Kreditwürdigkeit ihrer Gesellschaft Inversiones Marfal infolge von Bordonis Verhaftung zusammenzubrechen drohte. Martinez schlug vor, Di Falco solle der Gesellschaft Bolivars im Gegenwert von 700.000 Dollar vorstrecken. Das Geld würde auf sein persönliches Konto bei der Banca Mercantil d'Agricola in Caracas überwiesen werden.

Von seiner Zelle aus beschuldigte Bordoni Martinez im Dezember krimineller Handlungen. Er klagte den Anwalt an, ohne sein Wissen auf seinen Besitz, Villa Virginia, eine Hypothek aufgenom-

men und 360.000 Dollar in 100-Dollar-Noten aus einem Safe in seiner Wohnung gestohlen zu haben.
Sindona verschlug es die Sprache, als Jimmy Carter zum Präsidenten gewählt wurde. In einem Land, so überlegte er, wo ein Mann dieser Art zur Regierung berufen wurde, war alles möglich. – Am 13. Dezember – dem Tag, an dem Milton Friedman seine Rede anläßlich der Verleihung des Nobelpreises in der Universität Stockholm hielt – tauchte Sindona im Bundesgericht auf und machte eine Reihe von Dokumenten aktenkundig, die seine Auslieferung verhindern sollten. Seiner zweiundsiebzigseitigen Argumentation gegen die Auslieferung fügte Sindona eidesstattliche Erklärungen von Anna Bonomi, Licio Gelli, Phil Guarino, John MacCaffery, Carmelo Spagnuolo und anderen bei, die seine Integrität und seine Überzeugung bestätigten, er sei das Opfer politischer Verfolgung in Italien. Beigelegt waren auch Photographien, aufgenommen an der Università degli Studi in Mailand, die eine Gruppe Studenten mit Plakaten zeigten, auf denen die Worte standen »Morte a Sindona«.
»Reichtum«, so sagt schon die Bibel, »macht viele Freunde; aber ...« – Sindona mußte jetzt am eigenen Leibe entdecken, wie der Vers endete. In diesen kalten Wintertagen wurde er als Ehrengast zu einem Essen zum Bürgermeister von San Remo in den exklusiven Tiro a Segno-Club in der MacDougal Street geladen, im italienischen Viertel von Greenwich Village. An diesem Abend traf Sindona mehrere Bekannte aus Übersee, unter anderem Mario Salinelli, einen Reporter, der häufig für RAI, die staatliche Rundfunkgesellschaft Italiens, arbeitete. Sindona erinnerte sich, daß Salinelli einer der ersten westlichen Journalisten gewesen war, der Mao Tse-tung interviewte.
Salinelli erzählte ihm von seinen Plänen, eine Zeitung zu gründen. Das Nahziel dieser Zeitung sollte darin bestehen, Italiener im Ausland über die gefährlichen politischen Entwicklungen in Italien zu informieren. Aber ihr eigentlicher Zweck würde sein, die öffentliche Meinung dahingehend zu beeinflussen, daß auch Italienern, die in Übersee wohnten, das Stimmrecht bei den italienischen Wahlen zugestanden werden müsse. Diese Zeitung, so er-

klärte Salinelli, sollte in englischen und italienischen Ausgaben in New York und Australien sowie in spanischen und italienischen Ausgaben in Argentinien und Venezuela erscheinen. Salinelli hatte die genannten Länder bereits besucht, um die entsprechenden Voraussetzungen zu schaffen, und behauptete, er habe Zusagen für Anzeigen von Alitalia, FIAT und anderen bekommen. Er beschrieb Sindona auch schon das Signet dieser Zeitung – zwei ineinander verschlungene Hände mit der Inschrift »Ho bisogno di te« (»Ich brauche dich«) –, das von einem italienischen Künstler entworfen worden war. Er sagte auch, dieses Signet würde auf Karten in Silber und Gold gedruckt und den Teilnehmern an einem Festakt anläßlich des ersten Erscheinens der Zeitung überreicht werden. Dieses große Ereignis würde im Madison Square Garden stattfinden und zu einer glanzvollen und großartigen Feier werden, wobei auch Frank Sinatra und eine Reihe anderer Berühmtheiten auftreten würden.

Dann zog Salinelli Sindona an den dicht gedrängten Gestalten in schwarzen Anzügen an der Tiro a Segno-Bar vorbei und stellte ihm den Mann vor, der ihm, wie er sagte, helfen würde, das große Ereignis im Madison Square Garden zu inszenieren. »Ich kenne ihn schon lange«, sagte Salinelli, »sehr lange.«

Der Mann, den Salinelli ihm vorstellte, war der sechsunddreißigjährige John Gambino aus Brooklyn. Der Name, der in Italien sehr verbreitet ist, sagte Sindona nichts. Der einzige Gambino, den er jemals kennengelernt hatte, war sein italienischer Rechtsanwalt, ein Universitätsprofessor in Venedig. John Gambino indessen war der Neffe von Carlo Gambino, einem Mann, der bei vielen als der mächtigste Mafioso Amerikas galt. Carlo war diesen Oktober im Alter von vierundsiebzig Jahren friedlich in seinem Appartement in Brooklyn gestorben. Obwohl sein Neffe John von den Medien bisher unbelästigt geblieben war, sollte er bald auf einer jener Stammbaum-Karten erscheinen, die die Regierung so fleißig anlegte. Nach diesem Stammbaum war John Gambino ein »caporegime« der Mafia, dritter in der Hierarchie nach dem Nachfolger seines Onkels, Paul Constantine Castellano (FBI-Nummer 824437) und Unterführer Agnello Joseph Dellacroce

(FBI-Nummer 327320). Nach diesem wunderschönen Stammbaum konnte John Gambino, der keine FBI-Nummer besaß und dessen Name noch niemals in einer Schlagzeile aufgetaucht war, eigentlich nur eine weiße Weste haben.

»Ich weiß, daß sie Geschäftsmann sind«, sagte Gambino zu Sindona. »Sagen Sie mir bitte, was halten Sie von der Unternehmung, von der Ihnen Ihr Freund erzählt hat? Wissen Sie, ich habe keine Lust, bei etwas mitzumachen, wo man nur Geld verliert.«

»Ich glaube, die Idee ist nicht schlecht«, sagte Sindona. »Ich glaube auch, wenn Signor Salinelli die Anzeigenzusagen bekommen hat, von denen er sprach, ist es ein relativ gesundes Geschäft.«

Sindona hatte den Eindruck, daß Gambino ein ehrlicher, höflicher und guterzogener Mensch war, nur ungebildet. In dieser Nacht unterhielten sie sich auf italienisch. Sindona gebrauchte, wie er es bei Gesprächen mit Fremden gewohnt war, den förmlichen Dritte-Person-Singular »Lei«. Mit einem Lächeln – »Bitte sagen Sie ›tu‹ zu mir« – bat ihn Gambino, die vertrautere und freundlichere Form der Anrede zu verwenden.

»Aber«, sagte Sindona und lächelte seinerseits, »ich kenne Sie doch gar nicht.«

Bald gab es Essen in Valentinos Supper Club in Cherry Hill, New Jersey, wo ihm John seinen jüngeren Bruder Rosario vorstellte, der in dieser Stadt wohnte. Der vierunddreißigjährige Rosario war einer der zweiundzwanzig »South Jersey soldiers«, die in den amtlichen Stammbäumen unter John rangierten. Das Essen bei Valentino war allerdings nicht besonders.

Bei seinen Versuchen, in der Geschäftswelt weiterhin präsent zu sein, konnte Sindona jetzt nicht länger behaupten, seine Partner seien die angesehensten der Welt oder seine Unternehmungen seien gigantisch. Er stieg in einige kurzfristige Grundstücks- und Baugeschäfte mit einem neuen Freund namens Joe Macaluso ein. Geboren und aufgewachsen in Racalmuto in Sizilien, war Macaluso, der jetzt zweiundfünfzig Jahre alt war, 1950 nach New York gekommen. Er hatte sich auf Staten Island niedergelassen, wo er das Motel »Conca d'Oro«, 2232 Forest Avenue, besaß.

Der Mann, der Conca d'Oro für Macaluso managte, war ebenfalls

Sizilianer: Antonio Caruso, ein vierundvierzigjähriger ehemaliger Angestellter der Barclays Bank in New York.
Macaluso zeigte Sindona stolz den Swimmingpool, den er gebaut hatte, und Caruso erzählte ihm von seinem Bruder, der Vizepräfekt in Catania auf ihrer Geburtinsel war. Sindona sprach von den vergangenen Zeiten der Zitronen und des Weizens.
Im Februar veröffentlichte Luigi Cavallo, ein siebenundfünfzigjähriger früherer UN-Dolmetscher und langjähriger Freelance-»provocateur« für die Regierung und die Privatindustrie, einen kritischen Artikel gegen Roberto Calvi in seiner Turiner Zeitschrift »Agenzia A«. Im Lauf der Zeit erschienen darin noch weitere Angriffe gegen Calvi. Diese Angriffe, in denen der Bankier des Betrugs, der Unterschlagung und anderer Vergehen beschuldigt wurde, wurden auf Plakaten wiederholt, die auf mysteriöse Weise in ganz Mailand auftauchten, speziell in der Nachbarschaft des Banco Ambrosiano. In einer späteren Rechtfertigung behauptete Cavallo zunächst, seine Kampagne sei auf Anstiftung Sindonas erfolgt, der aus Calvi Geld herauspressen wollte.
»Dies«, sagte Sindona, »war absurd. Luigi Cavallo, ein Mietling der Regierung, arbeitete doch viel wahrscheinlicher eben für diese, die ihn später zwang, mich bloßzustellen. Erstens hatte Calvi bereits zugestimmt, mir zu zahlen, was er mir schuldete. Zweitens, welchen Nutzen hätte Calvis Ruin für mich gehabt?«
Cavallo erklärte später gegenüber dem Schwurgericht, er habe auf eigene Initiative und gegen Sindonas Willen gehandelt.
Sindonas Anwalt in Rom, der von ihm in den dunklen Oktobertagen des Jahres 1974 beansprucht worden war, war ein Mann namens Rodolfo Guzzi. Jetzt, am 23. März 1977, begab sich Guzzi zu Enrico Cuccia und unterbreitete ihm einen gütlichen Vorschlag Sindonas, nämlich die Banca Privata Italiana als Satellit des für den Staat arbeitenden Bankenkonsortiums wieder aufleben zu lassen. Guzzi bemühte sich in diesem Frühjahr auch um die Intervention von Premierminister Andreotti. Doch brachte er nichts in Bewegung. Am 25. Juni wurde Sindona »in absentia« zu dreieinhalb Jahren Gefängnis aufgrund von Beschuldigungen im Zusammenhang mit dem Bankrott der Banca Privata verurteilt.

In der gleichen Woche wurde in New York ein anderer Angestellter der Franklin National Bank angezeigt: Howard Dillistin Crosse, ein früherer Vizepräsident, der, bevor er bei Franklin eintrat, viele Jahre lang in der Federal Reserve gearbeitet hatte. Wie die anderen erklärte sich Crosse bereit, gegen Strafnachlaß als Zeuge der Anklage auszusagen.
Am 7. Juli traf sich Sindonas Schwiegersohn, Piersandro Magnoni, mit Enrico Cuccia in London. »Ich fuhr nach London«, so sagte Cuccia später aus, »weil mir das Gerücht zu Ohren gekommen war, Sindona, der mich für seine Schwierigkeiten verantwortlich machte, habe die Absicht, meine Tochter zu entführen. Magnoni unterbreitete mir einen Plan zur Wiedererrichtung der Banca Privata Italiana. Ich machte ihm mit aller Entschiedenheit klar, daß dieser Plan keine Chance hatte.«
Ebenfalls in diesem Monat stellte sich heraus, daß Sindonas Freund Charlie Bludhorn von der SEC verhört wurde. Das Verhör führte zu einem Zivilprozeß gegen Gulf & Western, Bludhorn und seinen Vizepräsidenten Don Gaston. Doch endete das Vorgehen der Behörde Jahre später in einem Patt, da Bludhorn weder etwas zugab noch etwas leugnete.
»Sein einziger Fehler war«, sagte Sindona mit einem Lachen, »daß er mein Freund war.«
In diesem Jahr reiste Roberto Calvi einige Male nach Nicaragua, um mit Präsident Anastasio Somoza zu konferieren, dem Diktator, der drei Jahre zuvor in seinem Land den Kriegszustand ausgerufen hatte und dessen Kampagne gegen die Sandinisten sich zu einer Terrorherrschaft ausweitete. Calvi und Somoza wurden sich einig, und am 29. September öffnete die Ambrosiano Group Banco Commercial ihre Schalter in Managua.
Am 11. Januar 1978 wurde Mario Barone, ein früherer geschäftsführender Direktor des Banco di Roma, unter der Anklage verhaftet, Beweise im Zusammenhang mit dem Verfahren gegen Michele Sindona unterdrückt zu haben.
Carlo Bordoni hatte, nachdem er in Südamerika vor mehr als einem Jahr seine Gefängnisstrafe angetreten hatte, auf den Rat seiner venezolanischen Anwälte einen Bericht über seine Jahre mit

Sindona verfaßt, der ihn reinwaschen sollte. Jetzt, im Februar 1978, wurde dieser Bericht, in dem sich Bordoni selbst als den widerstrebenden Vasallen des bösen Sindona hinstellte, in zwei Folgen im italienischen »Il Mondo« veröffentlicht.
»Und ›Il Mondo‹«, sagte Sindona, »wurde von Gemina, S.p.A., kontrolliert, die ihrerseits von Enrico Cuccia kontrolliert wurde.«
Am 17. April erschien ein Team von Inspektoren der Banca d'Italia unter Führung von Giulio Padalino in Roberto Calvis Büro und begann eine umfassende Überprüfung des Banco Ambrosiano, die nach außen hin wie eine Routineuntersuchung aussah.
Am 13. Mai wurde in Rom die Leiche des früheren Premierministers und Führers der Christlichen Demokraten Aldo Moro, der von den kommunistischen roten Brigaden ermordet worden war, in St. Johannes im Lateran aufgebahrt.
Fünf Tage später gab in New York Richter Thomas Griesa dem Auslieferungsbegehren Italiens in bezug auf Sindona statt. In einer achtundsiebzigseitigen Begründung erklärte der Richter, die von der italienischen Regierung angeführten Beweise seien ausreichend, um wahrscheinlich zu machen, daß Sindona das Verbrechen des betrügerischen Bankrotts begangen habe, wie es in den Artikeln 216 und 223 des italienischen Strafrechts definiert sei.
Am 4. Juni wurde Carlo Bordoni von Caracas nach New York überstellt.
Sindona wußte noch nichts vom »Hilton Report«, auch nichts von der Gefährlichkeit der Verbindung zwischen Carlo Bordoni und dem Sohn seines alten Freundes Richter Sam Di Falco. Zu dem Zeitpunkt, als er dies alles erfuhr, war es schon zu spät, an die Gerechtigkeit seines alten Freundes zu appellieren. In den letzten sechs Monaten war der pensionierte Richter bevorzugter Gegenstand der Ermittlungen eines großen Geschworenengerichts in bezug auf Manipulationen von beim Obersten Gericht anhängigen Rechtssachen gewesen, und am Abend des 28. Juni wurde er das Opfer einer Herzattacke, während er mit Freunden im Columbus Club speiste. Am nächsten Samstag morgen wurde sein Sarg in die St. Patricks Cathedral überführt, wo Sindona dem Freund langer Nächte seinen letzten Gruß entbot.

Am 10. Juli klagte Sindona beim Bundesgericht gegen die Loews Corporation und ihren Vorstandsvorsitzenden Laurence Tisch, von dem er die Majorität an Franklin New York erworben hatte. Er beschuldigte ihn des Verstoßes gegen wertpapierrechtliche Bestimmungen und des Betrugs und erhob Anspruch auf die 40 Millionen Dollar, die er Tisch gezahlt hatte, zusammen mit 400.000 Dollar Gebühren und 80 Millionen Dollar Bußgeld. Später erhob die FDIC ebenfalls Anklage gegen Tisch und verlangte Ersatz für die Verluste, die Franklin erlitten habe. Die FDIC machte geltend, daß das Versäumnis Tischs, keine Erkundigungen über den wirtschaftlichen Hintergrund Sindonas eingezogen zu haben, einen Verstoß gegen seine treuhänderischen Pflichten bedeutete.

Am nächsten Tag, dem 13. Juli, wurden der frühere Vorstandsvorsitzende von Franklin, Harold Gleason, der frühere Vizepräsident J. Michael Carter und der frühere Präsident Paul Luftig wegen Betruges angezeigt. Als »Komplizen, nicht aber als Angeklagte«, wurden in der Anzeige Peter Shaddick, Howard Crosse und Carlo Bordoni genannt. Von diesen dreien war Bordoni der einzige, der zwar höchst bestürzt war, aber sich nicht in einen Handel mit dem stellvertretenden US-Staatsanwalt John J. Kennedy einließ.

Am Abend des 6. August, einem Sonntag, starb im pästlichen Sommersitz Castel Gandolfo Papst Giovanni Montini, der diese Welt niemals als seine Heimat hatte empfinden können. Neben seinem Bett lag auf einem Nachttisch die Bibel, die sein Vater ihm vor mehr als siebzig Sommern geschenkt hatte.

Zum Vollstrecker des handgeschriebenen Testaments Pauls VI., das vom 30. Juli 1965 datiert war, wurde Monsignore Pasquale Macchi ernannt. Entsprechend dem letzten Willen des Papstes sollten all seine persönlichen Papiere vernichtet werden. Und während Handwerker im Vatikan einen dreifachen Sarg für den Papst zimmerten – innen Bronze, dann Zedernholz, außen Zypresse –, starrte Macchi in die Flammen, die alles verzehrten, was von Montinis Innenleben jemals hätte bekannt werden können.

Um die restlichen Ermittlungen gegen Bordoni zu beschleunigen, zeigten die Vereinigten Staaten ihn formell am 15. September an.

Er erklärte sich in allen Punkten für nicht schuldig. Doch dann kam langsam Licht in die Sache. Einige Wochen später, nachdem lange Verhöre durch den Staatsanwalt vorausgegangen waren, änderte Bordoni, der von Anthony Di Falco und John Sprizzo (heute ein Bundesrichter) vertreten wurde, seine Aussage und bekannte sich in zwei Fällen der Veruntreuung von Bankeinlagen und Buchfälschungen schuldig. Er war jetzt bereit, für die Anklage zu arbeiten. Im Sinne der Politik der Behörde wurde die Urteilsverkündung aufgeschoben, bis sich herausgestellt hatte, ob und welchen Wert seine Mitarbeit für die Anklage hatte.

Am Abend des 9. Oktober und am Morgen des 10. Oktober erhielt Enrico Cuccia in seiner Wohnung in der Nähe des Justizpalastes zwei Drohanrufe, in denen er aufgefordert wurde, alles in seinen Kräften Stehende zu tun, daß die italienischen Auslieferungsbegehren im Hinblick auf Sindona zurückgenommen werden würden. Der Anrufer, sagte Cuccia, habe Englisch mit deutlichem »Broccolino«-Akzent, d. h. Brooklyn-Akzent, gesprochen.

Acht Tage später traf sich Cuccia wiederum mit Sindonas Schwiegersohn Piersandro Magnoni in Zürich. Am 21. Oktober und am 25. Oktober traf er in Mailand Sindonas Anwalt Rodolfo Guzzi, der ihn vergeblich darum bat, Sindonas Lage mit Premierminister Andreotti zu erörtern. Während all dieser Gespräche wiederholte Cuccia ständig, ebenso in späteren Gesprächen mit Magnoni in Lugano, daß er nichts für Sindona tun könne.

Am 17. November kam ein neuerlicher Drohanruf, dann legte irgendwer einen Brand vor seiner Tür.

Einige Tage später betraten, nicht weit von dem New Yorker Gefängnis, wo Bordoni einsaß, zwei Männer das Büro Nicola Biases, eines früheren Angestellten von Sindonas Banca Unione und Banca Privata in Mailand. Es handelte sich um den siebenunddreißigjährigen Luigi Ronsisvalle, einen Brooklyn-Gangster sizilianischer Herkunft, der sich später als Mafiakiller und Drogenhändler bekannte, und einen siebenundzwanzigjährigen Mann aus Manhattan mit Namen Bruce McDowall. Sie stellten sich als Mr. Romano und Mr. Caruso vor – dem Namen von Sindonas Freund aus Staten Island.

Nach Biase erklärten ihm die beiden Männer, er müsse seine Behauptungen zurücknehmen, die er in einer Zeugenaussage im Zusammenhang mit Sindonas Auslieferung gemacht hatte, und er solle aufhören, mit der Regierung gegen Sindona zusammenzuarbeiten.
Sie hätten gesagt, so behauptete Biase, »avevamo avuto istruzione di tagliare le gambe«, »wir hatten Befehl, dir die Beine abzuschneiden«.
Luigi Ronsisvalle wurde im Jahre darauf im Zusammenhang mit einem Raubüberfall in Brooklyn verhaftet, er sollte einer der bevorzugten Zeugen der Anklage werden. Er sagte später aus, ein Mann, der behauptete, »er arbeite auf Anweisung Michele Sindonas«, habe ihm 200 Dollar gezahlt, damit er Biase bedrohte. Ronsisvalle fügte hinzu, dieser gleiche ominöse Agent habe ihm gesagt, Sindona sei bereit, 10.000 Dollar für die Ermordung des stellvertretenden Staatsanwaltes John J. Kennedy zu zahlen.
»Wenn es sich um einen von Dinos Filmen gehandelt hätte, hätte ich schallend gelacht und wäre gegangen«, sagte Sindona. »Aber die Leute, die mit dem Prozeß gegen mich befaßt waren, lachten keineswegs, wenigstens nicht öffentlich. Sie taten so, als ob es selbstverständlich wäre, von der Wahrheit dieser Aussage überzeugt zu sein. Es liegt doch nahe anzunehmen, daß ein Mensch wie Mr. Ronsisvalle, der mehrere Morde verübt hat, auch einer Lüge fähig ist, besonders wenn ihm das Vorteile bringt. Aber der staatlichen Behörde kommen offensichtlich niemals Zweifel an der Integrität ihrer berufsmäßigen Zeugen.
Was die Anrufe bei Cuccia betrifft« – er drehte die Handflächen nach oben und zuckte die Schultern –, »so weiß ich, daß einer von ihnen ohne mein Wissen von meinem Freund Antonio Caruso stammte. Er kam eines Tages zu mir und sagte: ›Ich glaube, von jetzt an werden Sie keine Probleme mehr mit Cuccia, diesem Hund, haben, von dem Sie so oft sprechen.‹ Ich sah ihn an. ›Was wollen Sie damit sagen‹, fragte ich. Da erzählte er mir, daß er Cuccia angerufen und ihm einen tüchtigen Schrecken eingejagt habe. Ich war wütend. Sofort ging ich zu seinem Chef, Joseph Macalu-

so, und sagte ihm: ›Mach niemals mehr so einen Blödsinn! Caruso hat das Dümmste getan, was er tun konnte.‹ Macaluso war ein kluger Mann, er verstand sofort.
Unerwünschte Freundschaftsdienste können zur größten Gefahr für einen Mann werden. Niemand weiß das besser als ich!«
Am 7. Dezember sagte Carlo Bordoni, der Starzeuge der Anklage im Prozeß gegen Gleason, Luftig und Carter, aus. Er erzählte dem Gericht, Gleason habe über die Unregelmäßigkeiten bei Franklin Bescheid gewußt und habe als Manager der Banca Unione in Mailand regelmäßig die Instruktionen Sindonas zur Fälschung der Bücher befolgt.
Im Verlauf des Prozesses stellte sich heraus, daß Mitglieder der Jury nicht in der Lage waren, die technischen Aspekte der finanziellen Transaktionen, die den Kern des Prozesses bildeten, zu verstehen. Scott Edward Pardee, ein Volkswirtschaftler und Vizepräsident der Auslandsabteilung der Federal Reserve Bank in New York, wurde als Zeuge berufen, um Klarheit in die Angelegenheiten zu bringen.
»Gut«, sagte Pardee, »fangen wir also an, nehmen wir bei diesen vielen Papieren einfach den Kassakurs, der einfacher zu lesen ist.«
»Was ist ein Kassakurs?« fragte Richter Griesa.
»Das ist der Kurs für Geschäfte mit sofortiger Erfüllung – d. h. nach zwei Tagen oder zum Beispiel, 1. April ... Wir sprechen zum Beispiel in Ausdrücken von 238.90 zu 239, das heißt eine Spanne von zehn Punkten. Nicht zehn Cents, sondern hundertstel Cents.«
»Sie sagten 238.90. Heißt das 2,38 Dollar und dann ein weiterer Cent, geteilt in hundert Teile? Sie sprachen von neunzig – heißt das hundert Promille, die einen Cent ausmachen?«
»Ich weiß es nicht. Hier handelt es sich eher um Gepflogenheiten der Steuer als um Devisenangelegenheiten. Bei uns sind Promille nicht üblich.«
Und so ging es weiter. Das Ende vom Lied war, daß Harold Gleason, Paul Luftig und J. Michael Carter schuldig befunden wurden, gemeinsam die Erlöse der Franklin gefälscht zu haben. Richter Griesa verurteilte alle drei zu jeweils drei Jahren Gefängnis.

»Bei Anklagen seitens des Bundes«, sagte Harold Gleasons Verteidiger Stanley S. Arkin, »ist es immer sehr wahrscheinlich, daß ein Schuldspruch ergeht. Nur ein verhältnismäßig kleiner Anteil der Prozesse vor Bundesgerichten endet mit Freispruch. Ich glaube, die Zahlen schwanken im Jahr zwischen vier und sieben Prozent.
In unserem Fall konnte nicht widerlegt werden, daß ein Verbrechen geschehen war. Es hatte gefälschte Devisentransaktionen gegeben. Es kam darauf an, die Jury zu überzeugen, daß Gleason, Luftig und Carter keine Kenntnis von den Vorgängen hatten. Bis auf den heutigen Tag glaube ich persönlich, daß Gleason unschuldig ist.
Aber wie in vielen Fällen artete die Rechtsfindung in ein Katz-und-Maus-Spiel aus. Die Staatsanwälte des Bundes sind fast immer jung und ehrgeizig. Ihre Entscheidungen darüber, gegen wen Anklage erhoben und mit wem zusammengearbeitet werden soll, basieren meistens nicht auf allzu großer Menschenkenntnis und Erfahrung. Es besteht kein Zweifel, daß es gerade die beiden Männer, Bordoni und Shaddick, die die Anklage zu ihren Zeugen machte, sind, die die Verantwortung für die gefälschten Transaktionen tragen.
Jeder Zeuge, der für die Behörde aussagt, schneidert seine Aussage irgendwie zurecht. Das heißt dann natürlich nicht ›Meineid‹«, Arkin lächelte, »es heißt ›Vorbereitung‹. Bordoni hatte offensichtlich die Hosen gestrichen voll. Ich durchlöcherte seine und Shaddicks Zeugenaussage vollkommen. Doch schließlich nahm die Jury die Tatsache der Anzeige als solche als Schuldbeweis, was freilich nicht behauptet werden darf, aber natürlich oft geschieht.«
Ich fragte Arkin, ob er Sindona jemals begegnet sei. Ja, sagte er; einer der Verteidiger Sindonas, Robert Kasanof, jetzt »chief of corrections« für New York City, war ein guter Freund von ihm. Ich fragte ihn, welchen Eindruck Sindona auf ihn gemacht habe.
»Ich halte ihn für eine brillante, höchst berechnende und durchsetzungsfähige Persönlichkeit.«
Giorgio Ambrosoli, der Mailänder Anwalt, der mit der staatli-

chen Untersuchung und Liquidation der Banca Privata beauftragt war, war mit dieser Aufgabe mehr als vier Jahre beschäftigt gewesen. Am 10. Dezember 1978 wurde er nach New York gebeten, wo er mit dem stellvertretenden Staatsanwalt John Kenney und anderen Behördenvertretern konferierte. Während seiner Abwesenheit las seine Frau Annalori zum wiederholten Male den Brief, den er ihr von seiner ersten Reise bei dieser Untersuchung geschrieben hatte. »Ich werde einen sehr hohen Preis für diese Ernennung zahlen müssen«, schrieb er in diesem Brief vom 25. Februar 1975. »Ich wußte das, bevor ich sie akzeptierte, und bedauere absolut nichts. Für mich bedeutet das eine einzigartige Gelegenheit, meinem Land zu dienen.«

Vier Tage später legte Giulio Padalino, der Inspektor der Banca d'Italia, der die Ambrosiano Bank überprüfen sollte, in Mailand seinen Bericht vor. Er enthielt Enthüllungen über die dunklen Geschäfte der Bank mit dem IOR und ihre schwer durchschaubaren Beziehungen zu einer großen Anzahl von Briefkastenfirmen. Auf der Basis des Padalino-Berichts wurde ein Ermittlungsbeamter, Emilio Alessandrini, beauftragt, eine formelle Untersuchung des Geschäftsgebarens der Ambrosiano Bank in Gang zu setzen.

Eine bekannte, einflußreiche Dame der italienischen Geschäftswelt tauchte eines Tages bei Sindona in New York auf. »Sie hatte schon bessere Tage gesehen«, entsann er sich dieses Besuchs. »Als Sicherheit für einen Kredit hatte sie ihre Juwelen der Banca Nazionale del Lavoro anvertraut. Ihr Sohn beanspruchte ihre Kompetenzen im Rahmen des Familienunternehmens. Sie befand sich gerade in Schwierigkeiten und bat mich, Roberto Calvi zu überreden, ihr Schulden in Höhe von 5 Millionen Dollar zu erlassen, für die er persönlich Schecks unter Verletzung der italienischen Währungsvorschriften ausgestellt hatte. Ich sollte Calvi ihr Versprechen überbringen, daß sie als Gegenleistung dafür sorgen würde, daß ein bestimmter berühmter Politiker zu seinen Gunsten bei der Banca d'Italia und dem Schatzministerium intervenieren würde. Sie beschwor mich, nichts davon ihrem Sohn zu erzählen, sie hatte schreckliche Angst vor ihm. Ich stimmte zu, und sie sagte mir, sie würde mir ein Honorar von 500.000 Dollar zahlen, wenn ich Erfolg hätte.

Ich sprach bei Gellis nächstem Trip nach New York mit ihm. Er, Calvi und die Dame trafen sich dann in Rom. Calvi erließ ihr die Schulden. Die Dame ließ sich allerdings niemals mehr bei mir blicken, auch warte ich noch heute auf das versprochene Geld. Es fällt mir jedoch auf, wenn ich ihr Bild in den Zeitungen sehe, daß sie ihre Juwelen wieder am Halse trägt, und auf den Photos lächelt sie genauso betörend, wie sie mich anlächelte, als sie mir dankte und mich ihrer ewigen Sympathie versicherte.«

Den ersten Anruf erhielt Giorgio Ambrosoli drei Tage nach Weihnachten. Am 5. Januar erfolgte ein zweiter Anruf. Vier weitere folgten im Laufe der nächsten Woche. Der letzte von jenen, den Ambrosoli auf Band aufnahm, stammte vom 12. Januar. »Devi morire come un cano«, sagte die unbekannte Stimme. »Du wirst sterben wie ein Hund.«

»Diese Anrufe«, sagte Sindona, »waren ebensowenig mein Werk wie die Anrufe bei Cuccia. Einer von ihnen erfolgte, wie ich weiß, während Guzzi bei ihm war. Wäre ich der Anstifter dieser Anrufe gewesen, hätte ich es doch sicher vermieden, Ambrosoli einen Zeugen zu verschaffen, noch dazu meinen eigenen Anwalt.«

Ein paar Tage später, ebenfalls in diesem Monat, veröffentlichte »Business Week« einen Artikel »Das schmutzige Spiel des Dollar-Dumping«, in dem Sindona für den Dollar als die einzige wirkliche Leitwährung der Welt eine Lanze brach. Am 29. Januar, dem Datum der »Business Week«-Ausgabe, wurde Emilio Alessandrini, der Mailänder Beamte, der die Ermittlungen gegen die Ambrosiano Bank führen sollte, von fünf Terroristen ermordet, die man als Mitglieder der linken Gruppe Prima Linea identifizierte.

Der Fall Ambrosiano wurde einem anderen Beamten, Luca Mucci, übergeben, der die Guardia di Finanza zu den Ermittlungen hinzuzog.

Roberto Calvi hatte es in der Zwischenzeit nach Peru verschlagen. Der Bürgerkrieg und die Niederlage Somozas in Nicaragua hatten ihn veranlaßt, sich nach einer neuen Basis in Südamerika umzusehen. Seine Gespräche mit dem peruanischen Finanzminister Javier Silva Ruete führten zu der Gründung eines Banco Ambrosiano

Andino in Lima. Durch den Banco Andino wurden mehr als 150 Millionen Dollar in irreversible Kredite für eine von Calvi kontrollierte, in Luxemburg ansässige Briefkastenfirma namens Manic Holding S. A. umgewandelt. Diese Kredite wurden von Banco Ambrosiano-Aktien gedeckt, die im Besitz anderer Briefkastenfirmen in Liechtenstein und Panama waren, welche ebenso über Manic Holding von Calvi kontrolliert wurden.

»Das IOR«, so setzte Sindona auseinander, »war die Treuhandgesellschaft vieler Gesellschaften mit Inhaberaktien, bei denen das Aktienkapital der Ambrosiano Bank angelegt war. Als ich dies entdeckte, konnte ich nicht umhin, Calvi und Gelli zu sagen, sie seien äußerst unklug; und ich riet Erzbischof Marcinkus dringend, das IOR auf seine Rolle als Treuhänder zu beschränken und alle direkten Verpflichtungen zu vermeiden.

Calvi war von den phantastischen Plänen Gellis und Ortolanis wie hypnotisiert. Schon immer war irgendeine verlegerische Tätigkeit ein Hobby von Ortolani gewesen. 1960 hatte er all sein Geld bei dem Versuch verloren, die alte faschistische Nachrichtenagentur, Agenzia Stefani, wiederzubeleben. Später hatte er die römische Tageszeitung ›Il Tempo‹ von Onorevole Angelillo zu kaufen versucht. Jetzt war er eifrig dabei, mit dem Geld der Ambrosiano-Gruppe Zeitungen in Südamerika aufzukaufen. Sein Traum, den er mit Gelli und Calvi teilte, war es, die heimische Presse unter Kontrolle zu bringen, um den Kommunismus zu unterminieren. Ich versuchte ihnen zu erklären, daß dies ein sehr ernster Fehler sei. So etwas dürfe man nicht in aller Öffentlichkeit unternehmen. Castros Verbündete und die anderen Linken dieser Länder würden ihnen niemals verzeihen.

Und alle unsere Pläne, ganz allmählich und ohne Aufsehen Einfluß zu gewinnen, würden dadurch in Gefahr gebracht – ebenso wie Calvis eigenes Leben –, das sagte ich ihm mit Nachdruck, da er das Haupt dieser sich zu weit vorwagenden Gruppe war.

Ich erfuhr auch, daß Gelli seinen südamerikanischen politischen Freunden viel zu sehr nachgab. Sie waren mehr auf ihren eigenen Vorteil bedacht, und er ließ sich auf ihren Vorschlag hin in Grundstücksspekulationen ein! Verpflichtungen in Dollars wurden für

Gesellschaften eingegangen, die sie wegen der galoppierenden Inflation niemals würden einlösen können. Ich erklärte Gelli, die Ambrosiano Bank dürfe sich auf keinen Fall in Kreditvergaben in harten Währungen in diesen Ländern einlassen, ohne sich zuvor durch Swap-Geschäfte gegen Kursverluste abgesichert zu haben. Ich erinnerte ihn daran, daß unsere Aufgabe darin bestand, uns auf die Ansammlung von Bargeldern zu konzentrieren, um sie dann den nationalen Unternehmern in der heimischen Währung zur Verfügung zu stellen. Denn da die ausländischen Einlagen in harter Währung der Gruppe als Sicherheit dienen würden, könnte die Ambrosiano Bank ohne Gefahr Gelder in heimischer Währung horten, da dann die ernsten Risiken einer nationalen Abwertung nicht gegeben seien.

Nachdem ich meinen Bedenken und meiner Unzufriedenheit Ausdruck gegeben hatte, ließen mich Gelli und Calvi mehr und mehr über die Vorgänge in Südamerika im unklaren. Allmählich hegte ich den Verdacht, daß die beiden, anstatt die Bank durch neues Eigenkapital zu stärken, entschlossen waren, weitere Eigenkapitalerhöhungen auf betrügerische Weise durch Kredite an sich selbst zu finanzieren. Gelli hatte nicht den Mut, meinen Verdacht zu bestätigen. Er log und erzählte mir, Calvi informiere ihn nicht mehr darüber, was sich ereigne.

Obwohl die beiden mich in meinen Schwierigkeiten nicht verließen – Calvi insbesondere half mir mit Geld bis zum Ede aus –, schlossen sie mich allmählich von ihren südamerikanischen Plänen aus. Gelli baute ein kompliziertes, ja unüberschaubares Netz von Beziehungen zwischen finanziellen und politischen Institutionen in diesen Ländern auf, in denen er sich wohlfühlte – Argentinien, Peru, Paraguay und Uruguay. Er handelte als Politiker, nicht als Finanzier, und wünschte mich in Unwissenheit über die Details zu halten, da er wahrscheinlich fürchtete, ich würde protestieren.«

Am 19. März erhob die US-Regierung Anklage gegen Michele Sindona und beschuldigte ihn in neunundneunzig Fällen des Betrugs, des Meineids und der Veruntreuung von Bankeinlagen.
Am folgenden Tag veröffentlichte, wie jeden Dienstag, der römi-

sche Journalist Mino Pecorelli eine neue Ausgabe seines politischen Skandalblattes »OP«. Seit der ersten Januarwoche hatte Pecorelli, ein unzufriedenes P-2-Mitglied, gegen Großmeister Gelli im »OP« gehetzt. In der Ausgabe vom 20. März behauptete er, daß die Dossiers des Geheimdienstes, die, wie man angenommen hatte, vor fünf Jahren vernichtet worden waren, tatsächlich von Gelli gestohlen worden waren.
An diesem Abend saß Mino Pecorelli hinter dem Steuer seines geparkten Wagens, als er die letzte Überraschung seines Lebens hatte. Der Lauf einer Pistole schob sich in Pecorellis Mund, zweimal wurde abgedrückt.
Pecorelli hatte sich durch sein »OP« derart viele Feinde gemacht, innerhalb der Regierung und außerhalb, daß die Behörden nicht wußten, wo sie mit ihrer Suche nach dem Mann beginnen sollten, der ihn zum Schweigen gebracht hatte.
Am 9. April beauftragte Sindona Marvin E. Frankel von Prokauer, Rose, Goetz & Mendelsohn mit seiner Vertretung in dem nun beginnenden Prozeß. Frankel, dem als Verteidiger von John J. Kirby Jr. assistiert werden sollte, war ein früherer Rechtsprofessor an der Columbia University und ein US-Bezirksrichter. Als Autor des Buches »Strafurteile« und anderer Bücher hatte er das Gericht im Alter von achtundfünfzig Jahren vor sechs Monaten verlassen. Dies war sein wichtigster Fall, seit er die Richterrobe an den Nagel gehängt hatte.
Zwei Tage danach, am 11. April, traf sich Enrico Cuccia im Regency-Hotel in New York mit Sindona. »Ganz offensichtlich war Sindona mit den Nerven am Ende«, sagte Cuccia später. »Er ging so weit zu sagen, ›meine Söhne würden mich am liebsten umbringen‹.« Sindona lachte ärgerlich über diesen Bericht Cuccias. »Ich würde von meinen Söhnen niemals in dieser Weise sprechen. Überhaupt, sie sich als Killer vorzustellen …« Er lachte wieder, diesmal ohne Ärger.
»Nein, nein«, fuhr er fort. »Am nächsten Tag stellte ich Cuccia wegen seines Ausspruchs zur Rede, ›Sindona muß nicht nur vernichtet, sondern seine Asche muß in alle Winde zerstreut werden‹. Jetzt war er es, der überreizt reagierte. ›Hören wir

auf, über die Vergangenheit zu sprechen‹, sagte er schließlich.«
Am 6. Juli entschied Richter Henry F. Werker, Sindonas ursprünglich vorgesehene Auslieferung nach Italien zu stornieren, mit der Begründung, daß Sindona in Amerika ähnlicher Dinge beschuldigt werde, wie sie ihm die Italiener zur Last legten.
Sechs Tage später schwelgten die Zeitungen New Yorks im Blutrausch. Die siebenundsechzigjährige Carmine Galante, die weithin als Erbin des Imperiums von Carlo Gambino galt, war in einem Restaurant im Bushwick-Bezirk in Brooklyn erschossen worden. Ihre grausam verstümmelte Leiche war ein Fest für Photographen und Reporter, so daß die Zeitungen am nächsten Tag einer anderen blutigen Tat wenig Aufmerksamkeit schenkten, die Stunden vor Galantes Tod in einer Straße Mailands verübt worden war.
Drei Tage lang hatte Giorgio Ambrosoli vor italienischen Justizbehörden, Vertretern der US-Regierung und Sindonas Anwälten ausgesagt und die Ergebnisse seiner langen Ermittlungen dargestellt. Am 11. Juli war seine Aussage beendet. Es war nahe Mitternacht, als er bei seiner Wohnung in der Via Marozzo della Rocca ankam. Er hörte die Schatten, bevor er sie sah. Einer von ihnen rief ihn leise an, er drehte sich um. Vier Kugeln drangen in seine Brust, und er hauchte sein Leben aus.
Sein Killer war der zweiundvierzigjährige William Joseph Arico aus Valley Stream, Long Island. Insektenvertilger von Beruf, Killer von Menschen auf Abruf, hatte Arico den Großteil der letzten zehn Jahre im Zuchthaus Lewisburg, Pennsylvania, wegen Bankraub und Mord abgesessen. In den vergangenen elf Monaten hatte er wenigstens sechs Reisen nach Mailand mit einem falschen Paß gemacht, der den Namen Robert McGovern trug. Er war am Nachmittag des 8. Juli im Hotel Splendido abgestiegen und hatte sich einen roten Fiat 127 gemietet, in dem er und zwei andere Männer am 11. Juli zu Ambrosolis Haus fuhren. Am nächsten Tag kehrte Arico nach New York mit dem Nachmittagsflug Nr. 843 der TWA zurück.
Giorgio Ambrosoli hatte in den Monaten vor seinem Tod ein halbes Dutzend Drohanrufe bekommen. Einige von ihnen, mit de-

nen er gerechnet hatte und die daher aufgenommen worden waren, beschworen deutlich die Gestalt Sindonas im Hintergrund herauf. Doch gibt es eine unverletzliche Regel, nach der Männer wie William Arico operieren. »Wenn du losschlägst, erzähle es vorher niemandem«, lautet diese Regel.
Die Herbsttage rückten heran, doch bevor es soweit war, kam Arico seinerseits um.
Einige Wochen später sprach Sindona mit Calvi im Hotel Carlyle in New York. Er sah sofort, daß Calvi nicht mehr er selbst war. Dunkle Ringe lagen unter seinen Augen, und seine Hände zitterten.
»Sie hatten recht, Michele«, sagte er. »Die Situation in Südamerika hat sich höchst unglücklich entwickelt. Ich wußte nicht genau, was Ortolani und Gelli tun, doch geben sie mir Anlaß zu den größten Befürchtungen. Ich verwende das, wenn ich dort hinfahre« – dabei zeigte er Sindona einen falschen Paß –, »und doch verfolgt man mich, und doch gibt es immer Anrufe.«
»Sie müssen die Zeitungen sofort wieder verkaufen – wenn möglich an unabhängige Gruppen«, sagte Sindona.
Calvi nickte heftig, aber so geistesabwesend, daß Sindona sich fragte, ob er überhaupt zugehört hatte.
»Es ist zuviel, Michele«, sagte er schließlich, »es ist alles zuviel für mich.«
Der Beginn von Sindonas Prozeß wurde auf den 10. September angesetzt. Den Juli über setzte er sich mit seinen Anwälten zusammen, um die wachsende Flut von Dokumenten zu studieren, die sie sich per Rechtshilfeersuchen aus dem Ausland hatten kommen lassen, unter anderem den »Hilton Report«, um die Marschroute der Verteidigung abzustecken. Die Verteidiger versicherten ihm, er könne durchaus mit einem günstigen Ausgang rechnen.
Am Nachmittag des 2. August wurde er beobachtet, wie er auf der Fifth Avenue in der Nähe des Hotel Pierre spazierenging. Er lächelte in der heißen Sommersonne, und die Welt lächelte zurück. Dann aber verschwand er urplötzlich.
Die ganze folgende Woche hielten die Nachrichten von seinem Verschwinden die Welt in Atem. Unter seinem Photo und der

Schlagzeile »Sindona verschwunden«, zitierte die »New York Times« vom 7. August auf der ersten Seite Sindonas Anwalt, Marvin Frankel: »Es hat den Anschein, als sei er gekidnappt worden.« Das Photo in der »New York Post« war noch viel größer und zeigte ihn mit vorstehenden Augen und gestikulierend. »Ist dieser Finanzier gekidnappt worden, oder handelt es sich um eine Finte?« fragte die »Post« in riesigen Lettern.

Kurz nach drei Uhr nachmittags am Freitag, dem 10. August, klingelte das Telefon im New Yorker Büro der ANSA, der italienischen Nachrichtenagentur. »Hier ist die Justiz des Proletariats«, sagte eine unbekannte männliche Stimme. »Michele Sindona wird morgen früh durch ein Todeskommando exekutiert werden.«

Am Dienstag darauf verlautbarte das FBI eine öffentliche Erklärung des Inhalts, daß »jeder, der irgendeine Information über das Verschwinden von Michele Sindona besitzt, sich entweder an die New Yorker Stadtpolizei oder an das Manhattan Büro des FBI wenden solle. Alle Anrufe werden mit strengster Vertraulichkeit behandelt.«

Auch am 10. September wurde Michele Sindona noch vermißt, dem Datum, an dem sein Prozeß beginnen sollte. Bis zu diesem Zeitpunkt hatte seine Familie mehr als zwanzig Briefe von ihm erhalten. In diesen Briefen, die in Brooklyn und Newark aufgegeben waren, erzählte er von Verhören mysteriöser Bewacher, bat aber seine Frau und seine Kinder, sich keine Sorgen zu machen. Am Morgen des 10. September aber kam ein Brief in der Wohnung von Sindonas Tochter und seinem Schwiegersohn in der Park Avenue an. Er war an Piersandro adressiert. »Wenn Sie Wert auf sein Leben legen« – das bezog sich auf Sindona –, »dann geben Sie alle Tatsachen bekannt, über die Sie verfügen!« Der Brief enthielt den Hinweis, daß sie weitere Details von Sindonas Anwalt Rodolfo Guzzi in Rom erfahren könnten.

Guzzi war bereits sieben Tage vorher angerufen worden, und zwar von einer Frau, die sich selbst als Mitglied des »Comitato Proletario di Evasione per una Giustizia Migliore« (Proletarisches Komitee für größere Gerechtigkeit) bezeichnete. Am 21. September öffnete Guzzi einen dicken Briefumschlag mit Poststempel Brooklyn. Darin befand sich ein Photo, das einen ganz abgemagerten Sindona zeigte. Auf seiner Brust befand sich ein handgeschriebenes Plakat: »Il giusto processo lo faremo noi« (Der wirkliche Prozeß wird von uns gemacht). Nicholas Gage beschrieb in seinem Bericht aus Rom, der drei Tage später in der »New York Times« veröffentlicht wurde, daß ihn »das Bild Sindonas sehr an die Photographien Aldo Moros erinnerte, die seine Kidnapper vor seiner Ermordung schickten«.

Dem Bild war ein Brief beigelegt, unterzeichnet mit den Worten: »All dies wurde von mir auf genaue Anweisungen geschrieben, Sindona.« In dem Brief wurde eine Reihe unklarer inquisitorischer Fragen gestellt und nach den Namen von Politikern und Industriellen gefragt, die in fragwürdige Geschäfte mit Sindona verwickelt waren. Die Antworten auf diese Fragen, so bemerkte der »Economist« in der folgenden Woche, »könnten wichtige Figuren der italienischen Politik, des Vatikan und einige der größten Finanzinstitute des Landes in Verlegenheit bringen«.

Am 9. Oktober wurde ein einunddreißigjähriger Mann von der römischen Polizei gefaßt und in Gewahrsam gebracht, als er versuchte, eine Botschaft im Haus von Rodolfo Guzzi abzugeben. Diese Botschaft enthielt nach Auskunft der Polizei eine Bitte Sindonas, ihm einen Paß und »eine große Summe Geldes« zu verschaffen. Der verhaftete Mann war Vincenzo Spatola, der jüngere Bruder Rosario Spatolas aus Palermo. Der ältere Spatola, zweiundvierzig Jahre alt, war Besitzer einer großen Baufirma und der Schwiegersohn des Bruders von Rosario Di Maggio, der als einer der mächtigsten Mafiosi Siziliens galt. Die Brüder Spatola waren Cousins der Brüder Gambino in Amerika. Rosario Gambino in New Jersey war überdies ein Gesellschafter der Montegrappa Costruzioni, einer Tochtergesellschaft der Spatola-Bauunternehmung in Palermo.

Einige Tage später schwärmten Polizisten aus, um die Sommervilla von Rosario Di Maggio in Torretta, in der Nähe von Palermo, zu durchsuchen. Infolge dieser Durchsuchung erlitt Don Rosario einen Herzinfarkt und starb. In der folgenden Woche, am 16. Ok-

tober, wurde Rosario Spatola verhaftet. Die Polizei, die herausgefunden hatte, daß Spatola sich von Ende Juli bis 21. August in New York aufgehalten hatte, fragte ihn, warum er dort hingefahren sei. In Familienangelegenheiten, gab er zur Antwort, und um eine ihm liebe Tante, Salvatrice Gambino, zu besuchen.
Als an diesem Dienstag, dem 16. Oktober, die römische Polizei Spatola verhörte, tauchte Michele Sindona plötzlich wieder an der Ecke Tenth Avenue und 42nd Street in New York auf. Kurz nach elf Uhr vormittags rief er Marvin Frankel von einer Telefonzelle aus an. Gegen Mittag erschien sein Schwiegersohn, um ihn mit sich zu nehmen.
In seinem linken Schenkel war eine Schußwunde. Er wehrte sich gegen die Fürsorglichkeit seiner Familie, doch sie riefen seinen Hausarzt, Dr. Elliott Howard, an, der die Überweisung in ein Krankenhaus veranlaßte. Bei Sonnenuntergang lag er in einem Zimmer im elften Stock des Doctors Hospital, schwer bewacht von Polizeibeamten des Bundes. Am nächsten Morgen beauftragte Richter Thomas Griesa einen Psychiater, Dr. Gustin Goldin, und einen Herzspezialisten, Dr. Meyer Texon, mit einer Untersuchung Sindonas, um zu entscheiden, wann er in der Lage sei, vor Gericht zu erscheinen. FBI-Agenten und Detektive aus New York begannen mit einer langen Reihe von Verhören am Krankenbett.
Im Laufe der folgenden Tage erzählte ihnen Sindona, daß er am 2. August einen Anruf im Hotel Pierre von einem Mann erhalten habe, der sich selbst in perfektem Italienisch als Freund des Anwaltes Rodolfo Guzzi bezeichnete. Der Anrufer sagte, er müsse ihn ganz dringend sprechen, und bat ihn, sich später mit ihm am Hotel Tudor in der East 42nd Street zu treffen. Als Sindona sich an diesem Abend dem Tudor näherte, wurde er von einem bewaffneten Mann überwältigt. Er wurde in ein wartendes Auto gestoßen, ein anderer Mann verband ihm die Augen, und dann fuhren sie ab. Nach etwa drei Stunden kamen sie an einem ruhigen Ort an. Er wurde in einen fensterlosen Raum gebracht, wo er die meiste Zeit während der folgenden zehn Wochen gefangengehalten wurde. Er erriet bald, daß seine Entführer, die ein nördliches Ita-

lienisch sprachen, Linke waren, da sie ihn wegen seiner Wirtschaftsverbrechen ständig attackierten.

Ungefähr drei Wochen vor seiner Befreiung machte er einen Fluchtversuch, als einer seiner Bewacher eingeschlafen war, aber der Wächter wachte auf und schoß ihn ins Bein. Jemand, der offensichtlich medizinische Kenntnisse besaß, behandelte seine Wunde, die stark blutete. Endlich wurden ihm in der Frühe des vergangenen Dienstags wieder die Augen verbunden, sie fuhren mit ihm weg, und ohne weitere Erklärung wurde er freigelassen.

Sindona wiederholte seinen Bericht vor Richter Griesa im Bundesgericht am Nachmittag des folgenden Mittwochs. Seine müden Augen blitzten dann und wann auf, wenn er sich plötzlich an irgendeine Einzelheit erinnerte. Zum Beispiel hatte er sich selbst an dem Nachmittag seiner Entführung zwei Eier gekocht. Der Mann, der ihn auf der Straße überwältigt hatte, sprach Italienisch wie ein Grieche; das Auto war ein beiger Fleetwood, und die Augenbinde schien elastisch zu sein.

Er log einfach wundervoll. Er war noch einmal im Aufwind und genoß die letzten Tage des Herbstes.

X.

Schatten über Sizilien

Ein Jahr bevor er verschwand, hatte Sindona die Bekanntschaft von Konteradmiral Max K. Morris gemacht, der sich damals als Vertreter des Pentagon bei den Vereinten Nationen in New York aufhielt. Admiral Morris teilte Sindonas Überzeugung, daß Sizilien eine Insel von höchster strategischer Bedeutung für die Zukunft der demokratischen Mächte der Welt sei. Am 20. September dieses Jahres machte der Admiral beim Royal Thames Yacht Club Station und schrieb Sindona, er habe seine Ideen mit Admiral Stansfield Turner, dem Direktor der CIA, diskutiert, mit dem er damals in England die Jahrestagung des Instituts für strategische Studien besuchte. Am 6. Oktober schrieb Admiral Morris erneut aus seinem Heim in Jacksonville, Florida, daß »die Konferenz im Institut für strategische Studien viele der aktuellen Probleme aufgegriffen hat, die wir beide erörtert haben«. Nach einem langen Telefongespräch teilte der Admiral Sindona in einem Brief vom 13. Dezember mit, daß »eine Person hohen militärischen Ranges und eine weitere Person des Geheimdienstes an den Informationen, die Sie mir gaben, sehr interessiert« seien. Und er fügte hinzu, da er »keine Möglichkeit gesehen habe, festzustellen, ob diese Leute die Materie weiter verfolgen würden, legte ich ihnen das dringend ans Herz«. Am Schluß schrieb er, »wir alle legen großen Wert auf Ihre Bemühungen zum Nutzen dieses Landes und des Westens überhaupt«.

»Etwa zur gleichen Zeit«, erinnerte sich Sindona, »las ich einen Artikel in ›Panorama‹, der über eine seltsame Konferenz an Bord einer Yacht an der Küste Siziliens berichtete. Der Leiter dieser Konferenz war, laut ›Panorama‹, ein freimaurerischer Arzt namens Joseph Miceli Crimi. Absicht der Konferenz war es, mir Hilfestellung zu leisten. Nach Aussage dieses Artikels reiste Miceli Crimi häufig zwischen Italien und Amerika hin und her und

sollte die Persönlichkeit sein, die den Kontakt zwischen mir und Gelli aufrechterhielt.
Obwohl ich nie im Leben von einem Mann namens Crimi gehört hatte, war ich über diesen Artikel nicht überrascht, da ich längst daran gewöhnt war, daß die italienische Presse Erfindungen über mich als die reine Wahrheit ausgab.
Einige Zeit später jedoch erhielt ich einen Anruf von diesem mysteriösen Doktor Crimi, der sich zuletzt in New York befand und sich mir unter Bezug auf den Artikel in ›Panorama‹ vorstellte. Während unserer ersten Begegnung erzählte er mir von seinem kleinen Enkel, der sehr krank war. Dann berichtete er mir, daß er mit einem anderen Arzt zusammenarbeitete, einem Gynäkologen aus Palermo namens Michele Barresi. Er führte weiter aus, Doktor Barresi sei der ›gran maestro‹ der sehr wichtigen Freimaurerloge ›Camea‹. Ferner sagte er, das Haupt der freimaurerischen Frauenvereinigung Siziliens, Francesca Paolo Longo, sei seine enge Freundin und Assistentin. Es sei schon immer sein Wunsch gewesen, die verschiedenen Freimaurerlogen miteinander zu vereinigen. Er gab zu, Licio Gelli niemals getroffen zu haben, doch bekundete er große Bewunderung und Achtung für ihn.
Nach diesem Treffen bat ich Gelli um Information über Crimi. Gelli sagte, er glaube nicht, daß Crimi ein bedeutender Mann in der Freimaurerei sei, doch sei er ein gewissenhafter Arzt mit einer gutgehenden Praxis und vielen Freunden in Sizilien. Weiter sagte Gelli, Crimi sei der Polizeiarzt in Palermo und der Schwiegersohn des früheren Chefs der dortigen Polizei.
Später sprach ich mit Crimi bei weiteren Begegnungen über viele der Themen, über die ich auch mit Admiral Morris gesprochen hatte. Crimi hatte, wie ich selbst, beobachtet, daß merkwürdigerweise die Kommunisten in Sizilien die Einrichtung der amerikanischen ICBM-Raketen-Basis in Comiso begrüßt hatten. Nur die Pazifisten und die Autonomia Operaia, die Vereinigung der Arbeiter für ein autonomes Sizilien, hatten gegen die Stationierung der Raketen auf Sizilien protestiert. Die Kommunisten und bestimmte Bewegungen im Untergrund sahen aber diese Raketenwaffen nicht ungern, da sie darauf spekulierten, daß sie sie eines

Tages in ihren Besitz bringen und gegen ihre Stationierer würden einsetzen können.

Nach zahlreichen Gesprächen mit Crimi und seinen Freunden und nachdem ich mit meinen eigenen Geschäftsfreunden auf der Insel konferiert hatte, kam man zu dem Schluß, ein Besuch von mir auf Sizilien könnte Kräfte in Bewegung setzen, die eine entscheidende politische Wende bringen würden. Man war der Überzeugung, mein Ansehen in der Region sei so groß, daß ich eine bedeutende Zahl von Stimmen der sizilianischen Wähler für jede politische Idee, die ich propagierte, gewinnen könnte. Man kam überein, ich sollte im Sommer 1979 nach Sizilien reisen, allerdings inkognito, um nicht verhaftet zu werden, da ja noch Haftbefehle gegen mich in Italien vorlagen.

Dann wurde der Franklin-Prozeß gegen mich anberaumt. Ich bat Crimi und meine Freunde, meine heimliche Reise zu verschieben. Doch entgegneten sie mir, es seien bereits Termine festgesetzt worden und viele einflußreiche Beamte und Repräsentanten des Partito Separatista Siciliano hätten ihren Urlaub verlegt oder ganz darauf verzichtet. Wenn meine Reise jetzt abgesagt würde, so hieße dies, alle Sympathien für unsere Pläne zu zerstören. Im übrigen könnte ich rechtzeitig zum Beginn des Prozesses im September zurück sein.

Meine Freunde Joseph Macaluso und Antonio Caruso kannten diese Pläne. Sie waren begeistert von diesem Projekt und waren bereit, mir zu helfen, mich heimlich davonzustehlen.

So verließ ich am 2. August 1979 New York mit einem falschen Bart und einem falschen Paß auf den Namen Joseph Bonamico. Caruso und ich nahmen den TWA-Flug 740 nach Wien, wo ein Freund Macalusos uns erwartete und uns mit dem Wagen über den Brennerpaß nach Italien brachte. Die Grenzpolizisten waren nach Auskunft von Crimi Freimaurerfreunde. In Rom sollten wir das Auto wechseln und mit Hilfe Macalusos nach Sizilien weiterfahren, wo Crimi und seine Freunde uns empfangen würden.

Von Beginn der Reise an gab es Schwierigkeiten. Für den Flug nach Wien brauchten Caruso und ich vier Stunden länger als vorgesehen wegen eines Sturmes in New York und eines weiteren

Sturmes in Wien. Am Flughafen trafen wir Macalusos Freundin, Gabrielle Irnesberger, und den Fahrer Günter Blumauer. Sie erzählten uns, für den Grenzübergang würden wir mindestens sechs Stunden brauchen, da es Stauungen auf der Brennerautobahn gebe. Ich hegte die Befürchtung, daß dadurch der Grenzübergang gefährlich werden könnte, da Crimis Freunde vielleicht schon abgelöst und Interpol auf mein Verschwinden möglicherweise schon aufmerksam geworden war. Ich entschied mich dafür, diese Nacht in Österreich zu bleiben. Wir stiegen im Hotel Berghof in Salzburg ab, und von dort rief ich Crimi in Palermo und Macaluso in New York an.

Macaluso kam am nächsten Tag in Österreich an, und wir zogen ins Hotel Inter-Continental in Wien um. Zwei Tage später reiste ich allein weiter nach Athen mit der Austrian Airlines, Flugnummer 381. Ich stieg dort im Hilton ab, dann wechselte ich nach einem Telefonat mit Crimi auf seinen Rat hin ins Hotel Park über. Caruso kehrte in der Zwischenzeit nach New York zurück. Er hatte zu trinken begonnen und kalte Füße bekommen. Macaluso fuhr nach Sizilien, um dort Crimi dabei zu unterstützen, mich sicher einreisen zu lassen.

Crimi stieß am 9. August in Griechenland zu mir und sagte, er habe ein Boot organisiert, das einem seiner Freimaurerfreunde gehöre. Am 12. August kamen drei seiner Freunde nach Athen. Es handelte sich um Francesco Foderà, Giacomo Vitale und Ignazio Puccio – ebenfalls Freimaurer. Sie sagten, es sei notwendig, unsere Pläne noch einmal zu ändern. Die ›guardacoste‹ – die Küstenwache – habe eine neue Kampagne zur Aufklärung von Zigarettenschmugglern gestartet. Wenn sie unser Boot durchsuchten, könnte ich entdeckt werden. So entschlossen wir uns, ich sollte die Fähre zwischen Patras und Brindisi über die Straße von Otranto nehmen. Zu fünft – Crimi, Foderà, Puccio, Vitale und ich selbst – legten wir in der Nacht des 14. August an Bord der ›San Andrea‹ ab und erreichten Brindisi um vier Uhr am nächsten Nachmittag. Die Zollbeamten kannten meine Gefährten offensichtlich recht gut, und es gab keine Schwierigkeiten. Foderà, Vitale und ich mieteten einen Fiat von Avis und fuhren direkt nach Sizilien. Crimi und

Puccio gingen nach Rom, wo sie dann später den Zug nach Sizilien nehmen wollten.

Um zwei Uhr früh kamen wir in Caltanissetta im Zentrum der Insel an. Ich wurde von Gaetano Piazza, einem anderen Freimaurerfreund Crimis, begrüßt. Francesca Paolo Longo wartete auf mich in der Wohnung Piazzas. Crimi stieß am nächsten Tag zu uns, und wir fuhren schließlich nach Palermo, wo wir uns zum Haus der Signorina Longo an der Via Diodoro Siculo 4 begaben. Von dort aus traf ich die Leute – von denen mir die meisten unbekannt waren –, die Crimi für unser Projekt ausgesucht hatte. Zum größten Teil waren es Mitglieder des Partito Separatista Siciliano und der Freimaurerorganisationen, mit deren Hilfe die ›separatisti‹ arbeiteten. All diese Leute teilten meine Überzeugung, daß die Abtrennung Siziliens von Italien und die Dezimierung der kommunistischen Kräfte auf der Insel mit einem einzigen großen Schlag zu erreichen sei.

Allerdings war Palermo in Aufruhr. Drei Wochen vor meiner Ankunft war Boris Giuliano, der Chef der Anti-Mafia-Polizei Palermos, der Squadra Mobile, in der Bar Lux erschossen worden. Noch waren Straßensperren errichtet, und viele von den Leuten, mit denen ich sprechen sollte, befürchteten, sie könnten überraschend mit mir, einem Flüchtling vor der italienischen Justiz, entdeckt werden. Jedenfalls machten es mir die Umstände in Palermo sehr schwierig, mich in der Stadt zu bewegen. Um meine Spuren zu verwischen, schrieb ich Briefe an meine Familie und Anwälte, daß ich gekidnappt worden sei – Briefe, die in den Vereinigten Staaten zur Post gegeben wurden.

Am Ende dieses Monats entschloß sich Dottore Crimi, nach Amerika zu fahren, um mit Johnny Gambino zu sprechen. Crimi kannte nicht nur, wie ich, Gambino, sondern hatte auch seinen Vater gekannt, der ihm unter anderem einen Cadillac geschenkt hatte. Gambino wußte bis dahin nicht, wo ich mich befand. Er wußte nur das, was er in den Zeitungen las. Nach Crimis Besuch bei ihm war er bereit, mich hier aufzusuchen. Am 6. September kam er in Palermo an, und wir trafen uns in Signorina Longos Haus. Er machte mir klar, daß mein Aufenthalt in Palermo für viele

Menschen Gefahren heraufbeschwören könnte. Daher schlug er mir vor, die Stadt zu verlassen, und bot mir an, mich in eine Villa in dem Dorf Torretta zu bringen. Diese Villa, nicht weit von Palermo, gehörte dem Schwiegersohn seines Cousins Rosario Spatola.
Gambino hatte mich seinerzeit in New York mit Spatola bekannt gemacht. Ich sollte ihm behilflich sein, auf die Liste der Bewerber zu kommen, die mit Erlaubnis des Arbeitsministers an einer Ausschreibung der Regierung für Bauprojekte im Werte von über 6 Milliarden Lire teilnehmen konnten. Damals war Spatolas Gesellschaft nur befugt, sich um Aufträge in den niederen Preiskategorien zu bewerben. Ich sagte Spatola, gerne würde ich ihn mit Freunden in Rom bekannt machen, doch sei es erst nötig, eine Mappe mit Bankreferenzen zusammenzustellen. Die zwei größten Banken auf Sizilien, Banco di Sicilia und Cassa di Risparmio delle Province Siciliane, stellten vorzügliche Referenzen aus. Es hieß darin, Gambino sei ein solider Bauunternehmer mit Bankkrediten von einigen Milliarden Lire. So war es mir möglich, ihn mit einer Empfehlung nach Rom zu meinem Anwalt Rodolfo Guzzi zu schicken.
In Torretta lebte ich mit Gambino, Crimi und Signorina Longo zusammen. Macaluso besuchte mich ebenfalls und brachte eine amerikanische Schreibmaschine mit, die er von Caruso hatte kaufen lassen. Ich schrieb meine Briefe an meine Familie und Anwälte auf dieser Maschine, um den US-Briefmarken noch mehr Glaubwürdigkeit zu verleihen.
In der Zwischenzeit war ein zweiter schrecklicher Mord in Palermo verübt worden: Cesare Terranova, ein Richter, der in der parlamentarischen Mafiakommission mitgearbeitet hatte, war niedergeschossen worden. Die Streitkräfte der Polizei in der Gegend wurden verstärkt, und unsere Begegnungen mit den Freimaurern und Separatisten wurden noch schwieriger. Bei diesem Stand der Dinge, so wurde mir klar, war es unmöglich, unsere Pläne auszuführen. Ich entschied mich, nach New York zurückzukehren und erst nach dem Prozeß nach Sizilien zurückzukommen, da ich mir sicher war, freigesprochen zu werden.
Doch Crimis sizilianische Freunde wollten diese Entscheidung

nicht gelten lassen. Sie befürchteten, daß die US-Behörden mich irgendwie, vielleicht durch kriminelle Maßnahmen der Justiz, zwingen würden, die Namen der an unseren Plänen beteiligten Leute preiszugeben, was dann zu ihrer Strafverfolgung in Italien führen würde. Ich beruhigte sie, doch sie wurden ihrer Furcht nicht Herr. Da entschloß ich mich, mir eine Kugel ins Bein schießen zu lassen. Sie stimmten mir zu, daß das wahrscheinlich jeden Zweifel der Behörden an meiner Entführungsgeschichte beseitigen würde.
Also schoß am 25. September Dottore Miceli Crimi, assistiert von John Gambino und Signora Longo, eine Kugel in mein linkes Bein. Sechs Tage später ergab sich die Gefahr einer Infektion, so daß ich nach Palermo zurückkehrte, wo die Wunde behandelt werden konnte. Am 8. Oktober, als ich mich besser fühlte, flogen John Gambino und ich nach Mailand. Von dort gelangten wir in einem Wagen, der von Gambinos Freunden gefahren wurde, nach Österreich. Einige Tage später, am Samstag, dem 13. Oktober, flog ich von Frankfurt mit dem TWA-Flug Nummer 741 nach New York zurück. Am Kennedy-Flughafen schmuggelte mich eine Freundin Gambinos an den Zollkontrollen vorbei und führte mich zu einem Lieferwagen, mit dem ich zu einem Haus in New Jersey fuhr. Dort blieb ich bis zum nächsten Dienstagmorgen und erholte mich, bis Johns Bruder Rosario mich wieder nach Manhattan brachte.
Und das ist alles.«
Im Gefängnis in Voghera und auch später in einem Brief sagte ich Sindona, es habe den Anschein, daß seine Geschichte noch einige Lücken aufweise. Er schrieb zurück:»Über mein Untertauchen in Sizilien habe ich Ihnen alles erzählt. Nur die Namen der hohen Beamten, Militärs und Industriellen, die an unserem Plan beteiligt waren, habe ich verschwiegen. Die Enthüllung dieser Namen würde nur dazu führen, daß die Existenz von Leuten vernichtet würde, die an mich glaubten und mir vertrauten.« Er schickte mir dann einen Auszug aus einem unterdrückten FBI-Report, in dem es hieß:»Die US-Regierung war sich völlig über die Pläne für eine sizilianische Revolution und über Sindonas Rolle dabei im klaren und begünstigte sie.«

Jedoch erzählte Sindona auch, daß sich in diesem sizilianischen Sommer noch mehr ereignete als nur der Traum von einer Revolution. Die Pläne für eine ökonomische Strategie im Nahen Osten, die er seinerzeit für den Schah von Persien und seinen Premierminister ausgearbeitet hatte, waren nach der Machtübernahme des Ayatollah Khomeini im Jahre 1979 der königlichen Familie von Saudi-Arabien zur Kenntnis gebracht worden. Von dort waren sie in die Hände von Oberst Muammar al-Kadhafi gelangt, der einen Weg suchte, seine sogenannten Petrodollars so anzulegen, daß er, vielleicht durch den Kauf strategisch wichtiger Güter, sich eine für Amerika bedrohliche wirtschaftliche Macht aufbauen könnte. Und im Verlauf dieses Sommers wurde Sindona auf seiner Geburtsinsel von Emissären Kadhafis aufgesucht. Als Gegenleistung für seine eventuelle Beratertätigkeit wollte der junge Diktator Sindona Geld und Asyl gewähren sowie die Unterstützung Libyens bei seinen Problemen mit der italienischen Regierung.

Sindona war sich des beträchtlichen Einflusses Kadhafis in Italien längst bewußt, wo Libyen große Vermögensanteile an Industrien und Immobilien besaß. Doch erfuhr er jetzt auch von Tatsachen, die er so nicht für möglich gehalten hätte.

»Ich hörte von Karl Hansch, einem Mann, der von den wenigen Leuten, die ihn kannten, el-Hanesch genannt wurde.

In den jüngst verflossenen Jahren«, fuhr Sindona fort, »wurde die beste Arbeit in Libyen von den französischen Geheimdiensten geleistet, dem israelischen Mossad, den Algeriern, den Ägyptern und den Türken. So weit, so gut. Sie alle arbeiteten mit dem CIA und dem DIA zusammen. Doch die wirklich bestinformierten Dienste sind der sowjetische Geheimdienst, KGB und GRU, und der ostdeutsche Geheimdienst, geleitet von Karl Hansch in Tripolis.

Es sind jetzt mehr als zehn Jahre, daß Hansch als Kadhafis ideologischer Berater fungiert. Hansch war es – oder besser seine islamische Inkarnation: el-Hanesch –, der insgeheim die Abfassung des sogenannten ›Grünen Buches‹ veranlaßte und die Theorie von den ›drei Strömen‹ entwarf, die dann vom Historischen Forschungszentrum in Tripolis weiterentwickelt wurde. Bei diesen ›Strömen‹

handelt es sich um den Arabismus, den Panislamismus und den Panafrikanismus. Die Theorie besagt, daß in unserer Gegenwart ein unaufhaltsamer historischer Prozeß auftreten müßte, der alle großen Mächte unter Allah vereinigen würde. Vom Magreb aus, das heißt Nordafrika vom Roten Meer bis zum Atlantik, würde sich diese Vereinigungsbewegung bis zu den arabischen Ländern jenseits des Roten Meeres ausbreiten und schließlich die islamischen Länder Asiens und Schwarzafrikas erreichen.

Hansch ist auch der Chef von Kadhafis Leibgarde und für seine persönliche Sicherheit verantwortlich. Die Geheimhaltung, mit der Hansch jede Bewegung Kadhafis umgibt, ist praktisch undurchdringlich. So startete z. B. im März 1978 eine Gruppe revolutionärer libyscher Offiziere eine Rakete mit dem Ziel, einen Hubschrauber, in dem ihrer Meinung nach Kadhafi auf einem Kontrollflug über Tripolis saß, zu zerstören. Doch statt dessen wurde Werner Lamberz, ein ostdeutscher Agent, getötet. 1980 wurde ein ganz ähnliches Unternehmen zu einem Fehlschlag. Kadhafis offizielles Flugzeug wurde abgeschossen, als es von einem Besuch in Moskau zurückkehrte. Doch Hansch hatte es so eingerichtet, daß der Oberst in einem weniger verdächtigen Flugzeug saß, das dem ersten folgte.

Bei all diesen Sicherheits- und Spionageaufgaben wird Hansch von ungefähr zweihundert Leuten unterstützt, die teils aus dem ostdeutschen MfS, teils aus der libyschen Militär- und Polizeihierarchie stammen. Diese Kräfte waren es, die später unter der Führung von Hansch den Streik der Garnison Tobruk, der im Frühjahr 1981 mit Hilfe der französischen und ägyptischen Geheimdienste organisiert worden war, niederwarfen.

Karl Hansch, dieser kaum bekannte deutsche Mohammedaner, ist es auch, dem die Terroraktionen und Guerillatrainingslager unterstellt sind, durch die sich Kadhafi und Libyen den Haß der Welt zugezogen haben.

Doch« – Sindona lächelte, und seine Augen verengten sich – »was sich dort in Libyen abspielt, ist mehr ein bloßes Schattenspiel, ein Feuerchen in der Wüste, das unterhalten wird, um die Augen der Welt von der eigentlichen Wahrheit abzulenken.

Libyen ist heute in Wirklichkeit nur die gewalttätige Hure Rußlands – eine Organisation, mit deren Hilfe Ostdeutschland unter sowjetischem Befehl Aktionen durchführt, die die Verunsicherung und den schließlichen Rückzug der amerikanischen, französischen und anderen NATO-Streitkräfte im Nahen Osten, ja letztendlich die Destabilisierung und den Bruch der Allianz der Westmächte bewirken sollen. Für dieses Ziel stellt der Islam in völliger Blindheit unzählige Menschen zur Verfügung, die sich selbst bereitwillig für etwas opfern, was sie für eine heilige Sache halten – Menschen vor allem aus der Hisbollah und anderen schiitischen Sekten, die das Martyrium als Eingangspforte zu einem immergrünen Paradies, zu einem heiligen, ewigen Orgasmus betrachten. Sie bemerken nicht, daß die Stimme Allahs und die Stimme des Kreml durch el-Hanesch und seine Helfershelfer zu einer einzigen verschmolzen sind.
El-Hanesch arbeitet eng mit Markus ›Mischa‹ Wolf zusammen, dem Kopf des MfS, des ostdeutschen Geheimdienstes. Wolf war ein persönlicher Freund von Juri Andropow, er ist der einzige Jude, der in den Ostblockländern eine Spionageorganisation leitet. Als seinerzeit Andropow noch Leiter des KGB war, wurde Wolf die Reorganisation der Geheimdienste Bulgariens und der Tschechoslowakei anvertraut. Unter Wolf wurden Geheimagenten aus dem Nahen Osten sowie aus den Ostblockländern in Potsdam ausgebildet.
In Tripolis arbeitet Wolfs Vertrauter Hansch darauf hin, im Sinne langfristiger politischer Kalkulationen Konflikte zu vervielfältigen und den Terrorismus in allen arabischen und islamischen Ländern anzufachen. Die Ausbildung der libyschen Armee – inzwischen etwa über siebzigtausend Mann – liegt hauptsächlich in den Händen von eintausendzweihundert sowjetischen und achthundert kubanischen Militärexperten. Die MiG-Piloten werden von Nordkoreanern und Pakistanis ausgebildet. Noch über dem Deutschen und dem Juden, Hansch und Wolf, sitzt Geidar Ali Aliyew, der frühere Chef des aserbeidschanischen KGB und jetzt ordentliches Mitglied des Politbüros, und beaufsichtigt sämtliche Untergrundaktivitäten im Nahen Osten.

Aufgrund der Informationen, die ich in Sizilien und später durch gewisse Personen der Compagnie Française des Pétroles, meinen Partnern bei CTIP, bekam, war ich nicht überrascht, daß allein die italienischen Truppen bei terroristischen Aktionen im Libanon verschont zu werden pflegen. Ich war nicht überrascht, daß Premierminister Bettino Craxis Verurteilung der israelischen Vergeltungsangriffe gegen das Kommando der PLO in Tunesien im Herbst 1985 heftiger ausfiel als die Reaktion der Regierung Tunesiens selbst. Und ich war auch nicht überrascht, als Italien Abdul Abbas, den Führer der PLO, nach der ›Achille Lauro‹-Affäre ohne weiteres freiließ. Denn ich wußte, durch welche Interessen Italien und die libysche Terroristenorganisation miteinander verbunden sind.

Am 6. Februar 1984 unterzeichneten in Tripolis Vertreter der italienischen und der libyschen Regierung einen Geheimvertrag. Gegenstand dieses Vertrags, über den man mehr als ein Jahr lang verhandelt hatte, war unter anderem die Bereitschaft Italiens, Libyen mit dem strategischen Material zu versorgen, dessen Export von den Vereinigten Staaten verboten worden war.

Wie Tecnopetrol, das von der Compagnie Française des Pétroles kontrolliert wird, sollte SNAM Progetti in Italien Libyen mit Ausrüstungen für Bewässerungs- und Bohranlagen sowie küstennahe Raffinerien beliefern. SAIPEM stellte Saipem II für Forschungsunternehmen im Hinblick auf libysche Wasservorräte zur Verfügung, ein Gerät, das bis in eine Tiefe von über tausend Metern vordringen kann. Einige Verträge wurden geschlossen, die den Anschein erwecken sollten, als ob sich alle diese Aktivitäten innerhalb des Rahmens der NATO-Sanktionen und des Ersuchens der Reagan-Administration abspielten. Aber damit nicht genug. Über SNAM Progetti stellte AGIP Nucleare dem Kadhafi-Regime sogar westliche Nukleartechnologien zur Verfügung. All diese Gesellschaften – SNAM Progetti, SAIPEM, AGIP Nucleare – werden von ENI kontrolliert; und ENI steht seinerseits völlig unter Kontrolle der italienischen Regierung.«

Nachdem mir Sindona dies alles erzählt hatte, berichtete 1985 »Euromoney«, das monatlich zum Preis von neun Dollar erscheinende internationale Finanzmagazin, die Verluste der ENI seien von der gravierenden Summe von 1,37 Billionen Lire 1983 auf wesentlich rosiger aussehende 100 Milliarden Lire im Jahre 1984 gefallen. Eine öffentliche Neuausgabe von SAIPEM-Aktien war sehr erfolgreich gewesen, und Mario Gabrielli, der Leiter der Finanzabteilung bei ENI, machte sich Hoffnungen, 1986 an der New Yorker Börse notiert zu werden. »Wir werden ganz groß einsteigen«, wurde Gabrielli zitiert, »weil es die erste in Amerika an der Börse notierte italienische Aktie sein wird, und weil wir die Notierung der SAIPEM-Aktie als Einführung der gesamten ENI-Gruppe in den Vereinigten Staaten betrachten.« Dies bedeutete, wenn Sindonas Mitteilungen richtig waren, daß Amerika bald soweit sein würde, seinen eigenen Niedergang zu fördern.

»Es war in Sizilien«, sagte mir Sindona, »wo sich mir Kadhafis Unterhändler näherten und wo ich von all diesen Dingen erfuhr. Denn in Sizilien leben die Agenten von Kadhafis geheimen Wirtschaftsinteressen. In einem Büro in Catania sitzen ein Anwalt namens Michele Papa und sein Mitarbeiter Signor Novello und beschützen ihren großen Wohltäter. Alle Anteile, die Kadhafi durch die Libysch-Arabische Bank hält – die 13,5prozentige Beteiligung an FIAT, die nur noch der Beteiligung der Agnelli-Familie selbst nachsteht, und die Majorität an der riesigen Tamoil-Gesellschaft – werden von seinen Strohmännern in Sizilien und von der kleinen Insel Pantelleria aus, auf halbem Wege zwischen Sizilien und Tunesien, gepflegt und verwaltet. Die Zukunft wird die Beschlagnahme der amerikanischen Raketenbasen in Sizilien durch die Kommunisten bringen, im Zusammenwirken mit einer libyschen Terroristengruppe von etwa dreihundert Mann, die sich bereits auf der Insel befindet – dem Gegenstück zu der noch größeren libyschen Gruppe im Untergrund, die in Amerika auf ihren Einsatz wartet. All dies ist Teil der Zeitbombe, die auf dem tiefen Haß zwischen Arabern und Juden beruht, welcher vielleicht mehr rassisch als religiös begründet ist.

Sie sehen also«, sagte er lächelnd, »es ist Kadhafis Hoffnung und Überzeugung, daß die Insel Sizilien eines Tages wieder dem Islam anheimfällt und daß Palermo wieder zu al-Madinah wird.«

Im Januar 1986 wurden in Libyen russische SAM-5-Raketen installiert, und vor der Küste fanden Manöver der sechsten amerikanischen Flotte statt. Inmitten dieser Ereignisse sandte Oberst Kadhafi über seine Botschaft in Rom eine Mitteilung an den Präsidenten Rino Nicolosi in Sizilien. Darin sprach er in warmen Worten vom »mare di pace e amore« (dem Meer des Friedens und der Liebe), zu dem »unser Mittelmeer« eines Tages wieder werden würde.

Sindona erzählte seiner Frau und seinen Kindern, daß das Kidnapping eine Lüge gewesen sei; aber er sagte es nicht seinen Anwälten. Richter Griesa legte den Prozeßbeginn von neuem fest und erlaubte Sindona, auf freiem Fuß zu bleiben, solange er einen privaten, vom Gericht genehmigten Sicherheitsdienst bezahlte.

Die Weltpresse beschäftigte sich nach längerer Zeit wieder einmal mit ihm, während er auf den Prozeß wartete. In seiner Ausgabe vom 4. November veröffentlichte das italienische Wochenmagazin »L'Espresso« einen Artikel, in dem der frühere Richter Marvin Frankel als ein »fragwürdiger« Verteidiger, der Sindona aufgezwungen worden sei, bezeichnet wurde. Man behauptete, Frankel habe gewußt, daß für den 2. August von Sindona eine Mafiaversammlung geplant gewesen sei, also am Tage seines Verschwindens. Vom 6. Januar bis 3. Februar brachte die »Sunday Times« in London, inzwischen herausgegeben von dem sensationsgierigen Rupert Murdoch, eine fünfteilige Fortsetzungsserie unter dem Titel »Der Mann, der die Welt belog«. Die letzte Fortsetzung mit der Überschrift »Sindona und die Mafia« schloß mit einem Bericht über seine Rückkehr nach New York im Oktober: »Er hatte eine Schußwunde im Schenkel. Von da an hielt er sich strikt an die ›omertà‹, die Regel des Schweigens.« Was John Gambino betrifft, so zitierte der Artikel Paul Rao Jr., einen New Yorker Anwalt, der verschiedene Mafiosi vertreten hatte. Als er nach Gambino befragt wurde, tat Rao die Frage mit einem Achselzucken ab: »Gambino ist ein Niemand«, sagte er.

Ich rief Paul Rao Jr. an und las ihm das ihm zugeschriebene Zitat vor.

»Das habe ich niemals gesagt«, sagte er. »Erstens pflege ich mich über niemanden so zu äußern, zweitens habe ich diesen Artikel niemals gesehen, und ich kann Ihnen versichern, daß dies nicht meine Worte sind. Nicht einmal eine Verdrehung irgendwelcher Worte von mir.«
Rao erzählte mir, er sei Sindona 1975 begegnet, als er als Präsident der »Amerikaner für ein demokratisches Italien« fungierte. »Niemals habe ich in all den Jahren, in all den Prozessen, den Verhören, an denen ich teilgenommen habe, und all den Bändern, die ich abgehört habe – und es gab eine Menge davon –, gehört, daß ein Mitglied des organisierten Verbrechens Michele Sindonas Name erwähnt hätte. Viele von ihnen habe ich vor Gericht vertreten, und nicht einer von ihnen hat sich jemals irgendwo auf ihn bezogen oder behauptet, ihn gekannt zu haben.«
In der dritten Januarwoche, als die Fortsetzungsserie in der »Sunday Times« lief, veröffentlichte die »Village Voice«, eine andere Erwerbung Rupert Murdochs, ihre Version der Sindona-Story: »Ein Kapitel aus dem ›Paten‹?« Dieser auf »Ermittlungen« beruhende Bericht zitierte nur eine neue Quelle – Marvin Frankels Sekretärin: »Mr. Frankel hat Ihnen nichts zu sagen« – und verwendete den schönen Ausdruck »wie in einem Stück von Pirandello«.
Inzwischen hatte Sindona wieder von Calvi gehört, der ihn aus Zürich angerufen hatte. Er wirkte viel ruhiger als das letzte Mal, doch kam es Sindona so vor, als spreche er wie ein Verrückter.
»Nicht nur hatte er seine südamerikanischen Zeitungen nicht verkauft, sondern er sprach auch davon, die Rizzoli-Gruppe gänzlich übernehmen zu wollen. Die Ambrosiano Bank hatte auf das Drängen von Gelli und Ortolani hin große Summen von Krediten an Rizzoli ausgegeben, und Ortolani hatte einen Platz im Aufsichtsrat bei Rizzoli bekommen. Ich sagte Calvi, er bewege sich geradewegs auf seinen Untergang zu. Niemals würde man es ihm gestatten, eine Verlagsgruppe von der Bedeutung Rizzolis zu kontrollieren, auf jeden Fall niemals Italiens angesehenste Zeitung, den ›Corriere della Sera‹, der seit 1974 Rizzoli gehörte.
›Mit dem »Corriere della Sera« im Rücken‹, antwortete Calvi ent-

schlossen, ›wird niemand in Italien es wagen, Hand an mich zu legen. Es ist meine letzte Chance, mich gegen Leute zu verteidigen, die mich lebendig begraben wollen, so wie sie Sie begraben haben.‹

Ich wußte, daß Calvi unter dem Einfluß von Gelli und Ortolani stand«, fuhr Sindona fort. »Die geplante Übernahme von Rizzoli und des ›Corriere‹ ging auf Ortolanis Rachegelüste zurück; an der Welt der Medien wollte er Vergeltung üben, weil sie ihn verschiedene Male zurückgestoßen hatte.«

Calvi, Gelli und Ortolani trieben ihre Pläne voran. Gelli trug neue Namen in seine P-2-Mitgliederlisten ein: Angelo Rizzoli; den Direktor der Rizzoli Gruppe, Bruno Tassan Din; und Franco Di Bella, den neuen Herausgeber des »Corriere«. Calvi eröffnete eine weitere südamerikanische Bank, den Banco Ambrosiano de America del Sud, mit Hauptsitz in Buenos Aires. Die Gründung wurde in den argentinischen Zeitungen gefeiert, die der kürzlich von Rizzoli erworbenen Avril-Gruppe gehörten. Zu einem späteren Zeitpunkt des Jahres 1980 ließ sich Gelli im »Corriere della Sera« über seine politische Philosophie interviewen. Die Zeit sei gekommen, so führte er aus, das parlamentarische System abzuschaffen und eine Präsidial-Republik an seine Stelle zu setzen.

Gelli besuchte Sindona häufig in New York. Bei einem ihrer Treffen, als Gelli nach Buenos Aires unterwegs war, bat ihn Sindona, dem argentinischen Diktator Jorge Videla, der 1976 den Staatsstreich gegen Isabelita Perón durchgeführt hatte, eine Botschaft zu überbringen.

»Die Carter-Administration hatte meinen Anwalt Marvin Frankel in eine Kommission berufen, die die Verletzung der Menschenrechte in Argentinien untersuchen sollte«, sagte Sindona. »Er kannte meine Beziehungen zu Gelli und fragte mich, ob Gelli vielleicht seinen Freund Videla überreden könnte, die Folterungen und Morde einzustellen, die unter seinem Regime an der Tagesordnung waren. Ich schlug Gelli vor, er solle Präsident Videla erklären, die Millionen der Ambrosiano Bank könnten ebenso leicht aus seinem Land wieder abgezogen werden, wie sie dort angelegt worden waren. Einige Tage später erzählte Gelli nach seiner

Rückkehr von Südamerika, er habe mit Videla gesprochen. Aber gegen die Folterungen in Argentinien sei nichts zu unternehmen. Sie seien ein alltäglicher Bestandteil des politischen Lebens dort. Doch sagte Gelli, Videla habe ihm versichert, es werde in Zukunft weniger Fälle von ›spurlosem Verschwinden‹ geben. Und tatsächlich gab es im nächsten Jahr nur ungefähr siebzig Fälle spurlosen Verschwindens, im Vergleich zu mehr als siebzehnhundert im Jahr davor.«

Videlas Freundschaft zu Gelli war indessen bald nur noch von geringem Wert. Er verlor 1981 die Präsidentschaft. Vier Jahre später wurde er wegen seines »schmutzigen Krieges« gegen das argentinische Volk zu lebenslänglichem Gefängnis verurteilt, annähernd neuntausend Argentinier waren während seiner Schreckensherrschaft verschwunden.

Am 11. Januar 1980 wurde eine neue Anklage gegen Sindona erhoben, jetzt mit neunundsechzig Punkten, die die ursprüngliche Anklage mit neunundneunzig Punkten ergänzten. Der Beginn des Prozesses wurde von Richter Griesa auf den 6. Februar festgelegt. Der »Mann Gottes« entschied jetzt, es sei höchste Zeit, sich der Dienste und Fürbitte einiger Freunde zu versichern.

Und welchen besseren Weg gab es, das Gericht von seiner Unschuld zu überzeugen, als die Kirche selbst zum Zeugen anzurufen? Sindona rief seine Cousine Anna Rosa an, eine Schwägerin des verstorbenen Monsignore Amleto Tondini und eine enge Freundin des Kardinals Guerri. Er bat sie, festzustellen, ob der Kardinal zu seinen Gunsten aussagen würde. Kurz darauf hörte er von Guerri, er und Kardinal Caprio würden es sich zur Ehre anrechnen, für ihn einzutreten. Sindona bat dann auch seinen Freund Mark Antinucci, sich der Mitwirkung des Erzbischofs Marcinkus zu versichern. Nach einem Gespräch mit Guerri und Caprio sagte der Erzbischof zu Antinucci, er möge Sindona veranlassen, ihm einen Brief mit den Aussagen, die er gemacht haben wolle, zu schreiben.

Am 24. Januar beeindruckte Marvin Frankel Richter Griesa mit der Nachricht, drei »heilige« Männer aus dem Vatikan würden als Zeugen der Verteidigung auftreten. Da es nach den politischen

Regeln des Vatikan einem Prälaten nicht möglich war, persönlich vor Gericht zu erscheinen, kam man überein, daß sie ihre Aussagen in der amerikanischen Botschaft in Rom auf Band sprechen sollten, wo sie von Frankel und dem stellvertretenden US-Anwalt John Kenney befragt werden würden.

Die Zusammenstellung der Jury war einigermaßen schwierig. Mrs. Winkler sagte, sie könnte die nervliche Belastung nicht aushalten, während Mrs. Stallworth fürchtete, in ihrem Hotel niederzukommen. »Ich kann nicht gut genug Englisch«, gab Mrs. Martinez zu bedenken. Eine andere Mrs. wollte die Geburtstagsparty ihrer siebenjährigen Tochter nicht versäumen; wieder eine andere hatte eine kranke Mutter.

Die Zusammensetzung der Jury stand noch nicht fest, als Frankel und Kenney nach Rom abreisten.

Während Kenney in der Botschaft wartete, begab sich Frankel in den Vatikan, um dort Guerri, Caprio und Marcinkus aufzusuchen. Er fühlte sofort, daß etwas nicht stimmte. Guerri und Caprio waren offensichtlich in großer Verlegenheit. Marcinkus sprach in ihrem Namen und erklärte Frankel ruhig und zurückhaltend, der neue »Außenminister« des Vatikan, Kardinal Agostino Casaroli, der vor sechs Monaten von Papst Johannes Paul II. ernannt worden war, habe ihnen verboten, auszusagen. Cardinal Casaroli wolle keinen Präzedenzfall schaffen.

Frankel wandte ein, daß, wenn die versprochene Zeugenaussage vor Gericht nicht zur Verfügung stünde, Sindonas Glaubwürdigkeit einen empfindlichen Schlag erleiden würde. Marcinkus aber blieb fest und weigerte sich, die Angelegenheit noch einmal mit Casaroli zu diskutieren.

»Ich habe den Verdacht«, sagte Sindona später, »daß Kardinal Casaroli Marcinkus um seine Meinung gebeten hatte und daß Marcinkus erklärte, die Aussage würde von den Regierungen der Vereinigten Staaten und Italiens vielleicht als unfreundlicher Akt ausgelegt werden. Vielleicht erinnerte er Staatssekretär Kardinal Casaroli daran, daß nur wenige Wochen zuvor, im November, Italien erklärt hatte, der Katholizismus sei nicht länger Staatsreligion. Auf jeden Fall bin ich ganz sicher, daß es Marcinkus war,

nicht Casaroli, der dazu beitrug, mein Schicksal zu besiegeln. So entdeckte ich also schließlich, welchen Wert es hat, ein ›Mann Gottes‹ zu sein. Ich weiß jetzt, daß die Macht des Vatikan auf der Dauer beruht. Wir müssen sterben, die Kirche nicht. Die Dauer eines Lebens ist nichts gegen die Jahrhunderte, in deren Rhythmus sich der langsame Pulsschlag des Vatikan vollzieht. Sie verurteilen Galileo und rollen den Fall dreihundert Jahre später wieder auf. Es handelt sich einfach um die große Maschine der Zeit. Leute wie Marcinkus sind die Rädchen darin, sie werden ausgewechselt, wenn sie nicht mehr funktionieren, jedes halbe Jahrhundert etwa. Es ist entsetzlich.
Ich bin davon überzeugt, daß Guerri und Caprio mir helfen wollten. Doch waren es Menschen alten Schlags, die nach dem alten vatikanischen Prinzip des Gehorsams lebten.«
Einige Jahre später befragte ich Kardinal Guerri, kurz vor seinem achtzigsten Geburtstag, über Sindona, da ich wissen wollte, wie seine nie zustandegekommene Zeugenaussage gelautet hätte. In einer mit seiner Unterschrift versehenen Bestätigung, die in der geschwungenen Handschrift einer anderen Epoche geschrieben war, berichtete der Kardinal über die Geschäfte der SGI und der Condotte d'Acqua.
»Ich bestätige hiermit«, schrieb der Kardinal, »daß bei allen Verhandlungen Avvocato Sindona sich in äußerst korrekter Weise und mit der größten Fairneß verhalten hat.«
Als Phil Guarino, ein Freund Sindonas in Washington, hörte, daß das Versprechen des Vatikan im Fall Sindona zurückgenommen war, schrieb er am 11. Februar 1980 einen Brief an Licio Gelli in Italien: »Caro, carissimo Gelli, wie gerne würde ich dich sehen! Die Sachen stehen immer schlechter für unseren Freund, sogar die Kirche hat ihn fallenlassen. Vor zwei Wochen sah alles noch so gut aus, als die Kardinäle erklärten, sie würden zu Micheles Gunsten aussagen. Aber dann plötzlich verbot der vatikanische Staatssekretär S. E. Casaroli S. E. Caprio und Guerri, für ihn auszusagen.«
»Nach meiner Erfahrung«, antwortete Gelli am 8. April, »ist es für bestimmte Klassen von Menschen ein Naturgesetz, dem Star-

ken zu helfen und den Schwachen zu verletzen. So war nicht einmal die Kirche davor gefeit, den Mann zu verleugnen, den sie einst als den ›ihr von Gott gesandten Retter‹ bezeichnete.«

In seinem Bericht an Richter Griesa beschrieb Frankel seine Reise zum Vatikan als »Katastrophe«. Doch sollte dies nur eine Kostprobe davon sein, was ihn an dem Vormittag, als der Prozeß begann, erwartete.

Richter Thomas Poole Griesa, 1930 in Kansas City geboren, schloß 1952 in Harvard »cum laude« ab und wurde 1972 zum Bundesrichter berufen. Er stand in dem Ruf, ein gewissenhafter und kluger Mensch zu sein. Seit der ersten Anklageerhebung vor fünf Jahren war er mit allen prozessualen Vorgängen im Zusammenhang mit dem Konkurs der Franklin befaßt gewesen. Aber dieser letzte Prozeß drohte der schwierigste zu werden. Die Monate bis zur Prozeßeröffnung waren schon äußerst hart gewesen. Immer wieder hatte es Aufschübe gegeben, mitten in einem Sturm von Publizität war der Angeklagte verschwunden, und die Zusammenstellung des Geschworenengerichts hatte sich bis zum Vorabend des Eröffnungstages hingezogen. Vielleicht hatte deshalb Richter Griesa, als er sich am Mittwochmorgen des 6. Februar in seine Robe warf, keine Lust, das gefaltete Briefchen zu öffnen, das unter der Tür seines Büros hindurchgeschoben worden war. Er steckte es in die Tasche und ging hinunter ins Gericht.

Als er sich auf seinen Sitz begab, sah er, daß die Augen der Ankläger – John J. Kenney und seiner assistierenden Anwälte Walter S. Mack und Charles M. Carberry – leuchteten wie die von Kindern am Weihnachtsmorgen. Er starrte verblüfft und fragend zurück. Da merkten Kenney und die anderen, daß er das Briefchen nicht gelesen hatte, das sie ihm zugesteckt hatten. Nach einigen Worten Kenneys bat Richter Griesa die Verteidigung – Marvin E. Frankel, John J. Kirby Jr. und ihre Mitarbeiter Stephen E. Tisman und Steven Stein –, sich mit ihm und der Anklage in sein Vorbereitungszimmer zurückzuziehen. Sindona in einem dunkelgrauen Anzug schaute ihnen angespannt nach, bis sie verschwanden.

In Richter Griesas Vorbereitungszimmer enthüllte dann John Kenney, die Regierung besitze unwidersprechliche Beweise, daß

Sindonas Entführung eine Finte gewesen sei. Man hatte die auf den Namen Joseph Bonamico lautenden Flugkarten ausfindig gemacht, und in Verbindung damit hatte das FBI festgestellt, daß die Zollerklärung vom Kennedy-Airport, die den Namen Bonamico als Unterschrift trug, die handschriftlichen Züge und die Fingerabdrücke Michele Sindonas aufwies.

Marvin Frankel war wie vom Donner gerührt. Er sagte später, dies sei sein schwärzester Tag in seiner ganzen Gerichtspraxis gewesen. Er bat um die Erlaubnis, sich mit seinem Klienten privatim zu beraten, was ihm auch gewährt wurde. So zog er Sindona mit sich in ein Zimmer unten in der Halle, wo sie eine lange, lange Zeit blieben.

Als das Gericht an diesem Nachmittag zusammentrat, widerrief Richter Griesa die Entscheidung des Gerichts, Sindona gegen eine Kaution von 3 Millionen Dollar auf freien Fuß zu setzen, ohne daß er aber der Jury von den Details der geschlossenen Sitzung am Vorabend Mitteilung machte. Er verdonnerte Sindona zum ständigen Gefängnisarrest, außer für die Zeiten vor Gericht; und in diesem stickigen, überheizten Gerichtssaal atmete Sindona zum letzten Mal die verbrauchte Luft der Freiheit, während das Licht des Wintertages dahindämmerte und der Hammer des Vorsitzenden aufs Pult fiel.

XI.
Pistolen, Seile, Hämmer

John Kenney blickte auf die Geschworenen. »Dies«, sagte er, »ist der Prozeß um die Franklin National Bank. Es ist ein Prozeß um betrügerische Geschäftsführung, schlaue Korruption und den verbrecherischen Mißbrauch von Macht.«

Er sagte weiter, die Anklage werde beweisen, daß Sindona sich bei Franklin mit Geld eingekauft habe, das er sich von italienischen Banken widerrechtlich angeeignet habe; daß er Einlagen der Franklin veruntreut und unterschlagen und daß er die Bücher der Bank gefälscht habe.

Kenney sagte, Sindona habe über Carlo Bordoni die Franklin National Bank veranlaßt, bei Interbanca in Mailand eine Einzahlung von Festgeldern in Höhe von 15 Millionen Dollar vorzunehmen. So schien es jedenfalls. In Wirklichkeit aber sei dieses Geld von der Interbanca zur Amincor Bank nach Zürich und von dort zurück nach Mailand in die Banca Unione Sindonas transferiert worden. Ähnliche Depot-Operationen seien durchgeführt worden, um die 40 Millionen Dollar aufzubringen, mit denen Sindona die Franklin schließlich in der Hauptsache gekauft habe.

Kenney führte weiter aus, Sindona habe, ebenfalls über Bordoni, Devisenverluste in Höhe von 30 Millionen Dollar vertuscht, indem er Gewinne aus anderen, fingierten Devisengeschäften angegeben habe. In den darauffolgenden Abrechnungsperioden seien die Transaktionen, nachdem die fingierten Gewinne ihren Zweck erfüllt hätten, zum gleichen fiktiven Devisenkurs umgekehrt vonstatten gegangen, wodurch die Wirkung der ursprünglichen gefälschten Transaktionen aufgehoben worden sei.

Jetzt wandte sich Marvin Frankel an die Jury. Er sagte: »Wir, die wir hier an diesem Tisch sitzen, haben das Recht und die Pflicht, zur Verteidigung von Mr. Michele Sindona aufzutreten.« Er sprach von einem »Mann, dessen Namen Ihnen in den kommenden Wochen, in denen Sie hier mit uns sitzen und arbeiten werden, sehr vertraut werden wird, ein Mann namens Carlo Bordoni, der nach seinem eigenen Eingeständnis ein Schurke, Lügner und Betrüger ist, ein Mann mit merkwürdigen, ungeheuerlichen Ambitionen, so sehr von seinem eigenen Ehrgeiz versklavt und von sich selbst überzeugt, daß Sie sich fragen werden – ich bin davon überzeugt, daß sie sich fragen werden –, bis zu welchem Grad er überhaupt zurechnungsfähig ist.«

Er fuhr dann fort: »Sie werden sich gewiß gründlich Ihre Gedanken über Carlo Bordoni machen, über die Sprüche, die er von sich geben wird und seine wohlfeilen Versprechungen.« Der frühere Richter dachte laut darüber nach, ob eine Zeit gekommen sei, »wo sich die Diener des Staates, unsere Diener, vielleicht dafür werden rechtfertigen müssen, Lügner und zweifelhafte Geschäftemacher vor dieses Gericht gebracht zu haben, nur um andere Leute zu überführen und zu verurteilen«.

Er kam darauf zu sprechen, daß Sindona Millionen über Millionen verloren habe, während Carlo Bordoni und Peter Shaddick sich »ihre eigenen Taschen gefüllt« hätten.

Am nächsten Tag berichtete die »New York Times«, Sindona »habe bleich und müde ausgesehen, als er den Eröffnungsreden zuhörte, nur manchmal habe er sich Notizen auf einem gelben Schreibblock auf dem Tisch der Verteidigung gemacht«.

Am 22. Februar nahm Frankel Bordoni ins Kreuzverhör. Er befragte ihn wegen der Zeugenaussage, die er unter Eid vor einigen Jahren gegenüber der SEC abgegeben hatte. »Wie lange dauerte diese eidliche Aussage vor der SEC?« fragte er.

»Lassen Sie mich nachdenken«, murmelte Bordoni, »ich würde sagen, etwa sieben bis acht Stunden.«

»Und während dieser langen Sitzung, Mr. Bordoni – müssen Sie nicht zugeben, daß Sie immer und immer wieder gelogen haben?«

»Doch, Mr. Frankel.«

Vielleicht hätte Frankel hier einhalten sollen. Als sich dann die Abendpause näherte, befragte er Bordoni über seine Behauptung, Sindona habe versucht, seine Frau zu vergewaltigen.

»Meine Frau verhielt sich während zwei oder drei Monaten ganz ungewöhnlich. Was ich sagen will, ist, daß sie den ganzen Tag weinte, Tag und Nacht, und ich nicht wußte, warum. Jedenfalls wußte ich, daß ich sie nicht gekränkt hatte, denn ich kann mit einem gewissen Stolz behaupten, daß ich, seit ich meine Frau kennengelernt habe, niemals an eine andere Frau auch nur gedacht habe. Daher war mir ihr Verhalten unerklärlich. Vor allem weil ich auch wußte, daß sie meine Liebe, meine Zuneigung voll erwiderte.

Eines Nachmittags, ich glaube, es war im Februar 1973, konnte ich die Situation nicht länger ertragen und fragte meine Frau, das erste Mal in meinem Leben, was mit ihr los war. Und ich muß leider zugeben, daß ich dabei sehr, sehr grob war, natürlich nur in Worten. Sie fing an zu weinen, und ich konnte sie überhaupt nicht mehr beruhigen. Dann kam sie einigermaßen wieder zu sich und sagte: ›Also, ich muß dir eine schreckliche Sache erzählen.‹

So erzählte sie mir, was geschehen war – und ich glaube nicht, daß es richtig wäre, dem Gericht all die Details wiederzugeben, die sie mir berichtete. Jedenfalls war das erste, was ich tat, als mir klar wurde, was passiert war, daß ich Piersandro Magnoni und Nino Pedroni anrief, der ein Sozius von Mr. Sindona war. Und ich sagte ihnen beiden, daß es sich um eine sehr ernste Angelegenheit handle, ich hätte gerne, daß sie hier wären. Sofort begaben sie sich in meine Wohnung in Mailand, wo ich auf sie wartete. Meine Frau Virginia saß im Wohnzimmer, wo ich ihr Piersandro Magnoni und Nino Pedroni vorstellte. In ihrer Gegenwart bat ich meine Frau, noch einmal genau zu wiederholen, was sie mir gesagt hatte. Als sie geendet hatte, waren die ersten Worte Magnonis: ›Ich kann es nicht glauben, denn wenn das wahr wäre, würde ich keine Sekunde zögern, mich von Sindona zu trennen, und ich würde Sie bitten, mit mir zu kommen und mit mir zu arbeiten.‹ Der Kommentar von Nino Pedroni war das völlige Gegenteil. Er sagte nämlich: ›Ich bin gar nicht überrascht, denn bei vielen Gelegenheiten war Mr. Sindona in solche Sachen verwickelt.‹ Daraufhin sagte ich zu Piersandro Magnoni, er solle Sindona, Mr. Sindona, mitteilen, er solle mir besser nicht über den Weg laufen, wenigstens so lange, bis ich mich beruhigt hätte, denn in diesem Augen-

blick könnte ich nicht für mich garantieren und – na ja, das ist mehr oder weniger alles.«
»Mr. Bordoni, erinnern Sie sich, daß ich Sie, bevor wir auf dieses Thema kamen, fragte, ob Sie Michele Sindona haßten und Sie sagten, ›Nein‹?«
»Ja.«
»Sie erinnern sich auch, daß ich Sie fragte, ob Sie in den letzten beiden Jahren öffentlich und vor Amtsträgern wiederholt haben, Sie haßten Mr. Sindona? Und was ist Ihre Antwort darauf?«
»Ja, soweit ich mich entsinne, habe ich mich wohl so ausgedrückt.«
»Innerhalb der letzten beiden Jahre, nicht wahr?«
»Ob gerade die letzten beiden Jahre, das kann ich nicht genau sagen, Mr. Frankel ...«
»Jedenfalls Ende 19..«
»Unterbrechen Sie ihn nicht«, sagte Richter Griesa. »Sie haben ein Thema angeschnitten, Sie müssen ihn ausreden lassen.«
»Es tut mir leid, ich dachte, er sei schon fertig«, sagte Frankel.
»Sie können jetzt Ihre Antwort zu Ende bringen«, sagte Richter Griesa.
»Wie war die letzte Frage?« fragte Bordoni, und das Protokoll wurde vorgelesen.
»In Ordnung, Euer Ehren«, sagte Frankel, »ganz wie das hohe Gericht es verlangt.«
»Also«, Richter Griesa wandte sich an den Zeugen, »gibt es im Verlauf dieser letzten paar Fragen etwas, wo Sie nicht haben ausreden können?«
»Also, ich ...«
»Wenn nicht, dann brauchen wir kein Problem draus zu machen.«
»Euer Ehren«, gab Bordoni zur Antwort. »Ich bin etwas aufgeregt in diesem Moment.«
»Also gut«, Richter Griesa hob seinen Hammer. »Wir unterbrechen das Verhör für diesen Abend. Bis um zehn Uhr morgen früh, meine Damen und Herren.«
Es konnte kaum ein Zweifel darüber bestehen, daß die Pläne der

Verteidigung vereitelt worden waren. Die Jury war von Bordonis Darstellung überzeugt, sie war sogar erschüttert.

»Frankel und ich hatten Verhöre und Kreuzverhöre monatelang zuvor geprobt«, sagte mir Sindona später. »Alle Verteidiger, die bei diesen Proben zugegen waren, hatten den Eindruck, ich schlüge mich vorzüglich und müßte die Jury in den verschiedenen Punkten durchaus überzeugen können. Aber nachdem die Einzelheiten meines Verschwindens bekannt geworden waren, war Frankel sehr böse auf mich. Er verbot mir, in den Zeugenstand zu treten.«

Richter Frankel, der heute Partner der Firma Kramer, Levin, Nessen, Kamin & Frankel ist, gab mir seine eigene Darstellung der Dinge: »Meiner Meinung nach haben wir uns niemals, weder physisch noch geistig, von der Wucht der Beweise der Staatsanwaltschaft in bezug auf Sindonas Verschwinden erholt. Zwar kann ein Verteidiger seinem Klienten nicht verbieten auszusagen; aber Kirby und ich machten ihm klar, daß dies, aufs Ganze gesehen, ebenso gut oder schlecht wäre, wie wenn er nicht in den Zeugenstand träte. Aber diese Entscheidung hing letztendlich von ihm ab. Und er traf sie schließlich auch. Ich vermute, von Zeit zu Zeit dachte er dann wieder anders darüber. Aber selbst dann war er sich immer noch im Zweifel darüber, was der klügste Kurs war.«

In einer geschlossenen Sitzung am 28. Februar stellte John Kenney den Antrag, daß die Tatsache des Verschwindens Sindonas als Schuldeingeständnis gewertet werden sollte.

»Ich könnte«, konterte Marvin Frankel, »eine ziemlich lange Liste beibringen, von ehemals reichen Leuten, die, eines Wirtschaftsverbrechens angeklagt, sich aus dem Staube gemacht haben. Doch charakteristisch dabei war immer, daß sie eben nicht zurückgekommen sind, jedenfalls nicht freiwillig.«

Aber Richter Griesa entschied schließlich zugunsten der Anklage. Am 6. März wurde das bisher zurückgehaltene Beweismaterial dem Gericht vorgelegt.

Komplizierte finanzielle Dokumente und die verwickelten Transaktionen, auf die sie sich bezogen, machten wieder einmal, wie in

den früheren Franklin-Prozessen, Schwierigkeiten. Auch gab es dadurch einige Verwirrung, daß bestimmte Treuhandgeschäfte im Ausland gesetzlich waren, während sie in Amerika illegal sind.
»Nach meinem Verständnis«, so führte der Anwalt der Verteidigung, Stephen Tisman, vor dem Gericht am 11. März aus, sind der Treuhand-Vertrag, den die Anklage als Beweisstück Nr. 12 für die Eröffnung von Depots bei Amincor vorlegt, und die Beweisstücke 14, 15 und 16 Hinweise auf diese Depots.«
»Die erste Spalte«, sagte Richter Griesa, »ist überschrieben mit – dem Eingangsdatum, ich übergehe die nächste, und dann kommt die Spalte mit der Überschrift ›Soll‹. Ist das richtig?«
»Ja.«
»Was heißt das?«
»Ich fürchte, ich weiß es nicht.«
»›Debit‹, Euer Ehren«, warf der Staatsanwalt Walter Mack ein.
»Als nächstes heißt es ›Haben‹«, fuhr der Richter fort.
»Das heißt ›credit‹, Euer Ehren«, erklärte Mack.
»Wenn Sie recht haben, Mr. Mack, daß unter der Spalte ›debit‹ alles aufgeführt wird, was die ...«
»Es gibt noch eine Menge Fragen zu diesen Dokumenten. Was wir zum Beispiel noch nicht berücksichtigt haben, ist, daß die Spalte rechts Schweizer Franken bedeutet, und ich vermute, daß alle der Meinung sind, diese Zahlen seien Dollars. Es heißt dort ›franc‹ oder ›franca‹. Ich bin sicher, die Verteidigung hat das bedacht, und sie denken, unsere Meinung ist falsch, aber wenn sie dann darüber sprechen, dann handelt es sich um Schweizer Franken. Ob Schweizer Franken in diesem Fall relevant sind oder nicht, das muß die Anklage feststellen.«
»Ich habe den Eindruck, daß ein gut Teil dieser Papiere Beweismaterial darstellen könnte. Diese Art von Dokumenten könnte sehr wichtig sein, doch habe ich nicht den blassesten Schimmer, was sie bedeuten«, sagte Richter Griesa schließlich, der die Verwirrung der Jury spürte. »Ich sitze hier und verstehe es einfach nicht, und ich bin sicher, die Jury versteht es auch nicht. Also klären Sie das während der Essenszeit.«
Während die Märztage verstrichen, wurde die Atmosphäre im

Gerichtssaal immer prickelnder. Einmal wurde Frankel von Richter Griesa vorgeworfen, er führe die Jury in die Irre. Frankel protestierte, und der Richter entschuldigte sich.

»Euer Ehren«, sagte Frankel, »dies ist so, und ich glaube, es ist bestimmt so, und ich bin froh, daß es so ist: Dies ist wohl das erste Mal, seit ich in einem Gerichtssaal der Vereinigten Staaten sitze oder stehe – und ich bin in vielen gewesen –, daß ich ungerecht gemaßregelt worden bin; und das ist in diesem Prozeß nicht das erste Mal. Ich erinnere mich an eine Situation, Euer Ehren, die ich nicht vergessen werde, wo ich einen Einspruch zu Protokoll geben wollte, um die Interessen meines Klienten zu schützen, und wie irgendein gerade aus der Anwaltskammer ausgeschlossener Winkeladvokat behandelt, angeschrien und unterbrochen wurde, was mir keineswegs angenehm war, Euer Ehren, und ich muß dem Hohen Gericht zur Kenntnis bringen, daß sich einige Zeit später, nach einer Unterbrechung aus Gründen, die ich nicht kenne, das Gericht veranlaßt sah, sich zu entschuldigen.

Ich möchte Ihnen auch zur Kenntnis bringen, daß ich diese Entschuldigung nicht akzeptiert habe, ebensowenig wie ich sie jetzt akzeptiere. Und ich möchte den Gerichtshof wissen lassen, daß das Protokoll dieses Falles nach meinem Urteil – und ich spreche dies als Warnung aus – solche Kontraste zwischen der Behandlung der Anklage und der Behandlung der Verteidigung aufzeigen wird, daß jeder an unserer Justiz Interessierte entsetzt sein wird.

Es ist dies das erste Mal in meinem Leben als Prozeßpartei – ich habe es Ihnen niemals in Erinnerung zurückrufen müssen, denn wir beide wissen es ja, daß ich lange Zeit als Richter an diesem Gerichtshof tätig war, es ist also das erste Mal in meinem Leben als Anwalt und Richter, daß ich mich in Ausübung meiner beruflichen Pflichten dermaßen degradiert fühlen muß.

Es ist nicht immer angenehm gewesen, aber ich habe mich niemals herabgesetzt und herabgewürdigt und persönlich angegriffen gefühlt, wie ich dies in diesem Fall bei der Bemühung, meine Pflicht zu tun, ständig erleben muß. Das tut mir von Herzen leid, Euer Ehren. Aus all diesen Gründen beantrage ich, daß das Gericht sein Verhalten als Verfahrensfehler anerkennt.«

»Der Antrag ist abgelehnt«, sagte Richter Griesa, »der Anlaß für die Entschuldigung war eine Situation, wo ich, wenn ich mich richtig erinnere, nach einer langen Rede der Verteidigung zur Ordnung rief, und ich betroffen darüber war, daß die Verteidigung ohne weiteres mit ihrer Rede fortfuhr, ohne den Ordnungsruf zu beachten. Und ich unterbrach also die Rede. Dabei war ich etwas hitzig, was ich sofort wieder bereute, denn Aufregung gefällt mir nicht, weder am Richtertisch noch sonstwo.
Ich glaube, daß das Protokoll zeigen dürfte – und das wird uns daran erinnern –, daß dieses Gericht alles getan hat, um diese schwierigen Ermittlungen in Europa zu unterstützen. Ich bin ziemlich sicher, daß kein anderer Richter an einem anderen Gericht sich so engagiert hätte.
Es gibt hier keinen triftigen Grund für persönliche Animositäten in der einen oder anderen Richtung, sondern wir haben hier ein Problem, mit dem ich mich in Ausübung meiner Berufspflichten auseinandersetzen muß. Es hat mit persönlichen Interessen gar nichts zu tun. Ich leite einen Prozeß vor einem Geschworenengericht, ich bin dafür verantwortlich, diesen Prozeß sauber zu führen, und ich habe meine Rolle zu spielen. Jeder Anwalt hat seine Rolle zu spielen, auch wenn sich unsere Auffassungen scharf unterscheiden.«
Am selben Tag, dem 19. März, wurden Rosario Gambino und sein vierunddreißig Jahre alter Bruder Giuseppe jenseits des Hudson River von Bundesbeamten im Valentino Supper Club in Cherry Hill, New Jersey, verhaftet. Sie wurden nach Newark gebracht, wo man sie anklagte, einen Schmugglerring für Heroin im Wert von 10 Millionen Dollar vom Nahen Osten nach Amerika mit Zwischenstation Mailand aufgezogen zu haben.
Die Geschworenen zogen sich für sechs Tage zurück. Um elf Uhr vormittags am Dienstag, dem 27. März, schrieb die Sprecherin der Jury, Mrs. Nehrbauer, die Worte »Euer Ehren, wir haben unser Urteil gefällt« mit sauberen Zügen auf ein kleines Blatt Papier und steckte es in den braunen Umschlag, der vom Gericht zur Verfügung gestellt worden war.
Sindona wurde aller Punkte der Anklage, mit Ausnahme von

einem, für schuldig befunden. Freigesprochen wurde er nur von einer der kleineren ihm zur Last gelegten telegraphischen Transaktionen. Dann wurde er ins Metropolitan Correctional Center gebracht, wo er die Urteilsverkündung erwarten sollte.

»Bevor der Prozeß begann«, so behauptete Sindona später, »schlug mir die Staatsanwaltschaft einen Handel vor. Sie sagten, wenn ich mich in einem Punkt für schuldig bekenne, würde man alle anderen Punkte gegen mich fallenlassen. Sie versicherten mir, ich würde dann mit einem Strafmaß von höchstens zwei Jahren davonkommen. Auch gaben sie vor, daß, wenn ich bereit wäre, gegen David Kennedy auszusagen, alle Anklagen gegen mich fallengelassen werden würden.

Aber ich wollte den Prozeß. Die Anklagen waren falsch. Das Geld, mit dem ich Franklin kaufte, war meines. Ich hatte überdies den Beweis, daß die Einlagen von Franklin bei Interbanca im wesentlichen keine Depot-Einlagen waren, daß jedenfalls Amincor die Einlagen bereits zurückzuzahlen begonnen hatte. Sogar der staatliche Ermittlungsbeamte, Ambrosoli, hatte dies in seinem Bericht zugegeben. Auch war ich der Meinung, daß niemand den Lügen eines Mannes wie Bordoni glauben würde, der sich selbst als Lügner bezeichnete. Und ich dachte, daß Leute mit gesundem Menschenverstand stutzig werden würden, wenn ein Mann mit 500 Millionen Dollar, ein Mann, der in die Bank of America gehen und weitere Hunderte Millionen Kredite bekommen konnte – ich dachte also, sie würden stutzig werden und sich fragen, warum ein solcher Mann soviel Zeit und Energie aufwenden sollte, nur um ein paar lumpige Millionen zu stehlen. Aber ich täuschte mich. Ebenso vertraute ich bis zu einem gewissen Grad auf die Gerechtigkeit. Jetzt, auf meine alten Tage weiß ich es besser und glaube nur noch an die Ungerechtigkeit.«

Richter Frankel sagte mir im Rückblick auf den Prozeß, »natürlich kann man von einem Verteidiger, der verloren hat, kaum ein objektives Urteil erwarten, aber mit dieser Einschränkung würde ich sagen, daß ich damals das Gefühl hatte, Sindona sei Unrecht geschehen. Ich glaube, es war eine weitverbreitete Überzeugung, die vielleicht auch der Richter teilte, daß Sindona ein Gauner und

seine Verbindungen anrüchig seien. Ja, ganz offensichtlich war der Richter davon überzeugt, daß es sich bei Michele um einen Menschen übelster Sorte handelte.«
Ich fragte Frankel, ob er von der Unschuld seines Klienten überzeugt gewesen sei.
»Auf diese Frage sollte ein Anwalt niemals eine Antwort geben wollen oder können«, sagte er nach einigem Zögern. »Ich habe sie damals nicht gegeben, und ich möchte sie auch heute nicht geben.«
Als ich aufstand, um sein Büro zu verlassen, fragte mich Frankel, wie es Sindona gehe.
»Sie haben ihn in ein Frauengefängnis nach Norditalien gesteckt.«
Richter Frankel lächelte dünn.
»Er ist immer ein Mann der Frauen gewesen«, sagte er.
Am ersten Morgen des Prozesses, bevor noch Gefängnishaft über Sindona verhängt wurde, hatte Richter Griesa angeordnet, daß bestimmte Dokumente der Anklage, die gegen Sindona sprachen, versiegelt werden sollten. Jetzt, Ende März, wurden sie entsiegelt und enthüllt. Am Tag nach dem Schuldspruch wurde bekannt, daß Luigi Ronsisvalle und Bruce McDowall, die beiden Männer, die Nicola Biase im November 1978 bedroht hatten, am 30. Mai des vergangenen Jahres angeklagt worden waren, sich im Juni schuldig bekannt hatten und am 10. September zu fünf bzw. drei Jahren Gefängnis verurteilt worden waren. US-Staatsanwalt William M. Tendy wurde zitiert mit dem Satz: »Nach Auffassung der Anklage haben diese Männer im Auftrag Sindonas gehandelt.«
Ebenso wurde drei Tage später eine dreiseitige eidesstattliche Erklärung entsiegelt, die vor Beginn des Prozesses von dem Ankläger John J. Kenney unterzeichnet worden war. Darin erklärte Kenney, Luigi Ronsisvalle habe ausgesagt, die gleiche Person, die ihn aufforderte, Biase zu bedrohen, habe ihn auch gefragt, ob er oder sonst jemand, den er kenne, bereit sei, gegen Geld den stellvertretenden Staatsanwalt dieses Distrikts zu töten, der damals das Auslieferungsbegehren gegen Sindona bearbeitete, das heißt, Kenney selbst. »Es kam soweit, daß Ronsisvalle und andere einen bezahlten Mörder dingten, der bereit war, seine Aufgabe für

100.000 Dollar zu übernehmen, bis dann der Plan doch wieder fallengelassen wurde.«

Kenneys Erklärung erwähnte auch Drohbriefe, die Virginia Bordoni und Anthony Di Falco am vergangenen 7. Dezember erhalten hatten. Die Briefe, die auf italienisch getippt und mit der Unterschrift des fiktiven proletarischen Komitees versehen waren, dem Sindonas Kidnapping zugeschrieben worden war, besagten, Bordonis Frau und Anwalt würden sterben, wenn Carlo nicht dichthielte. Kenney fügte hinzu, Giorgio Ambrosoli sei »brutal vor seinem Haus in Mailand, Italien, niedergeschossen worden, nachdem er für Sindona ungünstig ausgesagt« hätte. »Obwohl«, wie das »New York Law Journal« auf der Titelseite der Ausgabe vom 1. April bemerkte, »nichts in der eidesstattlichen Erklärung stand, was einen direkten Bezug zwischen Mr. Ronsisvalle und Mr. Sindona herstellte, schien dadurch doch das Schicksal Sindonas endgültig besiegelt zu sein.«

»Können Sie sich vorstellen«, fragte Sindona, »daß ich solche Briefe abgeschickt habe, während der Prozeß gegen mich lief? Daß ich tatsächlich so idiotisch sein sollte? Und wer war dieser Mann, der in meinem Namen mit Mr. Ronsisvalle Kontakt aufnahm? Wo ist der Beweis, daß überhaupt ein solcher Mann existierte – ein anderer Beweis als das Wort Mr. Ronsisvalles, der zu diesem Zeitpunkt einen Handel mit der Anklagebehörde abschließen wollte und der damals keinen größeren Wunsch hatte, als Michele Sindona anzuklagen und zu vernichten?

Die Regierung – das ist die eigentliche Mafia! Sie sind die eigentliche kriminelle Mafia! Meine Partner, das sagte ich ihnen immer wieder, waren international angesehene Institutionen, als die FDIC noch gar nicht existierte. Meine Partner, das sagte ich ihnen wiederholt, gehörten zum Establishment, als das Federal Reserve System noch gar nicht existierte. Aber sie sagten, ich gehöre zur Mafia. Warum? Weil ihr Freund, Mr. Ronsisvalle, der damit prahlt, dreizehn Leute umgebracht zu haben, von dem wir jedoch glauben sollen, er sei über jede Lüge erhaben, dies so behauptet.«

Das »Federal Witness Protection Programm«* war durch die Verordnung zur Kontrolle des organisierten Verbrechens von 1970 ins Leben gerufen worden. 1980 wandte das US-Justizministerium etwa 25 Millionen Dollar pro Jahr an Steuergeldern auf, um mit ihr viertausend und einige hundert Informanten zu betreuen, denen man den Schutz des Staates als Gegenleistung für ihre Mitarbeit zugesichert hatte. Luigi Ronsisvalle wurde aufgrund seiner Dienste, beginnend mit den Anklagen gegen Sindona, allmählich einer der teuersten Nutznießer dieses Programms.

Carlo Bordoni erhielt wegen seiner bereitwilligen Zeugenaussagen gegen Sindona das milde Strafmaß, das ihm versprochen worden war: fünf Jahre und eine Buße von 20.000 Dollar. Auch er stand unter dem Schutz des Programms.

Alle Gefangenen, die unter dem Schutz des Programms stehen, werden von den übrigen Gefängnisinsassen getrennt und an einem der wenigen exklusiven Orte untergebracht, die von der Regierung dafür reserviert sind. Einer dieser Orte ist die »Witness Protection Unit« (Abteilung für Zeugen unter dem Schutz des Staates) im dritten Stock des Metropolitan Correctional Center in Lower Manhattan. Hier lernten sich Carlo Bordoni und Luigi Ronsisvalle kennen.

Sechs Stockwerke darüber, in den strengstens gesicherten Räumen mit der Bezeichnung Nine-South, saß Sindona in seiner Zelle ein, beschäftigt mit den finstersten Gedanken, die einem Menschen durch den Kopf gehen können. Eines Tages entfernte er die Klinge aus dem ihm zur Verfügung stehenden Plastiksicherheitsrasierapparat. Um drei Uhr morgens am 13. Mai – fünf Tage nach seinem sechzigsten Geburtstag und dem Tag, bevor sein Urteil verkündet werden sollte – zog er die Klinge über sein linkes Handgelenk. Ein vorbeigehender Aufseher schaute in die Zelle und sah ihn, wie er auf dem Rand seines Bettes saß, den Arm vor sich ausgestreckt, und zusah, wie sein eigenes Blut in einen Mülleimer floß. Sindona wurde ins Gefängniskrankenhaus gebracht, dann

---

* »Bundesprogramm für den Schutz von Zeugen«: Mitgliedern der Mafia oder Terroristen wurde Strafnachlaß oder Strafmilderung zugesagt, wenn sie gegen ihre Organisationen aussagten.

zum New York Infirmary-Beekman Downtown Hospital, wo er in kritischem Zustand eingeliefert wurde. Die Ärzte klassifizierten seine Wunde als unbedenkliche Verletzung, hatten jedoch einige Sorgen in bezug auf den Zustand seines Herzens.
»Bevor ich meine Pulsader aufschnitt«, erklärte Sindona später, »nahm ich vier Fläschchen Digitalis und neunzig Librax.«
Am 16. Mai teilte ein Sprecher des Krankenhauses mit, daß Sindonas Zustand sich verschlechtert habe und daß er sich weigere anzugeben, welche Tabletten er genommen habe. »Sein Zustand ist weiter kritisch«, sagte der Sprecher, »jedenfalls schwankend.«
»Dann besuchte mich meine Familie« erzählte Sindona. ›Papa, du mußt kämpfen‹, sagten meine Kinder.« Er breitete die Hände aus und zuckte die Achseln, dann stieß er einen gutturalen Seufzer aus, der einem Gänsehaut machen konnte. »Und so kämpfte ich denn.«
Am Vormittag des Freitag, 13. Juni, verurteilte ihn Richter Thomas Griesa zu dreimal fünfundzwanzig Jahren und einmal vierundzwanzig Jahren, die gleichzeitig abgebüßt werden konnten, und einer Geldbuße von 207.000 Dollar. Zusätzlich sollte er die Kosten des Verfahrens tragen. Vor dem Urteilsspruch hatte Richter Griesa ein vertrauliches Gespräch mit Sindona. Er fragte ihn, ob er den Wunsch oder die Bereitschaft hätte, Wiedergutmachung zu leisten. Sindona ließ sich nicht bewegen. »Nein«, sagte er nur. Jetzt sprach Richter Griesa vor dem gedrängt vollen Gerichtssaal von fehlender Reue bei Sindona und diktierte ihm das Maximum an Gefängnisstrafe und Geldbuße für jeden Punkt der Betrugsanklage zu.
»Hier«, so sprach er, »sehen Sie einen Mann vor sich, der eine der höchsten Positionen im Wirtschaftsleben erlangt hatte, sogar im internationalen Wirtschaftsleben, und der diese Position für kriminelle Zwecke benützt hat.« Sindona zeigte keinerlei Emotionen, als er das Urteil vernahm. Er stand einfach da, wandte sich um und lächelte kurz seiner Tochter Maria Elisa zu. Dann wurde er abgeführt.
In einer anschließenden Pressekonferenz der Ankläger sagten John Kenney und sein Chef John S. Martin, der US-Staatsanwalt

für den Süddistrikt von New York, dies sei das härteste Urteil, das jemals für ein sogenanntes White-collar-Verbrechen gefällt worden sei. Der Spruch, so führte Martin aus, demonstriere, daß die Reichen und Mächtigen, wenn sie Verbrechen begingen, unerbittlich verfolgt und schrecklich bestraft würden. Sindonas Verteidiger Marvin Frankel qualifizierte das Urteil als drakonisch und ausnehmend hart. Die »New York Times« fand in ihrer Ausgabe vom 19. Juni, daß in dieser Härte »echte Gerechtigkeit zum Ausdruck« komme.

»Ich gehörte nicht zu ihrer Mafia, dafür mußte ich bezahlen«, sagte Sindona fünf Jahre später. »Wenn Walter Wriston alles Geld seiner Kunden in Lateinamerika verschleudert, dann setzen sie ihm einen Kranz aufs Haupt. Wenn E. F. Hutton in zweitausend Fällen des Betrugs angeklagt wird, wobei Milliarden von Dollar im Spiel sind, verbringt niemand auch nur einen Tag im Gefängnis. Robert Foman, der Präsident von Hutton, speist immer noch gemeinsam mit seinem Freund William Smith, dem Justizminister. Aber ich sitze hier.«

William Gabler war des Diebstahls von Eigentum aus Lastwagen in drei Fällen überführt und 1977 von einem Richter in Brooklyn zu neun Jahren Gefängnis verurteilt worden. Während er seine Strafe im Metropolitan Center abbüßte, war er in den Genuß des Programms zum Schutz von Zeugen gekommen.

Bei seiner Entlassung erinnerte er sich: »Als ich einmal in dieses Programm einbezogen war, wurde ich in die entsprechenden Räume im dritten Stock des MCC eingewiesen. Ich habe dort niemals mehr als zwanzig Insassen gesehen. Wir kannten einander alle sehr gut. Als ich dort eingesperrt war, traf ich auch Carlo Bordoni und Luigi Ronsisvalle und sprach mit ihnen.

Ich befreundete mich insbesondere mit Luigi Ronsisvalle, da wir entdeckten, daß wir als Nachbarn aufgewachsen waren und viele gemeinsame Bekannte aus der Knickerbocker-Avenue in Ridgewood, Queens, hatten.

Im Laufe eines meiner Gespräche mit Luigi Ronsisvalle fragte ich ihn, weshalb er im dritten Stock des MCC einsäße. Er gab zur Antwort, er sei angeheuert worden, ›ein paar Menschen zu töten‹.

Ich fragte ihn dann, ob ich einige von ihnen kannte, und Ronsisvalle sagte, ich würde sie zwar nicht persönlich kennen, doch einer von ihnen, Michele Sindona, sei oft in den Zeitungen aufgetaucht. Ronsisvalle teilte mir mit, er sei gedungen worden, Michele Sindona und noch jemand anderen in Italien zu töten. Er verriet mir den Namen des Mannes, der in Italien getötet werden sollte, doch erinnere ich mich jetzt nicht mehr an diesen Namen. Ich weiß nur noch, daß er dem Namen des italienischen Opernstars Enrico Caruso sehr ähnlich klang. Ich weiß genau, daß der Vorname Enrico war und der Familienname ein italienischer Name, der mit einem C begann. Ronsisvalle sagte mir aber niemals, wer ihn für den geplanten Mord an den beiden bezahlt hätte.

Er sagte weiter, daß Bordoni in den Fall Sindona verwickelt gewesen sei. Mit Carlo Bordoni hatte ich keine besonderen Unterhaltungen, da er sich meistens ganz für sich hielt. Aber einige Male konnte ich beobachten, daß Ronsisvalle und er miteinander sprachen. Obwohl beide Englisch konnten, sprachen sie bei den Gelegenheiten, wo ich sie beobachtete und nahe genug war, zu hören, was sie sagten, italienisch, was ich nicht verstand.«

Sindona wurde in das Bundesgefängnis in Springfield, Missouri, verlegt. In der ersten Oktoberwoche wurde der fünfundsiebzigjährige Massimo Spada aufgrund eines Haftbefehles, der ihn der Komplizenschaft bei Sindonas behaupteten Bankverbrechen beschuldigte, in Rom arrestiert.

»Spada war alt und schwach und fürchtete sich deshalb vor den Drohungen der Behörden«, sagte Sindona. Er akzeptierte deren gegen mich gerichtete Lügen, ließ mich aber durch einen ›deputato‹ aus unserer gemeinsamen Bekanntschaft wissen, daß er es nur aus Furcht tat. Er schien die harten Zeiten vergessen zu haben, die wir gemeinsam durchgestanden hatten. Offensichtlich hatte er auch vergessen, daß ich ihn gedeckt hatte, als er das IOR verlassen hatte und Enrico Cuccia mir vorschlug, ihn den Hunden vorzuwerfen. Natürlich sagte ich mir, daß Spadas Verrat auf sein Alter und seine Gebrechlichkeit zurückzuführen war, aber quälend war es für mich schon.«

Stunden nach Spadas Verhaftung wurde Carlo Bordoni nach Mai-

land ausgeliefert – aufgrund eines fünf Jahre alten Haftbefehls, der ihn wie Spada der Komplizenschaft beschuldigte. Allmählich verschwand er dann ganz aus dem Blickfeld.
Einige Tage später, am 7. Oktober, wurde Sindona von einem großen Geschworenengericht in New York der Verschwörung, des Bruchs einer Kautionsvereinbarung und des Meineids im Zusammenhang mit der Vorspiegelung einer Entführung angeklagt. Seine Freunde Joseph Macaluso und Antonio Caruso wurden ebenso angeklagt.
Während der ersten Monate seiner Gefängnishaft war Sindona mit Licio Gelli in Verbindung geblieben. Gelli war einer der wenigen, die noch zu ihm hielten. Gegen Ende des Jahres, nachdem Ronald Reagan in den Novemberwahlen gesiegt hatte, sagte Gelli Sindona, er würde gerne an dem Ball teilnehmen, der anläßlich der Amtseinführung in Washington am 7. Januar stattfinden sollte. Sindona vermittelte über Phil Guarino, den Vorsitzenden des Vorstands der Republikanischen Partei, eine Einladung für Gelli. Nach der Amtseinführung berichtete die italienische Presse, Gelli habe der Festlichkeit dank der Freundschaft nichtgenannter Freunde im CIA und bei den Geheimdiensten beiwohnen können, was Sindona sehr amüsierte.
Die Welt ist klein – jedenfalls jener Teil, der im Schatten der großen Ereignisse lag. Michele Papa, der sizilianische Anwalt, der die Geschäfte Muammar al-Kadhafis besorgte, hatte eine obskure Rolle in diesem Wahlkampf des Jahres 1980 gespielt. Drei Jahre vorher hatte Mario Laenza, ein Geschäftsmann aus Atlanta und Bekannter der Familie von Präsident Jimmy Carter, in Catania seinen Urlaub verbracht. Er hatte dort Michele Papa getroffen. Im nächsten Sommer hatte sich Billy Carter, der Bruder des Präsidenten, aufgrund einer durch Laenza vermittelten Einladung nach Libyen begeben. Während dieses Besuches im September 1978 erhielt der Bruder des Präsidenten 50.000 Dollar an Aufwandsentschädigung und 220.000 Dollar »Kredit« von Kadhafis Regime. Als Gegenleistung versprach er, »etwas zu unternehmen«, damit Kadhafi die acht C-130-Militärtransport-Maschinen erhielte, die er in Amerika bestellt hatte, über die aber als Reaktion auf Kadha-

fis Unterstützung des Terrorismus ein Embargo verhängt worden war.

Billy Carters libysche Geschäfte blieben mehr als ein Jahr lang unbekannt – bis Francesco Pazienza, ein Agent des italienischen militärischen Geheimdienstes SISMI, sich an Michael Ledeen heranmachte, einen amerikanischen Journalisten und staatlichen Geheimagenten, der manchmal auch für SISMI arbeitete. (Sein Code-Name bei SISMI war, laut Pazienza, Z-3. Alle Zahlungen an ihn – 120.000 Dollar im Jahre 1980 – wurden auf ein Konto auf den Bermudas überwiesen.) Pazienza arrangierte ein Treffen zwischen Papa und Ledeen und half den Amerikanern, ein geheimes Aufnahmegerät anzuschließen. Aufgrund der Aussagen von Papa schrieb Ledeen einen Artikel unter der Überschrift »Kadhafi, Arafat und Billy Carter«, der in »The New Republic« Ende Oktober veröffentlicht wurde. Der daraus entstehende Skandal weitete sich bis zum Wahltag stetig aus, was nach der Niederlage Jimmy Carters die Zeitung veranlaßte, darüber nachzudenken, wie weit »Billygate«, wie man es nannte, zu dem Sieg der Republikaner beigetragen hätte.

Michael Ledeen arbeitete weiter als Berater des Verteidigungsministeriums unter der Reagan-Administration, ebenso als Mitarbeiter des Georgetown Center for Strategic and International Studies. Und im Januar 1981 wurde Francesco Pazienza Spezialberater für Roberto Calvi und die Ambrosiano-Gruppe.

Am 5. Februar 1981 pirschten sich die italienischen Behörden näher an den Vatikan heran. Der alte Luigi Mennini vom IOR, der wie Spada im Aufsichtsrat der Europäischen Banken Sindonas gesessen hatte, wurde in Rom unter der Anklage der Komplizenschaft verhaftet.

Acht Tage später wurde Joseph Macaluso nach einem zweiwöchigen Prozeß aufgrund von Komplizenschaft und Beihilfe zum Bruch einer Kautionsvereinbarung verurteilt. Ebenfalls verurteilt wurden in einem darauffolgenden Prozeß Sindona und Antonio Caruso. Richter Pierre N. Leval verhängte über Sindona eine zweieinhalbjährige Gefängnisstrafe, gleichzeitig mit seinen sonstigen Gefängnisstrafen abzusitzen, und eine Geldbuße von

25.000 Dollar. Macaluso und Caruso wurden auf Bewährung freigelassen.
»Richter Leval führte diesen Prozeß in fairer Weise«, sagte Sindona. »Aber mein neuer Verteidiger, Joseph Oteri, taugte nichts. Er baute seine Verteidigung darauf auf, daß er mich für verrückt erklärte. ›Ich habe es nicht nötig, verrückt zu sein‹, erklärte ich ihm. ›So wie ich bin, habe ich schon genug Probleme.‹«
Im vergangenen Dezember war die Berufung Sindonas vom US-Berufungsgericht abgelehnt worden. Es bestätigte das Urteil im Franklin-Prozeß in allen Punkten. Daraufhin entschloß sich Sindona, seinen Fall dem Obersten Gerichtshof vorzulegen. Seine Eingabe wurde am 18. März 1981 überreicht. Jetzt fuhr man die großen Geschütze auf. Zuerst wurden dem früheren Präsidenten Richard Nixon, dem früheren US-Botschafter Graham Martin und dem Direktor des CIA, Admiral Stansfield Turner, unter Strafandrohung Vorladungen zur Zeugenaussage zugestellt.
»Phil Guarino in Washington sagte mir, Senator Laxalt von Nevada habe ihm versichert, ich würde freikommen. Ich weiß nicht, was dann passierte – jedenfalls war es mir niemals möglich, es herauszufinden –, aber innerhalb einer Woche änderte Laxalt seinen Kurs gegenüber Guarino: ›Vergessen Sie es.‹ Man mußte ihm von höchster Stelle mit einem Skandal gedroht haben. Aber wie schon gesagt, ich weiß es nicht genau. Guarino sagte mir nichts mehr darüber.«
Der Oberste Gerichtshof der Vereinigten Staaten lehnte am 20. April, etwas mehr als einen Monat nach ihrer Vorlage, die Eingabe ab. Wieder einmal sparte Sindona nicht mit Kritik an seinem Verteidiger – jetzt war es Ivan S. Fisher, ein bekannter New Yorker Anwalt, der sich auf die Verteidigung von Rauschgifthändlern spezialisiert hatte. (Einer seiner berühmteren Klienten war Vincent Papa, eine Schlüsselfigur im sogenannten French-Connection-Fall.) Sindona versuchte später Fisher gerichtlich zur Herausgabe seines Honorars zu zwingen, doch ohne Erfolg.
»Fisher nahm mein Geld, krümmte aber keinen Finger für mich«, behauptete Sindona. »Das ist es, was ich den Leuten immer sage, wenn sie behaupten, ich sei der große Mafioso, den man aus mir

gemacht hat: Es war ein Spaß ohne Ende – ein Spaß und gleichzeitig ein Alptraum.«

Auch die Lage in Italien verdüsterte sich. Zwei Beamte aus Mailand hatten sich nach Sizilien begeben, um Joseph Miceli Crimi auszufragen, den Freimaurerarzt, der das ruinöse Verschwinden Sindonas veranlaßt hatte. Die Beamten wollten wissen, warum Crimi während der Zeit, als sich Sindona in Palermo versteckt hielt, fast tausend Kilometer nach Arezzo gefahren sei. Crimi sagte ihnen, er habe an Zahnweh gelitten und sein Zahnarzt wohne in Arezzo. Die Beamten gaben sich damit nicht zufrieden, und am 14. März 1981 räumte Crimi ein, er sei nach Arezzo gefahren, weil sich Licio Gelli dort aufhielt.

Drei Tage später, am 17. März, durchsuchte die Guardia di Finanza Gellis Wohnung in Arezzo und sein Büro im nahegelegenen Castiglion Fibocchi. In seinem Büro fand die Finanzpolizei neben Photokopien verschiedener amtlicher Dokumente das Papier, das sich dann als P-2-Mitgliederliste herausstellte. Sie enthielt die Namen von Kabinettsministern, Offizieren der Armee und des Geheimdienstes (darunter der Chef der SISMI, Francesco Pazienzas Chef, General Giuseppe Santovito), Industriellen, Bankiers (wie Roberto Calvi), Journalisten und ausländischen Politikern (wie Phil Guarino von der Republikanischen Partei in Washington).

Die Liste wurde Premierminister Arnaldo Forlani übergeben, der entschied, sie zunächst geheimzuhalten, während er eine dreiköpfige Kommission zur Untersuchung von P-2 einsetzte. Am 21. Mai jedoch wurde die geheime Liste der neunhundertzweiundsechzig P-2-Mitglieder durch die Indiskretion sozialistischer Politiker in Rom publik und damit die Geschichte der Loge Gellis, die als Kern einer weitverzweigten, bösartigen Verschwörung erschien, Italien von innen her aufzurollen. Wenige Tage später brach die Regierung Forlani inmitten von Wirren auseinander, die sich als einer der größten Skandale seit Bestehen der Republik herausstellten. Der neue Premierminister Giovanni Spadolini verkündete, Italien befinde sich »in einem moralischen Notstand«.

Und am Tag vor der Veröffentlichung der Liste wurde Roberto Calvi in seiner Wohnung in der Via Giuseppe Frua von einem Kapitän der Guardia di Finanza verhaftet. Am 10. Juni, als sich ganz Italien fragte, in welchen Winkel der Erde wohl Licio Gelli geflohen sei, wurde Roberto Calvi in den Justizpalast gebracht, um dort offiziell wegen Betrugs, illegalen Kapitalexports und – obwohl dies mehr zwischen den Zeilen zu lesen war – wegen seiner Anmaßung, mehr zu wollen, als ihm zustand, angeklagt zu werden.

Am Abend des 2. Juli schickte Calvi vom Lodi-Gefängnis aus an drei Mailänder Beamte, die mit der Untersuchung der P-2-Affäre betraut waren, eine Botschaft: Er sei bereit zu sprechen. Die Beamten – einer von ihnen war Sindonas Racheengel Guido Viola – kamen innerhalb weniger Stunden im Gefängnis an. Während des folgenden langen Verhörs sagte Calvi, Gelli und Umberto Ortolani hätten beträchtlichen Einfluß auf ihn ausgeübt. Sie hätten ihn zu der Überzeugung gebracht, daß »er in seiner Position besonderen Schutz und Unterstützung brauche«, die sie ihm geben könnten. Die Beamten preßten alles aus ihm heraus, was er über Gelli und Sindona wußte.

»Ich bin nur das fünfte Rad am Wagen«, verteidigte sich Calvi. »Versuchen Sie doch, mich zu verstehen. Der Banco Ambrosiano gehört nicht mir. Ich bin nur ausführendes Organ von anderen.«
»Aber wer gibt Ihnen Befehle?«
»Ich kann Ihnen nicht mehr sagen, als ich gesagt habe.« Es war inzwischen drei Uhr morgens.

Im Laufe dieser Nacht in Lodi erzählte Calvi den Beamten, er habe 30 Millionen Dollar in geheime Bestechungsfonds der Sozialistischen Partei eingezahlt, um sich politische Protektion zu sichern. Als die Beamten drei Tage später zu einem neuerlichen Verhör auftauchten, widerrief Calvi, was er über seine »bustarelle« an die Sozialisten gesagt hatte. Im Laufe dieser drei Tage hatte seine Frau Clara Drohanrufe von Politikern in Rom erhalten. Liebte Roberto das Gefängnis so, daß er den Rest seines Lebens dort zubringen wollte?

In den Stunden zwischen Mitternacht und der Morgendämmerung des 9. Juli nahm Calvi, der neuerliche Ratschläge von seinem Mentor erhalten hatte, eine Überdosis an Barbituraten und schnitt

sich die Pulsadern auf. Am folgenden Tag gab Bettino Craxi, der Chef der Sozialistischen Partei, im Parlament die Erklärung ab, daß die Ermittlungen gegen Calvi in einer Atmosphäre »furchterregender Gewalttätigkeit« geführt würden, und daß die Gerichtsbeamten aus »Prozeßunterlagen politisches Kapital« schlügen.
Wenn Calvis »bustarelle« ihm irgend etwas eingebracht hatten, so war es jedenfalls nicht genug. Am Nachmittag des 20. Juli wurde er schuldig gesprochen. Die drei Richter verurteilten ihn zu einer Gefängnisstrafe von vier Jahren und legten ihm eine Geldbuße von 16 Milliarden Lire auf. Das entsprach zu dieser Zeit etwa 10 Millionen Dollar. Er wurde aber auf freien Fuß gesetzt und hatte vor, in die Berufung zu gehen. Seine Frau holte ihn in ihrem kugelsicheren Mercedes SEL ab. Ein gelber Alfetta mit zwei Leibwächtern fuhr dem Mercedes durch die Straßen voran, ein weißer Alfetta mit zwei weiteren Leibwächtern folgte dichtauf.
Das restliche Jahr über machte Calvi verzweifelte Anstrengungen, Leben und Vermögen zu retten. Ende des Sommers glückte es ihm, vom Vatikan sogenannte »Freundschaftsbriefe« zu bekommen. In diesen Bestätigungen, die auf IOR-Schreibpapier geschrieben waren und vom 1. September 1981 datierten, wurde klargestellt, daß das IOR »direkt oder indirekt die Kontrolle« über elf Briefkastenfirmen ausübe, die Schuldner der Banca Ambrosiano Andino in Peru und der Ambrosiano Group Banco Commercial in Nicaragua waren, und daß das IOR diese Schulden »anerkenne«. Diese »Freundschaftsbriefe« sahen recht günstig aus. Doch hatte Calvi, um sie zu erhalten, seinerseits Erzbischof Marcinkus einen Brief geschrieben. Und dieser geheime Brief stellte das IOR von jeder Verantwortlichkeit für diese Schulden frei, die es »anerkannte«.
1979 war ein parlamentarischer Untersuchungsausschuß gebildet worden, der zum Teil auf Basis der Unterlagen Giorgio Ambrosolis gegen Sindona ermitteln sollte. Als sich im Juli 1981 die Ermittlungen des Ausschusses unter Führung des Sozialisten Francesco De Martino ausweiteten (demselben Politiker, der die P-2-Liste an die Presse weitergegeben hatte), wurde Sindona offiziell angeklagt, den Befehl zur Ermordung Ambrosolis gegeben zu haben.

Im Dezember sagte Robert Calvi vor dem Ausschuß aus, er sei niemals »ein Partner Sindonas« gewesen.

Im Januar 1982 wurde Sindona, zusammen mit John Gambino und mehr als siebzig weiteren Personen, der Komplizenschaft bei einem internationalen Heroinschmuggelring beschuldigt, wobei 600 Millionen Dollar im Spiel gewesen sein sollten.

Unter den Angeklagten befanden sich auch Gambinos Cousin Rosario Spatola und einige Verwandte von Salvatore Inzerillo, dem Chef der Passo di Rigano Mafia, dessen Sozius der Onkel von Spatolas Frau, Rosario Di Maggio, gewesen war. Im vergangenen Mai war Don Salvatore von Mördern umgebracht worden, die mit automatischen Kalaschnikows seinen gepanzerten Alfa-Romeo durchlöcherten. Am 22. Januar wurde Don Salvatores siebenundsechzigjähriger Bruder Pietro tot im Kofferraum eines Autos in New York aufgefunden. Haufen von Dollars waren ihm in den Mund und zwischen seine Beine gestopft worden. Kaum zwei Wochen später, am 2. Februar, wurde ein anderer Bruder, der zweiundfünfzigjährige Antonio Inzerillo aus Delran Township in New Jersey, von seiner Frau als vermißt gemeldet. Nach Angaben der Behörden war der verschwundene Antonio (FBI-Nummer 723997 D) der »caporegime« von John Gambino in South Jersey. Seine Frau Anna war eine geborene Gambino.

Diese Anklagen waren zusammen mit den früheren, schon erwähnten Anklagen gegen Rosario Gambino und andere die Einleitung zum größten Verfahren, das jemals gegen die Bestie Mafia eröffnet worden war. Infolge der 1983 in São Paulo, Brasilien, vorgenommenen Verhaftung von Tommaso Buscetta, der sich schließlich zur Rolle des Informanten bereit erklärte, schien dieses Verfahren sogar die Hoffnungen von Giovanni Falcone übertreffen zu wollen, der als fanatischer Strafverfolgungsbeamter in Palermo schon immer von einem solchen Prozeß geträumt hatte. Don Masino, unter welchem Namen Buscetta bekannt war, war der prominenteste und informierteste Mafioso, der jemals gegen seine eigene Sippschaft umgedreht worden war. Als er erfuhr, daß die brasilianischen Behörden zugestimmt hatten, ihn nach Italien auszuliefern, wo er 1980 aus dem Gefängnis ausgebrochen und wo zwei seiner Söhne im Verlauf der Heroinkriege auf Sizilien umgekommen waren, machte Buscetta den Versuch, sich mit Strychnin zu vergiften. Am 14. Juli 1984, dem Tag nach seinem sechsundfünfzigsten Geburtstag, wurde er in ein Flugzeug nach Italien gesetzt. Über dem Atlantik entschloß er sich zu sprechen. Falcone traf ihn schon am nächsten Tag zu einer Unterredung. Zwei Monate später legte Falcone ein Dreihundert-Seiten-Konvolut mit der Geschichte der »Nuova Mafia« vor. Auf der Grundlage von Don Masinos Aussage stellte Falcone mehr als vierhundertundsiebzig Personen unter Anklage. Um den Massenprozeß, der am 10. Februar 1986 begann, durchführen zu können, wurde ein besonderes festungsartiges Gerichtsgebäude in der Nähe des alten Ucciardone-Gefängnisses erbaut. Buscetta war inzwischen nach Amerika geschickt worden, um dort auszusagen, denn die dortigen Behörden zogen das amerikanische Gegenstück zu dem Prozeß gegen die Mafia auf, den sogenannten Pizza-Connection-Prozeß in New York.

Falcones Anklage gegen Sindona war ein höchst ärgerlicher Schlag ins Wasser. Keiner der Hunderte Mafiosi, die Falcone mit dem Netz der Zeugenaussage Buscettas eingefangen hatte, belastete Sindona. Auf den Tausenden von Tonbändern, die stundenlange Verhöre auf beiden Seiten des Atlantik enthielten, wurde sein Name kein einziges Mal erwähnt. Buscetta selbst stritt ab, irgend etwas über ihn zu wissen.

Aber Falcone gab nicht auf. Am Vorabend des großen Prozesses in Palermo wurde berichtet, daß man eine neue Anklage gegen Sindona vorbereite. Es hieß, Buscetta habe sich an Dinge erinnert, die er über Sindonas Treffen mit gewissen Mafiosi gehört habe, die jetzt tot seien, zum Beispiel Salvatore Inzerillo.

Zu diesem Zeitpunkt hatten die amerikanischen Behörden ein geheimes Abkommen mit Buscetta unterzeichnet. Er und seine Familie sollten vom Staat unterstützte amerikanische Bürger werden. Das Abkommen, datiert vom 28. Oktober 1985, sollte aber erst in Kraft treten, wenn Buscetta seine Angelegenheiten mit der italienischen Justiz bereinigt hätte.

So wie Roberto Calvis Ehrgeiz diesen zu Sindona, und seine Verblendung zu Gelli und Ortolani geführt hatten, so führte ihn schließlich seine Verzweiflung zu einem Mann, der als graue Eminenz im Hintergrund wirkte. Fünf Monate nachdem Francesco Pazienza als Spezialberater Calvis für die Ambrosiano Gruppe unter Vertrag genommen worden war, wurde er gezwungen, SISMI zu verlassen, denn es war bekannt geworden, daß General Giuseppe Santovito, sein Chef beim Geheimdienst, sich auch unter den Namen auf der P-2-Liste befand und so ins Verderben gerissen wurde. Pazienza hatte versprochen, sich seines außergewöhnlichen Honorars von 500.000 Dollar jährlich würdig zu erweisen, indem er Deckungsgelder für die ruinösen »Kredite« an die geheimen Briefkastenfirmen beschaffte, die den P-2-Leuten Calvis als Geldquelle für ihre verhängnisvollen Pläne gedient hatten. Nach seinem Ausscheiden aus SISMI versprach Pazienza Calvi, weiter seinen starken Arm schützend über ihn zu halten und ihn zu retten.

Pazienzas Verbindungen waren eindrucksvoll. Sie reichten von Alexander Haig, dem US-Außenminister (unter dem Pazienzas Partner Michael Ledeen diente), bis zu Robert Armao, der rechten Hand der Rockefeller-Familie, der auch das Vermögen des abgesetzten Schahs von Persien verwaltete. Eine seiner weniger illustren Bekanntschaften war Flavio Carboni, ein temperamentvoller sechzigjähriger Sarde, der eine Bauunternehmung namens Prato Verde leitete.

Ende 1981 veranlaßten Pazienza und Calvi die Ambrosiano-Bank, Carbonis Firma einen Kredit in Höhe von 3 Millionen Dollar zu gewähren. Ein Drittel des Geldes kam »in nero« zu Calvi zurück, er versuchte damit einen Richter zu bestechen, der bei seinem Berufungsverfahren mitwirkte. Pazienza seinerseits erhielt eine Provision von 250.000 Dollar, womit er eine Yacht kaufte.

Der stellvertretende Vorsitzende der Ambrosiano Bank, Roberto Rosone, gehörte ebensolange zur Bank wie Calvi. In den Stürmen, die Calvis Verhaftung und dem Prozeß folgten, hatte Rosone versucht, ihn an die Wand zu drücken. Rosone war dies zwar nicht gelungen, doch hatte er noch nicht aufgegeben. Immer wieder forderte er Calvi auf, sich zu den Krediten an die mit dem Va-

tikan verbundenen Briefkastenfirmen zu äußern. Aber Calvi ließ ihn immer nur abblitzen: Wie könne er an der Redlichkeit der Kirche zweifeln!
Am 27. April 1982 ging Rosone in der Nähe seiner Wohnung in Gesellschaft eines Leibwächters spazieren, als mehrere Schüsse auf ihn abgegeben wurden, die ihm in die Beine drangen. Der Leibwächter zog seine 357 Magnum und erschoß den Schützen auf der Stelle. Der Tote wurde als Danilo Abbruciati identifiziert, ein Bandit aus Rom, der mit Domenico Balducci liiert gewesen war, einem Mafioso aus Sizilien, welcher im Norden innerhalb der »malavita romana« zu einem gewissen Einfluß gelangt war. Er war im Oktober 1981 ermordet worden und ein Kompagnon von Pazienza und Carboni gewesen.
Sechs Wochen später, am 10. Juni, verschwand Roberto Calvi plötzlich, elf Tage vor Beginn seines Berufungsverfahrens. Infolge seines Verschwindens sank der Kurs der Ambrosiano-Aktien an der Börse um dreizehn Prozent, wobei sich der Marktwert der Gruppe um 137 Millionen Dollar verringerte.
»Schon lange stand ein dickes Fragezeichen hinter der inneren Struktur der Ambrosiano-Bank und ihren umfangreichen ausländischen Engagements. Ausländische Großkonzerne gehörten zu ihren größten Aktionären«, so schrieb die »Financial Times« in London am 15. Juni in einem Artikel mit dem Titel »Das Calvi-Geheimnis«.
Am gleichen Tag flog Calvi mittels eines gefälschten Passes, den ihm Flavio Carboni beschafft hatte, von Österreich nach England, kam im Gatwick Airport an und stieg in Zimmer 881 des Hotels »Chelsea Cloisters« ab.
Am nächsten Tag rief Calvi seine Frau Clara an. Es war das letzte Mal, daß sie seine Stimme hören sollte.
»Es wird demnächst eine Bombe platzen«, sagte er. »Vielleicht bringt das die Lösung für alles.«
Im goldenen Licht der Abenddämmerung des 17. Juni zeichnete sich im Fenster der im vierten Stock gelegenen Räume des Ambrosiano-Hauptquartiers in Mailand eine dunkle Shilhouette ab. Es handelte sich um Calvis langjährige Sekretärin, die fünfundfünf-

zigjährige Graziella Teresa Corrocher. Einen Augenblick später lag sie tot auf dem Pflaster. Man fand einen Zettel mit den Worten: »Zweimal verdammt soll er sein.«

Kaum zwölf Stunden später wurde Calvi am Morgen des 18. Juni aufgefunden. Er hing an einem Träger unter der Blackfriars Bridge über der Themse. In den Taschen seines vom Flutwasser aufgeweichten Anzuges steckten neben italienischer, Schweizer, österreichischer, britischer und amerikanischer Währung in der Gesamtsumme von 16.000 Dollar vier Ziegelsteine. Ein fünfter Ziegelstein war ihm vorne in die Hose gestopft worden.

Calvis Gepäck stand unberührt in seinem Zimmer im Chelsea Cloisters. Keine Spur fand sich aber von der schwarzen Aktentasche, die Calvi bei sich zu tragen pflegte. Diese fehlende Aktentasche und die Umstände von Calvis Tod führten zu einem Rätselraten ohne Ende. Viele dachten bei den Ziegelsteinen an die Freimaurer. Zum gleichen Schluß führte der Name der Brücke, an der er hing: Man wußte, daß Mitglieder der P-2 schwarze Anzüge trugen und sich mit »fratello« (Bruder) anredeten, was dem Wort »frate« (friar) sehr ähnelt. Blackfriars hieß auch die Freimaurerloge in Newcastle-on-Tyne.

Und wo hielt sich der verschwundene Gelli auf? Niemand wußte es, obwohl das Gerücht ging, er verberge sich in Buenos Aires, wo er enge Beziehungen zu der herrschenden Militärjunta hatte, die von seinem Freimaurerbruder und Freund Generalleutnant Videla geführt wurde. Dieses Militärregime nahm mit dem Rücktritt von Lepoldo Galtieri ein Ende, der die Invasion der britischen Falkland-Inseln angeordnet hatte. Präsident Galtieri war am 17. Juni zurückgetreten, genau am Tag von Calvis Tod. Sogar der letzte Anstrich, den die Blackfriars Bridge erhalten hatte, schien im Zusammenhang mit einer heimlichen Verschwörung zu stehen. Er war hellblau und weiß, die Nationalfarben Argentiniens.

»Calvis Tod war sicherlich kein Selbstmord, wie der britische Untersuchungsbeamte annahm«, sagte Sindona. »Erstens hatte Calvi Angst vor hochgelegenen Orten. Niemals wäre er zum Träger einer Brücke hingeklettert, selbst wenn ihm das mit seinen Taschen voll Ziegelsteinen möglich gewesen wäre. Zweitens, warum hätte er nach London gehen sollen, um sich selbst umzubringen? Er hätte auch in Mailand Tabletten ganz nach Wunsch nehmen können. Nein, Calvi wurde ermordet, und seine Mörder erweckten den Anschein eines freimaurerischen Ritualmordes.

Sie werden sich daran erinnern, daß Calvi, als er im Gefängnis saß, mitteilte, er habe 30 Millionen Dollar an Bettino Craxi, den Chef des Partito Socialista, gezahlt. Seiner Überzeugung nach – das hatte er mir gesagt – war Craxi der kommende Mann, der Italiens politische Zukunft bestimmen würde. Die Ereignisse gaben ihm recht. Ein Jahr später kam Craxi als Italiens erster sozialistischer Premierminister zur Macht. Calvis großer Fehler aber war es, seine Spenden an den Sozialisten publik gemacht zu haben.

Für mich war es interessant zu sehen, daß ›Avanti!‹, die offizielle Zeitung des PSI, ihn verteidigte, nachdem er dementiert hatte. Aber Calvi hatte bewiesen, daß er ein unsicherer Kantonist war und nicht schweigen konnte, deshalb war er zu einem Risiko für die im Aufstieg begriffene Bewegung geworden.

Nach seiner vorläufigen Entlassung aus dem Gefängnis beschäftigte Calvi Agenten, die unvorstellbare Summen als Preis für nutzlose und oft gefährliche Dienste verlangten. Er glaubte an ihre ganz unsinnigen Pläne, durch Druckausübung das verlorene Geld der Ambrosiano-Bank wieder herbeizuschaffen. Gleichzeitig klammerte er sich an die Hoffnung, einen legitimen Käufer für das Aktienpaket der Ambrosiano-Bank, das er besaß, zu finden. Diese Hoffnung war es, die ihn nach London führte, dem Finanzzentrum der Welt. Doch mit sich führte er in der schwarzen Aktentasche, die er niemals aus den Augen ließ, auch die Waffe seiner Ultima ratio: die Beweise für seine Geheimspenden an Craxi und die anderen. Doch bemerkte er nicht, daß er damit auch den sicheren Tod mit sich trug.

Denn diese Beweisstücke mußten vernichtet werden, und Calvi mit ihnen. Man hatte die Vorstellung, das Schicksal einer bedeutenden politischen Macht – und ebenso bestimmter Interessen in Südamerika – sei von ihm, einem niemals sehr zuverlässigen Manne, abhängig.

Sie müssen wissen, daß in Italien Korruption ein Spiel mit allerhöchsten Einsätzen ist. In Amerika gibt es Richter und Politiker, die man für 1 Million Dollar kaufen kann. Aber in Italien wäre das nur ein Taschengeld. Calvi endete, indem er 30 Millionen Dollar – und ich bin sicher, noch mehr – für seinen eigenen Tod zahlte.«

Am Ostersonntag 1986 tauchte Calvis verschwundene Aktentasche wieder auf, sie wurde von zwei geheimnisvollen anonymen Norditalienern an einen Mailänder Politiker verkauft. Alle wichtigen Beweisstücke waren natürlich längst daraus entfernt worden.

Einen Monat nach Calvis Tod trafen sich die mit der Konkursverwaltung der Ambrosiano-Bank beauftragten Beamten der Banca d'Italia mit Erzbischof Paul Marcinkus und anderen Angestellten des IOR. Sie legten ihnen die Bestätigungsbriefe des Vatikans vor, in denen dieser seine Kontrolle über Manic Holding, Bellatrix, Erin, Laramie, World Wide Trading und andere Briefkastenfirmen anerkannte, durch welche schätzungsweise 1,4 Milliarden Dollar aus der Ambrosiano-Gruppe in Form ungedeckter Kredite abgeflossen waren. Die Angestellten des IOR konterten, indem sie Calvis geheimen Brief vorlegten, der das IOR freistellte. Erzbischof Marcinkus teilte abschließend den Beauftragten mit, daß die Banca d'Italia keine Verfügungsgewalt innerhalb des Vatikanstaates besitze.

»Die Regierung«, so erklärte Minister Benjamino Andreatta, »erwartet vom IOR eine verbindliche Anerkennung ihrer Verantwortlichkeit.« Inzwischen erließ die Regierung Haftbefehl gegen Luigi Mennini und dreiundzwanzig andere Mitarbeiter Sindonas aufgrund von weiteren Beschuldigungen im Zusammenhang mit der Pleite der Banca Privata. Die Haftbefehle ergingen am 22. Juli, genau an dem Tag, an dem Bordoni erlaubt wurde, aus Italien zu verschwinden. Niemals hörte man wieder etwas von ihm.

In den folgenden Monaten erhöhte Italien seinen Druck auf das IOR. Die Behörden erklärten, infolge des Zusammenbruchs des Banco Ambrosiano werde gegen Erzbischof Marcinkus offiziell ermittelt. Dieser zog sich ins Asyl hinter die Mauern des Vatikans zurück. Im Sommer 1983 kapitulierte der Vatikan in seinem verzweifelten Bemühen, den drohenden Skandal zu vermeiden. Er erklärte sich zu einer Zahlung von 250 Millionen Dollar zur Abgeltung der Schulden der Briefkastenfirmen bereit. Papst Johannes Paul II. hatte in Voraussicht dieser Zahlungen bereits Anstalten getroffen, die Einkünfte des Vatikans zu erhöhen, indem er eiligst das Jahr 1983 zu einem »außerordentlichen Heiligen Jahr« erklärte, in dem der 1950te Jahrestag der Erlösung durch Jesus gefeiert werden sollte.

»Das war eine krumme Sache«, sagte Sindona. »Andreatta, der Finanzminister, hatte den ausländischen Gläubigern der Ambrosiano-Bank mitgeteilt, weder die Banca d'Italia noch der Banco Ambrosiano seien für die Schulden verantwortlich, die durch die Kredite an Briefkastenfirmen entstanden seien, soweit diese Kredite außerhalb Italiens durch die Ambrosiano Holding in Luxemburg vergeben worden seien. Die internationale Bankengemeinschaft – eigenartigerweise mit Ausnahme der Federal Reserve – kritisierte die italienische Regierung für diese Stellungnahme. Sie hätte das Berner Abkommen respektieren müssen, das vorsah, daß die Zentralbanken den Zusammenbruch ausländischer Tochtergesellschaften verhinderten, die Banken im Inland gehörten.

Andreatta wußte genau, daß die ›Freundschaftsbriefe‹ des Vatikans nicht genügten, um dem IOR die Verantwortung zuzuschieben. Doch Andreatta wußte ebenso, daß der Vatikan vor nichts so sehr Angst hat wie vor Skandalen. Die Medien arbeiteten für ihn. Die Zahlungen des Vatikan in Höhe von 250 Millionen Dollar an den Nuovo Banco Ambrosiano wurden überall, ›urbi et orbi‹, als gerechte Strafe betrachtet. Doch ein mutigeres und klügeres Verfahren hätte auf lange Sicht dem IOR – und der Kirche – im Hinblick auf Geld und Prestige weit weniger Schaden zugefügt.

Sehen Sie, das IOR verfügte immer über weit weniger Kapital, als die meisten glaubten. Die fabelhaften Geldreserven des Vatikan sind eben nichts anderes als eine Fabel. Das IOR hatte als wertvollsten Besitz sein Prestige. Zu keiner Zeit betrug das Stammkapital des IOR mehr als 200 Millionen Dollar. Also sah sich das IOR, als es sich bereit erklärte, 250 Millionen Dollar zu zahlen, gezwungen, Geld auf dem Markt aufzunehmen.

Niemand weiß es – aber es ist wahr –, daß Calvi über Marcinkus

dem Vatikan 20 Millionen Dollar für die beiden ›Freundschaftsbriefe‹ zahlte. Er wußte, daß diese 20 Millionen einen Köder für Marcinkus darstellten, der damit vor dem Papst seine Qualitäten zur Geldbeschaffung herausstreichen konnte. Doch die Tatsache, daß Calvi bereit, ja sogar begierig darauf war, für diese Briefe 20 Millionen zu zahlen, von denen er doch wußte, daß sie im Grunde bedeutungslos waren, gibt eine Vorstellung von der Höhe des Prestiges des Vatikans. Jetzt hatte er aber dieses Ansehen bis zu einem gewissen Grad verloren. Und der Erzbischof, der dabei mitgeholfen hatte, verlor auch seine Chance, sich das Purpurgewand, das immer Gegenstand seines höchsten Ehrgeizes gewesen war, umzulegen.
1983 sandte mir Marcinkus über einen Gefängnisgeistlichen eine Botschaft. Vielleicht wollte er vermeiden, daß bekannt würde, er korrespondiere direkt mit mir. ›Sagen Sie ihm ganz persönlich‹, schrieb er, ›ich wünschte ihm von Herzen Frieden.‹«
Am 12. September 1982 tauchte Licio Gelli, der sein weißes Haar braun gefärbt und einen Schnurrbart angeklebt hatte, von Buenos Aires aus in Madrid auf und flog von dort nach Genf weiter. Dort stieg er im Noga Hilton International, 19 Quai du Mont-Blanc, ab. Am nächsten Nachmittag begab er sich in Begleitung eines Anwalts und des P-2-Mitglieds Augusto Sinagra zur Union de Banque Suisse. Er teilte einem Angestellten der Bank mit, er wolle etwa 50 Millionen Dollar überweisen, die er vor einiger Zeit auf einem Nummernkonto der Bank hinterlegt habe. Der Angestellte bat die beiden Männer Platz zu nehmen und entschuldigte sich. Einige Augenblicke später traten zwei Polizeibeamte ins Zimmer und forderten Gelli auf, sich zu identifizieren. Er zeigte ihnen einen argentinischen Paß mit falschem Namen. Sie führten ihn ab. So mußte er jetzt fühlen, was er nicht hören wollte, als Sindona es ihm erklärte: Es gab keine anonymen Nummernkonten.
Gelli wurde in dem fünf Jahre alten Champ-Dollon-Gefängnis außerhalb Genfs eingesperrt. Fast ein Jahr verstrich, bevor ein Verhör im Zusammenhang mit seiner Auslieferung nach Italien angesetzt wurde. Am 10. August 1983, neun Tage vor Beginn dieses Verhörs, entkam Gelli mit Hilfe eines Angestellten des Ge-

fängnisses. Er verschwand auf Nimmerwiedersehen, doch im Mai 1984 schickte er ein Memorandum an den zur Untersuchung der P-2 eingesetzten parlamentarischen Ausschuß. Er erklärte darin, die berüchtigte P-2-Liste enthielte nicht nur die Namen von Mitgliedern, sondern auch von »Sympathisanten und persönlichen Freunden«.

Einst hatte er eine Aura von Geheimnis und Macht um sich errichtet. Aber in den Jahren nach seinem Verschwinden verfinsterte sich diese selbstgeschaffene Aura zu phantastischen Schleiern, durch die niemand mehr hindurchblicken konnte. Er wurde einer der gesuchtesten Männer der Welt und wurde jedes denkbaren Verbrechens beschuldigt, von terroristischen Bombenattentaten bis zur Ermordung der Prinzessin Gracia von Monaco. Manche weniger romantisch veranlagten Naturen vermuteten, Gelli allein kenne die Wahrheit über die fehlenden Millionen der Ambrosiano-Bank, er wisse, ein wie großer Teil der 1,4 Milliarden Dollar in Südamerika und bei der Übernahme der Ambrosiano-Aktien verlorengegangen sei, und er wisse auch, wieviel noch übrig sei und wo sich dieser Rest befinde.

»Aber wenn das stimmen würde«, sagte Sindona, »warum sollte er sich dann so in Gefahr bringen und 50 Millionen Dollar von einer Bank abzuheben versuchen? Nein, nein, ich glaube, es gibt zwar noch einen Schatz, aber er ist in den ›Briefkästen‹ zu finden.«

Ich fragte ihn, ob er eine Ahnung davon hätte, wo sich Gelli heute aufhielte. »Ich weiß es nicht«, sagte er. Dann mußte er grinsen. »Aber Sie müssen bedenken, daß dies etwas ist, was ich, wenn ich es wüßte, nicht verraten würde.«

»Wie intelligent ist dieser Mann?«

»Weniger intelligent als man im allgemeinen glaubt.« Er grinste wieder. Doch diesmal war das Grinsen von ganz anderer Art.

XII.
Das Geheimnis des Kammerjägers

Bei einem meiner letzten Besuche in Voghera Ende August sagte man mir, Oreste Dominioni, der Anwalt, der Sindona in seinem Prozeß wegen Mordes an Giorgio Ambrosoli verteidigte, sei überraschend aufgetaucht und wolle mit ihm sprechen. Einer der jungen Wachtposten lud mich ein, im Wächterhaus, geschützt vor der heißen Mittagssonne, zu warten.
Im Wächterhaus saß ein anderer junger Posten am Schreibtisch, einige seiner Kollegen drängten sich um ihn und schauten ihm über die vorgebeugten Schultern. Er schob mit seinem Ellbogen einige der Mini-Uzi-Automatik zur Seite, klebte langsam zwei große Blätter weißen Papieres zusammen und lehnte sich zurück. Als er sich wieder nach vorne beugte, kam Leben in die Wachen. Er begann etwas zu zeichnen. Seine Zuschauer spornten ihn an und machten ihm Vorschläge, indem sie auf diese oder jene Stelle seiner Arbeit deuteten. Schließlich machte er einen Schnörkel und war fertig.
Gelächter und Applaus ringsherum. Einige sagten, es sei der größte und scheußlichste, den er jemals gezeichnet habe, besonders gut seien die Adern gelungen. Schließlich wurde das Werk zusammengefaltet, versiegelt und adressiert. Es gab einen neuen Vorschlag, größeres Gelächter. Die Worte »IMPORTANTE-MAFIA« wurden hinzugefügt. Ein vorbeikommender Posten, neu in dem Geschäft, wurde angesprochen und beauftragt, den ungewöhnlich großen Brief der Frau im Gefängnis zu überbringen, für die er gedacht war. Mein Posten schaute auf die Uhr, dann schaute er mich an. »Vuol bere?« Habe ich Lust, etwas zu trinken? Er schlug vor, einen Bummel an die Bar zu machen. Ich warf einen Blick auf die öde Fläche von schmutzigen, gebleichten Kieseln, die das Gefängnis umgab – es lag ganz für sich allein –, doch stand ich auf und schloß mich ihm an. Bald hörte ich aus einem anderen Wachraum Musik. Schließlich kamen wir mitten im Gefängnis zu

einer Bar. Ich nahm Kaffee, er Crodino. Andere tranken Scotch und Wein. Überall lagen Uzis herum und Zeitungen, die beim Sportteil aufgeschlagen waren. Die Bardame war nicht übel und die Preise niedriger als irgendwo draußen. Ich erinnerte mich daran, was Sindona im letzten Frühjahr gesagt hatte: Die Tortellini sind gut an diesem Platz.

Zu diesem Zeitpunkt befand er sich bereits mehr als fünf Jahre lang in Gefängnishaft. Das beste Gefängnis, so sagte er mir, wäre ein Gefängnis in Amerika, bewacht von italienischen Posten.

»Hier friert man im Winter«, sagte er, »aber hier genießt man wenigstens Respekt. In amerikanischen Gefängnissen wird man wie ein Tier behandelt.

Nach dem Franklin-Prozeß wurde ich zunächst nach Springfield eingewiesen. Ich bekam dort Schwierigkeiten, weil jedermann dort glaubte, ich hätte noch Geld. Viele bedrohten mich mit dem Tode, wenn ich ihnen nicht Geld geben würde. ›Hau ab‹, sagte ich, ›du bekommst keinen Pfifferling von mir.‹ Eine Clique dort war besonders schlimm, ständig schikanierte sie mich, ständig drohte sie. Eines Tages näherte sich mir ein über und über tätowierter Schwarzer. Es war der zweithöchste Führer der schwarzen Mafia in Kansas City. Er wollte mein Urteil über seinen Verteidiger hören. Es war mir möglich, ihm klarzumachen, daß und wo der Anwalt ihn betrog. Es stellte sich nämlich heraus, daß dieser Anwalt ebensosehr für die Staatsanwaltschaft arbeitete wie für ihn. Er war mir sehr dankbar und versprach mir, von jetzt an würde ich in Springfield keine Probleme mehr haben. Über Nacht wurden die Männer, die mich ständig gequält hatten, sehr handsam.«

Im August 1982 wurde Sindona von Springfield ins Federal Correctional Institute in Otisville, New York, überführt. Staatsgefängnisse in den USA werden nach einem Nummernsystem klassifiziert. Gefängnisse mit den geringsten Sicherheitsvorkehrungen sind Nummer 1, Zuchthäuser Nr. 5. Und das Gebäude in Marion, Ohio, ist Nummer 6. (»Marion«, so verriet mir ein staatlicher Aufseher, ist der Endpunkt der Linie. Jemand, der dort hinkommt, muß von der allerübelsten Sorte sein.) Das Gefängnis in Otisville, in Orange County, ist Nummer 4. Sindona bekam dort Zugang zur

Gefängnisbücherei. Er las sich durch alle Bände der Macmillan »Encyclopedia of Philosophy«, wobei er sich lange bei dem Essay über Nietzsche in Band 5 aufhielt – »Sokrates vor seinen Richtern, Sokrates im Gefängnis, Sokrates Auge in Auge mit dem Tode ist ein Musterbeispiel für das Verhalten der Staatsmacht« – und sich an seine Diskussionen mit Kardinal Montini vor einem halben Leben in jenem Zimmer mit den Wandteppichen erinnerte. Er hatte weiterhin das »Wall Street Journal« abonniert und gab seinen Zellengenossen kaufmännische und Italienisch-Kurse.

»Ein Schwarzer, der meine kaufmännischen Kurse für Anfänger absolvierte, wurde nach seiner Entlassung von American Express engagiert«, sagte Sindona stolz. »Er schenkte mir ein Abonnement für den ›Economist‹, als er sein erstes Gehalt bekam.« Aber er hatte nur wenige Schüler. »Baseball, Baseball, das ist alles, woran man an diesem Ort interessiert ist.« In Otisville hatte Sindona von den anderen Gefangenen nichts zu leiden wie am Anfang in Springfield. Doch gab es dort einen Aufseher, der versuchte, ihn fertigzumachen.

»Es war ein Captain, der eine der weiblichen Arbeitskräfte einlud, sich bei mir einzuschmeicheln. So kam sie dann und wann zu mir und sagte mir, wie schwer sie es hier hätte. Sie bat mich um Süßigkeiten, die sie sich einfach nicht leisten könnte – der älteste Trick der Welt. Das Problem war nur, daß sie eine der häßlichsten Frauen war, die mir jemals untergekommen sind. Während der ganzen Zeit ließ der Posten ab und zu ein Wort über das Vermögen fallen, das ich nach seiner Vorstellung irgendwo versteckt haben mußte. Endlich reichte mir dieses Spielchen. Ich stellte den Captain im Büro der Angestellten zur Rede, in Gegenwart von sieben anderen Angestellten. ›Sie wissen doch‹, sagte ich, ›ich bin nicht blöde. Ich bin ein internationaler Rechtsanwalt. Es gibt Dinge, die Ihnen einfach nicht erlaubt sind. Es gibt doch Gesetze.‹ ›Sei still‹, schrie er, ›hier bin ich das Gesetz.‹ Dann verhängte er Einzelhaft über mich. Heute nimmt dieser Mensch, der von sich behauptete, er selbst sei das Gesetz, eine noch höhere Position ein.«

Die als Mafiosi verdächtigten Insassen in Otisville wurden wie in allen anderen staatlichen Gefängnissen von den anderen durch

Nummern mit dem Vorsatz »O.C.«, »Organized Crime«, unterschieden. Obgleich Sindonas Nummer diesen Vorsatz nicht hatte, suchten die O.C.-Insassen seine Gesellschaft.

»Sie wollten, daß ich ihre Fälle studierte und sie beriet. Eines Tages, als ich wieder mal einen Stoß ihrer Rechtsdokumente durchgeackert hatte, sagte ich, sie sollten das ›O.C.‹ in ›D.C.‹ ändern. ›Perché?‹ ›Disorganized Crime‹, sagte ich. Einige von ihnen gingen in die Luft, aber die meisten lachten.

Während ich dort war, zeigten sie den Film ›Der Pate‹. Diesen Männern gefiel er außerordentlich. ›Nur wegen dieses dummen Films habt ihr ein solches Strafmaß bekommen‹, erklärte ich ihnen. Einigen von ihnen ging ein Licht auf. ›Vielleicht hast du recht‹, meinte einer von den schweren Burschen.«

Tony Scotto, der Boß der internationalen Hafenarbeitergewerkschaft aus Brooklyn, saß im Otisville ein und büßte einen fünfjährigen Freiheitsentzug wegen Schwarzarbeit ab. Einer von Scottos häufigen Besuchern war Anthony G. Di Falco. »Eines Tages begegnete ich ihm«, erzählte Sindona, »und er wurde kreidebleich. ›Sie sind ein Verräter, gegen ihren Vater und gegen mich‹, sagte ich ihm ins Gesicht.«

Kurz vor seiner ersten Weihnacht in Otisville gewährte Sindona der »New York Times« ein Interview. Das Photo, das die »Times« einige Tage später auf ihrer Titelseite abdruckte, war gut, doch stammte es aus der Zeit vor dem Herbst. Der Sindona, der trübselig auf den Schnee starrte, wie er über den Wäldern und Milchfarmen in Otisville fiel, sah ganz anders aus, wie ein Gespenst. »Wenn du oben bist, kommt jeder und will dir helfen«, sagte er zu seinem Interviewer, »aber wenn du unten bist, will niemand etwas von dir wissen.« Er nannte keinen Namen, dachte jedoch an bestimmte Briefe, die er geschrieben hatte. Im September 1981 hatte er einen langen Brief an Präsident Reagan geschickt und ihn gebeten, daß sein Fall wieder aufgerollt werden möge.

David Kennedy, der frühere Botschafter und Finanzminister, hatte den Brief ins Weiße Haus gebracht. Drei Monate später erhielt Sindona eine Antwort von Fred F. Fielding, dem Berater des Präsidenten. »Vielen Dank für Ihre Eingabe«, schrieb Fielding. »Ich habe mir gestattet, Ihr Material an Mr. David Stephenson, den ›amtierenden Gnaden-Staatsanwalt‹, weiterzuleiten.« Im November des nächsten Jahres schickte er einen vier Seiten langen Brief an Richard Nixon in seinen Räumen am Federal Plaza. Er erinnerte den Ex-Präsidenten an »die Gespräche, die wir Mitte der sechziger Jahre geführt haben«, und an »mein großzügiges Angebot während des Wahlkampfes 1972«. »Ich wende mich jetzt an Sie um Hilfe«, schrieb Sindona. Es kam keine Antwort. Daraufhin bat Sindona Randolph Guthrie, Nixons ehemaligen Sozius, ihn anzusprechen. Nixon antwortete Guthrie, er habe Bedenken, Sindona zu helfen, da das sein Image noch weiter beeinträchtigen könnte.

»Ebenfalls in diesem November wurde Mario Cuomo zum Gouverneur von New York gewählt. Ich sah ihn im Fernsehen, wie er über die Justiz sprach, und schrieb ihm einen kurzen Brief, den ihm Joseph Macaluso überbrachte. Darin erinnerte ich Cuomo an die große Wertschätzung, die er immer für mich gehabt habe. Er entgegnete Macaluso, in seiner Position könne er nichts für mich tun.«

Im Mittsommer 1984 wurde Sindona in Otisville von James D. Harmon Jr., dem geschäftsführenden Direktor des Ausschusses des Präsidenten für Organisiertes Verbrechen, aufgesucht. In Begleitung Harmons befand sich der stellvertretende US-Staatsanwalt Andrew Maloney. Die beiden Männer waren befreundet und Absolventen der West Point University. Nach einem Gespräch mit Raymond Dearie, dem US-Staatsanwalt in Brooklyn, hatte Maloney Harmon erzählt, es gebe keinen Beweis dafür, daß Sindona mit dem organisierten Verbrechen in irgendeiner Verbindung stünde. Gleichzeitig hatte er Harmon mitgeteilt, Sindona sei sicher bereit, die Mechanismen der Geldwaschanlagen zu erklären, die die Regierung noch immer nicht in den Griff bekommen hatte. Nach beendigtem Gespräch in Otisville sagte Harmon Sindona, er wünsche, daß er nach Washington komme.

»Ich wurde in der letzten Augustwoche dorthin gebracht«, erinnerte sich Sindona. »Sie steckten mich in ein städtisches Gefängnis, wo einer der Insassen mir drohte, mir meinen Finger abzuschneiden, um an meinen Ehering zu kommen. Als Harmon auftauchte, bat er mich, ihn zu entschuldigen. Er sei erst seit kurzer

Zeit in Washington und kenne das Gefängnissystem der Stadt noch nicht.

Im Oktober des vorhergehenden Jahres hatte ich im ›New York Magazine‹ einen Artikel mit dem Titel ›Geldwäsche‹ gelesen. Es war etwas vom Idiotischsten, das mir jemals unter die Augen gekommen ist. Es hatte mit Geldwäsche gar nichts zu tun. Der Artikel handelte nur von kleinen Ganoven, die mit Schuhkartons voller Geld an den Grenzen Floridas herumwimmelten. Ich schrieb dem Autor, Nick Pileggi, einen Brief und erklärte ihm, daß er wie fast alle anderen auch das Verstecken von Geld mit dem Waschen von Geld verwechsle. Aber er hatte sogar auch den einfachsten Vorgang des Versteckens von Geld unvollständig und allzu naiv beschrieben.

In Washington mußte ich entdecken, daß die ›Drug Inforcement Agency‹, das FBI und der Ausschuß des Präsidenten Kopien dieses Artikels in ihren Büros herumliegen hatten. Ich war entsetzt. Bei diesem Anlaß gab Harmon zu, er wisse so gut wie nichts über das internationale Währungssystem. Es war einfach verrückt.

Ich erklärte ihnen dann im Detail, wie die riesigen Geldsummen tatsächlich gewaschen würden. Ich gab ihnen Einblick in Sachverhalte, die nur sehr wenigen Menschen bekannt sind. Und sie saßen da und hörten zu und begriffen kein Sterbenswörtchen!

Einige Monate später gelang es mir nach meiner Auslieferung nach Italien, eine Kopie des Zwischenberichts der Kommission an den Präsidenten in die Hände zu bekommen. Es war ein Erzeugnis der stupidesten, unsinnigsten Dummheit. Ich hatte ihnen erklärt, daß bei wirklicher Geldwäsche Steuern auf dieses Geld gezahlt werden müßten. Trotzdem sprach die Kommission, vielleicht weil sie nicht akzeptieren wollte, daß IRS eine Geldwaschanlage ist, von den durch Geldwäsche verursachten Steuerverlusten. Ich hatte ihnen erklärt, daß bei wirklicher Geldwäsche das schmutzige Geld während des Prozesses durch eine Reihe von komplizierten Finanztransaktionen in sauberes Geld umgewandelt werden muß. Doch in dem Bericht stand als ein Beispiel für Geldwäsche – das ist wirklich wahr – ein Rauschgifthändler, der kleine Banknoten in große Banknoten umwechselt. Da wurde mir klar, daß die Regierung niemals ihr ehrgeiziges Ziel erreichen würde. Ich hatte meine

Zeit mit dieser Kommission verschwendet, genauso wie die Kommission die Millionen Steuergelder verschwendete, die sie durch Delikte zu verlieren fürchtete, welche sie nicht verstand.«
Am 10. Januar 1985 schrieb Sindona nach seiner Lektüre dieses Berichtes einen Brief an James Harmon in Washington und drückte ihm sein Mitleid und seinen Zorn aus. Zu gleicher Zeit schickte er einen Brief an die Berater Präsident Reagans im Weißen Haus, in dem es hieß, wenn die Kommission so weiter mache, würde sie das ihr gesteckte Ziel niemals erreichen und nur eine unnütze und teure Dublette von schon existierenden Behörden sein.
Jetzt allerdings mußte er sich um andere Dinge kümmern. Seine Prozesse im Justizpalast hatten begonnen; er wurde durch den Hintereingang hereingebracht, wo es keine in Stein gemeißelte lateinische Inschrift gab.
Nach zehn Jahren hatten sie ihn wieder in ihrer Gewalt. Zuerst wurde ihm der Prozeß wegen »bancarotta fraudolenta« gemacht, betrügerischen Bankrotts. Im ältesten römischen Gesetzbuch, dem Zwölftafelgesetz, war dieses Vergehen schwer geahndet worden. Es bestimmte, daß bankrotte Schuldner »über den Tiber geschafft« und getötet werden konnten. »Am dritten Markttag können die Gläubiger sich an seiner restlichen Habe schadlos halten. Wenn sie mehr oder weniger nehmen als ihrem Anteil entspricht – es soll jedenfalls straflos bleiben.« Obwohl das römische Gesetz dem Buchstaben nach längst geändert war, hatte es dem Geist nach etwas von der alten Härte behalten. Drei Wochen vor Prozeßbeginn reagierte die auflagenstärkste Illustrierte Italiens, »Panorama«, auf Sindonas Rückkehr mit dem Titelbild einer toten Hand, die mit den Farben Italiens bemalt war. Das Rot rann aus einer Wunde im weißen Handgelenk. Links von dieser »mano morto« standen in großen gelben Buchstaben unter Sindonas Namen die Worte »Un assassino e i suoi amici« – »Ein Mörder und seine Freunde«.
Der Prozeß begann am Montag, dem 3. Dezember. Um zehn Uhr morgens wurde Sindona in einem Konvoi von sieben Polizeilastwagen zum Justizpalast gebracht. Er lächelte den Photographen zu, während er in den Gerichtssaal geführt und in einen sechs Meter hohen Käfig mit braunen Metallstäben gesperrt wurde. Zu Be-

ginn stellte er den Antrag, daß dieser Prozeß mit dem Prozeß wegen des Mordes an Ambrosoli kombiniert werden sollte, damit alles in einem Aufwasch erledigt werden könnte. Der Antrag wurde abgelehnt und der Prozeß auf den 12. Dezember vertagt. Als es soweit war, weigerte sich Sindona, persönlich zu erscheinen. Er blieb in Voghera und ließ den Prozeß ohne seine Anwesenheit ablaufen. Gegen Ende Januar berichteten die Zeitungen, Sindona hungere aus Angst vor dem Tod. Es gab Anspielungen auf den gefürchteten »caffè tipo Ucciardone«, die Tasse vergifteten Gefängniskaffees, die ein traditionelles Symbol für die Fähigkeit der Mafia war, durch steinerne Mauern und verschlossene Zellen hindurch zu töten. In Wahrheit aber aß er mit Appetit und arbeitete jeden Tag. Im Februar kehrte er ins Gericht zurück und brachte den »Hilton Report« und andere Dokumente mit, darunter geheime interne Papiere des Banco di Roma.
»Ich legte zweifelsfrei dar, daß die Summen, die in meinen italienischen Banken fehlten und auf die sich die Anklage vor allem stützte, auf den Nummernkonten Carlo Bordonis, seiner Frau und seiner Freunde in der Schweiz versickert waren und daß mehr als 60 Millionen Dollar, die mir gehörten, dem Banco di Roma auf Anordnung Giuseppe Petrillis, des früheren Vorstandsvorsitzenden des IRI, geraubt worden waren.
Der Vorsitzende des Gerichts, der die Order ausgegeben hatte, mich zu verurteilen, Mario Chiarolla, war nur daran interessiert, wie ich in den Besitz dieser Dokumente gelangt sei. Er wollte sie nicht einmal in die Hand nehmen. Bei diesem Stand der Dinge ergriff ich das Wort und erklärte, es sei ganz offensichtlich, daß der Ausgang meines Prozesses bereits festgelegt und ich ebenso offensichtlich schon verurteilt sei.«
Am 15. März wurde er zu zwölf Jahren Gefängnis verurteilt.
Der Prozeß wegen Mordes an Giorgio Ambrosoli begann zehn Wochen später, am 4. Juni 1985. Es war ein sogenannter »processo indiziario«, ein Prozeß, der nur auf Indizienbeweisen basierte. Im Gegensatz zum amerikanischen Strafprozeß läßt das italienische Recht Hörensagen als Beweis zu. Genügend viele sich ergänzende Aussagen bilden ein »indizio«, d. h. einen indirekten Schuld- oder Un-

schuldsbeweis. Die Absicht des Staatsanwalts Guido Viola war es, durch »indizio« darzulegen, daß Sindona der »mandante« des Mordes an Ambrosoli war. Falls Viola zeigen konnte, daß Sindona kriminelle Mentalität besaß und kriminelle Verbindungen, so würde er daraus schlußfolgern können, daß Sindona Ambrosoli getötet haben konnte. Danach würde es leicht sein, Indizienbeweise aufzutreiben, die ihn überführen würden. Die amerikanischen Behörden hatten versprochen, solche Indizien zu liefern.
Mit Sindona im gleichen Käfig saß zu dieser Zeit Robert Venetucci, ein Mann aus Long Island, den Sindona nach seinem Sturz kennengelernt hatte. Venetucci, der wegen Rauschgifthandels vorbestraft war, war einige Jahre jünger als Sindona. Ihre Beziehung, so sagte Venetucci, beschränkte sich auf Kredite an zwei kleinere Unternehmungen, eine Immobilienfirma und Mini Mart Film auf Staten Island. Venetucci war an Italien aufgrund einer Anklage wegen schwerer Erpressung ausgeliefert worden. Seine Stimme war als eine der Stimmen identifiziert worden, die sich auf dem Band mit den Drohanrufen gegen Enrico Cuccia befanden.
»Nachdem er ausgeliefert worden war«, so berichtete Venetuccis Verteidiger Paul Goldberger, »zogen wir einen Experten für Stimmen zu Rate, der bereit war, für uns auszusagen. Gerade aber als Venetucci den Kopf aus der Schlinge gezogen hatte, wurde er völlig überraschend mit einem Mord in Verbindung gebracht. Man klagte ihn an, der Mittelsmann zwischen Sindona und dem Killer Arico gewesen zu sein. Um aber so vorgehen zu können, mußten die italienischen Behörden zu erreichen suchen, was man einen Verzicht auf die Identität der Beschuldigungen nennt. Dies bedeutet, daß sie die Erlaubnis unserer Behörden brauchten, um ihn aufgrund anderer Beschuldigungen anzuklagen als derer, deretwegen er ausgeliefert worden war. Es war offensichtlich, daß sie dies schon immer beabsichtigt hatten. Am 1. Dezember 1985 reichte ich beim US-Außenministerium eine Beschwerde ein, mit der Begründung, man habe von vornherein diesen Verzicht auf die Identität der Beschuldigungen einkalkuliert. Der Oktober ging ins Land, der November ging ins Land, der Dezember ging ins Land. Jetzt haben wir Februar 1986, der Prozeß ist fast zu Ende,

und das State Department hat sich noch immer nicht gerührt.«
Venetucci schwieg die ganze Zeit über, sowohl vor als auch nach der neuen Anklage. Er saß im Käfig und beobachtete nur. Da er Italienisch nicht allzu gut verstand, fragte er Sindona immer wieder einmal, was gerade passierte.

In seinem Versuch, Sindonas Schuld durch logische Verbindung zwischen Indizien zu beweisen, holte Guido Viola auch die Brüder Spatola in den Zeugenstand.

»Ich habe nichts zu sagen«, erklärte der jüngere, Vincenzo. »Ich kenne nur meinen Bruder.« Rosario war nicht so schweigsam an diesem Junitag. »Ich habe nur dem Staat gedient. Ich habe Aufträge für öffentliche Arbeiten bekommen.« Er warf einen Blick auf den bärtigen kommunistischen Staatsanwalt. »Ich bin aus dem Nichts gekommen. Im Schweiße meines Angesichts habe ich mich hochgearbeitet.« Viola fragte ihn, wie es möglich gewesen sei, daß Sindona während seines Verschwindens in Torretta gewohnt hatte.

»Reine Höflichkeit«, gab Spatola zur Antwort. »Er hatte mich einmal gastfreundlich im Hotel Pierre untergebracht, und ich revanchierte mich einfach.«

War sich Spatola nicht bewußt gewesen, daß es einen Haftbefehl gegen Sindona gab, daß er ein Justizflüchtling war?

»Es stand nicht auf seiner Stirn geschrieben.«

Viola befragte ihn dann wegen der Drohungen gegen Enrico Cuccia. »Wer ist Cuccia?« Er legte seine Finger zusammen und schüttelte die Hand: »Chiedere«.

Die Presse genoß den Auftritt der Spatolas im Justizpalast. Der »Corriere della Sera« sprach davon, daß sich im Gerichtssaal der »forte odore di mafia« – der intensive Geruch der Mafia – ausgebreitet habe. »La Stampa« schrieb, Rosarios Auftritt ähnelte Passagen aus »Il Giorno della Civetta«, dem klassischen Mafiaroman von Leonardo Sciasoia. Der »indizio«, den Viola suchte, schien sich im Sommerwind aufzulösen.

Nachdem die Spatolas den Zeugenstand verlassen hatten, wurde der Prozeß auf den 18. September vertagt. Es war die »pausa estiva«, die Sommerpause, während der die Gerechtigkeit ruhte.

Ebenfalls im Juni wurde in Rom gegen eine Gruppe bulgarischer

Angestellter ein Prozeß geführt. Der Hauptzeuge war Mehmet Ali Agca, der Türke, der bereits wegen seiner Schüsse auf Papst Johannes Paul II. verurteilt worden war. Am 19. Juni hatte der Richter, um die Ruhe im Gerichtssaal wiederherzustellen, »pazienza« gerufen – »Geduld!«
»Richtig!« sagte Agca mit großen Augen. »Francesco Pazienza! Er war es, der mir die Freiheit versprach, wenn ich aussagen würde, die Bulgaren steckten hinter mir.«
Zu diesem Zeitpunkt saß Pazienza bereits mehr als drei Monate im Metropolitan Correctional Center hinter Gittern. Am Tag nach seiner Verhaftung, dem 5. März, konferierte Premierminister Bettino Craxi in Washington mit Präsident Reagan. Craxi war früher ein Gast in Pazienzas Wohnung in Rom gewesen, das jedenfalls behauptete Pazienzas frühere Freundin, Marina De Laurentiis, die Nichte von Sindonas Freund Dino. Nach der Konferenz wurde bekanntgegeben, daß Premierminister Craxi von nun an ein Befürworter des SDI-Programms des Präsidenten sei, das er früher noch abgelehnt hatte. Als Italien auf die Auslieferung Pazienzas drängte, gingen weder das Weiße Haus noch das Justizministerium in irgendeiner Weise darauf ein. Ein Bundesrichter in New York erhielt indessen von dem stellvertretenden Staatsanwalt David W. Denton die Auskunft, es bestehe ein dringendes nationales Interesse, daß Pazienza bleibe.
Obwohl sie häufig die gleichen Wege gewandelt waren, hatten sich Pazienza und Sindona niemals getroffen. Jetzt schickte Pazienza Sindona eine Nachricht und äußerte den Wunsch, sie sollten irgendwann einmal miteinander sprechen.
Das Treffen kam niemals zustande.
Die ersten Septemberstürme fegten über Voghera hinweg. Sindona lachte und sprach über die Unterschiede zwischen der amerikanischen und der italienischen Justiz. »Wie alle Rechtssysteme beruhen sie auf dem gleichen Prinzip. Wenn sie dich haben wollen, kriegen sie dich auch. Das ist die eigentliche ›lex mundi‹. Die Anwälte in Italien sind weit weniger gründlich als die in Amerika, aber sie machen auch nicht so viele krumme Touren. Wann hat man das letzte Mal davon gehört, daß ein Anwalt von der amerika-

nischen Anwaltskammer ausgeschlossen worden ist? Aber in Italien liegen die Verhältnisse anders. Viele amerikanische Anwälte würden von der Associazione di Avvocati nicht toleriert werden. Aber wie auch immer« – er lächelte –, »wenn der Schuldspruch den Prozeß präjudiziert, was zählt dann noch ein Verteidiger? Meine jetzigen Verteidiger, Costello in New York und Dominioni in Mailand, sind großartige Menschen und großartige Anwälte. Sie arbeiten praktisch um nichts, und sie arbeiten wirklich hart. Sie erklären mir, es sei völlig unmöglich, daß ich wegen Mordes an Ambrosoli verurteilt werde. Aber ich denke, ich verstehe die ›lex mundi‹ besser als sie.«
Es war spät geworden, die Dämmerung brach über die lombardische Landschaft herein. Ein Aufseher klopfte, ein Schlüssel drehte sich in der massiven Tür. Unsere Zeit war um.

Bob Costello, US-Staatsanwalt Rudolph W. Giuliani und Billy Martin lächelten in New Yorker Yankee-Uniformen aus einem Bilderrahmen an einer Holzwand in Costellos Büro in Manhattan.
»Das war im Sommer vor einigen Jahren«, sagte Costello.
Er und Giuliani hatten in den siebziger Jahren in der US-Staatsanwaltschaft zusammengearbeitet. Nach sechs Jahren war Costello im Juni 1981 ausgeschieden, um in die Firma Lombard & Phelan einzutreten. Jetzt stand auf dem Türschild Phelan & Costello. Er war gerade vierunddreißig Jahre alt geworden, als er im Januar 1982 mit der Verteidigung Sindonas begann. Er war einer der drei Strafverteidiger, die Sindona von Mudge, Rose, Guthrie & Alexander empfohlen worden waren.
Rudy Giulianis Lächeln und die Tatsache, daß Costello während der Ermittlungen gegen Sindona in Diensten der US-Staatsanwaltschaft gestanden war, warf eine Frage auf. Glaubten die Behörden wirklich, daß Sindona ein Mafioso war, oder war das nur ein bequemer Vorwand?
»Nun«, sagte Costello, »das hängt davon ab, was Sie unter Behörde verstehen. Ich glaube nicht, daß die US-Staatsanwaltschaft für den Südbezirk von New York der Überzeugung ist, er gehöre zur Mafia. Aber andererseits kann ich Ihnen verraten, daß seine Ver-

tretung mich zu keinem sehr beliebten Teilnehmer an den gemeinsamen Dinners des U.S. Anwaltsvereins gemacht hat.«
Später aßen und tranken wir ein paar Häuser weiter und diskutierten das Rätsel, das in einer Zelle an einem Ort saß, von dem wir beide bis vor einem Jahr noch nie etwas gehört hatten.
»Ich habe schon viele Überraschungen in meinem Leben erlebt«, sagte Costello, »aber ich wäre wirklich erstaunt, wenn er tatsächlich irgend etwas mit diesem Mord zu tun hätte. Es ist einfach nicht seine Art.
Denken Sie einmal darüber nach, es wäre doch einfach idiotisch von ihm gewesen, sich in dies alles verwickeln zu lassen, selbst wenn er ein solches Naturell hätte. Überdies wußte er, daß Ambrosoli zur Zeit seiner Ermordung seine Berichte bereits fertiggestellt hatte.
Ich weiß ehrlich nicht, was passiert ist. Vielleicht weiß es niemand von den noch Lebenden. Ich weiß, daß es Leute auf der Straße gibt, die Michele Sindona für einen der berühmtesten und mächtigsten Männer Siziliens aller Zeiten halten. Leute, die sich einbilden, sie würden schwer belohnt werden, wenn sie irgendetwas zu seinen Gunsten tun würden, auch ohne seine Anordnung oder sein Wissen. Das ist zwar nicht logisch, aber typisch für ein Denken, das bestimmt in diesen Kreisen verbreitet ist, besonders bei ganz bestimmten Leuten.
Ein anderer verdächtiger Aspekt der ganzen Sache ist – das fiel mir auf, nachdem ich mit Bill Gabler gesprochen hatte, demjenigen Burschen, der behauptete, Luigi Ronsisvalle habe ihm gesagt, er sei zum Mord an Sindona gedungen worden –, daß alle Zeugen gegen Sindona Leute aus dem Programm für den Schutz von Zeugen sind. Dieser Mord hat zwar in Mailand stattgefunden, doch seine Auflösung dürfte in einem dunklen Winkel des dritten Stocks im MCC zu finden sein.«
Sindonas Anwalt John J. Kirby Jr. hatte sich am Tage des Todes von Ambrosoli in Mailand aufgehalten. Im Oktober 1985 gab er auf Bitten Costellos eine eidesstattliche Erklärung ab, in der er sich an diesen Tag erinnerte.
»In unserer Bemühung, die Verteidigung Mr. Sindonas vorzube-

reiten«, so schrieb Kirby in dieser Erklärung, »hatten wir per Rechtshilfeersuchen die Herausgabe von Vernehmungsprotokollen des Dr. Ambrosoli und anderer verlangt. Nachdem besagte Protokolle vom Gerichtshof der Vereinigten Staaten herausgegeben worden waren, wartete ich auf ihre Verlesung in Anwesenheit des Richters Dr. Giovanni Galati beim Gericht in Mailand, die am 9. Juli 1979 begann. Wie ich selbst warteten auch Mr. Steven Stein von der Kanzlei Proskauer, Mr. Walter Mack von der US-Staatsanwaltschaft des Südbezirks von New York und ein Vertreter des Richters der Vereinigten Staaten.

Mit Erlaubnis des Richters Galati wurde der Verteidigung Mr. Sindonas gestattet, Dr. Ambrosoli zur Ergänzung der Vernehmungsprotokolle Fragen zu stellen. Solche Fragen wurden Dr. Ambrosoli während des ganzen Prozesses bis zum 11. Juli gestellt. An diesem Nachmittag wurde der Prozeß auf den nächsten Tag vertagt.

Am gleichen Abend sprach ich telefonisch mit Mr. Sindona, berichtete ihm über den Gang der Dinge und erhielt Vorschläge in bezug auf zusätzliche Fragen, die Dr. Ambrosoli am nächsten Tag gestellt werden sollten. Es gab eine ganze Reihe von noch offenen Fragen (z. B. in bezug auf die Entstehung von Dokumenten, die zwar nicht unmittelbar Gegenstand der Vernehmungen gewesen waren, doch zum Thema der Befragung gehörten). Es war die Gewohnheit des Richters Galati, weitere Fragen an den Zeugen zu gestatten, wenn er sich die Diskussion über die Notwendigkeit zusätzlicher klärender Fragen angehört hatte. Daher ging ich davon aus, daß es mir möglich sein würde, vor Beendigung der Verlesung des Protokolls Dr. Ambrosoli weitere Fragen zu stellen, wozu ich von Mr. Sindona aufgefordert worden war.

Am nächsten Morgen erfuhr ich, daß Dr. Ambrosoli in der Nacht des 11. Juli ermordet worden sei. Gemeinsam mit anderen Anwälten erschien ich vor Richter Galati und gab zu Protokoll, daß das Protokoll der Zeugenaussagen des Dr. Ambrosoli, die er am 9., 10. und 11. Juli zusätzlich zu den von der amerikanischen Justiz angeforderten Vernehmungsprotokollen abgegeben hatte, seine Richtigkeit hatte. Es ist damals wie heute meine Überzeugung,

daß die Unmöglichkeit für Dr. Ambrosoli, das Protokoll seiner Befragung zu unterzeichnen, keine Wirkung auf die Verwendbarkeit dieser Befragung in den Vereinigten Staaten haben könnte.
Das eigentliche Ziel des Rechtshilfeersuchens um die Vernehmungsprotokolle des Dr. Ambrosoli war die Sicherung des Zugangs zu allen Akten der Banca Privata Italiana. Wir gingen davon aus, daß nur bei Gewährleistung dieses Zugangs die Verteidigung des Mr. Sindona in den Vereinigten Staaten gebührend vorbereitet werden könnte. Aber nur ein Teil der BPI-Akten wurde in Verbindung mit den Vernehmungsprotokollen Dr. Ambrosoli zur Verfügung gestellt.«
1974 hatte Joseph Arico einen Mann namens Henry Hill im Zuchthaus in Lewisburg, Pennsylvania, kennengelernt. Der damals siebenunddreißig Jahre alte Arico verbüßte dort eine Strafe für Totschlag und Bankraub. Hill, der sieben Jahre jünger als Arico war, saß in Lewisburg wegen Rauschgifthandels ein. Die beiden Männer verstanden sich bald gut, Arico machte Hill mit einem anderen Insassen von Lewisburg bekannt, Robert Venetucci, einem seiner Freunde aus Long Island, der wie Hill wegen Rauschgifthandels verurteilt worden war. Wieder in Freiheit, siedelten sich die drei 1978 als Nachbarn in einem Bezirk auf Long Island an. Arico arbeitete mit Hill zusammen. Sie verkauften Rauschgift und begingen bewaffnete Raubüberfälle im Stadtgebiet New Yorks. Venetucci wurde nach seiner Entlassung im Büro eines bekannten italienischen Mopedherstellers in Manhattan mit Sindona bekanntgemacht.
Am 8. Dezember 1979, fünf Monate nachdem er Ambrosoli ermordet hatte, raubte Billy Arico ein Juweliergeschäft in Brooklyn aus, wurde gefaßt und ins Zuchthaus auf Riker's Island in New York eingeliefert. Am 22. Mai 1980 entschloß sich Henry Hill, ebenfalls wieder unter Anklage, mit den Behörden zusammenzuarbeiten und so in den Genuß des Programms zum Schutz von Zeugen zu kommen.
Henry Hill war es dann, der den Behörden verriet, daß Billy Arico Giorgio Ambrosoli ermordet hatte. Nach Hills Aussage hatte ihm Arico im Herbst 1978 erzählt, er brauche Waffen. Daraufhin ver-

kaufte ihm Hill fünf Pistolen und eine Ingram M-11-Maschinenpistole mit Schalldämpfer. Arico sagte Hill – jedenfalls behauptete das Hill –, er sei gedungen worden, einen Auftrag für Michele Sindona zu erfüllen, den er über Venetucci kennengelernt hatte. Im nächsten Sommer besuchte Arico nach dem Mord Hill in dessen Wohnung im Rockville Centre, Long Island. »Das ist der Kerl, den ich dort erledigt habe«, sagte er, indem er ihm einen italienischen Zeitungsausschnitt über den Ambrosoli-Mord zeigte.

Auf Hills Zeugenaussage bauten dann die italienischen Behörden ihre Anklage gegen Sindona vom Juli 1981 auf. Am 28. Juni 1980, fünf Wochen nachdem Henry Hill sich dem Programm zum Schutz von Zeugen angeschlossen hatte, brach Billy Arico aus dem Zuchthaus auf Riker's Island aus und schwamm über den East River nach Hunts Point in der Bronx. Am 16. Juni 1982 wurde er vom FBI in der Wohnung seines Stiefsohns bei Philadelphia wieder verhaftet. Einen Monat später, am 16. Juli, wurde er im Metropolitan Correctional Center vom FBI-Agenten Michael Mott und dem stellvertretenden US-Staatsanwalt Charles Rose verhört.

»Das erste, was sie Arico fragten, war, ob er Giorgio Ambrosoli getötet habe«, berichtete Charles Rose später. »Er fragte seinen Verteidiger, ob er antworten dürfe. Der Verteidiger gab ihm grünes Licht, und er sagte ›Ja‹. Daraufhin fragten wir ihn, ob er im Auftrag Michele Sindonas gehandelt habe. Wieder schaute er zu seinem Rechtsanwalt hinüber und sagte dann ›Ja‹.«

Laut Rose behauptete Arico, er sei Sindona von Robert Venetucci im Speisesaal des Conca d'Oro-Motels auf Staten Island vorgestellt worden. Robert Venetucci, später darüber befragt, sagte, ja, er kenne Arico, und ja, er habe auch Sindona gekannt, doch habe er die beiden niemals miteinander bekannt gemacht und habe nichts von dem Mord an Giorgio Ambrosoli gewußt.

»Also«, fuhr Costello fort, »waren die drei aus dem dritten Stock des MCC beisammen: Carlo Bordoni, Luigi Ronsisvalle und Henry Hill. Und die einzige Tatsache, die wir sicher kennen, ist, daß Carlo Bordoni Sindonas Feind war.

Ich habe darüber nachdenken müssen und bin noch zu keinem Ergebnis gekommen, warum William Arico ohne einleuchtenden

Grund einem Mann wie Henry Hill einen Mord gestehen sollte, einem Mann, der überall als Lügner bekannt war und alles behaupten würde, um seinen Kopf aus der Schlinge zu ziehen. Und ich habe darüber nachdenken müssen, warum man sich in diesem Fall mit Carlo Bordoni, der so sang- und klanglos verschwunden ist, so wenig beschäftigt hat.«

Sechs Monate nach dem Verhör Aricos durch Mott und Rose sprach Costello mit Louis Freeman, der vom Gericht als Pflichtverteidiger Aricos bestimmt war. Im Januar 1985 verfertigte Costello eine eidesstattliche Erklärung über dieses Gespräch und die Ereignisse, die folgten. »Am 10. Februar 1983 führte ich ein Gespräch mit Mr. Freeman, der mir mitteilte, William Arico arbeite nicht mit der Staatsanwaltschaft zusammen. Arico habe Michele Sindona keiner Komplizenschaft bei der Ermordung des Giorgio Ambrosoli beschuldigt, sondern er sei von den Strafverfolgungsbehörden unter Druck gesetzt worden, Michele Sindona zu beschuldigen. Mr. Freeman erzählte mir, man habe Mr. Arico gesagt, daß er nach Italien ausgeliefert werden würde, wenn er nicht zur Kooperation bereit wäre und gegen Mr. Sindona aussage, und Mr. Freeman teilte mir mit, Mr. Arico habe trotz dieser Erpressung keine Beschuldigungen gegen Mr. Sindona erhoben, und er, Mr. Freeman, wolle meine Bitte an Mr. Arico weiterleiten, ihn interviewen zu dürfen.

Irgendwann zwischen Februar 1983 und Juli 1983 schied Louis Freeman als Pflichtverteidiger aus und begann in der unlängst gegründeten Kanzlei Freeman, Noter und Ginsberg als freier Anwalt zu arbeiten. Er vertrat auch Mr. Aricos Stiefsohn, Charles Arico, in Verbindung mit dem italienischen Auslieferungsbegehren. Aber offensichtlich wollte William Arico Mr. Freeman als Pflichtverteidiger beibehalten und bat bei diesem Stand der Dinge darum, daß Michele Sindona oder dessen Familie die Anwaltshonorare sowohl für Charles als auch William Arico übernehmen sollten. Charles lehnte es trotz der Drohungen von William Arico ab, etwas gegen Mr. Sindona oder ein Mitglied der Familie Sindonas zu unternehmen. Zu diesem Zeitpunkt informierte ich Louis Freeman über diese Auseinandersetzungen, und Mr. Freeman

wies Mr. Arico unverzüglich an, er solle mit diesen Drohungen und Forderungen aufhören.
Ende Juni 1983 teilte mir Mr. Freeman mit, Mr. Arico sei bereit, mit mir die Angelegenheit Ambrosoli durchzusprechen. Am 1. Juli 1983 traf ich mich mit William Arico in Gegenwart seines Anwalts Louis Freeman im Metropolitan Correctional Center. Ich befragte Mr. Arico über seine Bekanntschaft mit Michele Sindona und Nino Sindona, und zwar etwa eine Stunde lang im Konferenzraum der Anwälte in Gegenwart von Louis Freeman. Während dieser Befragung stellte William Arico unzweideutig fest, er habe in bezug auf Giorgio Ambrosoli niemals etwas für Michele Sindona unternommen.
Ich fragte ihn, ob er Henry Hills Äußerungen kenne, daß Arico gegenüber Henry Hill derartige Eingeständnisse gemacht habe. Mr. Arico stellte fest, die Äußerungen Hills seien durch und durch erlogen. Arico stellte weiterhin fest, daß er niemals Michele Sindona begegnet sei, jedoch bei einem gesellschaftlichen Anlaß Nino Sindona, dabei sei er Nino jedoch unter einem anderen Namen vorgestellt worden. Arico sagte weiter aus, er habe mit Nino keinen weiteren Kontakt gehabt oder mit sonst irgend jemandem aus der Familie Sindona. Während dieser Befragung kam Arico von neuem auf die Tatsache zu sprechen, daß die Behörden beträchtlichen Druck auf ihn im Hinblick auf seinen Stiefsohn Charles Arico ausübten, der im selben Gefängnis saß. William Arico schlug wieder vor, daß Michele Sindona seine Anwaltsgebühren übernehmen solle. Und wieder fragte ich Arico, ob Michele Sindona irgend etwas mit dem Ambrosoli-Mord zu tun habe oder nicht, und wieder stellte Arico fest, das sei nicht der Fall.«
Ende 1983 wurde Sindona von Otisville ins Metropolitan Correctional Center überführt, um dort auf die unmittelbar bevorstehende Ratifizierung des neuen Vertrages zu warten, nach dem er dann ausgeliefert werden sollte. Die Behörden steckten Sindona in Nine-South, in die Abteilung, in der auch Arico sich befand.
Einige Jahre zuvor war Sindona während des Franklin-Prozesses ebenfalls im MCC eingesessen. Damals war er einem jungen Mann namens Michael O'Rourke begegnet, einem Partisanen der

IRA, der in New York nach seinem Ausbruch aus Green Street Courthouse in Dublin gefaßt worden war, wo man ihn wegen des Besitzes von Sprengstoff verurteilt hatte. O'Rourke befand sich noch im MCC und machte Sindona mit Arico bekannt.
»Wie ich höre, sind Sie ein Kammerjäger«, sagte Sindona und lächelte kühl.
»Tja«, gab Arico zur Antwort. »Wanzen, Ratten. Alles mögliche.«
Etwa zwanzig Minuten nach acht am Sonntag abend des 19. Februar 1984 hatten Billy Arico und ein anderer Gefangener, Miguel Sepulveda, ein neununddreißigjähriger Südamerikaner, der eine Strafe von siebenundzwanzig Jahren wegen Rauschgifthandels abbüßte, mit ihren Bemühungen Erfolg, das Zellenfenster zu durchschneiden. Sie kletterten auf das Dach hinaus. Der Südamerikaner war ziemlich dick und brauchte eine Weile. Auf dem Dach wurden sie von Wachen entdeckt, die das Gewehr im Anschlag hielten. Arico und sein Genosse rutschten hastig zum Rand des Daches. Darunter sahen sie ein anderes Dach. Sie fielen oder sprangen – die Wachen konnten es nicht sagen. Jedenfalls war das das Ende des William Arico. Der dicke Rauschgifthändler fiel auf ihn und drückte ihn zu Tode.
Michael O'Rourke, der Terrorist der IRA, der Arico mit Sindona bekannt gemacht hatte, wurde im Juli 1984 nach Irland ausgeliefert. Eineinhalb Jahre später gelang es Costello, ihn über die Brehon Society, die Organisation der New Yorker Anwälte, die der IRA Rechtshilfe leistet, ausfindig zu machen. Im Dezember 1985 gab O'Rourke in Dublin im Arbour Hill Gefängnis eine eidesstattliche Erklärung ab:
»Von 29. September 1979 bis 19. Juni 1984, einer Zeit von etwa vier Jahren und acht Monaten, wurde ich in den Vereinigten Staaten von Amerika gefangengehalten. Ich saß im Metropolitan Correctional Center (MCC) in New York City ein, wo ich im wesentlichen in einer Abteilung höchster Sicherheitsstufe mit Namen Nine-South eingesperrt war.
Hiermit versichere ich an Eides Statt, daß ich während besagter Periode mit Michele Sindona bekannt wurde, zuerst während sei-

nes Prozesses im Zusammenhang mit der Franklin National Bank und später, nach seiner Rückkehr in das MCC, wegen der Verhöre im Zusammenhang mit seiner bevorstehenden Auslieferung nach Italien. Vor Micheles Rückkehr in das MCC zu den oben erwähnten Verhören schloß ich, der Unterzeichnete, Freundschaft mit einem gewissen William ›Bill‹ Arico, der mir von seiner Flucht aus einem New Yorker Gefängnis auf Riker's Island erzählte. Er habe die Insel, auf der das genannte Gefängnis liegt, schwimmend verlassen. Besagter William Arico teilte mir auch mit, er sei bis zu seiner Rückkehr nach Italien von der US-Einwanderungsbehörde in Gewahrsam gehalten worden. Im Verlauf verschiedener Gespräche mit mir erwähnte besagter William Arico auch ein Individuum namens Henry Hill, von dem er sagte, er sei ein Informant der Behörde im Rahmen des Programms zum Schutz von Zeugen. Im Verlaufe der genannten Gespräche erzählte mir besagter William Arico auch von einigen seiner Versuche, aus dem MCC auszubrechen, einschließlich des geplanten Versuches, der dann schließlich zu seinem Tod führte.

Ich versichere an Eides Statt, daß ich mich an dem Abend in Gesellschaft des besagten William Arico befand, als Michele Sindona für seine Auslieferungsverhöre wieder hierher gebracht wurde, bei welcher Gelegenheit ich zu ihm hinüberging und ihn begrüßte. Ich, der Unterzeichnete, informierte besagten William Arico, daß dies Michele Sindona, der Bankier, sei. Ich, der Unterzeichnete, habe keinen Zweifel, daß bis zu diesem Augenblick besagter William Arico Michele Sindona niemals gesehen oder getroffen hatte.

Danach kam besagter Michele Sindona zu mir und William Arico herüber und bat mich, die Heizung in seiner Zelle aufzudrehen. William Arico begleitete mich zu dieser Zelle und führte den Wunsch des besagten Michele Sindona aus, und wiederum entdeckte ich, der Unterzeichnete, keine Anzeichen, daß diese zwei Personen einander tatsächlich gekannt hätten. Einige Zeit danach teilte mir besagter William Arico mit, er habe herausgefunden, daß Michele Sindona eine Menge Geld habe. Er teilte mir weiter mit, er werde auf besagten Michele Sindona Druck ausüben, damit er die Anwälte bezahle, die gegen die Auslieferung seines

Stiefsohns nach Italien arbeiteten, und er, besagter William Arico, erwarte diesbezüglich von Michele Sindona 5.000 Dollar. Ich sage aus und bekenne, daß mich bei einer Gelegenheit William Arico in die juristische Bücherei des MCC begleitete, wo ich mich während meines Gewahrsams oft aufhielt. Während dieses Besuches in der Bücherei veranlaßte mich besagter William Arico, die verschiedenen Berichte über den früheren Prozeß gegen Michele Sindona herauszuziehen.

Ich versichere an Eides Statt, daß ich, der Unterzeichnete, im Zusammenhang mit dieser eidesstattlichen Erklärung keine Gelder oder irgendeine sonstige Vergünstigung erhalten habe. Ich habe sie aus eigenem freien Willen abgegeben.«

In diesem Herbst gelangte Costello auch in den Besitz einer eidesstattlichen Erklärung von Bill Gabler, dem ehemaligen Zeugen aus dem Programm zum Schutz von Zeugen, der ausgesagt hatte, Luigi Ronsisvalle habe ihm mitgeteilt, er sei zum Mord an Sindona und jemand anderem gedungen worden, dessen Vorname Enrico gewesen sei und dessen Familienname mit einem »C« begonnen habe. Ende Oktober wurde Costello mitgeteilt, er könne beim Prozeß gegen Sindona auftreten. Ebenso wurde ihm gesagt, das Schwurgericht in Mailand sei bereit, Gablers Zeugenaussage entgegenzunehmen.

»Ich rief Gabler an und fragte ihn, ob er mit nach Italien gehen würde«, erinnerte sich Costello. »Er sagte, ›natürlich‹. Das einzige Problem dabei war, daß er keinen Paß hatte und seine Geburtsurkunde nicht finden konnte. Das bedeutete Schwierigkeiten, denn Gabler war im Programm zum Schutz von Zeugen gewesen, und das erste, was die Regierung tut, wenn einer sich dem Programm anschließt, ist, alle Spuren der Existenz dieser Person zu zerstören.

Die Zeugen werden Menschen ohne Vergangenheit und ohne Identität.

Da aber Gabler nun aus dem Programm ausgestiegen war und wieder seinen echten Namen führte, nahm ich an, seine Identität sei irgendwie wiederhergestellt worden. Deshalb beauftragten wir eine Agentur, die auf die Erstellung von Geburtsurkunden und Pässen spezialisiert ist, in Brooklyn, wo Gabler geboren ist, zu recherchieren. Am nächsten Tag kamen sie zu uns zurück und sagten, es sei sehr seltsam. Es gebe dort keinen irgendwie gearteten Hinweis darauf, daß Gabler dort geboren wäre oder überhaupt je existiert habe. Danach blieben mir nur zwei Tage Zeit, Gabler einen Paß zu verschaffen. Ich rief den höheren Polizeibeamten in Virginia an, der mit der Durchführung des Programms zum Schutz von Zeugen beauftragt war. Ich schilderte mein Problem. Ich telefonierte auch mit Alfred McNeil, der der Beauftragte für das Programm für den Schutz von Zeugen in New York ist und unter dessen direkter Aufsicht Gabler einmal gestanden hatte. McNeil war bereits darüber informiert, daß ich Leute auf der Suche nach Gablers Geburtsurkunde nach Brooklyn geschickt hatte. Offensichtlich hatte ein Zeichen auf der Akte die Behörde alarmiert, daß irgend jemand hinter einem ihrer Leute ohne Identität her war. Auch ihm schilderte ich mein Problem, und grundsätzlich waren die Leute, mit denen ich sprach, sehr freundlich.

Da Gabler noch auf Bewährung war, mußte ich auch die Erlaubnis seines Bewährungshelfers in Uniondale einholen, der seinerseits die Bewilligung der Bewährungskommission in Washington, D.C. bekommen mußte. Dank des Entgegenkommens der Behörden war all dies innerhalb von zwei Tagen erledigt. Einer meiner Mitarbeiter brachte ihn mit der Geburtsurkunde in der Hand ins Paßamt im Rockefeller Center, wo man ihm sofort einen Paß ausstellte, noch an dem Tag, als wir nach Italien abreisten.«

Sobald die Existenz und die Natur der Erklärung von Gabler bekannt wurde, ließ die Behörde Ronsisvalle eine Gegenerklärung abgeben. Ronsisvalle beschwor: »Einige Aussagen des Mr. Gabler sind weder richtige Darstellungen der Gespräche, die ich mit Mr. Gabler führte, noch überhaupt in Übereinstimmung mit der Wahrheit. Jedenfalls habe ich Mr. Gabler oder sonst jemandem niemals erzählt, daß ich angeheuert worden war, diese beiden Leute zu töten.«

Im Januar 1986 gab Luigi Ronsisvalle im Bundesgericht im unteren Manhattan eine weitere eidliche Zeugenaussage ab. Als Kronzeuge der Anklage im Pizza-Connection-Prozeß wurde er von Ivan S. Fisher ins Kreuzverhör genommen, dem Verteidiger des Angeklagten Salvatore Catalano. Fisher, der Anwalt, den Sindona wegen Betrugs gegen ihn angeklagt hatte und gerichtlich verfolgen ließ, brachte das vermeintliche Komplott zu einer Ermordung von John Kenney aufs Tapet, dem Ankläger im Fall Franklin. In der Vergangenheit hatte Ronsisvalle behauptet, ein mysteriöser Partner Sindonas habe ihm gesagt, Sindona sei bereit, 100.000 Dollar für Kenneys Tod zu zahlen, und er, Ronsisvalle, habe sich bemüht, jemanden zu finden, der den Mord ausführen sollte. Jetzt, 1986, lautete die Geschichte Ronsisvalles anders. Er selbst, so sagte er jetzt, habe sich einverstanden erklärt, Kenney im Auftrag Sindonas zu töten.

Am Abend seiner Abreise nach Italien, wo er als Zeuge auftreten sollte, kam Costello ganz zufällig in den Besitz der aufregendsten eidesstattlichen Erklärung, die er dem Gericht vorlegen konnte.

»Ich bin amerikanischer Staatsbürger und wohne in Nutley, New Jersey«, so hieß es in der Erklärung von George Gregory Korkola. »Gegenwärtig bin ich Insasse der Green Haven Correctional Facility in Stormville, New York, wo ich eine fünf- bzw. fünfzehnjährige Freiheitsstrafe wegen des unerlaubten Besitzes und Transportes von Waffen im dritten Grade abbüße. Ich bin vierundvierzig Jahre alt, verheiratet und habe zwei Kinder. Bevor ich aufgrund der Beschuldigungen, die zu dem gegenwärtigen Freiheitsentzug führten, verhaftet wurde, verdiente ich meinen Lebensunterhalt durch das Entwerfen, die Herstellung und den Verkauf von Sicherheitssystemen. Ich war ehrenamtlich aktiver Bürger der Gemeinde in Nutley, New Jersey, und wurde in den Bürgerausschuß dieser Stadt gewählt.

Während ich im Metropolitan Correctional Center saß, schloß ich Freundschaft mit einem anderen Insassen mit Namen Arico. Während einer Unterhaltung, die wir entweder Ende April oder Anfang Mai 1983 über den Vatikan und den Papst führten, erwähnte Mr. Arico den Namen Michele Sindona. Arico teilte mir mit, er sei nach Italien gegangen und habe dort einen italienischen Staatsanwalt namens Ambrosoli getötet. Er sagte auch, er habe ihn ohne weiteres niedergeschossen und er empfinde kein Bedauern darüber, denn er sei ein schlimmer Hund gewesen. Arico erzählte weiter, er sei von jemandem für den Mord an Ambrosoli bezahlt worden. Die Behörden seien der Meinung, Michele Sindona habe etwas zu tun mit dem Mord an Ambrosoli, doch Arico bestand darauf, Michele Sindona habe wirklich nichts mit dem Mord zu tun. William Arico sagte mir, Michele Sindona habe den Mord an Ambrosoli weder verlangt noch dafür bezahlt. Des weiteren äußerte Arico, es sei zwar seine persönliche Ansicht, daß Sindona nicht unglücklich darüber gewesen sei, doch habe er rein nichts damit zu tun. Im Verlauf unserer Gespräche kam Mr. Arico oft auf seine mögliche Auslieferung nach Italien zu sprechen. Er betonte immer wieder, daß er niemals nach Italien gehen würde. Auch beschäftigte er sich sehr stark mit der möglichen Auslieferung seines Stiefsohns, Charles Arico, nach Italien. Arico sagte mir, daß er, wenn er nach Italien gehen würde, bestimmt wegen Mordes verurteilt werden würde, da sie jede Menge Beweise gegen ihn hätten. Auch erzählte er mir, es werde nicht mehr lange dauern, bis er aus dem Gefängnis herauskäme. Er sagte mir nicht direkt, daß er vorhabe auszubrechen, doch betonte er immer wieder, daß er niemals nach Italien gehen würde und daß er alles Notwendige tun würde, um nicht dorthin gehen zu müssen. Arico vertraute mir, weil er wußte, daß ich Elektronikfachmann bin, und er wollte erfahren, wie er, wenn er aus dem Gefängnis draußen sei, mit seiner Familie Kontakt halten könnte, ohne daß die Behörden seine Stimme erkennen oder herausbringen könnten, wo er sich aufhielt.

Arico war an jeder Information interessiert, die ich ihm über die Entwicklung der Elektronik geben konnte. Wir sprachen auch über Revolver, nachdem Arico erfahren hatte, daß ich wegen unerlaubten Waffenbesitzes im Gefängnis war. Im Verlauf dieser Gespräche sagte mir Arico, am liebsten hätte er eine 9-mm-Pistole. Einmal bezog sich Arico auf einen Illustriertenartikel über den Ambrosoli-Mord und erklärte mir, sie hätten die Story ganz falsch dargestellt. Von neuem sagte er, er habe Ambrosoli getötet, doch nicht für Michele Sindona. Er sagte, er sei von jemand anderem bezahlt worden und habe keine Verbindung mit Sindona gehabt. Ich habe Sindona niemals getroffen oder mit ihm gesprochen. Aus den Zeitungen wußte ich, daß er nach Italien ausgeliefert worden war, doch hatte ich keine Kenntnis davon, was aus ihm geworden war. Dies änderte sich erst kürzlich, als ich einen Artikel in den

New Yorker ›Daily News‹ las, in dem es hieß, daß gegen Sindona in Italien ein Prozeß geführt werde und daß er dieses Mordes angeklagt sei. Mir war klar, daß ich nicht länger schweigen durfte, und deshalb schrieb ich an Mr. Costello. Ich werde nicht gerne in diese Angelegenheit hineingezogen, da ich im nächsten Jahr meine Freilassung auf Bewährung erwarte, trotzdem konnte ich unmöglich untätig herumsitzen und das Gericht über diese Geständnisse Aricos uninformiert lassen. Ich habe durch diese Informationen nichts zu gewinnen. Ich habe auch keine irgendwie gearteten Vergünstigungen erhalten noch erwarte ich solche von irgend jemandem. Meine einzige Hoffnung ist, daß dies alles meine Freilassung auf Bewährung im nächsten Jahr nicht beeinträchtigt.

Um meine Glaubwürdigkeit unter Beweis zu stellen, bin ich bereit, mich von jedem, den das italienische Gericht damit beauftragt, verhören und ins Kreuzverhör nehmen zu lassen. Ich bin bereit, mich von jedem Lügendetektor prüfen zu lassen und für beliebige chemische oder psychologische Untersuchungen. Mit einem Wort: ich stehe dem italienischen Gericht für jedes denkbare Verfahren zur Verfügung, das es für angemessen hält.«

Der Tag der Zeugenaussage Costellos im Justizpalast war der 6. November 1985. Der Prozeß hatte sich genauso entwickelt, wie es sich Guido Viola erhofft und wie es Sindona vermutet hatte. Am 3. Oktober hatte Enrico Cuccia einen seiner seltenen öffentlichen Auftritte, als er vom Gericht über die Drohanrufe befragt wurde, die er erhalten hatte. In seinem Bericht über diese Zeugenaussage schrieb der »Corriere della Sera«: »La voce di uno dei ›santoni‹ della finanza italiana«, (»Die Stimme eines heiligen Eremiten der italienischen Finanz«). Aber als Costello vor Gericht Zeugnis ablegte, war wenig von heiliger Zurückhaltung zu spüren.

»Alles bestätigte voll die Wahrheit dessen, was Sindona mir oft gesagt hatte«, beschrieb Costello die Vorgänge. »So etwas wie diesen Tag im Justizpalast hatte ich noch nie in einem Gerichtssaal erlebt. Es war wie in einem Film von Fellini. Es fing schon gut an: Der vom Gericht gestellte Dolmetscher – ich hatte keine Wahl – war eine abgedankte Opernsängerin aus Amerika, die einfach alles, was ich sagte, durcheinanderbrachte. Sindona verbesserte sie von seinem Käfig aus. Leute korrigierten sie laut quer durch den Gerichtssaal. Sogar ich, der ich kein Italienisch verstehe, konnte bemerken, daß sie Namen verwechselte. Als ich dann meine Aussage beendet, als ich all die von mir gesammelten eidesstattlichen Erklärungen zum Beweis verlesen hatte, kam von seiten der Anklage keine einzige Frage, nichts. Guido Viola saß einfach da und schaute die ganze Zeit drein, als ob er einen Migräne-Anfall habe. Ich hatte ihnen ihren Fall zerpflückt, aber sie saßen einfach schweigend da und warteten, daß sie mich wieder loswurden. Ich war entsetzt.«

Am nächsten Tag sagten der stellvertretende Staatsanwalt Charles Rose und der FBI-Agent Michael Mott aus, Arico habe ihnen erzählt, daß Sindona den Mord an Giorgio Ambrosoli in Auftrag gegeben habe.

Einen Monat später wurde George Korkola am Nachmittag des 6. Dezember aus dem Green-Haven-Gefängnis herausgeholt und vor Charles Rose gebracht. Bei Rose waren zwei FBI-Agenten, drei italienische Beamte und ein Dolmetscher.

»Dies ist der Mann, der eine eidliche Erklärung gegen meine Erklärung abgegeben hat«, sagte Rose auf italienisch zu den Beamten, ohne zu wissen, daß Korkola italienisch verstand.

Rose teilte dann Korkola mit, die italienischen Behörden seien sehr verärgert über die Tatsache, daß Bob Costello wie aus heiterem Himmel in Mailand aufgetaucht sei und eine Erklärung von einem Gefangenen aus New York vorgelegt habe.

»Seine abschließende Äußerung mir gegenüber«, berichtete Korkola, »war, daß ich mich für einige Jahre nicht in Italien sehen lassen sollte, da man dort wegen meiner Erklärung einigermaßen aufgebracht sei.«

Am 10. Dezember schloß die Anklage ihre Darstellung ab. Viola resümierte die Zeugenaussage Roses, beschwor das Bild Ambrosolis herauf – »steso sul freddo tavolo dell'obitorio« (»aufgebahrt in der kalten Leichenhalle«) – und beantragte Freiheitsentzug für Sindona für den Rest seines Lebens.

Dasselbe beantragte Viola für Robert Venetucci. Dann reagierte er sich weiter im Namen des Staates ab. Rodolfo Guzzi, Sindonas

Anwalt in Rom, sollte zu zehn Jahren verurteilt werden, John Gambino zu neun, jeweils acht sollten Rosario Spatola und Joseph Macaluso erhalten, sieben Rosarios Bruder Vincenzo, sechs Joseph Miceli Crimi und Sindonas Schwiegersohn Piersandro Magnoni. Sindonas Tochter sollte fünf Jahre bekommen, da sie ihrem Vater bei seinen schändlichen Verbrechen beigestanden habe. Und so ging es weiter.

In der Zwischenzeit hatte der erste Schnee Mailand mit einem weißen Tuch überzogen. Zwei Tage nach dem Schlußplädoyer der Anklage gab Sindona in einem Brief, datiert vom 12. September, sein eigenes Schlußwort. Es war seine letzte »Lateinstunde«, eine Glosse auf die in Stein gemeißelten Worte mit dem Tenor: »Große Illusion«.

Weihnachten ging vorüber, und die Stürme des neuen Jahres fegten durch die Poebene. Sindona saß in seiner Zelle und erwartete das unausweichliche, allerletzte Urteil, das Ende der Reise, die vor vierzig Jahren begonnen hatte, als er sich durch die Enge zwischen Scylla und Charybdis hindurch auf der Suche nach seinem Glück in den Norden begeben hatte. Jetzt war er im Norden, jetzt zeigte sich, wie sein Schicksal aussah.

»Carlo Bordoni und seine Freunde in jenem Land der Freiheit haben den Mord an Giorgio Ambrosoli auf dem Gewissen. Heute ist Bordoni mit Hilfe und Billigung von zwei Regierungen auf freiem Fuß und verpraßt irgendwo das Geld, dessen Diebstahl man mir zur Last gelegt hat. Tommaso Buscetta, ein Killer und ›picciotto‹ der kleinen anonymen Clique im hintersten Winkel der Welt, wurde nach dem gleichen Vertrag wie ich ausgeliefert. Er ist zum amerikanischen Staatsbürger gemacht worden. Man hat ihm auf Kosten der Steuerzahler eine Wohnung und ein dickes Einkommen verpaßt. Alle meine Ankläger sind belohnt worden. Luigi Ronsisvalle, der dreizehn Morde gestanden hat, ist nun frei auf Bewährung und wird umhegt und umpflegt. Und hier bin ich.« Er lächelte. »Ich, der Teufel in Person. Glauben Sie niemals wie ich, daß es das nicht gibt: die verbotene Frucht vom Baum der Erkenntnis.«

Die letzten Wintertage wurden länger, gegen das Frühjahr hin wurde es wärmer. Am 18. März 1986 erging das letzte Urteil: Sindona wurde schuldig gesprochen, den Mord an Giorgio Ambrosoli veranlaßt zu

haben, und zu Gefängnis für den Rest seines Lebens verurteilt. Am Nachmittag dieses Frühlingstages saß er in seiner Zelle und schrieb mir einen Brief. »Das Schwurgericht in Mailand hat heute entschieden, mich lebenslänglich einzusperren«, begann er in Englisch und ging dann ins Italienische über.
»Sie kennen mich gut genug, um zu wissen, daß ich keine Furcht vor dem Tode habe. Ich glaube an Gott und ein ewiges Leben und erwarte mein Hinscheiden mit Gelassenheit; deshalb habe ich nicht die geringste Sorge wegen eines möglichen Gewaltaktes gegen mich.«
Er endete, indem er der Hoffnung Ausdruck gab, daß er bald in die Vereinigten Staaten zurückkehren würde, wo wir uns wieder treffen könnten. Das war das letzte, was ich von ihm hörte.
Am Morgen des 20. März, genau zwei Jahre nachdem ich ihm das erste Mal begegnet war, stand Sindona auf und begab sich an sein Frühstück. Wie sonst auch, waren das Tablett und die Kaffeetasse versiegelt. Es war acht Uhr dreißig. Er trug die Plastiktasse mit sich, als er durch die Schwingtür trat, die zu seiner Toilette führte. Sekunden später stolperte er vornüber.
»Mi hanno avvelenato«, rief er. »Man hat mich vergiftet.«
Das waren seine letzten Worte. Acht Uhr vierzig raste ein Wagen des Roten Kreuzes mit ihm zu dem kleinen Krankenhaus in Voghera, wo man ein Koma diagnostizierte, aus dem er nicht mehr aufwachte. Zyankali – eine mehr als tödliche Dosis davon – wurde in seinem Blut gefunden. An diesem Nachmittag vollzog ein Geistlicher die letzten Sakramente. Achtundvierzig Stunden später, zwölf Minuten nach vierzehn Uhr, am 22. März, wurde der Tod des Michele Sindona festgestellt.
Sein Leben, das er in geheimnisvollem Dunkel verbracht hatte, war in geheimnisvollem Dunkel zu Ende gegangen. War er ermordet worden, oder hatte er sich selbst getötet? Darüber wird die Welt niemals mit Sicherheit Bescheid wissen. Sein Sohn Marco, der ihn am Tag zuvor noch gesprochen hatte, berichtete, er habe nicht so ausgesehen, als ob er in den Tiefen einer neuen Depression steckte. Und dann gab es den erwähnten Brief, in dem er seine Hoffnung ausdrückte, nach Amerika ausgeliefert zu werden. Ich dachte an all das, als ich mir die Tatsache vor Augen stellte, daß

Sindona schon seit langem kühl mit seiner schließlichen Verurteilung im Justizpalast gerechnet hatte. Doch mußte ich auch an den Sindona denken, für den der Sokrates aus dem »Phaidon« als der edelste der Menschen galt: Sokrates, der den Schierlingsbecher selbst an seine Lippen gehoben hatte.

So endete im Schatten, was im Schatten begonnen hatte. Wieder war es Frühling. Fast ein Jahr war vergangen, seit ich dort auf der Bank in Voghera gesessen hatte. Als ich nach meiner letzten Begegnung mit ihm fortgegangen war, wurden die Tage schon wieder kürzer. Ich war in dem Pinienhain stehengeblieben und versuchte, mir eine Frühlingsnacht in Erinnerung zurückzurufen, eine sternenlose Frühlingsnacht und einen leichten Wind von Westen. Und indem ich das tat, schritt ich davon. Es war die Wahrheit: Dieser Wind war noch älter als die allerältesten Steine.

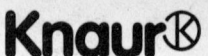

Perestroika in der Diskussion
Mit einem Vorwort von Michail Gorbatschow

Zum ersten Mal wird hier das breite Spektrum der öffentlichen Diskussion um die Perestroika in der Sowjetunion dokumentiert. Michail Gorbatschow kommentiert den Streit zwischen Gegnern und Anhängern seiner Politik in einem ausführlichen Vorwort.
TB 4007

Cordt Schnibben/ Volker Skierka
Macht und Machenschaften
Die Wahrheitsfindung in der Barschel-Affäre – ein Lehrstück

Die Autoren folgen dem Gang der Wahrheitsfindung, sie analysieren die Hauptbeteiligten, das politische Gerangel und die Berichterstattung der Medien.
TB 3974

Ingo Müller
Furchtbare Juristen
Die unbewältigte Vergangenheit unserer Juristen

Unter den Verbrechen des Nazi-Regimes sind die der Justiz weitgehend ungestraft geblieben. Ingo Müller, selbst Jurist, hat erschreckendes Material über den Terror der Justiz im Dritten Reich gesammelt. Er beschreibt Richterkarrieren und zeigt, wie selbstverständlich die Justiz sich nach dem Zusammenbruch des Nazi-Regimes wieder etablierte.
TB 3960

Hoimar von Ditfurth
So laßt uns denn ein Apfelbäumchen pflanzen
Atomare Aufrüstung, die Zerstörung unserer Umwelt: Ditfurth analysiert die Situation und zeigt uns eine Haltung, die es dem modernen Menschen ermöglicht, seine Lage zu überdenken und positiv zu verändern.
TB 3852

Olaf Achilles
Natur ohne Frieden
Kein Land innerhalb der Nato wird militärisch so intensiv genutzt wie die Bundesrepublik. Unzählige Baumaßnahmen, Flugzeugabstürze, Lärmbelästigungen und Umweltbelastungen durch Manöver gehören zu den verhängnisvollen Auswirkungen des militärischen Alltags auf den Menschen und die Natur.
TB 3942

Stefan Aust
Der Baader Meinhof Komplex
»Es waren sieben Jahre, die die Republik veränderten.« ...und sie endeten mit dem Tod Ulrike Meinhofs, Andreas Baaders und Gudrun Ensslins in Stammheim. Aust beschreibt die politischen und gesellschaftlichen Hintergründe jener Zeit und zerstört den Mythos von den Terroristen als verschworener Gemeinschaft.
TB 3874

Aktuelle Sachbücher